出版说明

《证严上人思想体系探究丛书》(第一辑)最初由台湾慈济文化出版社于二〇〇八年十月在台湾出版发行。

证严上人,一九三七年出生于台湾台中的清水镇。一九六三年,依印顺导师为亲教师出家,师训"为佛教,为众生",是年二十六岁。一九六六年,创办佛教克难慈济功德会,年二十九岁。一九六六年以后的数十年来,慈济世界在上人慈悲呵护下,一步一步,坚实的茁壮;如今遍布全球的慈济人,出现在全世界许许多多有灾难与苦痛的地方;通过亲手拔除人们的苦与痛,证严上人的弟子们,谨守着上人坚定的菩萨志愿与佛陀清凉的慈悲智慧,虔诚的追随上人祈愿:愿人心能净化,愿社会能祥和,愿天下能无灾。

本书源自《证严上人衲履足迹》。《证严上人衲履足迹》是真实记录证严上人每日言行之实录,故可说即是"证严上人之日记",每年四册,依春、夏、秋、冬四季,在台湾经由慈济文化出版社出版。每一册书皆附有一篇"主题思想"长文,由证严上人之常随弟子撰文阐述当季证严上人之重要理念,或是通过慈济重要事件以显明上人思想,或是针对上人思想之源流、形成与发展加以整理。始自一九九六年春至二〇〇三年夏，八年来得文三十篇，经修订后结集成册出版，即为此《证严上人思想体系探究丛书》(第一辑)。

“在最黑暗的角落，点一盏灯；在最凄寒的路上，生一堆火。”慈济的慈善志业，在证严上人的实践精神带领下，以佛教精神中“无缘大慈，同体大悲”的清净大爱为基础，将“佛法生活化”、“菩萨人间化”；使佛教的教义，具体落实到人间、社会、生活中，将古代佛教教义中“慈悲喜舍”的精神，透过力行实践的过程，济世利他，重新发扬光大。《证严上人思想体系探究丛书》(第一辑)，既是对证严上人思想体系进行归纳研析，也是对慈济宗这一人间佛教的思想体系作总结性探讨。

证严上人及慈济基金会的各种义举，得到国家有关部门的重视和肯定。二〇〇六年，慈济基金会获得“中华慈善奖”。二〇〇八年，海协会会长陈云林先生访台期间，特意去拜访证严上人，并对慈济基金会在大陆的各项慈善行为，做出了高度的评价。二〇一〇年八月，经国务院批准，慈济慈善事业基金会在江苏省苏州市挂牌成立，成为大陆第一家，也是唯一的一家由境外非营利组织成立的全国性基金会。

《证严上人思想体系探究丛书》(第一辑)问世后，在海内外产生广泛的影响。最近复旦大学出版社获得静思人文志业有限公司授权，推出该书的简体字版，希望能给读者以启迪。

复旦大学出版社

二〇一〇年十月

上证下严上人

证严上人以其悲天悯人之宗教家胸怀，服膺上印下顺师公上人“为佛教、为众生”之慈示，秉持“佛法生活化，菩萨人间化”之理念，在“内修诚正信实，外行慈悲喜舍”精神贯彻下，渐次开展“慈善、医疗、教育、人文”以及“国际赈灾、骨髓捐赠、环保、社区志工”之“四大志业、八大法印”。事理相融、以浅喻深畅佛本怀，善导大众心存菩萨大爱，落实佛法于生活中，带动付出无求同时感恩之风气，达到“净化人心、祥和社会、天下无灾难”之人间净土目标。

但開風氣

浩浩兮，广纳众川；汤汤兮，大爱天下。

何其波澜壮阔兮，碧蓝如天！

何其清水长流兮，温润如玉！

仰之弥高，钻之弥坚，瞻之在前，忽焉在后；

时而宁静而致远，时而山高而水远……

上人思想，体系完备；慈济志业，规模已具。

慈济开宗，法脉与宗门，教理与修行，兼重双美。

悠游法海，紧紧跟随上人；潜心留史，著书但开风气。

在慈济宗已立之际，谨愿在九九重阳诚挚献上——

《证严上人思想体系探究丛书（第一辑）》，

为推动“阅读、思惟、研究及实践上人思想”之理想，

善尽随师须尽、应尽之责任与使命。

证严上人思想体系探究丛书(第一辑)

衲衣布履游化人间,菩萨足迹烙印爱的教育;悲心深重善导众生,坚毅卓绝永留人格典范。作为慈济之现代版《阿含经》的《证严上人衲履足迹》,亦是“上人之日记”,于每年依四季出版四册之际,每一季付梓之书亦皆附有一篇“主题思想”长文,由常随弟子撰文阐述当季上人之重要理念,或是透过慈济重要事件以显明上人思想,或是针对上人思想之源流、形成与发展加以整理。始自一九九六年春至二〇〇三年夏,八年来得文三十篇,经稍修订后结集成册出版。

证严上人衲履足迹

静思精舍常住众，每日敬侍师侧，亲笔所记证严上人每日言行之实录。他们亦步亦趋紧紧跟随，来来去去，匆匆忙忙，阅尽世态人情，耳听观机逗教，谨慎地荷担留法留史之使命。为了完整保留文字历史，彰显上人之人格与风采，宣扬上人之精神与理念，巨细靡遗记载上人之言教、法教与身教，经融会贯通于心，转化为字字珠玑，汇整结集成一本本的“如是我闻”——即《证严上人衲履足迹》，每年四册依春、夏、秋、冬四季出版。

证严上人思想体系探究丛书

慈济于二十一世纪初开启“慈济宗”，为的是彰显慈济成立宗旨在于进行人间菩萨大招生，以促进世界和平，使天下无灾难。证严上人之思想体系是静思法脉与慈济宗门之法髓根源，此中心思想把握准确、传承正确乃至于发扬光大，才能使慈济宗屹立不摇于天地之间。常随弟子将眼观耳听上人之行谊与理念，在字句斟酌详实笔录以外，且系统性整理及探讨上人思想。计划将编辑诸篇以成书册陆续付梓，终而汇整群书而成丛书，以尽“传承静思法脉，弘扬慈济宗门”之使命。

《第一辑》

释德仉 编撰

证严上人思想体系探究丛书

悠游法海，潜心留史

目 次

教观兼备举扬善门，事理相融唯行能入

——从天台宗大义旨趣与其独创名相 兼及《法华经》“法师品”、“劝持品”、 “安乐行品”、“法师功德品” 谈上人开创教理与修行双备之慈济法门 令入门者即知即行以大慈悲为室 深契法华三昧以至真理究竟

以简单的心，画出世间的圆融

您对于“世界和平”，是否向往？您对于“人情纯朴”，是否憧憬？大同世界理想的实践，就是天下人人回归“单纯，善良”的心境，世界因之臻于至真至善至美的祥和境地。

上人肯定“简单就是美”：“取圆为喻——只要用一颗简单的心，用一支好笔，好心好手好笔，一笔收尽天下吉祥好事，就是一个圆。圆满就是如此简单！”

复言，人体有脑波与心波，大地有地波，若波动规律，即系处于调和的状态。“身体波律起伏不整，就会百病丛生；大地板块剧烈挤压，便成地震灾害。人间世事与宇宙万象同理，是以针对人事，若能出以简单的心，心波律动平和，就能画出世间的圆融，这就是‘简单最美’的道理。”

于二十一世纪初因缘开启“慈济宗”的慈济世界，其教理体系融合佛教人文、慈济人文以及中华人文，三大人文荟萃，形成慈济世界的壮阔与恢弘！而这分大美与大圆的境界，根源则来自于全球慈济人秉持上人之教诲，以“简单最美”的信念，回归于“单纯、善良”的心态与行为，才能如涓涓清水汇聚成浩瀚汪洋，才使得慈济世界展现气象万千的大格局！

纯良之心，是本性也是佛性，没有杂质，没有污染，没有色彩，亦即是“清净无染的大爱”；这时候的心境，已然回归于“单纯、善良”，因此能够真心向往人情纯朴敦厚之美，深刻体会人情纯朴敦厚之美，致力于化导人心恢复人情纯朴敦厚之美，而不再汲汲于身外的功名利禄，迷惑于外在的镜花水月。

“以简单的心，画出世间的圆融。”世间的圆融，大同的世界，需要你我陪伴，用一颗单纯、善良的心，一起画，一起做，一起走。

心存单纯与善良，必具涵容的器度；其立身以正，其处世以和。

不循私、不偏党，是为“正”。人格之所以成，事之所以就，关键就在于为人做事是否持一“正”字。

上人认为，中华文化最优美的部分在于“伦理道德”，而“伦理道德”的中心思想是“安分守己”——认清自己的身份，善尽自己的身份所应做到的本分。

这也即是孔子所说“正名分”之理，是什么“名”就要尽什么“分”。先确立自己的身份，言词与行为符合自己的身份，才能为人信服；反之，就是名不正、言不顺，自己不是居于那个身份，或以非如法程序妄求某种身份，却偏要说出及做出不符身份的言语和行为，自然为人所不服。

安分守己、各就各位、名正言顺——这些都是伦理道德的内涵，也都是人品操守的根本。人格成则佛格成，因此上人之谆谆教诲，无论其言教、法教或身教，莫不经常强调名正言顺等义理。

无人情包袱，亦不受权势控制，更没有攀缘之心；视人人平等，没有贵贱之别，也没有贫富之分，普遍爱一切人，这就是“正”。做人行事不正，所得之功名成就是出于自私，这是短暂的成就，是虚幻的成就；若出于无私无欲之心，所得的成就才是踏实与永恒。

至于“和”呢？所谓“礼之用，和为贵”。礼的功用，在于促进人际与世间之和谐。

中华民族于二千多年前，孔子即提倡音乐，提出“移风易俗，莫善于乐”的主张，将音乐定为门徒必修的课程。中国自古以来普遍重视音乐教育，认为透过雅正的音乐可以熏陶温良、和善之美好人品。上人亦肯定慈济音乐所传达的美善境界，曾说：“慈济之音乐手语剧，将正思惟寄情于歌曲中，取代说教式的叮咛，一如孔子所兴倡的周礼，亦有八佾之舞乐，因此慈济并非创新，而是恢复古礼。”

观现世社会脱序，乱象充斥，上人认为，教育乃解决根本之道，“欲治其病，须先探知病根，方能对症下药。当今教育治学，其病乃出于礼缺乏且教不足。”制礼作乐以成教化之功，使社会富有礼教之美，天下祥和平安，为上人衷心之期盼。

古中国对于艺术高度境界有“气韵生动”之说。其义简言之，作品之色彩、线条、形象与虚实等表现原素，相异者相互配合得宜是为“气”，相同者此起彼应谓之“韵”，整体产生调和又有节奏的生动感。以音乐来说，音律频率不同属性的求其谐调而无排斥，同属性的相互珍惜而不执著，包容许多不同的整体结合，便成就了旋律和谐的天籁之音。

人生处世之心境比之于艺术境界的追求，古圣贤所说的“和而不同”，即是包容异己与之谐调，尊重彼此的差异性；又说“和而不流”，便在于与异己亲切和善但绝不同流合污。

上人更说“敬而包容”，面对异己者或有恶习之人，平日与之相处要保持亲善、礼敬乃至于包容，如此才能与之结好缘；待结好缘之后，才能等待适当之时节因缘，进一步劝导他去除习气，改往修来。

敬而包容，不是怯懦而消极地但求表面和谐，也不是别有私心、圆滑处世的乡愿，而是存在着度人与助人的积极意义，是慈悲心的实践。

个己的音色饱满，面对外界可以独当一面，光耀团体；又愿意在团体中配合别人的旋律，能够谦抑缩小，以大局为重。“敬而包容”者，真君子！

在团体中，在人群中，总有与个己很不相似的不同属性的人，总也有与个己十分相契的同属性的人。针对不同属性之人，用心找寻能与之调和的节奏；针对同属性的人，没有占有欲亦没有执爱心，君子之交淡如水，如此才能无入而不自得，团体也才能和谐。

慈济团体的宗旨目标即在于"世界和平"，慈济立宗是为了更树立致力世界大同的决心，慈济团体人人都对世界和平、世界大同有分向往。

针对"同"字，深入析之，所谓"佛佛道同"，所谓"志同道合"；同，要看去同什么事情——有所为，有所不为。

世上有些事，实在不必求同——如以尖锐的口与笔，逞口舌之利，不论是明显的或隐藏的，去进行批判别人之事，去进行仇恶别人之事，何必与之同？即使现代人或谓此类行为才算"活出自我"的个性表现。

但有些事，却必定要求同——慈悲柔软的心和行为。认同团体的美好理念，与团体众人共为理想，不畏艰难而全力以赴，这是智慧而不是失去自我。

慈济立宗就在追求一分同——求世界大同。但求的手法却要用和平的方式，而不能使手法变成正义的暴力。用和平的方式去追求世界大同，这即是慈济之所以存在历史上的重要意义。

结果不论，到底世界大同何时可以到来姑且不论，但求仁而得仁，追求世界大同的人，最后毕竟完成了自己心境上的世界大同。

看事情，可以用很严厉、苛刻的角度去批判；但若真正不忍心，表达自然会有一分敦厚，有一分哀矜之悯。看事情，用单纯的心去看出它可以借取的正面意义；多角度看事情，丰富自己的心灵。

敦厚的心和敦厚的表达——此为人类天生的

本性，是为本自具足的佛性。直者处世用“个性”，智者处世用“佛性”。直者，率性而为，行事直来直往，个性鲜明，虽然始终如一，堪称是正直的君子；然则，智者，却要顾全大局，为天下大事而忍人所不能忍，行事进退有据、考虑周详，是为应世现身的菩萨。

面对当今气候变迁，灾难频生，上人呼吁“敬天爱地聚福缘”，大地上的众生唯有“敬天爱地”，行正道、多造福，才能永保天地风调雨顺，吉祥平安。

宇宙之间，唯有地球有生灵居住。上天覆盖着万物，大地承载着一切；天地广大，恩泽广布。大地养育万物，四季自然运转，万物应时而生长繁衍。万物与大地共生息，皆在生命共同体之中；大地若健康，依止大地生活的万物才会幸福。

然而，人心贪毒，恣意妄为，严重伤害大地、污染大地；万物生长失序，大地老迈、疲惫、伤痕累累，已无能力庇护众生。

佛陀觉悟宇宙真理，不忍地球受毁伤，不忍众生受苦难；如大地之母展开衣襟庇护苍生，一手拿着种子，一手栽植善种；以佛法耕耘众生心地，拓荒众生心灵，遍撒爱的种子，呵护秧苗日益茁壮。

人间菩萨如农夫，人人应回馈大地之恩，做一个撒播爱的种子的农夫，承担起耕耘天下大地的使命；随处用心去除众生心地杂草，清净其心地，播下好种子，使众生心田蔚成亩亩沃土福田，片片土地苍翠繁茂，人间充满喜悦与希望。

上人说："即使多闻法而无用心思惟，亦无法得见真理实相。"意谓闻法后"思考"之重要性！唯有经过闻与思之过程，法水方能入心，法水入心也才能在行止中表达出智慧与慈悲。

《证严上人思想体系探究丛书第一辑》，是于二〇〇八年重阳节，由"慈济文化"以繁体字版付梓出书，希望对于"阅读上人著作、思惟上人思想、研究上人法要”之风气，略尽诚心诚意之微薄力量。

重阳节，农历九月初九，称为“重九”；又因古代中国，以六为阴数，九是阳数，因此，重九又名“重阳”。缘于民间在该日有登高的风俗习尚，所以重阳节又称“登高节”。

在重阳节出书，为的是“饮水思源”与“登高望远”。饮水思源，祝福天下老者、师长与父母，岁岁年年，长长久久，平安吉祥；登高望远，祈愿大众阅览此书，领略上人思想，登上智慧大山，从高处纵观天下山河、众生百态，以清净的心、清净的智慧，走入人间行菩萨道。

岁入二〇一〇年，这本《证严上人思想体系探究》将于新历年末，由中国大陆复旦大学出版社以简体字版印刷发行。感恩众缘和合，成就人生善事。历史真实的记录，是世代的明镜，照耀人心一条去恶就善、回归本性的明路，指引天下一盏长治久安、无灾无难的明灯。期盼此书以千多页的上人行谊与说法之实录，成为个己法喜轻安、福慧增长的人生南针，成为世界和平、世界大同的光明希望。

释德仉

己丑小寒·靜思精舍

强调力行、肯定力行
——慈济在历史意义上之殊胜处

宇宙的源起以及生物的创生，是宗教的重要命题，各种见论记录于教义经典中；乃至于神话故事也多有备载，为一切现象的发生提出传奇式的看法。“根源何在”，亦即万物出处的说明，既形成民族独特的宇宙观，也直接或间接地决定与影响人生价值观。

慈济发展至今日规模已具，以迄于未来将更加普及与扩充！慈济的形成与发展“根源”于上人一念清净的悲心，一念悲心成就慈济世界。慈济成立四十年后，因缘成熟开启“慈济宗”，现在乃至于无数后代，欲追溯慈济的源起与慈济人文的内涵，探讨的方向必然得直指——“上人思想体系”。上人的思想是静思法脉与慈济宗门法髓的根源,根源思想把握准确、传承正确,这是慈济千秋百世的关键。

面对“根源掌握”与“永续经营”二大课题,不能流于徒然之口号,“人能弘道,非道弘人”,唯有真实心存缔造世界和平之理想与抱负,并且深研上人思想体系、阅读慈济大藏经,走入人间行菩萨道,才能真正扛起“传承静思法脉,弘扬慈济宗门”之使命。

根本精神

近来新闻都在报导,南北极冰原快速消溶,预言人类即将到来的灾难。思及远古时代,具高度成就的古文明,如马雅、米诺安或传说中的亚特兰提斯等等,究竟是如何消失的呢? 究其消失之谜,或许能为人类的未来找到可行的办法,以防患于未然。

追溯古文明消失的原因,据科学家们之判断,可能是出于地震、海啸、干旱等等天灾，总是众说纷纭，各自举证一己之见；但毕竟时代遥远，难以定论。

有的人类学家且指出，面对天灾巨变，有的古文明部落迷信杀活人祭天来祈求上天息怒，才能杜绝不断发生的灾异，遂竟到处滥抓无辜百姓，以行其“活人血祭”的血腥恐怖仪式。

思惟因缘果报之理，抓无辜活人以祭天，屠杀生灵的结果，可不是加速文明灭亡之因！则上人所言“天灾出于人祸，人祸源于人心”或言“先人祸，后天灾”之理，不正是救世良方吗？若世上所有人皆知因果之理，就不会采取错误逆向的思考和做法，以致为了争夺利益，而人与人相互对立，国与国彼此兵戎相见，转而会加紧促进世界真正的和平吧？

因果之理是天地之间的自然法则，明因知果才能慎始善终，才能趋吉避凶。上人说：“平常我不谈怪力乱神，不过，我非常重视因缘果报，因为这是人间真理，不只佛教如此说，科学也这样印证。”佛教所说之“业因”，即是科学家说的“基因”，人的一生都是传承自基因，来生祸福也是依据此世自造的业力。

地球岁数是四十六亿年，这么长的存在时间，有学者举出“史前文明”这个名词。这些专家不断指证历历，表示人类的高度文明被发现于几万年前、甚至几亿年前的残垣片瓦、遗留的文物证明之中，显示人类文明不只开始于四或五千年前有文字记载的历史之中。他们更从古老的传说和神话去找寻可靠的史前文明证据。

上人则认为考古学家所发表的挖掘出“原始人”之说，事实上与佛法所说物质现象的“成住坏空”有关。也就是说，人类文明是周而复始的兴衰过程，高度文明因为人类造恶而毁于天灾人祸，少数逃入深山洞穴幸存的人生起大忏悔心，重新开始新的文明；新的文明发展成高度文明时，又再次因为人类迷失物欲的造业，又全毁于天灾人祸，遂又开始有“原始人”的出现，过着与兽类无异的原始本能生活。

上人也说过，地球亦不免于成住坏空的自然法则现象，总有一天也会全然崩毁，灭绝于宇宙虚空之中；而慈济人的存在，慈济人的使命，就是更快地进行人间菩萨大招生，能够有更多的好人，就能延缓地球消灭的时间。乘着地球毁灭的时间被拖长了，就争取这个时间赶快再度化更多的人！能度多少算多少！

若问："地球毁了？那时候我们在哪里？地球是如此美丽啊，哪有其他星球有这般美丽呢？"众生共业所致，地球彻底灭绝，共业的众生就又群体共生于其他别的星球，在这新的星球继续成住坏空的循环，在这新的星球继续文明周而复始的兴衰过程。

至于其他星球是否美丽？恐怕要到那时候才知道吧！其实，到那时候，"人类"的身形是什么？也未可知。至于是否仍有"慈济"二个中国字？这或许也很难讲。但可知清楚明白的是，慈济人传承的是一份"根本精神"，只要精神在，慈济就会以另一种名称或形式而永远存在于新的星球上。

慈悲存心

慈济人用心传承上人的精神与意志，才能图慈济之永恒存在——不论在哪里以何种形式存在。则上人的根本精神是什么？“慈悲”二字。

您对于探讨真理有志趣吗？您对于获得智慧有意愿吗？上人自称：“我是‘从人事上用心，从经典生信心’。”意指上人是从人事现象的了然于心获得真实的真理与智慧，至于这份从人事上用心以得智慧的坚定信心，则来自于《无量义经》中所言之：“静寂清澄，志玄虚漠，守之不动，亿百千劫；无量法门，悉现在前，得大智慧，通达诸法。”

简述之，要求自己做到清水之爱，每一个人你都爱，坚定不移这份信念，则最终必能进入真理堂奥，得大智慧。因此才说，“智慧，是从慈悲中来”，慈悲，是佛教的最根本要义；也因此上人才说，“佛教千经万论，不过就在教导‘慈悲喜舍’之四无量心。”

就因“慈悲”二字，是解开真理密码的根本重要线索，亦即是心境无比宁静轻安的根本重要关键，因此上人曾说：“我每一世都在想着：如何培养我的爱心！”上人希望其每一世，都不断超越过去世的自己，每一世的自己都比过去世更有爱心！

广大而深邃的爱心，并非一蹴可几，必须是经过“培养”，故孟子也说：“吾善养吾浩然之气。”清水之爱亦就是充塞于天地之间的正气，清水之爱仰赖其人自觉性地、有意识地、下决心地自我“善养”、自我“培养”。

上人思想体系源于《无量义经》，而该经大义即在强调“实践”，透过日常之大爱实践，以达真理之究竟。在此逻辑思维之下，慈济人遂集中精力于无求付出同时感恩之人间菩萨行。慈济人真正是信解行证的菩萨行者，哪里有苦难，就可以闻声救苦；哪里有需要蓝天白云，就及时出现在前。能文能武，都是慈济人的本事。

上人说：“慈济人在人间造福，也见证了菩萨在人间。”除了亲身投入慈济事可以真实启发爱心、培养爱心以外，还有重要的培养爱心的方法是——珍惜慈济所有平面与立体之文宣媒体，亦即珍惜“慈济大藏经”！透过时时深入阅读慈济刊物与观看大爱台电视节目，时时给自己能够培养爱心的机会。

若欲发扬光大“慈济宗”——传承静思法脉、弘扬慈济宗门，虽说“上人思想体系”或“慈济学”之整理、编撰与汇整固然刻不容缓，可使法脉在理论架构上自成体系，增益宗门因应时代及众生需要而契理契机方便度化之权智以达源远流长之功；但其强调力行实践部分更不可偏废，行善事迹之记录与编辑尤须重视！因为再完善的理论阐述，总归亦是在于强调“真理贵在力行”以及“真理唯有从力行中得”之理，也就是上人常说的“真诚的爱就是真理”以及“做就对了”！

慈济秉持佛法大纲理念，强调及肯定力行与实践；针对个人之修行，在把握佛法无私付出之大义的同时，如何透过爱心善行事迹之启发，善养悲心善念，毕竟是修行之最重要课题！

智慧处世

慈济人身在五浊恶世之娑婆世界，若欲入群处众行菩萨道而红尘自在、圆融无碍，亦得涵养自度度人的智慧，免于反为众生所度，而随波逐流，浮沉于众生烦恼苦海中。

观台风卫星云图，那厚重的云层成漩涡状，中央地带则是一个黑眼珠似的小圆圈，这是台风眼。

追溯宇宙诞生和进化的过程，也就是宇宙源起论，在当今科学界得到大多数认同的当属“宇宙大爆炸”之说。科学家们认为，宇宙的形成是起因于宇宙其实拥有大量的能量，在大爆炸之后产生无数最基本的物质——粒子，当宇宙开始冷却和膨胀，这些粒子开始相互结合……氢原子集结成云雾，这些云团慢慢冷却凝聚，当密度愈来愈高，当温度又不断上升的时候，这些氢云气便会制造星系……当中一颗是太阳,行星围绕着星体运行……

氢原子集结成云雾进而制造星系之时,亦是呈漩涡状。能量无形,漩涡状有形。所说的"能量",能量从何而来?又为何会在密度极高时成为宇宙原点而大爆炸?西方科学界只能说宇宙拥有"大量的能量",大爆炸是"自然界中一个偶尔的意外",这些论说尚无法全面解答宇宙源起的诸多疑问。

追究这无形的巨大"能量"的存在,或者就是佛教中所说的"众生共业",是一股强大的业力!

关于宇宙源起,或可将科学及佛学相融并论如下——

万法(宇宙)是成住坏空(真空妙有)循环不已的现象,这是众生共业(妄念)所致。宇宙的原点极小如微尘或纳米,大爆炸之后,产生世界、星球与生命,这是无中生有(妙有);之后又趋于灭亡,此即有复归于无(真空)。虽"有"但会趋于"无",此即"妙有";虽

“无”但会生成“有”，此即“真空”。故说，宇宙就是在不断生灭（有无）中。而此种宇宙生灭现象的产生，是起因于众生之一念无明（妄想执著）。

佛菩萨永断妄念，故能超越时空，自在往来。修行，即是断除妄想执著的过程。故佛陀成道后首句话即云：“奇哉！奇哉！大地众生皆有如来智慧德相，只因妄想执著不能证得！”

在慈济法门中，欲断除妄想执著，便是走入人群中，付出无求同时感恩；福慧双修的终极境界，即成佛也。

人本具有清净的本性，但一念无明起，妄念微动，妄心乍起——这就是业力，也就是能量的形成。集众人的业力，就成巨大的能量；业力所致，遂有大爆炸进而产生宇宙万有。此即佛教所说的“万法唯心造”，三千大千世界起自于那一念心，那一念妄心！也因此才说这妄心妄念所成的宇宙万象是“虚妄非实”的存在，教人莫认妄作真，而在假中执著。

但所谓“一念无明”，又是何时发生的呢？无始无终！无法追究何时开始与结束。

就如慈济人文志业中心这栋大楼，要说它是何时开始与何时结束呢？以物质分析，物质分析到最后就归于零，犹如动土之后大兴土木才成就这栋大楼，物质分析到零也就是未动土之时，此时什么都没有，但能说这栋大楼是起于这时候吗？这只是物质现象的从无到有。

就精神面（能量）来说，这栋大楼的存在起于建筑师脑海中的设计，为何要设计？是因上人的指示。上人会指示是因觉得有需要。觉得有需要是因希望所有人文志业或平面或立体或广播能集中工作，之所以会有此念头是因……如此探究下去，光是人文志业中心的源起或未来也是“无始无终”。

孔子《易经·系辞传》有句话：“曲成万物。”意思是说宇宙万物都是曲线（圆周）所构成，而所谓直，就是把圆切拉开。老子演绎这句话成为“曲则全”三字，意指凡事要通权达变，要有圆熟的处世智慧，讲究说话的艺术与做事的善巧方便，若一味直来直往会损伤彼此和气并且无济于事。所以上人也才说“方正中有圆融”，用圆的方式坚持原则，才能成就一番志业。

曲，就是漩涡！

天地人三者之间，果然存在着十分奥妙的关系，真理都能在这三者之间找到，真理也能在这三者之间相互印证！

能量形成漩涡，漩涡（曲）之后才有直线，此时曲直已然并存，所以也才能在万物之中同时看到曲与直。曲直以成万物，犹如规矩而成方圆；但追溯无形能量成就有形现象之最初，毕竟是漩涡（曲）先发生，进而才曲直并具！所以道家的“太极图”与佛教的“卍”，皆蕴藏宇宙源起的暗示吧！

曲直并存、曲直互用才成局，这是世间法；直或可说是内心的原则，曲则是应用的权变，而权变的方法不论是曲或直，都是在“曲”之中，因为曲本就是寓意着：“不执著一定的应用形式”。

所以上人才说，当我们走过了一些情绪及思考，此时犹如累积了一股能量，但在这起跑点上冲刺时，在积极欲处理事情时，审时度势，更需要“曲”的方式，也就是以圆融的方式去坚持原则，才能解决当下的问题并谋未来更好的发展。

圆融的方式需要冷静的智慧，冷静的圆融才能在变化万千的世态人情中，成就及壮大团体的格局，同时不伤己身。

自性三宝

走在追寻及探究真理的过程里，面对古今中外知识瀚海，不论是佛典或世典的著述论说，皆应出以“敬重、谦抑”之心，广博而深入地阅览与思惟；同时，也应该要怀抱信心，谨慎举证提出己见。唯因心存敬重、谦抑以及信心，才显出真正受教于上人所说之

“自性三宝”。

人人本具“自性三宝”，三宝住在自心中，清净无染，不生不灭。每一个人心中有佛，这是自性佛；每一个人心中有法，这是自性法；每一个人心中也有僧，这是自性僧。自性佛是慈悲，自性法是智慧，自性僧是自律，每一个人本自具足慈悲、智慧并能自律。

身为上人之弟子，对于弘扬上人思想，所站的立场应该是——把握佛陀本怀，以清净、宁静之心，闻思上人之言教、法教与身教，探究上人之思想体系，显明其独到创见之处，建构“慈济宗”之自家宗风。代代弟子经年累月如此往这些方面用心，则所谓“上人思想”或说是“静思法脉，慈济宗门”，才能在世间人心之认知上具真理之永恒性与普遍性，真正成为不论在实践上或学理上，都是成佛之道的一门。

然所谓“门门道同，殊途同归”，慈济既是成佛之一途，其他正信的法门也是一途，尽管大家方法与形式不同，而这些方法与形式都是适应众生不同的根机而方便设教，但因为目标都是一致的爱与善，都是在为天下众生奉献，所以也都能渐次超越而究竟成佛。只是不论是哪一门，都要求入门的人必须一门深入，才能因为专心致志而得以一理通、万理彻，以至成佛。这也就是上人常说的："我不怕你信仰别的教，只怕你信仰得不彻底。"若真正是信仰得彻底，必然是能领略明心见性的风光。

所以说，佛教之各宗各派弟子，乃至于世界上各种宗教的门徒，不必尊己抑人，都自以为自己的宗派或宗教，才是绝对唯一正确或究竟的路，以致心生分别与执著，无法容纳异己，并且排斥或否定别人；唯当大家依自己的根机，用智慧选择一门深入，并且透过"知己知彼"有心去了解别人的教义，而给以尊崇与肯定其方法、形式与成就，如此世界人类于个己而言，在信仰上都能获致究竟处，于整体人类而言，彼此之间信仰的分歧也才能获得理性的尊重，进而达致世界的和平。

身为上人之弟子，尤其是从事上人文献工作者，其责任与使命就是——如何使上人的思想，特别是在学理上，透过一己的智慧与团体的集思广益，能阐述与汇整得更成熟、更圆满，以发扬光大这一门"慈济宗"。

而其实所谓"慈济宗"，宗旨就在发扬大爱精神。任何人，只要他存出世之心行入世之事，也就是存菩萨心投入人群，以感恩心无所求去付出，去做救人的事情——不论他所做的事是什么，或是士、农、工、商，或是学者、小贩，或是神父、法师，事不分大小，只要是对人群有益，他最后都将能够见证自性，都能够成佛。当然，走在这条路上的人在广义上都是"慈济人"——不论他信仰什么宗教，或依止什么宗派，也不论他有没有听过慈济。

慈济将佛法的核心大义或说是佛陀的本怀，从长久以来存在于藏经阁或学术殿堂或文字上之精神面，拉回人间，教人在生活上去实践，透过慈善、医疗、教育与人文之兴福志业以修慧，强调力行、肯定力行——这就是慈济在历史意义上的殊胜处，也就是它对世间的贡献。

至于以上之论点，事实上，便是出于畅佛本怀之《法华经》的思想。

屹立天地

慈济于二十一世纪初成立慈济宗，为的是希望让大众更明白慈济成立宗旨是要进行人间菩萨大招生，而人间菩萨大招生为的是促进世界和平；这与自立门户唯我独尊，自我标榜排除异己，完全不涉任何关系！

如何令慈济宗千秋百世，以更强大的力量造福地球万物生灵，接棒之后的后代慈济人，唯有探讨上人思想体系以深入法髓、观览慈济大藏经以长养慈悲，怀抱弘毅之心行走人间菩萨道，以事理印证、坚定道心，才能使慈济宗屹立不摇于天地之间，透过法脉与宗门的坚实建立，大力弘扬大爱在人间以维系世界和平的终极目标。

释德仉

戊子白露·静思精舍

倏游法海
潛心留史

守住本分

天地宽阔任我遨游，

我的心可扩散出去关怀天下苦难苍生，

又能很快收摄回来在自己的本分；

我总是以感恩心应对人事，

对于任何加诸于我的赞叹，

我从不敢居功亦不贪求虚幻之名，

就只是很认真地守在自己的本分上。

——证严上人

从“为什么”到“坚定不移”

【前言】

年少时候的上人，对于世事常感疑惑，心中充满了“为什么”？因缘接触《梁皇宝忏》、《四书》、《法华经》、《地藏经》以及《无量义经》等佛典及世典后，既开启进入佛门之心志，立愿将佛法推入人间；并亦影响自身思想之源流、形成与发展。积四十年力行法华思想，在慈济志业规模已然完备之际，因缘成熟树立“慈济宗”。四十多年后的今天，行在人间菩萨道上，上人不仅笃定前行之路，并且期许全球慈济人——

时代在变，空间也在变，尽管有形的环境时刻在变异之中，但期盼大家跟随着我走入慈济宗门，这份荷负如来家业、永传慈济法脉之修行心志，要贯彻到底！要真诚如一！不论时间有多长，不论路途有多远，不论遇到何种境界，这份心志与初衷，必定要“坚定不移”！

上人之口述历史，在慈济宗已立之际，显得更加弥足珍贵！这篇“上人口述思想历程——从为什么到坚定不移”一文，即是从历年来之《证严上人衲履足迹》一书中，针对这份可贵的口述历史资料，参考各年版本众多篇章之相关记录，反复对照、斟酌异同、归纳汇整所成。

在我年轻时，就常感觉世间存在很多矛盾。我也曾如一般年轻人，对未来描绘美好的蓝图，但也看到世间真实的现象。小时候，经历战争的恐怖，见识到人性的残暴，心中充满了“为什么？”但心里对未来却也怀着美好的期许，这两者合起来，使我常常感到很迷惑。

对未来怀着美好期许，却又见识战乱残暴与无常死别——为什么？

二十世纪发生两次世界大战，我遇到第二次大战，实在是很可怕。即使到现在，还记忆犹新，不论是躲空袭或是物资配给等等。

尤其印象最深刻的是，当七八岁时，有一天刚下课回来，在庭院里，有一大群孩子，看到十多架飞机，从头顶上飞过，大家好高兴地大叫着：“看！飞机！飞机！排得好整齐，飞过去了！”才说完，一瞬间就听到扫射与炸弹的声音。从那时候开始，就再也无宁静的日子了。

每当放学回家途中，一听到警报声或敲铜锣的声音，就要赶快躲到防空洞内，接着就听到洞外排山倒海似地响起炸弹爆炸的声音。即使躲在防空洞，也能感受震动的情形，洞内的土石不断崩落。

有的人一紧张，浑然不知自己手上拿着什么，就急急跑进防空洞里；若警报是在午间响起，就见有人拿着菜刀，有的则拿着锅铲……大家躲在防空洞里，惊骇不已齐发声说："观音佛祖，妈祖婆，赶快来救我们，把炸弹移到海里去！"警报解除后，出来一看，所有的景象都变了。原本好好的房子倒了，旁边的防空洞被炸了个大洞；更恐怖的是，在电线杆上还挂着残缺的脚或肠肚等。

回想幼时经历的恐怖战争，小小的心灵刻骨铭心。犹记得当大家从防空洞出来，看到惨破的景象时，就有人说："观音妈，妈祖婆，怎么这么不灵验，怎么不把炸弹移到海里去？"这时有一个老公公，穿着台湾衫裤，一身是黑，胡子是白，他说："观音妈不是不灵验，观音妈很慈悲，观音妈为了众生不听话，祂哭了，已经从有眼泪哭到没有眼泪，现在眼睛已经哭出血来了。”这些话，我听了似懂非懂，不过却永记在心底，那一天的记忆很深。

台湾走过战乱的光复之初，民众生活普遍贫穷，物资十分匮乏，曾有一段时间依赖美援面粉、奶粉等济助度日。我虽没有吃过苦，但见及他人领取美援的景象，内心感到能够帮助别人的感觉实在很好。

后来，养父往生，面对人生无常以及生离死别之苦，心中仍然是许多的“为什么”？

养父经营戏院有成，俗家境况尚佳，生活无虞，也雇佣做事，虽未受贫穷所苦，然也目睹民生贫穷的窘况。二十三岁那年，养父猝然因病辞世，不到一日的时间即天人永隔；复因民间习俗，看了日子时辰，在往生翌日旋即出殡下葬，内心十分不舍。

尽管丧事办得风光，送葬队伍迤逦浩荡，一旦送至墓地，风雨交加，凄凉寂寞，遂让我深深疑惑——人生，何谓风光？何谓成就？正值壮年的养父，奋斗出一番事业，人生可谓顺遂，然则生前的功成名就，有何保障？人往生后，又能留下什么呢？

震撼《梁皇宝忏》因果观，走入佛门探讨人生生命价值

为追询父亲“死后往哪里去？”经人介绍阅读《解结科仪》一书。虽然日后才知此书乃外教书籍，但当时见书中只反复说着“凡人皆会死”，感到此书理念粗浅，应当不属正统佛教书籍，遂引不起自己多大的探讨兴致，也就因此没有受到书中观点偏颇的影响。直到在丰原慈云寺为养父做佛事拜《梁皇宝忏》时，除深感忏文优美外，也才知晓因缘果报的道理——“业力”，是人生值得深思的课题。

“草露风霜闪电光，堪叹人生不久长。有生有死皆有命，无来无去亦无生。”在慈云寺拜《梁皇宝忏》时，皆会诵及此段偈文。

人生何其短暂！就如春草上澄澈清亮的露水，当太阳一出，就干涸了；又如夏天的微风，才刚拂来，就消逝了；也似冬天白茫茫的雪，在阳光照耀下，立时就溶化了；或像雷电闪光，瞬间就消逝无踪。如此短暂的人生，真是令人浩叹……

我用宁静的心，拜诵《梁皇宝忏》七天期间，体会到“万般带不去，唯有业随身”。业，就是一般人所说的灵魂，灵魂来来去去；对佛教而言，就称为“业识”。业识就是平常的行为造作，好的行为、恶的行为，就像一颗颗的种子，完全落入八识田中，隐藏在里面，然后跟着人来来去去。

业，是过去种的因，现在所得的果；现在这个果，还有多种因在造。以释迦果为喻，种下一粒释迦果的种子，每粒种子都可生长累累的果实，而一个释迦果中又有很多的种子。

我们现在所受的，就像以前种一粒释迦果的种子，这是因；现在长成许多个释迦果，粒粒皆是果，而果中粒粒是因。所以虽然我们种过去生的因，受现在的果，但是现在我们可以再造因啊！就看你是要造什么因，是好因、或是不好的因，而这些种种的因，又成为来生的果。

人生就像舞台，不论上台演出什么角色，都是自己所写的剧本。这就是“万般带不去，唯有业随身”，过去生自己所有的造作都是在写剧本，既然我们写了剧本，现在走上人生的舞台，自己就要认清楚自己的角色。我们如果能认清自己的角色，现在就会是个很好的演员；下一部戏所演出的，也就会是个很好的角色。

在《梁皇宝忏》里，我了解人生无常，以及业随身的道理，我知道在日常生活中，开口动舌，或是举手投足，这一切都要我自己负责。所以就从那个时候开始，我对自己的人生很谨慎，会小心自己的言行，提醒自己要种善因，不要种恶因。

我深深体会到，不必谈怪力乱神，但是不能不相信因缘果报！因缘果报的道理，非常重要。从此开始，我对人生的人我是非或是利益得失，都看得很清楚，所以就为自己的生命做规划。人生连自己的生命都无法把握，所以到底我能有几年，我不知道；但是我知道因缘必定要把握——把握当下，恒持刹那！

人生无常，凡事皆是苦空幻灭；生命的价值不在长短，而是在于能付出。《梁皇宝忏》云："众生举止动念无不是业、无不是罪。"深受震撼之余，对佛法心生向往，所以一步一步走进佛门境界，一步一步向佛经去探讨人生生命的价值，好像我的生命跟佛法经文相契合。

在拜《梁皇宝忏》期间，我开始接触佛寺。当时寺院里的墙壁或柱子上，都会贴一些好词句，作为对人的勉励或警策；但是，这些话要拿来用才是妙法，不拿来用，就只是一个标语而已。有一天，我在慈云寺墙壁上看到一句话"众生共业"。什么是众生共业呢？当时也是一知半解，但把它放在心里。

又常听师父们读诵“心包太虚，量周沙界”，我很喜欢这句话，所要追求的就是这般境界——心量广大如虚空，爱心普及于所有国土的地方。我觉得有心立志应该不难。

荣华富贵如浮云，在无常的人世间，何必为了无常的情爱，而将个人限制在一个家庭中。为什么一个女人只为了一个家庭，提菜篮子就满足了，为什么范围这么小？那时我想到很多人遇到困难时，都会叫“观音妈、妈祖婆”，他们也是现女人身，却能因应众生需要而随处显现。

我感觉应该要立志。对普天下的众生，我们都可以用妈妈心去爱，如果被一个家庭拘束了，又能爱多少人呢！所以，应该要去小爱，成就大爱。虽然当时我年龄还轻，不过，很向往这条路，自己也很笃定应该怎么走。

后来曾有一段时间，我因身体不适，暂居于慈云寺静养，见及师父们为赶赴经忏，即使夜半时分亦得整装外出，当时我虽尚未立定“弘法利生”之愿，但内心产生了疑惑，认为出家是神圣之事，真正的修行生活不应如此，深感应提升佛法教育，以道理开启人心。首要之务，应破除当时民间对佛教的迷信作法与观感；再者，佛法应运用于自身，落实于生活，而修行人则要提升生活的品格。

于是萌生寻找出家目标的念头，寻思将来若出家，如果不能兼利天下，就要独善其身。这是我“发心”之始。

展读《新旧约》与《四书》，深研宗教与世学

介于接触佛法后以及离家修行前的这段时间，因引发出探讨宗教之兴趣，故也曾展读《新约圣经》与《旧约圣经》。此外，且非全然专注在宗教或佛经的钻研，同时亦很有心地去研读《四书》，动机是“希望从《四书》之人间教育观点，进而探讨佛法出世间的道理”。

我认为，中国固有的伦理道德观念，是维系社会长治久安必定要遵循的自然法则。自然界的顺序或人伦的次序，就是自然的法则；自然的法则，就是伦理道德的思想；伦理道德的根本精神，在于“安分守己”。人假如合于自然的顺序，守住伦理道德，能够安分守己，就会过得非常安定和乐。

肤一肤破旧《法华经》，引发日后设计“佛陀洒净图”意像

正当其时，有位信徒来慈云寺问师父：“我发现一部《法华经》，是一位阿公收存的，后世子孙觉得这部经是前代人的旧物，就把这部《法华经》，和一些旧册子、日据时代书籍，一起放在阿公的床底下。在清扫时扫出这部经，因为子孙没有信佛，现在准备当成废纸卖给收破烂的人。想请问师父，要不要请回来？经书是否可以当成纸张卖呢？”

我刚好在场，乍听《法华经》的经名，心生欢喜，觉得跟《法华经》特别有缘，就问：“什么是《法华

经》?”修道法师回说:“《法华经》是一部大乘经典。”于是我说:“怎么把经书放在床底下?不要让售给那收破烂的,我可以请回来。”请回这部经需数百元,在当时这是一笔大数目,可以买好几千斤的稻米。

我请回来后,端详这七卷七册的《大乘妙法莲华经》,据说是明、清时期版本,书皮用木板制成,长年尘封泛黄,有些虫蛀、腐蚀,带点湿气、水渍,翻阅时若不小心会弄破。我将这部《法华经》视作珍宝,十分喜爱与疼惜,眼看它是如此破旧,看了很心疼,赶紧肤一肤。稍微整理一下后,就借放在修道法师处。之后便开始依照经文学写毛笔字。事隔多年了,这部经我还留着。

以后我在设计“佛陀洒净图”时,就是想到当年的情景。当时,我接到这部《法华经》时好心疼,接过书时,感觉好像在一个世界上,因此我用手肤它。所以我很爱说“肤”,肤一肤的感觉真好。这是一个缘啊!

经过一段因缘,我决心出家,历经周折,二度离家时,就只请修道法师带着这部《法华经》,他的皮箱里有几件衣物，我则什么都没带，就这样两人辗转在台东暂时落脚，暂居鹿野王母娘娘庙。彼时生活纵然辛苦，也因翘家而心惶然，但是放下家业俗缘，与天地合一的宁静，是我心境的写照。

从日文版一套十二本之《法华经大讲座》，初次欢喜发现《无量义经》

寄居在台东佛教莲社期间，当地马兰糖厂一位总务课长王先生，他太太是佛教徒，请我们两人去家里做客。从王先生府上书架，我看到一部日文版的《法华经大讲座》，一套十二本，这才发现《法华经》的前面第一部是《无量义经》，《法华经》之后则是第三部《观普贤菩萨行法经》，这三部经合称《法华三部》，这部经十分吸引我。

我随手拿起开头的一本《无量义经》，读了后，眼睛一亮，心头为之一震，“静寂清澄，志玄虚漠，守之不动，亿百千劫”，这十六个字更令我欢喜，心想何时我也能请到一部《无量义经》。

在小木屋拜、诵、抄《法华经》，拜诵之际感受到《无量义经》静寂清澄之境界

修道法师返回台中后，我孤身留在花莲，虽已现出家相，却没有归属依止的师父。虽然解脱家庭束缚，但其时心无定所，既无师父亦无道场，寄宿于许聪敏老居士家的窘况，心情实乃煎熬。

因缘不可思议，感恩上印下顺导师为我举行简单的皈依仪式，授以言简意赅的"为佛教、为众生"六字，终入戒场而圆满受戒。

受戒之后，回到花莲，许老居士为我在普明寺地藏菩萨后方约五十公尺处建一间小木屋，这间十尺、十二尺大的小木屋就在一座高压电塔下。在小木屋，每天早上，天未亮，一点多就起来，开始礼《法华经》。那时，心无烦恼，很虔诚，没有挂碍。于是就在田中央的这间小木屋里，开始真正地修行，每天拜《法华经》，诵《法华经》，抄《法华经》。

每个月农历二十四日这一天正好是我礼毕一部《法华经》之日。这一天也是我燃香供佛日，因为让我能安心在小木屋修行，我应该要报恩。我也要报两对父母恩，一对是生我的父母，一对是养我的父母。为了报父母恩，所以我很虔诚，那时一无所有，唯有身体力行虔诚修行。

除了报父母恩，也要报修道法师陪我受尽辛苦的恩情，还要报许老居士护法的恩情；因为要回报很多恩情，我只好用很虔诚、坚决的心念，每天诵经、拜经，每个月农历二十四日燃香。后来，一九六六年农历三月二十四日成立慈济功德会，是慈济的第一天。一直到现在，每个月农历的二十四日是慈济的“药师法会日”。

因为当时很穷，一无所有，连吃饭都没有米，在身上燃香，就是己心虔诚的供养。燃香之处会起泡，干了就会结痂，最少十二颗，我就将之一个一个挑起来。痂挑起来之后，赤红的肌肉组织与空气接触，感到痛彻心肺！忍痛观察，发现伤口很快就生出一层薄膜，就像燃烧的蜡烛熄灭后，蜡油上方会迅速产生一层膜，薄膜覆盖伤口，隔绝了空气，就不那么痛了。

我用自己的身体去理解，体会出生之后，为什么会痛、会哭。光是十二颗香疤揭起后就很痛了，何况是全身赤裸的婴孩，想必更是刺痛难当。

我在小木屋里自修，在清晨的两个小时中诵《法华经》，一字一拜，每个字称妙，每个字称宝，诵一个字一拜。拜经时，我保持清净的心、虔诚的心，心无所求、心无一物，可说是人与法相融合。

有一天拜到“如来寿量品”时，拜到真的累倒了。那时候很清苦，也没得吃，应该也是虚脱了，拜下去之后，我突然之间感觉到清凉与光明，真正可以“静寂清澄，志玄虚漠”来形容！那是很短的时间，眼前出现一片光芒，如太阳般的光明，但无刺眼之感，是很柔和的光亮，既不是很明亮，也不昏暗，还有一种很宁静、很宁静的声音，那个境界无法形容，就似身处法华会上的道场。

所以为什么我会特别喜欢“静寂清澄，志玄虚漠”这一段经文？因为想起当初的那个境界，就会觉得很法喜；每一次谈起“静寂清澄”，那一种法喜又会浮上心头。在那时候的境界，让我只有一个念头，就是“立志”。也从此开始，我将过去佛经的佛法与现在的世间法全都融合在一起，所以而今讲经时，总不由自主地会将慈济人事与佛经义理无形中混合了。

在拜《法华经》，竟然有《无量义经》的境界展现出来，那一刹那的立志，把握当下，恒持刹那，刹那就是永恒，真的是求不可得。这不是迷信，心灵之外无境界，这个境界就是每一个人本具的净因灵性，这是很难描述的。

所以有时候慈济人到各地去勘灾，回来告诉我所见所闻，我就知道应该要怎么做，大概能理解那里的情形。若要问这是为什么？那种“心有灵犀一点通”的境界，是很难表达的，要好好静下心来体会。

但是我不提倡大家打坐寻找“静”的境界，那也很危险。早年我还跟修道法师一起，在许聪敏老居士家，一大早起来打坐，突然间，感觉身体不断地膨胀，心绪不知跑到何处，感觉世间很混浊，就像大爱台播出的一段土石流翻滚的灾难画面，当时的心几乎拉不回来。有那么一段时间之后，我就不敢再打妄想，否则一打坐，就混浊翻搅，无法面对现实的境界，我也曾经有过这样的经历。

所以我很希望大家礼佛以后，打坐是调气、调呼吸，对血液循环等等都会有帮助，但是绝对不要好奇，想要借着打坐体会什么心灵以外的境界。有的时候这些境界会让人很开心，有的时候也会让人觉得很浊重，自己也随境界而转，不能自出。

如我刚才说的，虽然在一字一拜时得到那种轻安自在的欢喜，但我不执著，适可而止，否则就会走火入魔。佛与魔是一体两面，所以不要贪着打坐而生的境界，沉耽于欢喜，就会无法回到现实；或者被混浊沉重的境界压住了，心门会无法打开。

在小木屋深入探讨《法华经》，省思千经万论教义并非独善其身而是行菩萨道

在小木屋的困苦生活中，即使孤单，却感到身心愈益轻安自在。因为当时已有师父，且并非借宿于俗众家庭，亦无须再担心家人寻觅，所以很是心安。然则，那段小木屋清修的生活，即使心无挂碍，但总也反问自己，难道我一生就要像这样"独善其身"吗？如此的生活，对人群、对社会、对佛教有什么意义？而我的师父要我"为佛教，为众生"，如何做呢？佛教经藏这么多，我要从哪一个方向去走？

当我从《法华经》中读到："听闻《法华经》起欢喜心，就是过去生已经与佛同世，结过缘，累世不断不离常寂光土，法华世界。"想及自己非常喜欢这部经，内心很是震撼！

半年的小木屋清修时光，我专注于抄读《法华经》并深入体解经义，渐渐体会到佛陀教示的千经万论，无非是教导人人要行菩萨道，而师父所说的"为佛教、为众生"深义，就蕴含在《法华经》经文之中。

"为佛教"是内修，"为众生"则要挑起如来家业，走入人群救度众生。所以我认为，既然我有殊胜因缘走入佛门，成为佛教界中名誉很清高的上印下顺导师的弟子，师父嘱咐我"为佛教，为众生"，我就要以此立志，终身奉行。师父的道德与学问广受崇敬，既能皈依师父门下，就要好好地修行，不能使其蒙羞，更要积极践履佛教精神。

从当初诵《梁皇宝忏》，体会到"业力"、"无常观"；接着领会"心包太虚、量周沙界"的开阔境界；直至于《法华经》认知无私、不贪取功德、不求回报的付出，是佛教很超越的上乘境界。

自己心灵的转变并非一朝一夕，在经历许多事情之后，体会到既然出家是因为不愿意只为一个小家庭提菜篮，何以要走向独善其身，只为自己一人的修行生活呢？

花莲慈善寺讲《地藏经》体解菩萨大愿，发愿守住地狱门将佛法推入人间

一份逆增上缘，在一阵台风之后，遂搬离了小木屋，住到许老居士家，后来受邀至花莲慈善寺讲《地藏经》。既然小木屋不能住，居士家也不是我永久居住所，在佛门中有规定不能住居士家超过七天以上。既然有寺院要我去讲经，也可以离开居士家的环境，所以就到慈善寺讲经。

讲的是《地藏经》，开始讲《地藏经》时，才真正深入《地藏经》法门。原来佛法不离开世间法，地藏菩萨是佛陀不断不断殷勤地交代，从娑婆世界往上升是天堂，往下堕是三恶道，最痛苦的就是在地狱道，所以，地藏菩萨承担起佛陀托付的使命。

他守在地狱，发愿“地狱未空，誓不成佛”，如此

大愿，很启发我的心。地藏菩萨，勇于入地狱救拔众生，为何我不敢在人间呢？所以我又发一个愿，要帮助地藏菩萨！众生造地狱因，所以堕地狱，我应该要守住地狱门，把佛法推入人间，人人不犯戒，就不会堕入地狱。但是，只是行十善上天堂也不够，应该要超越天堂，那就是行菩萨道。这就是当时我动念讲《地藏经》的想法。

而往后随我出家的德慈、德昭、德融、德恩即是来听我讲经的结缘众并皈依我。讲《地藏经》四个月，再赴基隆海会寺结夏安居三个月后回到花莲，因故无法再住慈善寺，就再到地藏王菩萨庙（普明寺）。

在普明寺成立佛教克难慈济功德会，践履佛陀本怀把握台湾当下时空从济贫做起

四个弟子跟着我一起住，德融的母亲且亲自将女儿交给我，希望她随我修行。小木屋已从高压电塔下位移到普明寺旁，小木屋后方是派出

所，旁侧之水泥建筑是地藏庙，在地藏庙的旁边，原本就有盖一间木造的房屋，我就是住在这间小木房里，与几位弟子自力更生，开始一日不作一日不食的生活。白天劳作，晚上教授弟子《四书》与佛典。

在结夏安居期间，许多比丘、比丘尼都在道源老法师座下用功。有位比丘惟励法师，他正在读日本学校的函授课程，他邀我参加，我就报名了。回普明寺后，有一段时间就在修习日本函授课。

那时候，在许多因缘巧合不断地促成下，一摊血事件、修女来访、竹筒岁月等片段相连接续，深感众生的确需要佛教，所以在普明寺成立"佛教克难慈济功德会"，开始做慈济。

二十世纪时代变迁很大，曾历经第一次、第二次世界大战。台湾光复后的三四十年代人民生活辛苦，思想保守。五六十年代的台湾，人民生活渐渐稳定，慈济就是发萌于六十年代。

当时的佛教不论北传或南传，大小乘的佛法传播都偏向于精神面的教育，从这两条发展路线分析起来，总觉得佛法对人生不是很实用。比如日本研究《法华经》很用心，但是再怎么研究都是在学问、精神面上打转；而东南亚泰国、缅甸、越南一带的修行人，总是着重在生活上的小细节。这两线所发展的佛法教育对人心、社会到底有何帮助？那时候的我不断地这样思考。

佛教有句话："出家乃大丈夫事"。什么是"大丈夫事"？就是有所作为嘛！所以，我一直觉得，国家的兴衰应该人人有责，尤其是出家人。

佛陀所关怀的不只是一个国家，而是全球的人性问题；从印度当时的不平等社会，一直延伸到人性的净化，悉达多太子的伟大就在于此。他生长在富裕的皇宫，过着个人享受的生活，却能体会贱民生活的苦难，以及婆罗门教的宗教家高高在上的傲气，这种种不平等让他想到如何令所有众生心灵解脱，也想到自己必须身体力行去改变不平等的现象；而要达到这个目标，必须自己的心先解脱，才有改变的可能，所以他就出家了，去体会众生的心灵，去寻找宇宙人生的真理。

从这点我一直觉得，佛教不是靠研究，也不是靠形态上的苦修，应该是把握生命的时空——把握时代的脉动，也利用这个空间——我生在台湾，将台湾这个环境以及现在的时代二者连成一体；我既然生于斯长于斯，这整个空间应该就是我的道场，我应该好好把握。所以，时间、空间对我来说很重要。

经常有人问我：可曾出国？我都很自然地回答："我哪儿都没去过。"台湾和美国"断交"时，有位身在美国的法师很替我紧张，他来信表示慈济是一个民间团体，恐怕我会因此受累，必须比别人先走才好。当时我就想："这个空间就是我的道场，这个时间就是我的生命，应该正是发挥良能的时候。"

有了以上种种的想法，又结合本土的空间、时间等观念，我认为：我应该从最贫穷的地方开始做起。所以，我们开的第一道门就是“善门”，很多慈济人都是由善门而进佛门。

尽管说来话长，不过，思想都没离开“时、空”，紧紧把握“时、空”。至于精神的中心，就是以《法华经》为轴的“中道”。《法华经》既不像《般若经》都在谈空，也不像《阿含经》都在说有；但是不论般若或阿含，还是必须行菩萨道。整部《法华经》不论是谈过去诸佛，或者谈未来诸佛的世界，都不离菩萨道。因此，不论任何空间、时间，我们都是依着法华精神走出这条慈济菩萨道。

善门一开，历经从无到有的过程。《法华经》同样说四谛、十二因缘，一开始就谈苦集灭道。人生之苦不离八苦，功德会成立初期，这八大苦都是用慈善来对治；待医疗发展后，就以医疗来对治其中的生、老、病、死、苦，因为生、老、病、死在医院里经常可见；“爱别离、怨憎会、求不得、五蕴炽盛”，这些是心灵上的苦，就用教育、人文来洗涤。

为做慈济放弃日本函授学业，托人请回日文版一套十册之《新释法华三部经》得见静寂清澄境界之文字描述

读日本函授课近两年后，修业告一段落，得赴日本面试，我的心很挣扎。心想若放弃做慈济，而去拿学位，可能慈济就无以为继了。当时才开始起步而已，看到这么多有困难的人家，一旦我去日本，就得四个月的时间；若不去，就得放弃继续修业的机会。

几经挣扎，终于决定放弃学业。惟励法师到花莲来看我，一直鼓励我去日本，我说："我真的没有办法，只希望你帮我请一部经回来。"

所以他就帮我自日本请回一套十册，由庭野日敬先生著述的《新释法华三部经》。

我虽日文尚浅，粗略能读懂，看到书中竟然有"静寂清澄"境界的描述，真的非常开心。当初在小

木屋拜《法华经》所体会到的那种无法形容的境界，竟然能拉回到文字上！经过用心研读，庭野老先生对于经文之释义，令我了解到佛菩萨的精神原不离人间，进而决定将佛陀的精神落实运用，实践“人间菩萨”的理念。

启用静思精舍打佛七，亲自抄写、钢刻、蜡印《无量义经》

慈济开始在花莲展开，渐渐地大家都知道有慈济在济贫，普明寺是间小小的庙，愈来愈容纳不下参加法会的信众。我母亲就为我买了一甲五分地，在这里建设了一间大殿，也就是静思精舍。

精舍盖好了，开始打佛七，诵《无量义经》、《法华经》。早年常住清苦，想要诵《无量义经》，却没有钱请购，且当时台湾也没有印行《无量义经》单行本，只好从这部日文版的“法华三部”中，开始一字一字亲手抄写，且自己用钢板刻，用蜡字印出来给大家诵读。也因为刻钢板以致手受了伤，直到现在在某种姿势下，手就会觉得痛。精舍到现在还保存着当初所刻的那部《无量义经》。

《无量义经》为《法华经》之精髓，是真正专心深入研究与终身奉行的经典

虽然慈济以《法华经》作为精神所在，但我真正专心深入研究的是《无量义经》。因为经文的每一句话，叙述人人都可以成为菩萨，而不依靠神通变化。

佛陀说法四十九年，前四十二年谈空说有，皆是方便法门，唯有后七年讲《法华经》之菩萨道精神，才是真实法，畅佛本怀，所以《法华经》是佛法的中道，不偏空也不偏有。

《法华经》的道理很深奥，但是很契合菩萨入众生群的理念；《法华经》共七卷，经文很长，而《无量义经》就是《法华经》的精髓，清楚说明佛教徒要以什么样的态度走入人群，所以《无量义经》是我终身奉行的一部经典。

《无量义经》全一卷三品："德行品"、"说法品"以及"十功德品"。"德行品"是希望人们可以得到典范，"功"与"德"要从内心修养，从佛陀教法中启发，并运用在人与人之间，该改的要改，该做的要做，最后成就人的品格。德行品述说佛陀的德行，阐明"心、佛、众生，三无差别"，人人心中有佛，只要人人心中的佛发挥良能，他就能拯救众生。

"说法品"述说宇宙真理。宇宙之间天天都在说法，如气候有四季春夏秋冬之变化，花草树木也不断在新陈代谢。宇宙万物，都是许多微妙的因缘和合，不断地相生相克；因缘会合产生天下万物，因缘散灭，一切归于空无。万物之"三理四相"，有"物理"的成住坏空，"生理"的生老病死，"心理"的生住异灭，皆是因缘生灭所现。

"十功德品"则说明人人都具有佛陀无量的力量，只要启发善念，皆能发挥利他良能。一念善心起，不忍众生受苦难，虽然身体有病，虽然还是凡夫，还是能救拔其他苦难众生，以佛陀的教育开启他的心门，净化他的人生。

“十功德品”是人的境界，人与人之间的事项，该如何转念很重要，念不转，心境就难转；“说法品”则全然是佛法道理，为佛陀教育的精髓；“德行品”则是法入内心后表达出来的典范。这三品甚深微妙的教法，不仅是佛陀说法的心灵境界，也有内心下功夫的方法，也能深入人间，自我改变，成就人品典范的“德”，三品合一论述完整，《无量义经》是现代非常重要的一部经，千经万论不离这些法。

慈济四十年后树立“慈济宗”，期以自信心“传承静思法脉，弘扬慈济宗门”

近年来即不断言及“来不及”三字，至于“立体琉璃同心圆”等名相亦再三说起，待二〇〇六年十二月十六日及十七日两天举行之“志业体同仁精进二日”活动中，感于“慈济宗”成立之因缘成熟，故决定开启“慈济宗”。慈济在创立四十年后树立“慈济宗”，每一位慈济人都是慈济宗门的第一代人，无论属于四大志业、八大法印的哪一个专业，都要有“传承静思法脉，弘扬慈济宗门”的使命感。

静思法脉是以法华精神为旨要，而《无量义经》提出《法华经》之主要精神，一理通、万理彻，且《无量义经》经文简要又很入世，故以《无量义经》为静思法脉修行主轴。亦即，静思法脉，从小木屋开始，以《法华经》为主，《无量义经》为精髓。

这四十多年来，从台湾地区到国际，慈济人做中学、学中觉，都不离《无量义经》的法髓。《无量义经》中的偈句：“静寂清澄，志玄虚漠，守之不动，亿百千劫”，就是“静思法脉”；“无量法门，悉现在前，得大智慧，通达诸法”，就是“慈济宗门”。

静思法脉，内修清净心；慈济宗门，外行菩萨道。静思精舍为慈济的精神起源，是“静寂清澄，志玄虚漠，守之不动，亿百千劫”，恒守初发心的清净；慈济宗门则要入世，以智慧应众生的需要，以无量法门将精神往外推行，所以是“无量法门，悉现在前，得大智慧，通达诸法”。

“静寂清澄，志玄虚漠，守之不动，亿百千劫”，要从内心自求，心境时常保持如此静寂清澄，不因外境的纷纷扰扰起无明，来染污心地。心灵常常保持清净，而且要立志，发大心，立大愿；既然发心，意志就要坚定。

将这句话背在心里，若是一天之中，看到不欢喜的事，或在人与人之间，有人不合我们的意，将要发脾气之时，要赶快让这些字句浮现，就像镇定剂一样，能帮助我们不受境界诱惑引动，受恶相染著。

静思法脉从静思精舍起源，精舍的修行道场向来“自力更生”，不但不接受供养，亦为慈济人的家，每位慈济人回到家时，精舍亦理所当然，秉持一贯的自力更生精神，负担众人的起居饮食，这就是一份清澈无私如琉璃的大爱。净如琉璃的静思法脉从心灵的中心起始，要普遍全球，所有的慈济人也要与心灵中心具有同样的清澈、无私大爱。

“无量法门，悉现在前，得大智慧，通达诸法”，慈济宗门的修行方法，是在人群之中，福慧双修。常常听人说“家家有本难念的经”，其实是“人人都有一本难念的经”。每一个人心态都不一样，表达的方法也不相同，走入人群接触不同的心灵世界，就像阅读一本本不同的人生经典。

在慈济宗门中，可以见证无量法门。走入人群中，不论信仰什么宗教，都可以打开心门，不分种族、不分宗教，以很清净的无所求之心不断地付出。对于不同的宗教性质，慈济人可以运用不同的法门进入，但是要把握住自性。

我们所面对的人生，有的贫穷、有的病残，有的是心理病态，有富裕的、高学识却欠缺修养的人，也有教育程度不高却单纯而有智慧的人……林林总总，形形色色。不深入众生群中，怎么能了解这么多不同的习性？每一种人都是我们修行的法门，面对不同的习性，要想方法去亲近他，就要打开心门包容他，这就是给我们修养的机会。

“不经一事，不长一智”，其实我只是创造这样的机会，让大家有无量法门可以深入，让人人经一事、长一智。这就是慈济修行的道场，期盼要珍惜慈济宗门，进入群众中去了解每一个人，每一个人都是我们要深入的法门，了解各人的习性，就能知道如何让他们来接近慈济，或是由我们深入他们的心，这都需要运用智慧。

其实，“静思法脉”不是现在才开始，“慈济宗门”也不是现在才说。早在四十多年前，我在皈依时从师父得到“为佛教，为众生”这六个字的那一刹那间，就深植在我的心中，直到现在。

静思法脉“为佛教”，是智慧；慈济宗门“为众生”，是大爱。我的师父嘱咐我“为佛教，为众生”，我则告诉慈济人“以佛心为己心，以师志为己志”，一脉相传。希望立体琉璃同心圆如水涟一般，一滴入水，圈圈扩散，渐至全球，达成佛法生活化，菩萨人间化。

慈济人既没有专事念佛，也没有参禅打坐，就是走入人群行菩萨道，为天下苦难而付出，有别于各宗派，但确实依循佛陀教育，走过四十年，普获肯定，所以如今立宗，大家也要坚定前行。

静思精舍、清修士以及全球慈济人合成“三千大千世界立体琉璃同心圆”，以清净大爱建设人间净土

佛典中提及的西方极乐世界，无有忧苦，是许多修行者向往之处。到目前为止，以人类的科技无法证实、发现西方世界。只能说，很多法的境界就是心灵的世界，修行应该要脚踏实地。

三大阿僧祇劫、三千大千世界，以佛典解释，“劫”就是长时间，一增劫就是人寿十岁，一百年增加一岁，一直增到八万四千岁，又再渐次递减，减到人寿十岁，这一增一减，就是一小劫。在空间上，佛典谓每一小世界以一千为集，而形成一个小千世界；一千个小千世界集成一中千世界，一千个中千世界集成一大千世界，此大千世界因由小、中、大三种千世

界集成，故称三千大千世界。

所谓“宇宙”，“宇”是空间，“宙”是时间，虽然三大阿僧祇劫、三千大千世界的宇宙观，以人的理解实在难以想象，但是在天文学界，已经有存在其他太阳系的推论。这么长时间、这么大空间，实在难以考据，在人间说人间事，所以我将宇宙浓缩、合并成“三千世界”来解说。

以此譬喻，精舍的中心道场，是法脉的泉源，如小千世界；连结精舍与外围大众，“清修士”是终身奉献的在家修行者，将法水引介到世界各地，这一群人如中千世界；全球慈济人，在全世界各角落撒播爱的种子，运用法水滋润大地众生，是大千世界。小、中、大三千世界紧密结合，就是立体琉璃同心圆。

四十多年前，慈济的精神理念就立足在精舍，在这个道场中，常住众自力更生维持生活，清如琉璃，更要在克难中努力多做婴儿鞋等等手工，俾有余力以布施救济。

除了要自力更生，还要努力去帮助别人，这个精神从四十多年前，直到现在，没有瑕疵。所以，静思法脉要从精舍建立、延展，从精舍为中心，自“小千”、“中千”、“大千”，结合三千世界，成为立体琉璃同心圆。

天体、星球皆以圆形为主，以四法四门构成、运作的“立体琉璃同心圆”，也是圆满的表征。天圆、地圆、人圆、理圆，“千”与“圈”发音相似，因此以圆圈环绕的理念阐述清净有爱而圆满的人间净土。

无论是东方世界或是西方世界，佛的世界究竟如何，我不知道，我所知道的是人间的净土。以合心、协力双手拥抱，以和气互爱在其中运转，充满了付出无所求的纯净大爱人间，就是人间净土。这是很实在的，可以看得见的世界。菩萨在人间，在这堪忍的世界里。慈济人就是脚踏实地，超越了自己的苦，去帮助人间之苦。

来人间一趟，不要空空地来，无痕无迹而过。人身难得、佛法难闻、菩萨道难行，但是对慈济人而言都没有困难，大家已得人身，得闻佛法，也已经行在菩萨道上，在人群中力行佛法，要做到立体琉璃同心圆。

慈济人有无私、无染的爱，既无自私，也没有欺骗，襟怀坦荡，心地净如琉璃；不因利益而聚合，只因受大爱感化、感动而发心投入，以这样的心和合运作，就是“立体琉璃同心圆”，和合天下人心，这就是慈济宗门之旨。

即使大家散布全球各地，都是承继同一法脉，如同一棵大树的所有枝叶，都来自于同一根本；不论每一棵菩提树生长于何处，都是同根所生，源于静思法脉，此即“菩提林立同根生”。大家都是师父的弟子，人人都是以佛心为己心，以师志为己志，“队组合心耕福田”，彼此珍惜、相互合心，就能耕耘世间的福田。

虽然为了团体运作而制定“四法四门四合一”之

组织结构制度，但是“以戒为制度，以爱为管理”的基本准则不变。人人守本分，守好慈济十戒，就能如规如律，自爱爱人。自爱就是不犯规。大家都是凡夫，而佛教徒的目标就是要学习佛陀的大智慧、大觉悟，所以，我们应该要维持这一份无染的心，守好自己的本分，照顾好自己的道心与行为，这就是最好的自我管理。如此智慧深入，不因言语是非阻断发心立愿，才能“慧根深植菩萨道”。

不论时间有多长、不论路途有多远、不论遇到何种境界，荷负如来家业、永传慈济法脉之修行心志必定坚定不移！

时间过得很快，转眼之间出家以来已四十多年岁月了，早期跟随着我修行的弟子至今也有四十一二年了，在我尚未做慈济之前，他们就来了，有的人还曾陪伴我去结夏安居；而因为精舍是自力更生，才三四人就得做三甲多耕地；草创慈济以后，《慈济》月刊文稿要自己拿笔写，所收的功德款帐目也要记得滴水不漏……一路过来，回首来时路，生活上实在经历许多困难。

日子一天天过去，岁数年年增加，体力随着年月渐渐消退，人生一世，时日有尽、路途有终，一切都在变异之中，但有一项是地老天荒永不改易者——心，任凭生生世世、来来去去，修行人之心要永远守住清净无染的本性。

我之出家因缘过程坎坷，从在小木屋栖身到在精舍安住，四十多年来，修行之心始终没有变。精舍早期以多种手工维持生活，不论是车婴儿鞋、缝手套或做纸尿布，我皆亲身与大家共同投入工作。而今，因为慈济志业诸事繁忙，时间不允许我如往昔与大家共作息，但我依然顾守好自己清净的心，从无做出逾越出家人本分之事；即使每个月我人在外行脚，我也是遵循出家人的本分，怀抱着对慈济人的感恩心与回报心，赴全台各慈济会所与大家会面。

所以说，从小木屋到现在，无论时空如何变异，无论遇到何种境界，我总是将自己的心守护好、约束好，从不曾随时日或境界而有所变化，这是我自己今生足堪安慰之事。天地宽阔任我遨游，我的心可扩散出去关怀天下苦难苍生，又能很快收摄回来在自己的本分；我总是以感恩心应对人事，对于任何加诸于我的赞叹，我从不敢居功亦不贪求虚幻之名，就只是很认真地守在自己的本分上。

四十多年如一日，这是我真实的心境写照。自己这一生并不为什么，但为天下苦难付出，若听到众生得离苦，就是最大的回报和欢喜，这是发自内心深处永恒的法喜！

慈济宗门，“宗”即宗旨，大家既依其出家入慈济宗门，入此门来就要守住慈济之宗旨。过去之祖师大德开立禅宗或念佛宗等等，但我非打禅亦非念佛，则慈济宗门的宗旨为何？人间菩萨道！将佛陀的教法落实人间，教人在生活中力行佛法，这就是人间菩萨的使命。

佛陀来人间为的就是教化众生，众生有心灵空虚需要救度者，亦有物质欠缺需要救济者；以佛法来启发富有者的爱心是“教富”，带动富有者去帮助贫困者是“济贫”。教富济贫志业不是个人力量能成，希望能号召天下人承担天下事！

时代在变，空间也在变，尽管有形的环境时刻在变异之中，但期盼大家跟随着我走入慈济宗门，这份荷负如来家业、永传慈济法脉之修行心志，要贯彻到底！要真诚如一！不论时间有多长，不论路途有多远，不论遇到何种境界，这份心志与初衷，必定要坚定不移！

一九九六年

坚持菩萨大爱

——走过两岸历史风云

去年夏天以来，大陆进行飞弹发射及军事演习，引起台湾进入最高警戒，台海两岸之间关系处于低迷状态，紧张的气氛持续到今年春后，才渐渐趋于缓和。

超然于政治现实立场

台湾民众在经历四五十年的安定、和平岁月后，突然步入历史新局，面对着现实的转折点，大家的心思随着时代的浪潮起伏，一种长治久安下的稳定感，多少受到影响。局势的不安，考验着台湾民众的智慧。在情势有所变化之际，如何在历史事件的当下，正视所面临的事实，以谋求安身立命之道？又如何透视现象背后隐藏的问题，在因果上追本溯源，以维系未来的安定？可谓众说纷纭，有许多不同角度的看法。

处在时代的风云之中，心系众生安危的上人，在立足点所在的台湾，自是关心着此地二千多万民众的生命；而对于彼岸的百姓，也同样怀着宗教家平等慈悲的胸怀，寄以无尽的爱护。超然于政治现实立场，以宏观的视野关注世局，无论在公开场合面对群众或面晤来访者之言谈，上人无不悲心流露，表现出“尊重生命”的大爱情怀。

风雨飘摇之际——定如木鸡，沉着以待

就目前台湾自处之道，上人以为“一言足以兴邦，一言足以丧邦”，任风雨飘摇，都要冷静、沉着以待，尤须谨言慎行，以免祸从口出，衍生更大危机。如果欠缺这份自我安定的功夫，心常随着境界转，内心经常与自我挣扎，则所有的力量都被自己消耗了，哪有能力再面对外境？

心平气和，同舟共济

“我们生活在台湾，就像同搭一艘船，船行海上，难免有风浪，只要大家共体时艰，同舟共济，就能乘

风破浪，化险为夷；倘若船上的人心慌乱、浮动，四处逃窜，船身在无法平衡的情形下，就容易翻覆。所以，不论遭遇任何情况，即使大风浪，都要心平气和，以平常心看待，发挥同舟共济的团队精神，才能撑过这波大浪，渡过灾难；否则大家心慌意乱，失去理智，即使最小的风浪，也会因大家盲目浮动、呐喊，致使全船沉没。"

"大家保持冷静，社会大众心安，国家才得平安。"上人强调，几十年来台湾地区平静的生活得来不易，应该要珍惜，不要人云亦云，随人乱喊，自乱方寸；只要人心先安定，大家在自己的岗位上守好本分，就可以安然度过危机。

平常安定之时——
居安思危，防患未然

所谓"居安思危"，即是平常无事、安定的日子里，莫放逸、懈怠、胡作非为，更要多行好事，才能感得善业聚集，永保吉祥。佛教所说"众生共业"，善、恶果报皆由众生业力所招感，多灾之时，即使害怕也逃不过，唯有平时多造善业，聚集众人善业，才能趋吉避难。

上人说："心力就是业力，一切的业都是起于一念心；少数人的一念之差，会导致多数人的共业。一念之差，非有形事物所能抵挡，要汇聚众多善业才能扭转少数人的心念，以改变、减少恶业的发生。"

少欲知足，安分守己

鼓励大众存好心、做好事，累积福业，如此才是趋吉避凶根本之道，也是最稳当的方法。

审察台湾社会现象，经过数十年的努力经营，民生趋于富裕，却也带来浮华、物欲追逐风气。针对社会时弊，上人苦口婆心地以《八大人觉经》所示警策众人："多欲为苦，生死疲劳，从贪欲起，少欲无为，身心自在。"

上人表示，凡夫多欲为苦，且求无止尽，有钱、有权，还要追求更大的财利与权力。对个人来说，碌碌终生，真是非常疲惫；对社会而言，人与人间相互比较、竞争，也因而动荡不安。

“‘世间无常，国土危脆，四大苦空，五蕴无我。’《八大人觉经》这短短几个字，已讲尽‘无常’正是世间的形态。然则，凡夫身处无常世间却不知无常的道理，所以欲望无尽。欲念，在起心动念间生灭不已，使得人生苦不堪言。欲念炽盛，则迷失智慧，不知人生目的为何？一味追逐，生活在迷茫中，频频造作不善业，招来无穷烦恼！”

“世人总把宝石视为珍宝，然而，真正具有生活艺术品味者，常以欣赏的眼光看待万物就满足，而不必据为己有。人因健康活着，而可以欣赏、赞叹世间山河大地之美，得以拥有宅第、田园等。然而人心不足，多要更多，大要更大，常沉溺于物欲追逐的洪流里，倘若一口气不来，即使拥有全世界也无法带走。”

“其实，连山河大地也无常，所以国土危脆，天灾难防，而人祸也教人力不从心。少数人为了争权夺利，使得天下人心惶恐不安，他们所求为何？只是为了名和利，其实人生追究到底，不就是苦、空吗？今日能拥有平安，就要感恩；否则拥有太多，却又害怕失去，终日自寻烦恼，又有何益？”

观上人言，可知在欲爱中人，患得患失，苦不堪言。少欲即知足，能不妄为造作，安分守己，自然身心轻安。

维系未来之方——心存善念，广聚福缘

鉴及“一切唯心造”之理，上人创立慈济，一贯本意，就是启发人心善念。“三十多年前，建立克难慈济功德会时，为了累聚教富济贫善款，我要委员们一人一天投下五毛钱在竹筒里。当时有委员疑惑，为什么不一次就交足一个月十五元，如此不是更快速、更方便？我告诉他们，两种方法意义不同，每天存下五毛

钱，是要他们每天都发一念救人的善心，这是自救，也是造福。而当他们去市场买菜时，也可以广宣慈济人每日培养善念的用意，以影响、带动更多人的加入。”

“我们意不在收钱，主要是在募心，应想如何启发人人的善心良知，让人人心中有爱，再将这些善心和爱集合起来，让这股善业能转恶业。佛经上说，世间若善少恶多，天下就会多灾难；如果善多恶少，即使有恶业也会转祸为福。所以我主要是在募心，而不是募款，希望赶快凝聚大家的善心，集众人善业以转贪婪祸业。”

等念怨亲，平等慈悲

上人的理想，慈济志业，是一份菩萨的志业，不只为台湾谋福利，更是为天下众生的幸福着想。在两岸紧张之时，上人也就《八大人觉经》，提出“菩萨布施，等念怨亲”的主张。

“菩萨的心很富足，富有大爱，富有一切。所以，菩萨的布施非常普遍，可以怨亲平等。自己所爱的人要帮助，不是自己所爱的人或对我有怨的人，菩萨还是一样帮助他，因为菩萨心中没有怨恨。哪怕是有人对他不满、想陷害他，菩萨的心还是永远平和。需要关心的人，我们真诚关怀他；对我们不友善的人有困难，我们也要去帮助他，这才是菩萨心。”

“菩萨可以安定人心、呵护众生、济助苦难，如果人人都有这份菩萨心，这世间还有什么怨恨？还有什么仇敌呢？所以，我们要时时保持恬静、清净的心境与开阔的心胸，坚持这份菩萨的大爱。”

尊重生命，用爱铺路

上人认为，菩萨的慈悲是平等的，普天下没有我不爱的人。何况“救世要先救心”，以大陆十几亿人口计，约占全球总人口四分之一，如果欲致力于天下和平，就要先从净化大陆人心开始。

从一九九一年至今，慈济不断从事大陆救灾方案，虽受到不少误解与批评，但念及大陆受灾灾民，仍本着尊重生命原则，将救援的手伸向大陆。上人强调赈济大陆，是抱着纯真的悲天悯人情怀，不为名、不为利，传递台湾同胞之清净大爱，希望两岸之间，因为以爱造桥铺路，联系起和平的未来。

不应分别台湾与大陆

今年年初，大陆云南震灾、青海雪害，不论两岸关系如何，慈济仍然一如往昔组团前往勘灾，评估实际灾情给予灾民所需，完成赈灾工作。慈济关心的是"生命"，生命有灾、有难，就伸手相援，别无所求。

问及上人如何看待两岸关系？上人说："可说是双重牵挂。生命平等，不应分别台湾人、大陆人，或是何种种族，所有的人都要爱。一方面很忧心台湾的安危，一方面也很担心彼岸的灾胞，心情真是笔墨难以形容……"

为免于无奈与无助的双重牵挂，处于时代世局风云变色之际，上人明示台湾民众尤须持守“定如木鸡，沉着以待”与“心平气和，同舟共济”的定力，才不致人云亦云、闻声起舞而使一叶舟船翻覆。平常生活安定之时，且须“居安思危，防患未然”、“少欲知足，安分守己”，不懈怠放逸，克勤克俭，尽忠职守。

更重要者，须悲悯众生苦，“心存善念，广聚福缘”，才能免于灾厄逼临；以大爱存心，“等念怨亲，平等慈悲”，自然心中就无仇敌；“尊重生命，用爱铺路”，才能在两岸之间乃及于天下世间，透过清净大爱精神的传播与实践，联系起千秋万世和平的美好未来。

慈济三十年来时路，用爱铺着路走过来

——上人在慈济三十周年庆之感怀

“当年，还住丰原未出家时，因父亲过世，我天天到慈云寺拜《梁皇宝忏》。有位师父向我说，有一部《法华经》，原本放在某户人家屋内床下，子孙清出，拿来寺里要卖。这部经共七册，字体很大，纸已遭水渍，留有黄黄的水痕，但一看到此经我就感到很欢喜，所以就将它买下来，之后开始依照经文学写毛笔字……事隔四十多年了，这部经我还留着。”

“当年逃家到鹿野王母娘娘庙，以前到此地的路是供牛车走的，布满大石头，非常坎坷难行，而且无灯光照明。由于当地是日本人的移民村，所以房屋清一色是日式建筑，采高架式，修剪整齐的草覆在屋顶上，非常漂亮。我常在担水后，就坐在亭子里看书；黄昏时，望着中央山脉，想着家就在山的那一边……记得当年住在鹿野时是一九六一年，距离现在已有三十多年了。”

“当年的小木屋没有绿荫，炎炎夏日，常是日正当中，燠热难受。我经常是跪着或坐在拜垫上，就着桌面抄写《法华经》。有个小圆桌是吃饭时用的，小门边还有一个小火炉，就这些家具了，很简单干净……我在这里住了六个月，从四月至十月。”

红尘影事，似乎很轻易地，一下子就过去了三四十年。走进时光隧道，再回首，往事历历如在目前，忆旧的滋味真是百感交集。“当时无事一身轻，没有现在这么多烦恼！”

三十年前的内心挣扎

“三十年前的今天，我心里好挣扎，因为第二天普明寺就要举行药师法会。我出家时曾发三个愿：不为人师、不当住持、不做经忏。但为了功德会成立，就必须投入人群，必须以方便法门接引众生；所以，为了慈济，为了广开善门，不得不调整自己所发的愿。为了济助贫困者，我需要更多人的力量，只好广开方便门，每个月一次法会，诵《药师经》回向，同时诵读疏文。当疏文写好时，内心挣扎不已——明天就要开始诵经了，明天就要开始读疏文了；我不想做的事，却不得不去做……”

慈济三十周年纪念日前夕，上人言及当初成立慈济时，不为人知的一段心事，为了度众生，只得走入人群，“巧把尘劳作佛事”；随着志业的拓展，救济的脚步大幅迈开，心上牵挂芸芸众生，肩头担负十分沉重的责任。

三十年后的心版印痕

如今，一晃眼，时光匆匆已过三十年，细细追忆往事，不免感慨万千。出家前的岁月，潇洒如闲云，看书、习字、诵经，生活杂事都自己来，如此恬淡自适，教人回味；出家后，日子忙忙碌碌，难得空闲。早期的慈济，从济贫做起，上人常带着委员走遍山野水滨，实地查访案家。过往人事，深深烙印心版，日后想起，那些曾经抚慰过的清寒人家，以及随伴走过的老委员们，皆成不可磨灭的记忆。

一路追寻回去，上人看到了“阿抛伯”孤老无依的身影，阿抛伯是慈济首例为照顾户建房的个案；上人也看到了静宏师姊如何虔诚地敬求皈依，成为第一个在家弟子;更惊险的是,那一次为了过溪到对岸访察一对爷孙,大车强行渡河,为激湍的水势所阻,大家下车推车前进的场景;而令人难以忘怀的,就是“竹筒岁月”,三十个家庭主妇每天节省五毛菜钱,响应上人济贫的号召……

以一念不忍造就慈济

从慈善的“一步一脚印”,到届满三十周年时,一万多个日子的辛苦耕耘,换来了“一步六脚印”的成果;增加了医疗、教育、文化志业,以及国际赈灾和骨髓捐赠。

慈济救济的范围,已由台湾地区跨海迈向国际,上人说明从开始的草创维艰,发展到今日的规模,事实上只是缘于一念心:“当初只因念及苦难的众生,希望将社会爱心人士集合的大力量,帮助苦难众生离苦得乐;所以,从一无所有开始做起,凝聚点滴爱的力量;就是凭着这股爱的傻劲,而创造了今日的慈济世界。”将非常单纯的救人意念,付诸行动,而形成了不可思议的力量。

以一念“不忍”之心走入世间，路程中所遭遇的人事喧嚣，都是必须坚忍突破的重围。虽然初发心很单纯，但面对的境界复杂而不简单。上人自述：“慈济三十年，走过多少坎坷路，但每一时刻遇到困难，凭着毅力冲过重重难关。事实上，修行路上，没有困难，就无法试出自己的功力有多少。所以，遭遇艰难，必须坚持当初志愿走下去，最怕半途而废，辜负修行初衷。”

上人举经文中一国王为了护鸟而舍身饲鹰的故事为例，表示立志要坚，方能通过种种考验。“既然决心修行，就要一心不变，一路走到底。慈济成立以来，不论遇何困难、考验，都是‘前脚走，后脚放’，今日已过就不再回想过去事，恒常把握当下，向前迈进；这就是三十年来慈济所依凭的理念。”

无限的感恩永远长存

回顾三十年时光，一路走来，辛酸、坎坷与感恩。

然而，所有的坎坷、辛酸都烟消云散，而无限的感恩，则永远存在。上人尤其念及精舍的同修弟子，经年无怨无悔地付出，和在家弟子的尽心尽力同行菩萨道，这份难量的长情大爱，令他衷心感恩。

海内外慈济人，充分发挥爱的力量，致力于志业的开展，令上人甚感欣慰。“这种爱，是清水之爱，淡淡的、无酸甜苦辣等滋味，但人人都需要这种清淡水分的滋润。所以爱要爱得清净，清澈如水，此即君子之爱，是菩萨的长情大爱。全球慈济人，就是以这份没有色彩、没有分别的爱，遍行救济志业。”

是众人的爱心，成就了慈济，也是时间的累积，才有今日的规模。“从朝至晚，时间匆匆即逝啊！人生，就是要以秒来累积，来成就一切。秒累积分，分累积时，时累积日，日累积月，月累积年，就是如此，累积了一万零九百五十天，三十年来，一天都不少，点点滴滴分秒不浪费，才成就了慈济四大志业，并发挥分秒救人利世之功能。”

阎浮提树广被慈济村

以台湾地区为起点，上人希望这颗善的种子能在本土深深扎根，并向国外茂密伸展。就如佛经上称地球为“阎浮提”，阎浮提是一种树的名称，希望慈济这棵树能伸展到全球每个角落；若能如此，则是真正“天下慈济村”。

“三十年来，慈济各项志业受到社会上许多人肯定，表示慈济的方向没有错。既然方向没有错，我们应该加紧脚步向前迈进，年年展现比以往更丰硕的志业成果。期待大家同心合力来推动。”

慈济，这块大福田，需要大家一起来耕耘，上人寄语慈济人，彼此是几生几世才结来这份法亲善缘，所以要合“和”，以使慈济这个团体能圆满、顺利地进展。“菩萨道是‘难行仍要行’，由不得要或不要、能或不能，总是当行则行。心中有爱，任何困难都能克服。大家如果跟着师父走，一定要有决心，慈济菩萨道是一路不能轻松啊！”

凝聚众人力量做更多

转眼间，三十年就过去了，慈济历史迈向第二个三十年，上人许下深切的期许："一切皆是因缘，要好好把握因缘，否则稍纵即逝。慈济有这么多人来聚，我要把握这些因缘，凝聚大家的力量，比过去的三十年做得更多。"

用爱编织的往事，值堪回忆；未来的岁月，也用爱铺着路走过来。任人世春秋几度，或仍需面对几番风雨，上人"大爱"的脚步，从不迟疑。

救山救海荫子孙

——贺伯风灾重创台湾

“台风来袭的凌晨一二点，正当家家户户还在睡梦中，忽闻耳边隆隆作响，警觉不对劲时，才三分钟时间，大水夹砂石奔窜直下。慌忙中，爬上顶楼，满目所见皆是急水、石头。慌忙间赶紧攀至槟榔树上，双手环抱树干经过一夜风雨；天亮，顺着山坡地，辗转攀附几棵槟榔树，才得脚踏山道，往赴警局收容所。”南投山上的灾民描述处境危急的那一夜，余悸犹存。

三分钟，人间仙境成满山荒芜

那一夜是八月一日。贺伯强烈台风以雷霆万钧之势，夹风带雨席卷而来，南投的秀丽山水，前后不过三分钟，山河大地变成一片石头坑谷，人间仙境顿时化成满山荒芜。

南投山上的天地之变，正说明了全省严重受灾的情形，尤其是阿里山系之南投信义、嘉义梅山及高雄三民乡，再加上新竹尖石和屏东好茶村，从北至南的山区皆受波及，靠海的嘉义东石乡，也因海水倒灌而浸泡水中。

台风夜里守候着电视及广播的上人，得知全省纷传灾情，听到各地慈济人勘灾回报消息，确定此次台风已造成难以计量的灾害，于是决定即刻亲赴灾区勘察，并慰问大家的辛劳，和指示赈灾后续计划。此次行程，上人探察了南投水里乡及嘉义东石乡灾区，看到灾民们家园破碎景况，觉得人生真是苦不堪言："只是一阵风、一阵雨来，然而住在山上或海边的人家，却心常惊惶，居不得安，真是可怜。"

先人祸、后天灾

实地走访之后，又根据地方长官及民众告知，终于得知为什么风雨一来即成水患的原因，实在是"先人祸、后天灾"所导致的结果。

以南投山地为例，因为过度滥砍山林，以致水土保持不佳，所以才发生崩山惨事。追溯山林砍伐历史，早在二三十年前，当局因财力不足，将山地放租商人砍伐；原始林木遭斧斤后，有人就在光秃的山上种植高冷蔬果，山地因此转成土质疏松、容易崩陷的土石流危险地带；更远至日据时代，由于台湾桧木是世上绝佳建材，因此日本人砍尽高山桧木，运到日本建筑寺庙与皇宫。

至于东石乡，该地居民大多从事养殖业，因过度抽取地下水，以致地层严重下陷，因此台风来时，常引起海水倒灌而酿灾。积水无法疏通，厕所及水沟污水又满溢而出，致使村民双脚长期浸在秽水中，而遭细菌感染，甚至引发蜂窝性组织炎。

风灾当时，尽管山石崩落，致桥梁冲塌、道路毁损，慈济人仍径入灾区勘察，以行车、徒步、搭流笼、乘飞机方式，为灾民送食、送水、送药，并给予慰问金，完成初步急难救助。

三阶段，进行全面性后续重建工作

尔后上人指示，决定进行全面性后续重建工作，包括短程计划——成立伤患关怀小组，前往医院慰问受伤灾民；针对灾后无力提供孩子就学者，给予学杂费补助。中程计划——辅导山海居民转业；重建灾户住房；帮助设立抽水站。远端计划——宣导加强山区植树、造林工作；推动成立“社区志工”。

后续计划必须尽心思、时间与力量，去做沟通、辅导的工作；至于建设工程，也在在需要庞大资金。“山如此高，海如此大，而我们到底有多少人力，可以做这些千头万绪的后续工作？‘救山救海’的责任非常重大，我们需要更多人力加入我们的行列。”鉴及此事大不易，上人教诲慈济人走上街头募款更募心，希望人人发挥爱心，肩并肩一起完成这份神圣的历史使命。观念的建立不是朝夕之间，必须是长期的推广，才能渐渐进入人心，并起而行动。这也是慈济之远端计划，尤其困难的所在。

山有生机，人才能安居

针对“救山”方面的宣导，上人说明山林存

在的重要性。“万物生态要归于本位。所谓‘山林’，无林不成山，山有生机，人才能安居。所以要复原山之自然生态；山中林木苍郁，才能提供足够的清新氧气以及干净清水，使人平安、健康地生活。”

“树木高大壮硕，根部才能深入土中；集树成林，则大雨一来就能吸收大量水分，土壤不致流失。而今，山上所种都是槟榔树或低矮果树等浅根林木，所以无法保持水土。欲解决洪患，如果仅清理沟渠、河床，只是治标；唯有保护山林生态，才是治本之道。所以说，山有生机，人才能安居。”

上人强调滥砍山林的后果：“山区林木遭过度砍伐，缺乏水土保护，经年累月后，山就疲惫不堪，如同人过于耗损精力，也必然身衰体弱。如今山已成为土石流地质，几乎可用‘整个山已松懈了’来形容，山的表皮已破，因此大雨一来，山石便随水滚落。如果再不谋求解决之道，则将来不只是废村而已，甚至会废乡、废镇。”

更有甚者，属于台湾重要山脉的阿里山系，是受灾严重地带，如果不及早防微杜渐，一旦阿里山崩落，山石往下流，则未来不只山上受灾，连平地也必受损，那时台湾就变形了，台湾地图就要重画了！

上人又提及，日本战后重建家园时，曾下命令："保护山林，六十年间不得砍伐。"数年后，日本政府再次下令，"禁伐山林期限再延六十年。""日本以一百二十年保护山林，而台湾土地有多大？山林剩多少？能不痛下决心好好地保护山林吗？"

落实"社区志工"，凝聚社区爱心与力量

人依土地而成长，所以山林必须保护；要保护山林，就必须先建设人心。如何使人心净化，而爱惜物命、尊重生命；如何使人与人间能够相互关怀、友善以待，此即有待"社区志工"目标的落实。

"社区志工"的理念，在上人心中酝酿已久，始终

没有因缘正式向大众呼吁。直到这次贺伯风灾，上人以大台北地区慈济人，动用一千二百人、一百辆车、五百余车次，将清洁单位必须花用十五天的时间，只以一天半，就将板桥地区水灾后堆积成山的垃圾，迅速清理完毕为例，乘此时机呼吁大众推动成立“社区志工”。

“希望能启发人人爱心，使每一社区都有‘志工’的共识，发挥敦亲睦邻、守望相助的功能，一旦社区发生事情，就能凝聚社区内大家的爱心与力量，及时为左邻右舍伸出援手。”

疼惜台湾，爱护宝岛

台湾是海上小岛，土地不大，资源也有限，必须大家共同来“疼惜台湾”，才能在有限之中，拓展无限的生命力。爱台湾就必须爱山爱海，荫子孙就必须救山救海，我们应该为未来的子孙一起来爱护这块土地，使台湾百年千载都是吉祥平安的真正“宝岛”。

编织全省医疗网

——慈济大林医院动土开工

慈济大林医院开工，是慈济筹设全省医疗网的第一步，而这一步距离花莲慈济医院当年兴建的时间，相隔十二年。

“当初，医师在哪里？工资从哪里来？我都不知道，内心充满了惶恐。”在大林医院动土典礼上，上人抚今追昔，不胜感慨。看看典礼台上，花莲慈院的院长、副院长、各科主任、护理主任及护士、行政主管们，大家一同来祝贺，人才济济的场面，让上人对建院更具信心：“这回动土，内心真的踏实多了！”

自不量力建设花莲慈院

在一无所有之下，想建设大型综合医院，尤其地点在偏僻的花莲，当上人向人提及建院的构想时，许多人都感到有如天方夜谭，并指称上人自不量力，绝对盖不成！然而，自做慈善工作开展以来，上人深切感到“因病而贫”的道理，尤其极度缺乏医疗资源的花莲，居民生命毫无保障，建设一所高品质的医院，实在有其迫切性与必要性。

“困难的事我不做，谁去做呢？”志愿既定，从此开始过着匆匆忙忙的日子。筹备建院之初，土地的择定一波三折，土地有了着落，又得筹募支付每半个月所发给的工资，且要与建筑师共商设计方向，另一方面必须找寻医疗人力，在在凡此都是非常沉重的压力。虽然烦恼重重，为免影响委员士气，使大家能安心、专心募款，上人“打落牙齿和血吞”，肩挑繁杂重任。

有鉴于花莲人口少，生活俭朴，想在当地募集庞大建院款项，实属难事，为谋求资金与人力，上人只得每个月到外地去讲经，让社会人士都知道东部地区极需一所医院，希望广招来众，共襄盛举。“那真是非常紧张又辛苦的日子！”

忆想过往的岁月，上人见到自己踽踽独行的足迹，蓦然回首，曾几何时，跟随在后的队伍，是如此绵长、浩荡，因缘真是不可思议！

启建慈院的理念，在于上人认为人生最宝贵的是生命，钱再多也挽不回垂危的生命；有生命却不健康，人生也难有幸福。所以，建设医院分秒发挥救人的功能，是解决人生苦难的一大方法。

自大林医院始，筹设全省医疗网

慈院日日发挥抢救生命的功能，确保当地民众的健康与生命，推及全省其他医疗资源欠缺的地方，何尝不也有许多生命陷于危急，却苦无良方？

筹设全省医疗网的构想，逐渐在上人心中酝酿，而趋于成熟。计划中，有四个希望：一、以人性化医疗回馈广大会员；二、为现有医护人员开拓空间；三、使慈济医学院学生毕业后可留在慈院工作，发展全人格的教育；四、借不断的建设，呼吁民众的爱心，促进社会爱的循环。

大林医院之所以成为慈济医疗网的先锋，主要有两个原因。其一是，此地非常欠缺医疗资源。人若有病，病人会惶恐，家属会担心；此时最需要拥有良好设备的医疗机构，才能解除病人的惶恐，使家属安心。大林一带，医疗资源匮乏，当地有急、重症者，即使走高速公路送往高雄，也要二三个小时的时间。真是既辛苦又延误治疗者的时间，更何况急症者，必须分秒必争，哪堪拖延？

另一个主要原因，则是"因缘成熟"。当地地方当局及民众代表，亲自前来花莲向上人表示，希望慈济在当地建设医院，并且包括当地的慈济人，大家都很用心觅得土地。上人说明，必须拥有广大的土地面积，于医疗建设外，也要规划高品质的医护人员宿舍，才能吸引优良人才前来服务。于是，大家非常用心地找到了这块十八甲的医院现址，遂使工程顺利进展。

透过建设因缘，以有形净化无形

大林医院的启建，是慈济建设的另一开展，也象征着慈济人文精神的弘扬——如何以有形净化无形，借建设因缘以净化人心，更为上人所关切。

所以，上人每与工地营造商、建筑师以及慈济营建室讲话时，都再三叮咛："期望不只在大林地区提供医疗，也希望能将慈济文化及精神落实在此地。大家与居民相处也要以和为贵，如果能带动大林工区的优良风气，就是成功的第一步。期待大家能以做好事的精神、修行的心，将慈济的精神融入施工工地。"

"三合一"是上人的希望，意即期待营造商、建筑师及营建室能三位一体，不分你我地完成建设。

富慈济人文精神的工地道场

至于当地的慈济人，上人更教诲大家要处处为工地同仁设想，带动善与爱的循环。上人提起当年建设花莲慈院时，"工人们来到工地，就如同走入道场修行，没有人有饮酒、吃槟榔，大家都尽力付出，努力工作。"

这是何种力量使然？原来上人每天都亲自送两次点心到工地，夏天送凉的，冬天带热的；并且体恤大家的辛劳，常慰问道："天气炎热，看大家都晒得红红的。来，来喝一杯凉的。”工人们听在心里，很感动上人的关怀，见上人站立在太阳下，也请上人到较阴凉的地方。上人则回答：“我只是在此站一会儿，稍稍体会热天的气氛罢了，而你们却整天待在这天煎地煮的地方，真是辛苦你们了。”

上人表示，以同理心待人，多为人着想，人家自然也会感动，会为我们设想。“就因为我们以诚付出，所以工人们也能深刻体会到慈院是本着佛教精神建设的医院，既要来完成这佛教建筑，就要像盖道场一样虔诚，不能草率。所以，大家都抱着修行的心来工作。”

乡土温馨，令人神往

就在大家的努力经营下，大林医院工程稳定进展，工地气氛也展现和睦融洽的景象。入晚时分，地方乡镇里民，且会前来泡茶聊天，如此乡土温馨事，令人无限神往……

下次来到大林，不要忘了来“奉茶”喔！

一九九七年

落实“社区志工”

——从“阿爸牵水牛”谈起

红砖屋前庭，香花翠竹为篱，黄土碎石子地上，几株果树点缀其间。好风如水，有蜻蜓迎风展翅，在林间高低飞翔。才从菜园子里慢步到此，上人与随行众，闲坐荔枝树下，品尝清茶与柚子。好景、好人、好心情，上人轻唤广播组同仁，领大家带动唱轻松一下。

“阿爸牵水牛，行到菜园边，白菜青青，阿爸心内真欢喜……行到蔗园边，甘蔗甜甜……鱼儿肥肥……搁是丰收时，阿爸真欢喜……”伸伸手、动动脚，肢体在风中舒展，人情的美好，洋溢在这小山坡上。

农村丰收曲，传遍慈济世界

去年暮秋时分，潭子慈济菜园，有这样一幕温馨情节。从此，“阿爸牵水牛”，这首充满童趣的农村丰收曲，传遍海内外慈济世界，常在人群聚会处，都指名这曲带动唱。

“阿爸牵水牛”之所以风行，主因还在上人推波助澜之功。此歌必须边跳边唱，其中有“踩稻桶”（闽南语，注一）的动作，上人教大家双脚如何弹跳，方得优美、轻盈之姿。

“踩稻桶”收割稻子，是早年台湾乡村常见的景象。上人虽是富家出身，但在修学佛法的年轻时候，曾在丰原慈云寺里，帮忙常住操作农务；乃至克难慈济功德会草创时期，常住生活仰赖种稻维生，秋收之际，上人也会与弟子们在田中“踩稻桶”或“摇风鼓”（注二）。

抚今追昔，感慨人事变迁

“阿爸牵水牛”之歌，或歌词或带动唱，皆令上人怀想往日而沉吟再三。“这首歌喜气洋洋，让我们想起几十年前的乡村，是多么安详。当时的台湾，还是朴素农村景象。田园遍地，阡陌交横，到处是一畦畦青绿农作。常可见到，许多农夫牵着水牛，走到水草丰美的地方，放牛吃草。牛背上停着白鹭鸶，牛偶尔会在田里打滚。”

“在稻作丰收时,农夫们在大太阳下‘踩稻桶’,虽然非常辛苦,身上流着汗,却也乐在心头。我也踩过稻桶,也曾经将日晒后的稻子,大把大把丢入风鼓里。手摇着风鼓,看稻子在里面飞扬,透过风鼓,粒粒饱满的稻谷流进米袋中……工作之时,全身汗流不止,而那种流汗的感觉,实在很有成就感,非常踏实、快乐!”

这幅农业社会祥和、安定的图画,随着“阿爸牵水牛”的盛行,渐渐在人心中浮现,勾起对昔日美好生活的向往。抚今追昔,不免令人感慨人事变迁。而今触目所见,都是一片片的水泥墙,和长长无际的柏油路,所听的是硬邦邦的机器声,充满吵杂的声音,要看到绿油油的草地,和茂盛的树林,已经很难了。在这工商业发达的时代,人人忙碌紧张,农村田园的悠然生活,那种人与大自然相融和,人与人之间美好的人伦道德,已如远逝的烟云难以再见。

先人祸、后天灾,贺伯台风重创台湾

尤其“阿爸牵水牛”传唱的背景,正是去年八月贺伯台风猛袭台湾之后；全省山海严重受创，暴露了“先人祸、后天灾”的问题，教人心中惶惶不安，感叹生命朝不保夕，世事难料！

此回风灾，阿里山系的南投、嘉义及高雄山区，都是受灾严重地带。因为山区林木遭过度砍伐，缺少水土保育养护，经年累月之后，山就疲惫不堪，如人过于耗损精力，也必然身体衰弱。大雨一来即成土石流地质，可用“整个山已松懈了”来形容。山的表皮既破，大雨一来，山石随水滚落。有鉴于此，上人忧心忡忡，认为如果再不做好植树造林工作，阿里山一旦崩落，山石往下流，将不只是山上受灾，平地也必然受损，那么台湾就变形了，台湾地图就要重画了！

“再不谋求解决之道，将不只是废村而已，甚至废乡、废镇。”为保护山林生态，上人呼吁“山有生机，人才能安居”，希望大家重视山地水土保持。至于嘉义东石等沿海乡镇，因居民抽取地下水从事养殖渔业，造成地层下陷；每逢大雨，经常引发海水倒灌，在积水不退的情况下，居民生命及财产堪虞。要预防淹水之患，根本之道，在辅导乡民们莫再无止尽地抽地下水。“救山救海，以保台湾”便成风灾过后，上人极力宣导的重点。

而在台湾北部，亦有多处地方陷于水难之苦，北县板桥一地，大水之后，大街小巷堆满成山的垃圾，积臭难闻；唯恐疫病流行，分布大台北地区的慈济人，立即结集人力，由四方涌入，以缜密的策划，将原本清洁队预估十至十五天才能清理完毕的垃圾，在一天半的时间内，动员近二千人次、五百车次，迅速地将垃圾运走，立即恢复市容原貌。

上人欣慰慈济人清理板桥垃圾的成效，但亦沉痛于有些当地居民袖手旁观的态度，明明近在自家楼下的垃圾，却如此的事不关己，不知社区环境与己休戚相关，令人感叹太不爱惜自己的家园。

推动社区志工，使人人心中有爱

思考“救山救海”的历史任务，以及希望左邻右舍能发挥互助互爱的精神，上人遂在风灾过后的八月份行脚时，正式向全省慈济人提出推动“社区志工”的理念；并教慈济人在劝募民众爱心资源，以协助灾区复建家园工作的同时，普向大众呼吁成立社区志工。

所谓“社区志工”，在上人的构想中，有其深远意义、理想目标及执行方向。

上人说：“‘净化人心、祥和社会、祈求天下无灾难’，是我的理想。期待未来的世界，是个太平、祥和的爱的世界。这绝非虚构的世界，‘一切唯心造’，只要人人心存善念，人人心地净化，人间就是净土！要净化人心，必须从教育开始。期待慈济人走入社区，宣导‘人人是志工’的理念，使人人心中充满爱，发挥‘敦亲睦邻，守望相助’的良能，以达‘社区大家庭’的目标——如果每一社区民众都亲如一家人，再由个体普及整体，整个社会就能得到净化。”

事实上，“社区志工”之理念，在上人心中酝酿已久。"要如何才能净化人心，祥和社会呢？看看现今社会诸多动荡乱象，我好心疼！于是，我用心思考，以过去委员的组织形态，每组委员零散分布于各行政区，无法集中力量推动社区志工；必须委员及慈诚队们，依区域编组，才能以地利之便，就近迅速整合人力带动社区民众，一起为社区的幸福、平安努力。"然而，想要拆散原有委员组织，重新以区编组，上人考虑到大家能否彼此放下感情执著，离开异区旧识，而与同区者新组共事？

君子群而不党，以大爱完成区域编组

直到贺伯台风来袭，慈济人快速清除板桥成堆的垃圾，上人乘此因缘，提出社区志工的构想，强调"敦亲睦邻，守望相助"的重要性，希望人人体认"远亲不如近邻"，一家有事，人人应及时帮助；更希望借着普及社区志工的理念，带动社区爱的文化，进而达到社会祥和的目标。

上人慈示委员及慈诚队，为维系社会安定，祈求天下无灾，必得共体时艰，加强团结共识。大家必须要有广阔大爱的胸怀，去除结党营私的观念，才能以身作则，有效推动社区志工。

大约三个月的时间，上人将理念宣扬和说明后，慈济人一如往昔，以师志为己志，以和的供养，努力达成上人理想。去年十一月，即开始部署区域编组事宜。今年三月，台北先行以试办性质，确定区组长、区副组长及委员组长名单及功能；其余如台中等地区，也重新分区编制，只是仍以组为名，暂不以区称名。分区编组后的委员及慈诚队，开始透过净化家园、卫生保健等社区服务工作，带动社区民众加入慈济活动，以启发人人的爱心善念。

贪求物欲，迷失单纯的心

普天之下，大地之上，是所有生命的依止处。若人心流于无止尽的欲望追求，追求名利、地位、享受，希望有更堂皇的房子住、更漂亮的衣服穿、上更豪华的馆子，为满足衣食住行上不断地贪求，终将破坏、污染整个大自然的资源。因为山林过度砍伐，地下水大量抽取，所以一下个雨、刮个风，土石流就滚滚而下，或海水倒灌，导致家园埋没，田作流失，甚至人命伤亡。这都是贪求物欲的结果。

现代社会风气缺乏道德情操，只为满足欲望，所以家庭天伦之乐、健康的身体、安详的生活，就渐渐消失了。而且社会大环境的诱惑太多，资讯发达，孩子们自小就接触五光十色的物欲生活，所以一被污染，就失去了单纯的心。

上人感叹现代年轻人很可怜、不幸，因为物质太丰富，以致心灵反而迷失、茫然。“而在我这一代，我们小时候非常童真，过着很实在、单纯的生活。虽然人人家境不是很好，但孩子们都很乖，能体贴父母的心意，兄姊们会替父母负起带领弟妹的责任。所谓‘长兄如父，长嫂如母’，弟妹们非常恭敬兄长，兄长也爱护弟妹。不论是亲子或手足之情，都很温馨，此种家庭伦理的次序，非常安详、甜蜜。”

回归人性道德之美，重建充满光明、希望的社会

“所以，非常期待能回归过去……”上人说，昔日农村生活景象虽然不可能重现，但若能回复过去人性道德之美，家庭中，人人尽本分、尽责任，充满天伦之乐；如果社会有许多如此“好家庭”，必然是个很有希望、非常光明的社会。

“‘社区志工’的推行，正是祥和社会最好的妙法，也是净化人心的不二法门。”于今二十世纪末，将步入二十一世纪之际，也正是慈济走过三十年后，另一个三十年的开始，上人教示所有慈济人，务须负起净化人心使命，以落实“社区志工”理念，为未来慈济努力的重点目标。

所以，“阿爸牵水牛”，在慈济世界到处响起，以一幅农村庆丰收的美丽图画，唤起大家对美好人情的向往——在一个安详的村落里，每到黄昏时候，都可看到或戴斗笠、或穿簑衣的老人们，牵着一只吃饱水草的老水牛，从田园漫步回来；老人神情悠闲，老

牛也怡然自得……

（注一）踩稻桶

脚踏式脱谷机，旧时的打谷机，农家俗称“机器桶”，是收割必要工具，将稻谷与稻草分开，在日据时代引进。此传统打谷机要手脚并用，脱谷时农人站在打谷机前面，双手紧握稻穗，一脚踩下方踏板带动圆桶铁齿转动，让谷粒在打谷机表面钉板冲刷后掉入底部。机器桶上的麻织网是用来防止谷粒弹出。

（注二）摇风鼓

为木制人力鼓风机，借风力分离稻谷与尘土杂物。经由摔桶或机器桶脱粒的稻谷，须在禾埕上晒干后，才好装进麻袋里贮存。而经晒干后的稻谷多少会有尘土覆盖，遂利用风鼓清除杂物。使用时，一人用“笨斗”（闽南语，畚箕）将稻谷由上方倒入漏斗中，一人转动把手，鼓起适当的风量，较重的实心稻谷直接往下掉，较轻的空心稻谷则被吹向远处。

从付出中，圆满自己之人格

——略谈在志业体工作之人文内涵

佛说:“入我门不贫,出我门不富”,这句话是上人创立慈济以来,坚定不移的信念。寓意真诚为众付出者,必然所做皆办,有志竟成。三十多年来,慈济从无到有,乃至今天规模,得到大众信任、肯定及护持,缘于上人认为“人活在世上,人格最重要”,唯有高尚的道德人格,才能对群众发挥强大影响力。所以上人日日怀抱“如临深渊,如履薄冰”戒慎恐惧的态度,以“信实诚正”存心,长年艰辛经营,终于发展出慈悲喜舍四大志业。

志业草创不易,如何守成并发扬光大,使慈济益世救人脚步迈得更远,除了志工性质的委员及慈诚队外,编制内的志业体同仁,如何引导他们全心奉献,发挥专业全职功能,实是相当重要的关键。

为凝聚同仁向心力,志业体统筹举办各项研习及寻根活动,使同仁们尽心职守之余,能有机会深入了解慈济理念、推行方案及未来展望。日理万机的上人,在时间允许下,也会亲临开示。至于负责志业体相关事务的志业中心同仁,因其任重道远,上人于

五、六月间，曾分别与各科室同仁心灵座谈。平常时日，同仁有事报告或有惑请益，上人亦莫不欣然接见。就上人与同仁的言论分析，可略见在慈济志业体工作独特的人文精神内涵。

慈济是宗教团体

佛陀来回娑婆世界，为的是济度天下众生；上人入佛门挑起如来家业，正为续佛慧命，所以怀抱“为佛教、为众生”的志节，走入滚滚红尘，希望散播佛陀的爱心，解除众生的苦难。“在我心中，天下众生都与我有密切关系，所以慈济所接引的空间，不能仅局限于台湾，而是在普天之下。”这份“心包太虚，量周沙界”的度众理念，借由慈济志业的成立，得以具体实践。

慈济是以佛教精神为中心，志业最重要的目标，是以天下苍生为念，致力净化人心、祥和社会，以达天下无灾难的理想。所以，慈济志业体的组织系统，是在不离佛教精神之下，以宏观的角度、开阔的心胸，来制定人事法规，使四大志业能真正落实佛陀精神本怀。“慈济与外界企业不同。企业是营利机构，慈济是慈善机构也是宗教团体，必须要有适应自己的规范，在人事中展现慈济精神文化的内涵。”

在慈济涵养高尚人格

慈济志业既要落实佛教精神，以净化人心为目标，所以慈济并非只是为善的慈善机构，而是开启菩萨道的方便法门，藉以接引大众进入大乘佛法，直达成佛之道。期待志业体的同仁们，为社会奉献己能的同时，也能抱持“工作即修行”的态度——在工作中藉事练心，“修”身养性，端正“行”为。

在修行的前提下，上人希望同仁们在慈济能涵养高尚的人格；意即在慈济工作，相对接受人格教育。人格教育最要者，首在确立人生价值观。“为人群付出，这就是有价值的人生；若事事为自己，自私自利，不为别人考虑，这便是痛苦的人生。”人生志愿，不在汲汲营营于名利、权势，而是心中有爱，愿将爱付出给人群，这样的人生即是有价值的人生；能为付出而来人间，这也就是慈济人的志业精神。

个人以修心为要

立定志愿为人群服务，必然遭遇许多人事问题；若能人事圆融，此即“人圆、事圆，理就圆”。

面对人事困难，上人认为，必定要抱着出世精神做入世志业，才能自在无碍地出入红尘俗世；若无出世精神，心就容易被人我是非污染。所谓“出世精神”，就是与人无争、与事无争、与世无争；能一切无所争，就会将人我是非、困难的环境，视作修行的逆增上缘。再者，“没有困难的工作，不是我们要做的，交给别人做就可以了；我们所要做的，就是别人感到困难的，没有人愿意做、没有能力做的工作。所以，应勇于面对困难，承担这份挑战。”

以“无争”的心态待人处事，就能凡事看开、不计较。而当因应众人根机，上人的开示，亦多权巧方便，如“知足、感恩、善解、包容”、“心中有戒，行中有爱”、“菩萨游戏人间”、“勇于承担，乐于配合”、“缩小自己，宽谅他人”等等。

事实上，人多就意见多，上人尤其强调“沟通”的重要性。“希望大家能常作沟通，相互了解。若人多口杂，将成为烦恼；若异口同声，工作就会顺畅、开怀。不要怕别人有不同看法，如果有人提出不同意见，经过彼此沟通、了解，理念往往愈辩愈明，就能促进大家共同配合的意愿。所以，坏事要消极，不对的事要放下；而对于有益团体的好事则要积极，这才称得上是有担当的人。”

团体以和为贵

上人对个人的叮咛，自有其观机逗教之法，而对于整体的期待，则归于一字“和”。“‘人和’是我一向的要求，只要人和，无事不成！”上人譬喻，人有双手双脚一个头脑，举手投足间，都必须配合脑的指挥才能动作，此即健康的身体，若无法配合，就表示身体残废。“四大志业的共同目标是为人群付出大爱，所以同仁不论身在何部门，都要视彼此为共同体，必须合作分工和心，才能发挥大爱的精神。”

“和为贵”是慈济创业的基石，团体能和，关键在于是否人人有慈济文化。“慈济的文化，简言之，就是‘大爱、感恩’——付出爱心，并且彼此感恩。文化不是口号，是在大家的表态，可以让人感觉得到、看得出来。同事间能相互关心、鞭策、勉励，彼此以健康的心态相对待，这就是慈济的文化。若大家缺少这种精神，就会相互批评、论是论非，致使工作气氛恶劣，人心危危不安，这就是没有慈济精神文化。”

慈济团体虽然庞大，并不复杂，就是“简单、自然、大爱、感恩”而已。“以简单的心，表现自然的爱，在付出爱的同时，心中充满感恩。同仁们若能如此，则工作再辛苦，都会无怨无尤，而且会感到很欢喜。”上人特别指出，慈济人所抱持的“大爱”，就是“清水之爱”，这爱就如水一样透澈无染，普爱天下一切人，没有特定对象的分别。也唯有怀抱大爱，才能付出而无所求,潇洒地走在人间。

体会真善美的境界

上人点点滴滴的开示,是同仁对治烦恼的妙方,增长智慧的活泉;而慈济的大环境,则提供无量学习的课程。亦即,慈济世界到处都有教育的机会,只要有心,就可以体会这分务实的教育。“慈济人正是以天地为教室,以人事为教科书。人生的每一天,就是一张空白纸;每一人、事,都是纸上的文章。若能在人事中用心,好好体会,就能在人生的白纸上,写下生命美丽的篇章。”

“真善美”的境界,是许多人对人生的向往,一生所追求的梦。上人表示,慈济道上一路走来,终于体会,要得到真善美的境界,必须真正去付出;能投入人群付出,才能体会人生的善良、美好。“所以,我才会有感而发地说,慈济是用爱铺着路走过来,慈济是真善美的世界!”所以上人一再强调“做,就对了!”慈济世界固然为人人广开,但唯有真诚付出的人,才能入宝山满载而归。

少不了任何一个人

慈济是以净化人心为理想，人间有一人未净化，慈济志业，就永无休止的一日。慈济要做的事何其多，不可少任何一人的力量。面对庞大的志业事务，上人总是苦口婆心，希望每位同仁要将慈济当作自己生命中的时代使命，不要存有“上下班”的职业心态，应当自许全心奉献的意志，将志业精神及感情投入工作中。

“福田一方邀天下善士，心莲万蕊造慈济世界”，慈济广开福田，有缘人千里而来，不论委员、慈诚或同仁，都在付出中成长自己的慧命，圆满自己的人格；同时也在付出中净化了人心，自利利他，完成了慈济的目标和理想。

来慈济上社会学，见识真实之人生

——年轻学子在慈济暑期营队成长自己

宇宙天地间,四季交替更移;一天之中,才觉夜色渐沉,却也不知不觉竟至天明。时序变化之如此迅速,尤令人惊觉岁月的不待人。上人曾说,做慈济以来,总感到日子过得很快,似乎地球在加速运转,慈济志业无形中也加速向前迈进。"我也走得很辛苦,觉得压力很大,常感到有股无形力量推着我向前走,而这股力量是如此强劲!然而,也是因为现在的社会现象令我担心,所以要加快脚步,赶快净化人心。"

为了因应时代、社会的需要,促使天下无灾难,在上人领导下,慈济志业日行千里,如今已是一步八脚印,八大脚印涵盖的内容,不离人心的教育。放眼看当今社会暴露的问题中,青少年问题,常令人闻之心痛、忧虑。为了社会的祥和,为了下一代,如何用心引导青少年,走上正确的人格成长之路,是非常重要的课题。

期待成为粒粒良善的种子

在每年寒暑假,慈济都会举办各项营队,如志工队、生活营、干部营、亲子营、学佛营、海外青少年营及快乐健康营等。四五十梯次营队近七八千人，分别在精舍、慈济护专、慈济医学院、静思堂等处，进行数天之服务活动或研习课程。目的就在借此使年轻学员们领受慈济精神，学习做人的道理，促进人际的和谐，建立幸福美满的人生。另一方面，期待学员们在慈济受到爱的熏陶后，也能成为粒粒良善的种子，在社会各地遍撒爱心。

每梯次的营队课程中，都安排有上人的开示，或在志工朝会、或在寻根及圆缘等活动。上人苦口婆心地再三叮咛，并分析当今年轻人易于发生的问题，以及对年轻人的殷殷期盼；更重要的是，上人扮演着人格导师的角色，指引年轻人建立正确的人生价值观，辅导他们如何圆融人事。

社会变迁价值观混淆

年轻人产生问题的根源何在？就整体大环境而论，上人解析，在二十世纪的百年时间里，社会变化很大！感受最强烈者，莫过于台湾光复前后的社会变迁情形。在这种大幅度的变化中，虽然台湾的教育、媒体意识都提升了，却没有带来社会的稳定，反而造成社会的不平衡现象。此因西风东渐，年轻人大都趋向西方教育，强调开放与自由；然而，大多数民众的心态，仍停留在中国传统道德文化的背景下。此种东西教育的混淆，造成相异的人生价值观，遂衍生出很多家庭问题。

台湾社会的共同意识不稳定，旧有道德伦理观念的动摇，所以带来整个社会的动乱不安。“现在的亲子、教育问题，出在台湾社会中西混淆，学界与舆论界，也黑白不清，再加上民众的盲从附和，导致有时明明是孩子的错，却偏偏说成是父母的缺失，令父母无所适从，感叹身为父母的难为，不知到底要如何对待孩子？要施以严厉的方式或放松的教育方式？”

就因现代的年轻人一味追求个人自由，放纵自己的欲望，所以父母难以管教；并且现在的家庭，都只生育一二个孩子，父母都很疼爱孩子，造成孩子将父母的爱视为理所当然，即使父母费尽心血于孩子身上，孩子们也无法体会亲心，反而动辄反弹，表现叛逆的形象。

“父母们辛苦工作，想尽办法栽培孩子，但子女大多无法了解父母的苦心。”上人感叹，在以往的年代，家庭是很单纯的所在，无论父母生育几个孩子，兄姊都能善尽帮助父母照顾弟妹的本分，并且做弟妹的榜样，弟妹也能敬爱长上，整体呈现出很好的家庭教育。而今，现在的孩子们在父母的庇护下，不知天高地厚，所作所为真是令人担心！

“青年人不学好，未来他们将以何种方式生活？在社会上将做出些什么事？真是不堪设想。除了自己毁了自己外，并且困扰社会，尤其对父母及手足的伤害，更是难以言喻！”

上一堂精彩的人生课程

年轻人是社会的栋梁，是未来美好社会的开创者;上人对这群未来社会的主人翁,寄以相当大的期待,希望他们借投入慈济的因缘,调整好自己的人格及价值观,并为净化人心的工作,奠下深厚的基石。

所以,在营队一开始,上人都会告诉年轻学员们来参加营队的意义与目的。“暑假期间,虽然是忙碌的课业后该休息的时候;但与其整日无所事事,或到处玩乐,徒留空虚与疲累,我还是期待大家不要放松,借着假期,正好来上人生的另外一堂课——社会学。慈济就像宇宙间的一所大学,来此上课、研习,所学的都是生活的课程。每一个人的生命剧本,都是一堂精彩的人生课程。我们能够用心去看、用心去思考,就可从中体会、透彻真理。”

年轻的孩子来到慈济,可以在此看尽不同的人生、看透复杂的人性,将有助于他们省思人生该走的方向。在形形色色的社会,人生的真相是什么?人活着有何意义?我们该为人生做些什么?这就是他们要学习的课题。上人希望大家见识实实在在的人生,增长阅历、智慧,每天检点自己的行为,学习待人处事的道理，使心灵享有真正踏实的快乐。

认识人生疾苦

现实的人生，苦难偏多，然而所谓“人生疾苦”这句话，对于这一代生活富裕的年轻人来说，就如鸭子听雷，难以贴切感受。上人认为，人生之苦，必须用心体会，才会珍惜自己的幸福，并且培养出爱心，去关怀受苦的人，完成大爱的实践。因此，在与年轻学员们开示时，上人经常就当下发生的无常现象，提出其殷切的叮咛。

如七月初，受到旺盛西南气流影响，台湾中南部连日豪雨不断，造成严重水患。阿里山的标志——一棵三千多年的神木，也在风雨交加中拦腰断折。上人因此表示：“天地万物都在生、住、异、灭中，哪有永远常住不灭的呢？若能看透人生变化无常之理，就要把握健康身体、生活平安之因缘，利用分秒时间，去做救人的工作。难得人身，能抱持为人群付出的心，人生才能展现丰富的意义！”

生活中有禅机

日常生活中蕴藏许多可贵的启示，用心看、用心听，就能有所领悟，让自己受用无穷。挑柴运水无非是禅，上人就自己独到的观察，与学员们分享，无形中也教导大家，如何在生活中学习。上人提到参加慈济护专托儿所毕业典礼，看见小孩子们跳着山地舞，其中有个小孩一直站在原地哭泣，双手则任人拉着向前或向后。

"大家快乐地跳着舞，这是多么欢乐的场面。但是，人生的境界尽管很幸福，偏偏他自己的心结打不开，所以无法感受到这种幸福的境界。因为同伴们都是天真的小孩，心中清净无染，也不曾受这哭泣小孩的影响，所以仍然非常快乐地跳舞；而该拉着哭泣的那位一起跳舞时，大家也是照常拉着他的手。"

上人因此开示，人生要过得幸福、快乐，就不要自己去打苦的结，而自受其苦；并且，也不要被人的苦结纠缠。要像那些天真的小孩一般，不受别人影响，仍然悠游在自在、快乐的境界中。

自由、人权的真义

鉴于现代年轻人讲究个己的自由与人权的弊端，上人尤其语重心长阐明真谛："所谓真正的人权，是要爱惜自己，知道我也有责任为社会付出，这才是人权。现代人都争着要人权、自由，但只知享有自己的自由，不知尊重别人的自由，并且为了争自己的自由、人权，而妨碍别人的自由和人权。"

上人认为，如果对人权、自由理解错误，人生就会走错路，所以叮咛大家，务必要照顾好自己的心，不要太放纵自己的欲望，在讲究个己的自由时，也要尊重别人。

既然有心为社会付出，就要有智慧明辨是非，当有所为、有所不为。"做该做的事，不该做的不去做，这就是智慧；反之，就是愚痴。希望大家行善要及时，有过则改，过一个不后悔的人生。”并且要把握在学读书的时间努力学习，毕业后，才能以专长为社会做更多的奉献，“不要等到年纪已大，才惊觉时日不多，所做的事太少。”

善接人生变化球

汲取上人的智慧法语，学员们实际投入人群中，借身体力行，加深对上人理念的体会。尤其身为营队干部者，在藉事练心的过程，常遭遇人事挫折，而不免失志消沉，甚至泪水潸然，上人的法要，不异是一帖强心剂。上人总是深致嘉勉说，学员们的生活习惯不尽相同，又来自不同的学校，以如此差异的背景，大家却相聚在一起，要和谐地共同生活数天，甚至要将学员们的心态、观念，调为一个共同目标——有良好的生活规矩，知道人生的价值是为大爱付出，这实在不是一件简单的事。

“我虽心疼大家的辛苦，但大家来此磨练后，心性变得更坚强，未来毕业进入社会做事，就会觉得简单得多了！”上人鼓励大家，有形的压力别人看到了，可以过来帮忙扛；但是无形的压力更觉得辛苦，也是旁人所无法分担的。

“压力大、做事辛苦，这正是锻炼的好机会。就如铁要炼成钢，得经烈火烧烤、冷水冰冻，不断地火炼、冷冻，才会炼出韧力十足的钢。所以，虽不忍大家面对人事问题，但也很高兴大家能学习克服困难的经验。人生充满各种的变化，你们必须磨练出能顺应所有变化的能力。因此，大家不要固执己见，也不要自我局限，应如水一般，能随方就圆；也就是不论身处任何环境，都能适应，做一个善接各种变化球的高明捕手。”

干部们都是家里的一块宝，来到营队带领学员，执事之间，自然得面对诸多众生相，有时或许感到很委屈。上人教导大家，面对别人的责骂、嫌弃，都不要与之计较，如此自然能相安无事。何况，若没有人事的困难，如何来评估自己的能耐、力量有多少？就如一杆秤，一定要有秤垂，才能称出重量。所以要感恩逆境的磨练，使我们认清自己的功力，才知道自己该改善、该加强的地方。

上人希望大家不要畏难，要体认人生世间总要接受磨练，才能成器。要磨得对人能低声下气，做事则能认真专注，自然能人事圆满。“学佛就是在学做人，人事不懂，道理绝对不通，所懂的只是理论而已。人事圆融是非常重要的课题，希望你们在投入人群后，透过人与人间的磨练，能学得知足、感恩、善解与包容。”

增长智慧、阅历

历经数天营队生活，学员们有如人饮水，冷暖自知的感受，显出令人可喜之成熟与懂事的气质。有人说，因在慈院当志工的见闻，渐能体会父母的苦心，所以曾打电话回家，关怀父母不要太劳累，并表示自己长大后，会努力工作奉养父母。也有在探访荣民之家后，看到老人家无人孝顺，独自在荣家孤苦零丁，令人感叹人生无奈，也自觉应及时行孝，以免日后后悔而太迟。

有些营队活动在精舍举行，学员必须住宿于精舍并配合常住作息；有人便表示，初到精舍时，觉得每天早上三点多起床，睡觉是在大通铺地板上，这样的生活很离谱。后来，却感到每天时间好长，可以做很多事，因此反省以后要珍惜时间，不可闲散度日。至于身为干部者，也颇有收获，表示接任干部以来，即遭遇不少人事，但总视之为成长的助力，欣喜自己经得起人事磨练，相信以后不论到任何地方，都能泰然自若，从容自在。

二十一世纪必须仰赖你们！

当营队圆缘时候，就是学员们行将赋归之时，大家除了心得分享外，也表演节目“拉车向前行”，这首歌意味深长，许多营队皆以此歌为背景音乐，并配合歌词，呈现一大群人奋力拉车上坡的情景。这幕推车的情节，令上人非常感动，往事历历如在眼前，情不自禁地便细说起那一段草创慈济、悲欣交集的岁月。

“世上有很多事，真是不堪回首……”上人叹言，志业要从无到有，很多事情都要自己来做，这股辛酸，唯有自己能知晓。“慈济三十多年来，所做的就是净化人心的工作，目的都是为了祥和社会。所以，慈济的担子很重，就像老牛拖车爬坡，爬得愈高，更不能停下来，若稍停滞，就会有往下滑落的危险。因此必须大家同心协力，将牛车一起推到山坡上。”

“期待你们这一代是光明、祥和的一代。二十世纪的现在，我们认真努力做；二十一世纪，就必须仰赖你们的努力。”年轻人是社会中坚分子，是净化人心的重要力量，上人关心年轻一代的成长，声声恳切叮咛大家要相互鼓励和鞭策，因为——“社会的责任都在你们身上，这是我对你们最大的托付！”

匆匆忙忙，为了度化人间

——岁末谈上人心

岁末时分，寒气凛冽，在加添暖衣之际，尤令人有季节递嬗、光阴匆匆之感。十二月末，逢冬至，在此日最短、夜最长之时，依中国的传统习俗，家家户户吃汤圆，象征祈福与团圆。吃了冬至汤圆后，人就长了一岁，所以有句谚云："天增岁月人增寿"。虽然农历年节气息渐浓，上人并不以新长岁数为可喜，而是更感时间无奈地消逝，以及生命的减损。

"看看壁上的日历，日复一日轻薄，令人惊觉日子一天一天地减少。我们的一生，剩下的生命有多少？不多啊！所以，在所剩不多的生命里，我们要真正地把握时间，好好付出！""我认为，如果以'年'为基点来立新岁计划，实在太宽松了，应该以'日'来定计划，用分秒来推动新计划！"

天寒地冻，无衣无食

时间分秒过去，一去不复返，常令上人感叹"时间无情"。如此爱惜光阴，源自不忍众生苦的悲愿，总想尽全力解除众生苦。

人世的苦痛，上人经常感同身受，所谓“人伤我痛，人苦我悲”，这份菩萨心，每在入冬以后，天寒地冻的时节，尤其令人深铭在心。“冬天的风是尖的，到处钻来钻去，在这寒气凝结的天气里，教人如何度日？如此冷冽不堪的气候，有的人家屋内装暖气机，暖和舒服。有的人却只求墙壁能封闭起来，阻挡钻进来的冷风；屋顶能补好破洞，以防漏雨不断。”

“希望加强我们的力量，能使国际间无家可归的人，都有房子住；无衣可穿的人，都有暖身的衣服；挨饿的人，都有饭吃。”“贫寒人家缺衣缺食，令人心痛；富有人家，虽然物质无缺，非常享受，却心灵常感空虚，这比在寒冬中受冷的人，更加可怜！”

心包太虚，量周沙界

上人认为，世间没有什么比生命更可贵的，“尊重生命”是所有人类应有的人生态度。“所谓‘尊重生命’，不只是尊重在生命边缘挣扎者，给予救援；最重要的是要尊重自己的生命，意即发挥自己生命的人性价值，去帮助苦难的人。”

这份“尊重生命”的精神，正是宗教家救世的使命，上人曾言，学佛当步履佛陀踪迹，所以必须学习佛陀“心包太虚，量周沙界”的心量——“宇宙有多大，我的心量就能放多大；所有沙尘之地，都是我要尽力施救的所在。”普天下所有众生，都是上人要关怀、帮助的对象，所以上人希望能号召大众爱心，坚定“净化地球”的大愿，致力创造祥和、充满光明的地球。

坚定理想，落实脚步

净化人心，是条非常漫长的道路，上人知道要贯彻理想并非易事，虽然困难重重，但是敦勉自己“人生贵在坚持理想”。“我知道距离我想达到的远景还有一段很长的路，我会将目标定在远方，然后再回归原点，很务实地面对现在的生活、环境，坚定地朝着理想迈进。我相信人有无限的可能，有志者事竟成，所以，即使明知会遭遇很多困难，还是满怀信心，一步步地向前迈进！”

秉持“理想放在远方，脚步落实现在”的决心、毅力与智慧，上人于是走入人群，开创慈济志业，踏实地建筑自己的梦想。

起初，上人就是以单纯付出的心态做慈济，只因一念悲悯心，有多少能力就做多少事，心无挂碍、无烦恼。上人自喻，自己就像一只赤牛，很悠然地在草原上吃草，要吃多少草，要走到哪里，都非常自在。然而，深入社会，才了解人生苦难偏多，有很多人需要救助，因此开始感到压力；此时赤牛，已被套上鼻环，也被绑上绳子，不得不去拖犁耕田了。接着，又为解决因病而贫问题筹建医院，从此天天劳碌奔波，不得休息；而这只牛已进入老年，老牛拖车爬高岭，真是好辛苦！

“为佛教、为众生，成立慈济三十多年来的岁月，我感觉没有一秒钟离开过慈济，也没有一天的时间慈济离开过我。我确实是三十年如一日，心心念念都在慈济啊!”

志业“四化”,任重道远

心无旁骛,专精无杂地行走在慈济菩萨道上,在百般艰难困苦中,走过了三十年,扩大了救济的范围,更体认到人生苦难何其多?所幸有更多人加入慈济行列,才得以分担上人肩上重荷,继续朝净化人心、祥和社会、祈求天下无灾难目标前进。

上人鉴于慈济基石已稳固,遂在四月初行脚时,明示慈济人第二个三十年,目标立在开拓四大志业的“四化”工作。

“‘慈善国际化’:慈济人是人间活菩萨,在普天下,闻声救苦、付出大爱;希望慈济种子遍撒整个地球,使众生离苦得乐。‘医疗普遍化’:慈院启业后,发挥分秒救人功能,如今更要在爱的医疗资源缺乏的地方,扩大落实医疗志业,以救助更多病苦众生。‘教育完全化’:为培育品德兼优的下一代,将筹划幼稚园以迄大学研究所的全面教育；让学生们毕业后投入社会各行业，就能创造善美的慈济世界。‘文化深度化’：在文字刊物外，慈济制作电视节目，期盼深入报导社会光明面，以启发人人爱心。”

把握刹那，恒持当下

“四化”工作的明确指示，无异象征着慈济人，将以“过秒关”的心态，分秒必争地进行四大志业之建设。

脚步跑得如此之快，上人解释原因有三：“要知人生无常，生命在呼吸间啊！我这一二年，常提到慈济三十年了、三十一年了，所以特别感到自己的年纪已大，竟然在不知不觉中，步入了老年人的行列。人生短短不过几十年，生命实在有限，意外之事，谁又料想得到？所以，体认到人生苦短，世事无常，就要赶快把握当下，尽力去做！”

“再者，因缘成熟使然。佛教讲因缘，因缘稍纵即逝，所以要把握刹那时间的因缘，才能成就事功。

看看现在的社会，民生富庶，人人拥有物质，也富有爱心，乐于从事社会公益；而慈济经过三十多年来，以‘信实诚正’得到民众普遍的肯定与护持，凡此种种因缘，都得好好把握住，为社会谋取更大的福利，奠立祥和社会的坚实基础。”

第三个原因，希望“让社会资源能充分利用，不致浪费、流失”。“现在社会生活水准提高，很多人虽然很富有，但心灵很空虚，为求心安，或为求福，在宗教认知上，缺乏分辨正、邪的智慧，以致将钱财大量消耗在无意义的事务上，殊为可惜，也令人感到遗憾！若能教育民众正信的宗教理念，大家有‘取于社会、用于社会’的人生价值观，自然资源就不会流失，点点滴滴都能在社会上发挥效用。所以，慈济希望将社会资源集中，充分运用在社会建设上，既不浪费资源，且能实际嘉惠民众。”

尽心当下，做就对了

“把握刹那，恒持当下”（编按一），上人紧紧抓住每一个善念萌发，众缘成熟的时机，奠定志业现有的规模，也架构出未来的远景。然而，回首慈济路，实乃感慨万千！

上人说："一切都是因缘！因为种种因缘，成就了慈济，不知不觉也已过了三十年。三十年来的点点滴滴，真的很够回味，让人难以想象，当时我是如何走过来的，现在自己想想倒觉得吃苦也有吃苦的甘甜。过去我平平安安地走过三十年，不知道第二个三十年，是否依然平安走过来？然而事情都有个开始，慈济还需要无数个三十年去净化人心，所以我要很积极，加紧脚步，将未来更艰辛、困难的事做好！"

如何能做得符合理想，真是不容易！上人自知未来责任很重，必须将时间用在刀口上，但也要踩着稳重的步伐，要求自己以及慈济人尽心当下。"就如在黑豆中挑红豆——不管黑豆有多少，只要用心去挑红豆就好了。意即，我们但求尽心尽力，化杂为简，守在自己的岗位，发挥自己的良能。"

就亲身的体会来说，上人提及以前曾在丰原慈云寺参与农事，帮助常住种田。“搜草”（闽南语）的工作异常辛苦，必须爬行在土地上。然而农田地广，还没开始做，光看手脚就软了。上人体会到，不如不看前面的田地，只专心、认真搜好手边四周的杂草。并且在搜草时，利用时间背诵《四书》，如此既能很快完成工作，又熟记了《四书》的章句。

上人说，常听人问起：“若证严法师不在了，慈济怎么办？如果以后的人做不好，则现在不是白做了？”其实早在当初建设慈院时，即有人问过类似的问题。“有些人将这些疑虑请示师公，而师公则慈示我说：‘世间本无永久的东西，但世间需要有人来铺路。’所以，做一个铺路的人是很值得的，能令后来的人，跟着这条路走下去。与其老是烦恼未来，不如不要想那么多，总是现在有多少能力，就做多少事，‘做，就对了。’”

身体疲倦，满怀感恩

慈济以往是“一步一脚印”，专心做慈善，而今是“一步八脚印”，四大志业八大脚印（编按二），同时并进！上人说，明知大家做慈济志业很辛苦，但实在不忍大家休息，因为如果一休息，菩萨道就会停滞不前了。“在慈济路上，我的脚步很快，我走一步，大家就要走八步。人生苦短，我必须善用有限的生命，爱惜生命使用权，今日之事尽快去完成。虽然我的肉体会很痛，不过在精神上仍是勇猛前迈，所以大家要抱着跟紧脚步的心态，与我共同走在菩萨道上，精进不懈！”

日复一日，上人为慈济志业，脚步来来去去，匆匆忙忙。每天的行程安排，总是有无数的会议要参与，无数的访客要会面，根本无所谓私人时间。

上人表明自己对于忙碌生活的感想。“有时看到日程行事安排得满满的，还未接触这些人事，心里已觉得：‘我好疲倦啊！’但奇怪的是，当不得不去做时，真的进入已安排的会面或会议，就欲罢不能，完全忘记疲倦了。周而复始，天天过着这样的生活，说不累是骗人的，但就在这种疲倦之中，感觉到很有成就感与踏实感。正是如此点点滴滴地付出时间，所以感到人生没有空过，心中充满感恩。”

“说不累是骗人的!”从年轻时代,至现在步入老年,真是一段走来好辛苦的路程!日子在“快乐忙”中消逝,上人心中,永远对苦难的众生,悬念不已;也为同行的慈济人,永远有无法言喻的感恩之情。

长情大爱,永无止境

在九月份的全省行脚,上人车队曾到池上“杜园”。游目四顾,群峰竞秀,林木青翠,山脚下,则水田数里,稻禾带绿,予人朴素农村悠然不尽的愉快印象。走入园庭,假山、莲池、凉亭,错落布置,十分自然。由于环境清幽怡人,上人缓步行来,赞叹道:“若能万缘放下,来此短居数日,真是修行的好地方!”

在山水秀美的地方,清修度日,说来挺令人向往!话虽如此,行车未久才来到台东分会,谈起初访杜园心情,上人言语中不禁透露着自省,以及不移的坚定信念。“那真是很美的地方,如世外桃源!我的心不免想着,若能抛开一切俗事,在这里住下来隐居修行,不知该多好!但这只是想想而已,人就是有份理想在想啊！我这一生，是不可能放弃人群而独善安居的。然而面对很美的境界，还是不免被诱引，还是会有想放下一切在此安心修行的念头啊！这就是心随境转，可见我还是凡夫心。”

上人道：“总算我也历经三十多年的修行，所以心念很快地转回来，认定不可能长期待在那里的。人生无常、生命苦短，我应该累积时间来奉献给人群，所以还得加紧脚步，做我应该做的事才对！”

“慈悲心，愿再来”，上人志愿生生世世来回娑婆世界，正是因为——不为自己求安乐，但愿众生得离苦……

（编按一）把握刹那，恒持当下

“把握刹那，恒持当下”——把握刹那间的心念，刹那间的心念务要恒持长久，恒长尽心尽力去推展。上人后改作“把握当下，恒持刹那”——把握当下的“那个时间”，恒持刹那的“那一念间”。

上人曾述及当初在慧日讲堂拜师，就是起于一场雨、掌握刹那的一念，又适巧师公自会客室缓步走出，人、时、地的巧合，成就奇妙因缘。“常跟大家说，要‘恒持刹那’，就是‘那一念间’；还要‘把握当下’，就是‘那个时间’——在一念间的那个时间，实在是很重要！本来欲请购的《太虚大师全书》包好后就要拿回花莲了，怎么刚好在‘那个时间’下了场雨，就是因为下那一场雨，才产生了‘那一念间’——生起拜导师为师的一念间！”

（编按二）四大志业，八大脚印

慈济之“四大志业，八大脚印”，往昔是指慈善、医疗、教育、文化四大志业，再加上国际赈灾、骨髓捐赠、环保、社区志工则为八大脚印。

慈济四大志业中之“文化志业”，已于二〇〇四年间更名为“人文志业”。上人认为，原本慈济文化志业涵盖文字、声音、影像等范畴，蕴含慈济人文精髓；鉴于一般人皆将文化与人文混为一谈，而今社会病态丛生，如年轻人染发、穿鼻洞、舌洞为时尚，乃至于衣着不整喜着露背装、洞洞装等奇形怪状的服饰，却被视为现今之潮流，也被称为文化，遂深深体会到，若是不赶紧讲清楚、说明白，力挽狂澜，实有“来不及”之感。

“当初的‘文化’，其实是‘人文’的化城。”上人明示，“化城喻品”中，佛陀告诉自以为已经到达目标的众人，其实这是为让大家暂时停憩而化现的假相，还需要再往前走一段路，才会抵达目的地；观现今社会浊气日重，慈济人应蜕去“文化”外衣显其精髓，尽力以“人文”清流引导众人回返至真实的路途。

“文化”是时代潮流，时移境迁，潮流也随之变异，追逐潮流很容易迷失自己。至于“人文”则是恪守本分，建立正确的生命价值观，全心以赴于助益社会人生之事，这经由人所做出来的生命历史，才真正是弥足珍贵的人生经典。应崇尚可贵的人文精神，不应一味追逐流行的文化。

上人表示，“人文”二字，意即“人品典范，文史流芳”。四大志业中的人文志业，舍“文化”而用“人文”之名，就是要推崇“人品典范”。慈济人，人人都是以无私的大爱在付出，四十年来如一日。每一位委员、慈诚，四大志业、八大脚印，步步都有他们慈悲的足迹，为人们的幸福而努力。“文史流芳”，慈济人真正投入去做，人品升华，值得书写于文史篇章，世代流传。

正如地球必须转动，佛法亦应常转法轮，慈济在成立四十年后，因缘成熟开启“慈济宗”。上人表示，从慈济创始以来，以十年建立一个志业，四十年过去，四大志业俱全；慈济从第四十一年开始，要大转新年轮。“过去都说‘四大志业，八大脚印’，现在宗门已立，要说‘八大法印’。”

佛教本有“三法印”——诸行无常、诸法无我、涅槃寂静。上人说，三法印能转凡夫心灵，接近佛的境域；而慈济为了适应现代的多元化，不得不开四大八印，广为接引。

“事离不开理；理是无形的，就是智慧。如何使智慧的理念成为有形的导向，一路走来步步都有足迹。过去说‘八大脚印’，实为八种妙法，从慈善而开启医疗，继医疗而开启教育，复从教育而开启人文。慈济立足台湾、宏观天下，由慈善能看到天下生态，在在皆是法，故谓‘八大法印’。”

“慈济走过四十年，已经立宗、立法，四大志业、八大法印，印印都很深刻，每一个志业都是法。”上人举述，慈善志业已经达到国际化，这是从四十多年前起步时，所走的方向就是正确的，方法也正确，所以能普遍全台；台湾地区慈济人道正行正，才能再普遍到目前的几十个国家。

如今四大志业已发展完成，八大法印，印印深刻，上人希望人人要将每一个法印深入心版，四合一平行运转新年轮。“慈济宗门的大法轮，只靠一二个人无法转动；欲使法轮常转，需要很多人同心协力。”

上人衷情感恩慈济志业自慈善为起点，四大志业、八大法印，步步深印在时间、空间、人与人之间！

一九九八年

为慈济写历史，为时代作见证

——慈济大爱电视台成立之意义

“近二三年来，我不断在思考，当今是媒体资讯时代，人们普遍知识提高，每天从各种媒体报导吸收资讯，故知，媒体影响人心甚为深远。”上人肯定媒体提供民众增广见识的功能，但也慨叹许多媒体因为报导偏差，致使人心惶惶，造成社会不安。

由当今媒体所见，感觉社会似乎病得很严重，暴露众多问题。然而，社会是否真如媒体所报导的，已病入膏肓，无药可救？

报导偏差，混淆视听

“事实上，现在媒体好渲染报导，动辄将小事描得很黑，或者无中生有、颠倒是非，焦点都集中在黑暗丑陋面，却不披露光明善良的一面。加上现代人的欲望大，好追逐名利，所以凡事缺乏理智思考、判断。在媒体推波助澜下，许多人因正念迷失，没有主见，人云亦云，听人说社会很乱，就跟着喊乱；听人说社会令人害怕，就跟着喊怕。到底社会乱在哪里？又有何可怕？”

面对这样的社会、人群，上人思考着，不如慈济自己成立电视传播事业，希望借媒体力量，引导人心向善，并且稳定社会。“对于不好的事，谨慎报导，使人有所警惕；但对于正面的好人好事，也必定要多加鼓励，使人见贤思齐。”上人认为，恶的会相互影响，爱也会相互感染，若能利用媒体，展现人生光明面，便可将人心导引至美善之境。

媒体清流，隐恶扬善

时代已进入多媒体的世界，对于可听、可看的视听传播工作，上人寄以重望，期待慈济能负起文化使命，以净化人心为目标，担负媒体清流的责任。

针对当今媒体偏于黑暗面的报导，导致让人心寒的缺失，慈济媒体将着重于加强温馨人事的呈现，以平衡民众对社会的全面认知。“人性光明面有必要多加提倡，例如中国人说‘隐恶扬善’，亦即好事应多传扬，恶事则绝口不提，这种固有道德文化应积极落实，使社会上充满许多好人好事，如此才能让大众对人心恢复信心；在信心支援下，建设祥和社会。”

好人好事，真实报导

虽说慈济主要是报导社会上清净的爱心，但是，即使是以爱为方向，还是要将分寸拿捏好，必须确是真实的好人好事才报导；否则，不只负面的报导会引人往错的方向走，所谓爱的报导，也一样会误导人。

“有些好人好事虽有报导，但令人看了却更疑惑。例如有的人平时待人处事，周遭民众或有了解，对其人并不以为然，但媒体报导时，却将他描述得似乎是十足的大好人，如此会让人觉得社会上人、事、物真假难辨、是非不分，而媒体所定论的好坏标准又是从何而定？所以就会对媒体失去信任，最后导致人与人之间也不能相互信任。”

上人期待慈济所报导者，固然是社会良善的一面，但一定要求真。“就我的立场，我既不随意赞美人，也不会毁谤人，总是取中道而行。为何不轻易赞美？因为世间有很多虚假、不透彻之事，若不加审察即予赞美，就会误导别人，使人产生错误观念，届时再矫正，往往很辛苦，甚至要付出一些代价。故知将人的信仰形态及观念扭曲，是件非常危险的事；所以，报导好的一面时，也要非常谨慎，务须求真、求实，不要渲染。”

“尤其现在慈济为人肯定、信赖，我们要珍惜这份公信力，也要更谨慎地寻找真善美的人生报导。社会上打杀之事固然不报导，虚假的好事也不报导。如果虚构故事、加油添醋，后遗症将会不堪设想。”

以身作则，启发爱心

以真实打动人心，是慈济媒体的原则。然而，慈济并非只是想以媒体的力量去影响社会，也不是要以理论来推行教化，而是希望借身体力行——亲身去做、去推动，以此人性的文化，去提升民众的精神层次。

“慈济媒体的报导，并非要说些大道理。道理太大，理想太高，教人如何做起？而慈济是在实际去做了以后，才向人说自己是如何做的，这就是‘说道理’，说自己做出来的道理。我常说，懂理的人不一定懂事，但懂事的人一定懂理。能够做得出来，就有道理在其中；所以，慈济是实际做了后，再借媒体将这些真实人事报导出来。”

“譬如灾难发生时，慈济并非在现场与其他媒体抢新闻，访问人家受灾后感受如何？想想受害者已非常痛苦，在其心情悲恸下，如果频频教人答话，看了实在令人很不忍心。慈济的作法是，灾变之后，慈济人前往追踪，探询灾户是否有何困难，有需要帮助的地方吗？陪着他们一起走过凄凉悲苦的日子。而在慈济的媒体，就是要报导在受灾之后，慈济人究竟为此次灾变做了些什么？以实际真实的付出，来启发大众的爱心。”

人间菩萨，闻声救苦

“慈济走过三十多年，从以前到现在，慈济很多感人的人、事，用心写成文章，或化为剧本拍摄影集，就是很真实的慈济史记，是非常珍贵的历史档案，也是二十世纪爱的见证。”慈济之人文历史，可说是人生至宝，足以启迪当代人心，并且令未来子孙鉴往知来，传承爱的教育。基于如此的信念，上人明确指示，慈济传播媒体的使命，正是——“为慈济写历史，为历史作见证”。

上人曾言，在佛经中所见的菩萨，到底住在哪里？除了释迦牟尼佛有真实的史料外，菩萨的历史性考证，就不很清楚了。只知道经文中形容菩萨的伟大是慈悲、智慧、大愿、大行，但菩萨究竟如何施行教化？有的人说众生若虔诚念佛，菩萨就会现身救人；然则，菩萨是从何处现身的呢？这就难以理解了。

“经文形容的菩萨，或从天降，或由地冒，所描述、形容的，是如此虚幻，充满神通变化。我不能接受这种无中生有的现象，但我确实感受到周遭普遍存在活生生的菩萨，他们为了救人而整天忙碌。在慈济世界的人间菩萨，确是‘千处祈求千处应’，哪里有灾难，就到哪里现身救苦。这种人间菩萨救人奋不顾身的伟大精神，我们可以活生生地看到、体会到，有时间、有地点、有事迹，这就是真实的历史；正因为真实，所以非常可贵，是净化人心的人生至宝。”

二十世纪，爱的见证

上人强调，台湾社会变迁快速，五十年代后所呈现的，都是令人心寒、惶恐的乱象。这些天灾、人祸，如果经由媒体集中报导，后代之人就当今媒体研究二十世纪历史，将发现二十世纪是一个有黑无白、有恶无善的战国时代！这对未来的人类必然是很大的伤害，因为没有好的榜样留存，没有好的人文教育可令后人承先启后。所以，如果慈济的好人好事历史也散佚了，才真正是太可惜了！是人间的遗憾！

“二十世纪，有这么多菩萨在人间，所以是非常美好的世纪，身为慈济文化工作者，要肩负起历史使命，将这些感人的真人实事留存下来！”

资讯科技，神通广大

落实净化人心的工作，是慈济的使命。而慈济创立至今，随社会的需要，在因缘具足下，遂有不同阶段的计划性发展重点。第一个十年，专心从事慈善工作，第二个十年是专注医疗志业；第三个十年是教育志业；未来的十年，上人表示主要重点在加强文化志业。原有的文字刊物，因篇幅有限，无法容纳报导所有慈济感人的人事，在时效上也显得太慢；所以，希望借由慈济电视台开播，利用现代发达之资讯科技，将好人好事快速且普遍地深入每户家庭；除了直接影响当代人心，一方面也为现代留存史实，以便向后代子孙作交代。

“电视媒体耗资甚巨，甚且投注庞大人力，为什么我要挑起如此艰辛的工作呢？因为，我是宗教家，既是学佛的人，当然以成佛为目标，所以必须步履佛陀的足迹，学习佛陀的智慧与慈悲，勇于走向人群，完成净化人心、度化人间的使命。以现代社会动乱的环境，想净化人心，一定要加快脚步，推动爱的文化启发人人的爱心，以多行好事为人生价值观。”

“以我有限的生命，想要度化广大众生，实在非常困难，所以要结合群体的力量，利用当代发达的科技，就能真正在二十亿佛国，现广长舌相。各地讯息可以迅速连线报导，如此一秒不差，镜头遍传天下，就是所谓的‘神通广大’。所以说电视媒体，实在是现代不可或缺的弘法工具。”

“所以，虽然为了电视开台，我担负资金、人事、节目品质等等之压力，但总是要下定决心，不畏艰难地勇往直前！”

元旦开台，草创维艰

一九九五年十二月，东森、学者、华卫等频道，提供时段播放慈济节目，使慈济文化志业史步入电视媒体的新页；一九九八年元月一日，终于成立慈济大爱电视台，以全天候播出方式，报导慈济世界讯息。

慈济志业，大都在艰难中缔造，大爱台亦不例外，经过仓促的筹备工作，去年十二月初才确定办公场所，百多位同仁也陆续上任，这些没有受过集体培训的新人，平均年龄未满三十岁，然而在各项机器设备仍在采购中尚未齐全时，即要上线展开节目及新闻制作，可想得负担极大的工作压力。

“净化人心要借重媒体。”上人感恩同仁们投入慈济，从二年前每天一小时的节目做起，短时期内即有很不错之佳绩，这“很不错”的背后，可知是大家多么辛苦的付出所得。

“而今又要开播二十四小时的节目，大家真情地投入心力，使我难以言喻内心的感恩。有时我晚上即将入睡，就会想着，现在不知有多少同仁们正熬夜录制节目？我既不忍，但也很为大家的精神所感动。我所能做的，就是支援你们，希望能令你们无后顾之忧，能在节目品质上全心以赴。就如其他志业体，我开放很大的空间，让大家不要担心经费，只要用心办事就好。我既信任大家，大家也就都能全力以赴挑起重任。”

“凡事起头难。起步之时，难免整顿队伍的脚步会较乱些，但只要过些时候，一切自然都会就绪，而正常运作。”

阅历人生，长养慧命

为使同仁能体认自己的使命，明白自己工作的重要性，上人时时把握因缘，对同仁们敦敦致勉，表示慈济是以净化人心为目标，如果能打开心门一起关怀天下，则理想一致，在慈济一定会做得很快乐。

“或许有人认为，在慈济任职，无法见识到广泛的人生境界。譬如，在慈济文化的范围内，有个缺点，就是‘找不到刺激’。在外界社会事件中，有吵架、打架及抗争等各种纷乱、刺激的场景；但是在慈济，绝对看不到这些充满暴力、冲突的境界。除去这点，慈济文化事实上森罗万象，可以见识到相当丰富的人、事、物，为我们展示着人生的智慧。”

“我们既可以报导那些发心的人，也可以深入黑暗角落，报导苦难的人生。除非是自己不用心，自我设限，束缚于小范围之内；否则，如果打开心门，突破自设的格局，就可以发现很多人生故事，充满发人深省的启示。”

就上人的体会，每个人都有不同的人生，慈济世界有很丰富的人生材料，可以用心深入探讨。光明的人生，有其奋斗的历程；悲苦的人生，有其辛酸的岁月；乃至凄惨的人生，或许也有很美的人性……慈济之人事物，真是千变万化，常令人叹为观止：“不可思议啊！竟有这样的人生！”而要有这样的体会，唯有“多用心”！

上人表示，慈济人、慈济事，是慈济大藏经的篇章，唯有借助慈济文化工作者的专心努力，才能编辑完全、完整留存。

“我一定要借重文化工作者专业的力量，以传承慈济慧命。所以，文化工作者若能对慈济人、事、物有深入的了解、体会，我才能放心，放心大家必然能留下慈济历史足迹。但愿大家能做慈济慧命善根的种子，好好将这种子入土、灌溉，等待生根、发芽、茁壮后，就能长成结实累累的大树，往更广的大地，散播更多的慈济慧命种子！”

莲池净土，清香溢远

慈济如今已迈入多元化的媒体世界，对于个性其实是“为善不欲人知”的上人，坦言以往每当记者来采访，可说是避之唯恐不及。当初想法认为做就对了，不必教人知道自己做了什么。但看这几年来，社会上往往黑白混淆，是非不明，这种现象的发生，正是因媒体混淆视听，而致是非莫辨。

“至今，虽然我还是认为‘不必多说，只要做就对了’，此原意仍在；但也觉得以当今社会现况，好人好事应该多加宣扬，才能引导人心向善。”

多角度、高品质地报导慈济人、慈济事，是上人心心念念对大爱台的深切付托。“此时的社会就如恶浊污泥，慈济人就是在污泥中，用心耕种一池莲花。文化工作者，就要在此污泥地上，认真地描绘这片莲池净土。如果不将慈济人在这时代所做的爱心事迹留下，则二十一世纪的人，回顾二十世纪时，就不知原来在污泥里还有片净土。那么二十世纪只是徒然让后人感到不堪设想罢了！”

上人叮咛同仁：“就怕你们‘不慈济’，不怕你们‘太慈济’。我们所要的，正是‘非常慈济’的历史记录！”

“我们应该为时代的光明做见证，就如在污泥中，要让莲花盛开，使世界满溢清香。”

承家传旧德，十年庆有成

——慈济海外志业小记

一九九二年五月初，在洛杉矶发生的黑人暴动中，来自台湾的吴女士于驾车外出时，途中被一群黑人拦截诘问："你是韩国人？日本人？还是中国人？"吴女士回答"中国人"后，这群黑人友善地放行，并指示她最安全的行车方向，要她"快快回家，这一带很乱！"

在表明身份后，即获得礼遇的情形，吴女士百思不解。返家后向家中的黑人帮佣询问，才知道原来洛城的黑人普遍知道"台湾有个'慈济功德会'，在此地做回馈黑人社会的工作"，因此他们一致的共识是："以不危及华人的安全为原则。"所以吴女士能够化险为夷。

消息很快传到台湾，上人听闻后也感到不可思议，欣慰地说："慈济对于黑人朋友长年来无所求地付出，从未料到能有今日使国人同胞幸免于难的回报。所谓'如是因，如是果'，爱，不分种族，一定要普施天下，若能为天下人做天下事，福报必然回应在自己身上。"

海外志业的滥觞
——美国分会发展史

翻开慈济在美国的发展史，一步一脚印的实事记录，多不胜举，虽然这些文献可征的史事，尚不足概括慈济人在当地的所有作为，但单从有限的记载，已可窥知吴女士的遭遇实非幸致。就以协助黑人举例，美国分会自一九九〇年起，即提供清寒奖学金给黑人学区的西南洛杉矶学院护理科系之全职学生清寒奖学金，以资助黑人族裔学生继续向学，因此慈济与黑人结下善因缘。

追溯美国慈济会务，可从一九八〇年的一对夫妇说起。当时居住在北加州沙加缅度的黄思远、李静念夫妇，因受上人慈悲济世感召，默默在北美地区推动慈济精神。二三年后，感于二人力量微薄，经向上人请示，决定筹设美国分会，期运用群体力量以发挥组织功能。一九八五年初，通过加州州政府核准，正式成立慈济美国分会。

最初分会据点以思远师兄府上为中心，随着蒸蒸日上的慈济会务，美国分会之家庭式作业，渐感不胜负荷，经当地委员研讨，决定以华人密集的洛杉矶为定点，成立正式会所。由黄思贤师兄发心提供阿罕布拉市的百余坪场地，在同年十二月九日，美国分会静思堂正式对外启用，展开济贫教富工作，从此美国慈济会务之推展，步向新里程。

在一九九一年五月之后，思贤师兄经由众人推举、上人慈允，接下美国分会首任执行长。他奔走于美各州间、全心推动会务，美国分会迅速迈入组织化、制度化之正轨，短短几年，各州联络处及支会纷纷成立，除在当地从事予乐拔苦的服务工作，更促使美国分会朝向多元服务的国际性慈善志业目标迈进。

成就大福田
——遍布全球五大洲

上人说："有愿放在心里，没有身体力行，正如耕田而不播种子，皆是空过因缘。”美国分会慈济人不论是聚会研讨慈济精神、济贫救难，乃至慰访老人院、医院当志工、扫街，无不在亲身履践，藉事练心中，先净化自己的心，再洗涤社会人心，澄清污浊的社会风气。

正当美国分会的慈济种子，在大家的灌溉下，逐渐发芽、成长；海外志业也在有心人的推动下，在侨居地因时因地制宜地从事慈济之济贫教富工作，因此海外慈济会务之发展，从北美洲伸展至亚洲、欧洲，再延展至非洲、南美洲、澳洲等，遍布全球五大洲。

各国慈济会务从无到有的成长过程中，就人事的更迭、地点的变迁，以至于会务的内容，容或有其地方上的独特性，但在济贫教富的原则下，与美国分会的发展实有异曲同工之处。追寻美国分会的历史轨迹，也可窥得见海外各志业成长之一斑。所以往后拟定慈济海外分会组织规章，确立与本会互动、往来细则时，美国分会的经验提供，占着非常重要的地位。

和平烛光晚会
——化解种族仇恨

一如美国分会长期诚心、用心努力耕耘，不但实际在当地救人急难、解人困顿，发挥大爱慈悲的精神；无形中也提升了华人形象，得到当地朝野的肯定与信任；甚且救人人救，在海外发生种族冲突时，华人常能避过劫难，甚至扮演抚平种族仇恨的角色，促进人与人间的和平相处。

举实例来说，南非长久实施种族隔离政策，导致黑白种族间产生难解的仇恨及歧见、失业率攀升、治安恶化、街头流浪儿增多等社会问题；鉴于南非政府对贫民的照顾日益捉襟见肘，南非慈济人不忍，所以致力于提供奖学金帮助黑人儿童及智障儿接受平等教育、安排黑人贫民职能训练等，或进行食物发放予贫民，希望能有些许助益改善当地社会问题。

约翰内斯堡索桑谷维地区的领导干部及民众，深为上人“普天三无”精神所感动，他们深深觉得应该学习慈济人相互尊重、友爱合作的精神，人生才会有希望。因此在一九九五年七月，该区各种族、政党的村民，共聚一堂以真诚心举办“和平烛光晚会”活动，宣布彼此相互帮助、和平共处。并组织黑人职训班，由白人充当老师，协助黑人民众踏出自力更生的步伐。

慈济人在南非无所求的付出所发生的影响力，也相对的保障了当地华人的生命安全。有位前往南非经商不久的台湾人，开车到加油站加油。当时有几位黑人，对他的名贵车子，动了劫车念头。就在他们计划交谈时，被黑人服务生听到。这服务生曾受慈济救助，看到这位台湾人身穿蓝衣白长裤，以为是穿“蓝天白云”的慈济人，就出面制止这群黑人的抢劫行动。他告诉他们：“这个人是台湾慈济人，他们帮助过黑人，你们不能劫他的车子。”这台湾人因此幸免一劫。

精诚所至
——助人者，人恒助之

又如阿根廷首都布宜诺斯艾利斯西北方的哥鲁多巴省第三河市，一九九五年十一月三日发生军火工厂连环爆炸事件，一万七千颗炮弹爆炸后的碎片及弹头，如雨般落在街上，估计五十多间房子全毁，三千多户受到波及，七千多人无家可归。慈济人获悉消息，想前往勘灾、提供助援，却因灾区封锁，难以通行。

经台湾驻阿"商务处"代表黄泷元先生协助联络，六日后，阿国副总统顾问亚历山大得知慈济人长久在阿国从事各项慈善工作，一向肯定慈济作为，协助安排勘灾事宜，慈济人因此得以在十一日走访灾区，顺利完成八百多公里的勘灾、发放及慰问工作。

更甚者如澳洲于一九九五年选举期间，有议员以"排亚"为政治诉求，主张排拒、驱逐亚洲人士，引起不小风波。慈济人在当地从事慈善工作已数年，经常在医院及老人院服务，或赠送医疗设备。当此事件发生，这些机构便挺身而出，举事实说明："我们需要这些台湾人，他们帮了我们很多忙。"报纸及电视也大幅报导。此风波乃息。

困勉中做慈济
——自力更生，就地取材

"困勉中做慈济"，可说是一般海外从事慈济工作者的写照。由于语言、文化、风俗习惯的差异，或种族的歧视、宗教排斥的问题，乃至于侨居地幅员广大，慈济人彼此相隔遥距，在在都造成慈济工作推动的困难度。尤其身在异乡，无法亲聆上人教诲、亲沾法益，种种难关都得亲自面对，正说明海外慈济人"筚路蓝缕，以启山林"之勇于承担的精神意志。

上人也谈到慈济海外的发展，一向只给予无形的"爱的种子"，并没有提供有形的资源。爱不是口号，人人都有爱心，但如果没有实际行动，徒有爱心又有何用？海外慈济人接受爱的观念，秉持上人教示的“自力更生，就地取材”作法，将爱心化为行动去付出，所以能感动当地许多爱心人士，从事济贫教富工作，进而提升华人形象。

“慈济志业从台湾地区发展到海外，就是因为本着信实诚正的精神，取得大众信赖，才有今天的成就。所以希望大家身居海外，行走慈济菩萨道，一定要秉着大公无私的精神，朝利益众生的目标行进，慈济法脉才能源源不绝，永世传承。所有善款，一毛一毫都非常珍贵，希望大家持清净无染的心，一切为公，铺出一条爱的菩萨道，而不要为私利而彼此计较起纷争，这是我对大家最大的期待！”

大家长的叮咛
——家和万事兴

无疑地，上人的爱心关怀与智慧法语，是海外慈济人行事的精神动力与最高准则。大家也利用难得回到台湾的因缘，把握机会直赴心灵的故乡——静思精舍，请示上人会务方向，以及如何解决所发生的困难。

慈济人遍布全世界，如何去凝聚所有慈济人的心力，共同为志业全心以赴，的确是非常重要的事。有鉴及此，上人每对海外慈济人强调，唯有以“和”的精神，才能真正团结人心，发挥强大的力量。

“父母最怕儿女不和。与我们不同宗教信仰者，我们尚且尽量要与其和合，更何况是与我们同志、同师及同道者，更要彼此包容，相互疼惜、爱护，这就叫做‘同事度’、‘同类度’。来到慈济，并非是为慈济做了什么，事实上是为自己而做。自己的所作所为，是为自己播下种；布下什么样的种子，自然就会有什么样的收获。”

“大家都非常爱慈济，但在人事之间，难免有意见不同，需要沟通以求共识的时候。人人因此而藉事练心，藉由境界磨练自己的心性，改正自己不好的习气。大家除了尽力做慈济外，如果能修养自己，彼此和气相待，我就会很欢喜；反之，如果看到大家相互排斥，我必然忧心不已！”

百代创业维艰
——为后人开路的拓荒者

“和”是上人对所有慈济人的期待；不在身边的弟子，上人更是寄以无限关切，时时叮咛“家和万事兴”，同时寓与无限深意之期许。

如泰国现阶段推动慈济者，可谓当地第一代慈济人，上人勉励他们要有拓荒者的精神。“拓荒的人，当然非常辛苦，一路走来，于自己而言，做过就放下了，没什么好回顾的；但作为开路者，看到有人顺着这条路走来，就会觉得很欢喜——当初自己披荆斩棘地辛苦地开路，总算让后人有条康庄的大道行走，这是多么有意义啊！既然大家因缘殊胜，就要感恩、珍惜这份好缘，做个成功的拓荒者！”

对马来西亚开示：“大家身为师父的弟子，以慈济为志业，慈济就是我们生命的目标，是自己立志要做的工作。既然是大家的志愿,所以投入志业的人,都是来帮助自己的人,都是感恩的对象,因此心态要调整到'我的本分是感恩,没有埋怨的权利'。如果觉得事情不好推动,不是别人的问题,而是自己的问题;做慈济,就要心宽,心宽则天地大,总是自己先付出,才能有所得。"

对新加坡叮咛:"做事的人,要低声下气、放下身段,请教别人是否可行?不可凡事独断,自以为是。如果众人都以为不可,自己偏要一意孤行,就会自己一人走得很辛苦。慈济是宗教团体,宗教的意义就是人人平等,彼此要相互尊重,和气相待。多少人在社会上拥有名利、地位,但在慈济里,每个人都一样,没什么特别,因为慈济就是修行的道场;佛教的修行道场,与社会上的名利毫无关系。进入慈济是难得的因缘,要珍惜与大家同行菩萨道的福缘。"

在家菩萨智慧长
——肯定自性三宝

虽然上人远在台湾,精舍常住师父亦未在身边,对于海外弟子们，上人殷盼人人于佛法要正知正见，于志业须全心以赴，使会所成为菩萨的道场，就是真正功德无量；如果反而成为凡夫的是非场，就真是罪过了！

“对于宗教的信仰，大家应该要正信，不要以为佛教只是拜经念佛，或求出家师父加持保平安，这就误会了佛教的真义。期待会所是一个大家力行菩萨道后，集会分享彼此爱的经验的地方。我们行善助人，就是自己走过来的经，与人分享这份爱的感受时，就是‘讲经’；大家听闻你的心得，一起讨论如何更深入、有效地解决困难，这就是‘论道’。”

“慈济乃入世志业，是行经而非念经；经是行在脚底而不是挂在口中念诵；应在生活中力行经教，才是佛陀本怀。慈济人就是走在菩萨道上的行者，所说的心得，也就是菩萨道上的风光。出家人固然是以弘法利生为家务，但并非出家人说的法才是真法，要肯定自己的自性三宝，不要妄自菲薄。”

"其实，在家菩萨智慧长，不必执著出家才有功德。现出家相意思是不结俗家缘，愿以服务众生为要务。并非出家后，突然间就功德增长，能够摸人的头，替人消灾解厄，正信佛法不谈神奇怪力之事。事实上，千经万论，也都是教人如何行菩萨道。所以，佛教首重力行，如果只会说不会做，于己于人又有何益？不要因为执相而轻视自己，只要平日确实无私地为众付出，言行间自有真佛法，自能感动人同行菩萨道。"

全球慈济日
——慈亲倚门望子归

海外志业在美洲落地生根，至今十多个年头过去，共计有二十七个国家、九十三个联络点，真可谓根深叶茂蔚然成林了！

为凝聚全球慈济人的精神、观念和心志，进而秉持佛教精神共同推动慈济志业，将大爱善种撒播到世界各角落，本会在一九九五年二十九周年庆时，在静思精舍举行首届“全球慈济人精神研习会”，除了亲聆上人殷殷咐嘱，和汲取台湾行政流程及推动经验外，也透过海外各据点的会务报告，达到联络情谊及切磋心得的目的。

由于此活动意义良深，成效卓著，因此订定每年农历三月二十四日本会周年庆的前一个星期日为“全球慈济日”(编按一)，并举办为期约十天的干部及慈济人两梯次研习活动。

今年三十二周年庆回来的海外慈济人约五百多人，尤其特殊者，有远自荷兰及约旦来的慈济人；当上人得知约旦联络处在三月底曾济助以阿战争中流亡巴勒斯坦难民营二百八十户白米及食用油后，颇为惊讶地说：“我从未到过约旦鼓励当地慈济人，然而他们竟然也做得如此好，这样感人的精神，究竟从何而来?”

海外慈济人正是以离家在外的孩子，矢志为家争光的志气，在异邦难行能行地传续慈济法脉，这份游子的心情，让上人动容："看到所有慈济人投入的精神，使我不得不咬紧牙关撑下去，拼命向前走！所以说我的脚步很快，因为我轻轻一讲，背后就有一股很大的力量往前推动啊！"

当大家回来告假，一大群，将上人团团围住，笑逐颜开地呈上档案照片，依次报告做慈济的"成绩单"时，此情此景，让上人感到十分温馨："全球慈济人回来，就好像遍布各国的子女一一回家来围炉过年。我的心情正是'父母倚门望子归'，真是非常欢喜！"

永远的苦口婆心
——和心才有力，互爱才能圆

欢喜之余，上人苦口婆心再三强调叮咛，希望大家切记，人人"和心、互爱"（编按二），才是推动志业前进的不二法门。

"慈济人本着'无缘大慈，同体大悲'的精神，从事济贫教富工作。若是满口的爱，却无法爱你周遭、与你最亲的人，这表示自己的爱并不真诚，是一种空虚、不实在的爱罢了！再说，一个人的力量毕竟有限，要感恩周围的人，因为有大家爱的力量合在一起，才能帮助更多的人。更应该感恩自己身边与你同心同志的人，有感恩心，自然彼此互爱；而这份互爱，源自内心的和。”

“和心才有力，互爱才能圆。没有这股和心的力量，哪能圆满菩萨的道业？没有和心、互爱，就落于有漏小乘；有了和心、互爱，才是福慧双修，是最高的修行境界，也是给我最大的供养。慈济是菩萨修行道场，人人同为法亲，大家相处要相互关怀与信任。如果大家在海外，彼此情感如兄弟姊妹，我才能真正安心。”

除了“和心、互爱”的叮咛，上人也送全球慈济人一句话：“希望大家要‘爱师父所爱的人，做师父要做的事’，也就是要爱普天下的人，做对人群有意义的事！”

“圣婴”年
——天灾急急频传

还沐浴在心灵故乡，享受大家庭天伦之乐时，受“圣婴”现象影响的国际灾情，却纷纷传来，催促着大家速返侨居地投入危急的救灾行动——阿根廷与秘鲁水灾、巴西与菲律宾将军市旱灾。

除了这些迫在眉睫，必须立即进行勘灾、发放地区外；在义诊方面，有越南胡志明市、菲律宾怡朗市、马来西亚沙巴及印尼日惹等地举办义诊活动；并提供医药和食品给阿富汗巴米亚省震灾饥荒地区，以及密克罗尼西亚联邦中心夏克岛之药品援助；此外还有甘肃省水窖工程、贵州扶困计划等待执行；更有印尼暴动区之勘灾，针对缺粮受灾户的发放。

在这几起救灾事件中，海外慈济人的勘灾发放必须面对二三千公里来回的艰辛路程；灾变现场交通难行、天候恶劣的困顿；在排斥佛教、华人之国家，进行救济之不易……幸而慈济人已累积不少救灾经验，或因长年努力受到受灾国政府肯定，而提供各种协助，陆续顺利完成赈灾的工作。

青史流芳
——赈灾救难记行

海外志业流传青史的动人篇章，便因此再添数页。翻开巴西旱灾救难记这篇——

“……我们开车深入离中心二百公里处……再深入三百公里处……再深入四百公里处……车窗外的温度高达四十二度C，此地只见一片黄土，百姓没水、无食，甚至要割食仙人掌。我们带来可度过一星期的基本食物，当地的百姓对中国人带来的‘及时雨’感到无限喜悦，那种感激之情，让大家望之动容。”

“市长致词时，感动得流下眼泪；学生代表讲话，说从来没有看过中国人，而今竟然有中国人的社团来救他们……感动得也是双泪俱下，泣不成声。后来校长到她的前面拍拍肩、擦干眼泪，学生继续讲下去：相信今后只要有中国人来，一定会尊敬他；有困难，政府一定会帮忙他……”

“一”生“无量”
——一念善心缔造世界和平

全球慈济人回精舍寻根时，上人常为大家讲解《无量义经》中的菩萨精神，告诉他们慈济精神即是法华精神，而法华要义精粹又尽在《无量义经》中。饮水要思源，法脉源流必须代代相传。

“我从《无量义经》中，体会到‘一’可变为‘无量’，而‘无量’即是由‘一’开始。如种子落地，只要有阳光、水分、肥料，就能在泥土中生根、发芽、成长，乃至开花、结果。累累果实又能产生无数种子，无数种子又长成无数果实；这无数果实，当初只是由一粒种子开始。所以，只要心中有一份爱、一念善，以恒心、毅力为众付出，长久时间后，自能累积很多福因善缘而有福果福报；然而这因缘果报，还是从‘一’生起。”

“就如三十多年前，我看到一小产妇人遗留在医院地上的一摊血，心生怜悯，所以发愿要唤起人人的爱心。而今慈济在海内外发挥闻声救苦功能，这庞大志业的肇始，就是起于当年的一念悲悯心；这一念心就成为一股力量，结合了更多的爱心人士，缔造出今日的慈济世界。”

上人的志愿：期望透过海内外慈济人的同心协力，以这“一”念心系众生之心，完成未来“无量”的福缘——世界和平，天下无灾难。

（编按一）全球慈济日

一九九五年慈济二十九周年庆时，在静思精舍举行首届“全球慈济人精神研习会”；由于成效卓著，因此订定每年农历三月二十四日本会周年庆前一个星期日为“全球慈济日”，并举办为期约十天之干部

及慈济人两梯次研习活动。

一九九六年慈济三十周年庆时，鉴及纪念活动皆于农历三月二十四日举行，但因为与农历相应的阳历并非年年皆同一日，为避免海外慈济人的困扰，上人遂宣布自三十一周年庆开始，全球慈济日统一为母亲节当天，使遍布全球的慈济人每年有固定日子回到台湾寻根，不能回来寻根的人也能在这一天共同庆祝慈济日。隔年一九九七年慈济三十一周年庆时，全球慈济日即开始在母亲节当天举行。

二〇〇〇年慈济三十四周年庆时，台湾当局立案决定五月第二个星期日母亲节与佛诞节合在一起，方便佛教徒到寺院参加浴佛法会。也由这一年开始，全球慈济日与佛诞节、母亲节“三节合一”，于同一天举行。

二〇〇六年慈济四十周年庆，台湾地区以及海外就地落实社区，以静态展览、共修及浴佛共同庆祝“三节合一”。大爱台同步转播浴佛大典，让全球同时收视，全球各联络点也将他们在当天的浴佛仪式画面回传。

上人指示，海外慈济人无须特意于周年庆归台，以避免来回奔波之苦与交通、时间的花费耗用；并希望周年庆能呈现“静寂清澄”的境界，静心沉淀；而上印下顺师公上人圆寂尚未满一年，上人亦希望在宁静中缅怀师恩：“二千多年前，佛陀悟法、传法度化众生，佛之德、法之慧，也需要有法师代代传承。所以，我真的很感恩在慧日讲堂皈依导师的那一刻，从那个时刻开始，我得到永恒的心灵导师，所以一定要报答传授法乳之恩。”

每年佛诞节、母亲节、全球慈济日为同一天，在这“三节合一”的殊胜日子，纪念佛恩、父母恩与众生恩，将敬田、恩田、悲田三合一，是为一大福田。

上人希望全球慈济人在各分支联络点，以庄严的浴佛让各界广为认知佛陀，并以温馨优雅的布置、恭敬庄严的活动，提升人文品质；透过静态展览，沉淀、回顾来时路，邀请社区民众见证美善行履，分享点点滴滴的清流。希望借此广召人间菩萨，使善与爱不断循环，净化人心。

“为佛教、为众生”是师公上人对上人之教示，上人指出，慈济人借由浴佛，向大家介绍佛教，再进一步引导大家将佛法运用在生活中，年年不断地推广，这正是“为佛教”，弘扬佛法。“为众生”，每一个国家、地区的慈济人都是就地取材，就地付出，或是跨国救灾，皆以台湾慈济为名，成就仍然回归台湾，实在令人由衷感恩。

（编按二）和心，互爱

上人认为人人“和心，互爱”是推动志业前进的不二法门。

上人说，慈济人从事济贫教富工作，既然对于素不相识的人可以无怨无悔付出，对于同志同道的人就更要相互友爱，而不可心存计较。

“若是满口的爱，却无法爱周遭与你最亲的人，就表示自己的爱并不真诚，只是一种空虚、不实的爱罢了。再者，一个人的力量毕竟有限，只有大家将爱的力量集合在一起，才能帮助更多的人。如此想来，我们怎可不感恩周围同志同道的人呢？只要有感恩心，自然彼此就会互爱，人心也才能和合。”

“和心才有力量，互爱才能圆融，否则如何圆满菩萨道业？人人和心、互爱才是福慧双修。”

“要迈向‘净化人心、祥和社会、天下无灾难’的目标，其中‘净化人心’就需要耐心去引导，只要他有心要改过，我们就要用心帮助他，引他走上正确的方向，这需要团队和心才做得到；大环境若缺乏和谐的气氛，让人望之却步，又如何帮助人去恶向善呢？”

同一对父母生的小孩，即使是血缘最亲的手足同胞，个性观念也不会相同。而慈济人来自不同的地方、家庭背景都不一样，却能立同心、发同愿，这是多么特殊的因缘！上人希望所有慈济人珍惜这份善缘，时时和心互爱，共同营造和谐美善的大环境。

“和心，互爱”以外，上人且提出“知足，感恩，善解，包容”妙法。“我们的心是凡夫心，易受无明污染，所以对于地球，对于人间造成许多祸端。学佛，就是要净化我们的心，以知足、感恩、善解、包容这四法自净其意。心中知足，时时感恩有许多人合力投入，才能成就慈济事；对于其他人与自己的观念、方法不同，要善解人人终归是起于相同的一念心而投入，加以包容。”

之后，上人表示，对自己运用“知足、感恩、善解、包容”，对群体则要“合心、和气、互爱、协力”。

有福同行菩萨道，将佛法落实于生活，须时时警惕自己，内修外行不可稍懈。上人期许，救拔苦难的慈济人就是人间菩萨，慈悲喜舍是道场，要以“四神汤”——知足、感恩、善解、包容，内修己心、自净其意；在团体中运用“四物汤”——合心、和气、互爱、协力，调和整体与佛心相契。

“从前告诉大家要喝‘四神汤’——知足、感恩、善解、包容，就是要大家先净化己心，这是个己应有的修养条件；现在我要针对群体，开出‘四物汤’——合心、和气、互爱、协力，因为愈来愈感觉‘来不及’，无法慢慢等待各人调整好，希望由群体运用四物汤凝聚起来，利人同时利己。”

“我们对人一定要善解，才不会彼此对立；能有安定的生活，要能知足；感恩有这么美好的道场，彼此包容。”上人吁众将眼光放远，只要大家合心、和气、互爱、协力，让人见到和和气气的慈济团体，自然就受吸引而想加入。

“群体合心和气，能度人也能自度。我们的爱很充足，能够自爱爱人，自爱就要自修，爱人要去付出，互爱就有力量，有了力量，在这一片土地上，就会很快地有发展的方向。”上人勉励慈济人运用妙法自度度人，福慧双修。

上人指出，以前教大家“知足、感恩、善解、包容”的“四神汤”，而后是“合心、和气、互爱、协力”的“四物汤”，名相不同，原点相同，都是从人心开始。

凡事皆要从自心做起，除了内心要做到“知足、感恩、善解、包容”；要大家“合心、和气、互爱、协力”，就是在人群中与众相处之道。上人指出，道理环环相扣，只是从自心为源头，延伸、扩及人群，就能影响大范围。

慈济组织架构“四法四门四合一”设立之后，“合心、和气、互爱、协力”被施用于委员及慈诚组队名称中，负责“传承、布达、规划、执行”功能，这些功能四项合一，称为四合一。上人指出，这不是四个名词，而是同一件事，是合为一体的，也是慈济人不可或缺的“四物汤”。

而“合心、和气、互爱、协力”不仅是团体架构的名词，更是慈济人必须确实在群体中运用的“四物汤”。上人强调，人人都是合心，既是合心也是协力，共同运作，表达和气的团体氛围。“慈济的形象就是和气，让人见之而赞叹欢喜，家和万事兴，人和万事成，和气就能度人。”

一粒米中藏日月，半升锅内煮山河

——谈慈济大陆赈灾缘起及理念

夏秋之交，蒙蒙时雨自天而降，予四季和宜、衣丰食足的台湾，平添不少诗情画意；然而，同样的雨水却教海峡彼岸的同胞疲于奔命，至今余悸犹存，别有忧愁在心头。

民间疾苦声

据今年七月往赴大陆的慈济勘灾团携回的讯息，六月洪涝漫天倾倒，重创长江、闽江沿岸数省，勘灾团足迹履及之地，包括江西、湖南及福建三省，眼见尽是一片汪洋、狼藉景象。连日来袭的强烈暴雨，造成江、河、湖泊水位创历年新高；积水高居不退，扬花吐穗的早稻尽没水底，良田万亩绝收，灾民生计无望；土砖或木造房屋，剥落、倾颓、倒塌，满目疮痍与废墟；家财付水东流的灾民，避居河堤岸上，暂栖政府提供的帐棚下。

帐棚湿热简陋，入夜后，江水涛涛，如何入梦？一无所有的纯朴百姓，本着中国人勤苦耐劳的本性，河上沙洲略浮水面，立即抢播秧苗，撒一些渺茫的希望。

大陆百姓受灾，上人十分难过："祖先世代辛苦开辟的良田、房舍，毁于一旦，灾民们每天面对水茫茫景象，也只能望洋兴叹；无家可归，复苏艰难，日后以何维生？将心比心想，实在让人心疼和悲伤。"勘灾团复勘后，决定先行发放大米，以应严冬将临无水米下炊的灾民度过生机告急的窘境。

写史诚维艰

屈指细数，自一九九一年大陆因水患年年受灾，慈济年年应急救灾，七年来，因救灾因缘，搭起了两岸爱的桥梁。

展开史册档案，回顾大陆首次勘灾、赈灾扉页，只见心血斑斑，历尽无比艰难……

时间于一九九一年夏天，大陆长江、太湖流域暴雨不断，洪水泛滥，十九省二亿多人口受灾，酿成百年罕见水患。政府紧急向国际发出求援讯息，陷入大水仓皇逃命的灾民，透过媒体的传真报导，呈现在全世界民众前。

密切注意灾情的上人，按捺心急如焚的心情，观望着国际救援组织的动向，不知灾民可否得到即时的救援而脱困？这段等候的日子着实不好过，“我吃不下也睡不着，每次端起碗来，就想到大陆灾民一粒米也没有，这碗白米饭不知如何下咽？晚上躺下也睡不着，听说水淹时，大家都拼命挤到楼上去，人挤人，挤得无法转身，大家就背靠着背站着睡。每次一想到这些人、这些情景，我哪里睡得着呢？”

其实，上人不仅吃不下饭，冷了也不添衣裳，想以同理心来深切感受灾民挨饿、受冻之情境。

救灾如救火

日复一日，国际救援物品迟迟无法送到灾区，上人的心中不免有了一份挂碍；直到该年七月全省行脚到屏东，接到慈济美国分会的传真，表示有很多人都在问慈济要不要做大陆赈灾？如果慈济要做，他们才有信心奉献。

上人的心本来就悬疑着，为什么这么久，还不见国际救援行动？既然国际人士对慈济这么有信心，所以就在十四日上人从屏东往台中途中，在仁德休息站时，上人下定决心——“侨居海外的人都如此关心大陆同胞，而台湾与大陆虽因海峡阻隔，却都是中国人，是同源同种的同胞！救灾如救火，苦难的灾民需要我们及时伸出援手，我应该赶快呼吁！”

旋即指示随行的工作人员打电话到台北文化中心，紧急撤换《慈济道侣》半月刊版面，正式对外刊出慈济发动赈灾募款的消息，并说明采“专款专用”赈济方式。

紧急汇集慈济人力量进行劝募的同时，上人除了自己不断思考，也与慈济高阶主管及荣董等，讨论赈灾可行办法。到底要以何种方式进行救灾工作？

国内有哪些机构能尽快把善款用于灾民?或由慈济组团到大陆,确实点滴不漏地发挥善款功能,救助最需要帮助的人?然而两岸因长期隔绝互不了解,必须尽力透过管道搜集灾情资料,因此指示,必要时得派人前往勘灾,掌握实情。

经过多方了解,台湾地区红十字会募集的资金及物品,必须透过他国转交,无法直接送达大陆。上人于是决定:“既然要做,就要亲自把物资从我们的手中送到他们的手里,如果不能亲自送达,那倒不如不做。”

行人不能行

然而,想要打开两岸的成见,把爱送到彼岸,何曾容易?“有可能吗?”上人自问,却又对自己回答说:“你生下来,就是要做那种不可能的事,把不可能化为可能!”

虽然下定决心,但对于有效的做法,上人尚无十分把握，所以就与高阶主管沟通，表示自己的决心，也说明必须配合当局政策和大陆制度，征求有关单位的同意，才能采取赈灾的行动。

经慈济总管理中心王端正副总执行长，直接请示“陆委会”副主委马英九先生，得到他的肯定与赞誉，表示台湾方面一直关心着大陆灾情，很希望拥有良好形象及丰富救灾经验的慈济出来做，如果需要有关单位一起协助的，他们也一定会支援。大陆方面也表示，将以“中国抗灾救灾协会”，统筹慈济的大陆赈灾事宜；这也是大陆首次开放给佛教团体的举动。

该年八月七日，慈济筹备成立大陆赈灾小组，初步拟定赈灾计划，包括“直接、重点”两个原则，以及“经济、医疗、物资”三项救济。首梯次慈济勘灾小组于十一日出发，在六天大陆勘灾行动中，除前往北京拜会中国抗灾救灾协会，几经协商，获民政部副部长阎明复先生允诺，该协会将全力配合慈济，并代为联络安排赴安徽重灾区勘察。勘灾团返台后，为谨慎赈灾行动，上人数次听取勘灾工作人员报告所见所闻，并频频询问，大陆人民受灾严重程度及大陆相关单位对本会前去救灾的诚意如何？

九月再次复勘，据勘灾团表示，大陆偏僻乡村百姓过着贫困的生活，尚自顾不暇，哪有能力去照顾别人？再者，大陆幅员辽阔，即使爱心人士有心济助贫困，也不知从何访察？真是因缘不具足。所以，从灾民的言谈中，明显看出极度渴望慈济的帮忙，官员也表现出意愿配合。

奠爱的基石

勘灾人员描述灾民的苦况，教上人更加忧心，常想："时日过得快，季节也更替得快，秋冬的脚步马上来临，大陆的气候四季分明，夏天灾民露宿还能勉强过活，虽四面无墙，还颇感清凉。可是，秋天一到，秋风瑟瑟、冷如冰霜，竟没有一片墙可以挡风，多么凄凉！而且，冬季一到，天寒地冻，万物冰雪覆盖，灾民不知如何度日？漫漫长夜，风雪交侵，他们又如何度过?”愈是凉冷的天气,上人的心愈是着急,就像是自己被风雪冻结了一样……

终于在上人指示下,第三梯次勘灾小组又紧急在九月末出发,与安徽全椒灾协商议兴建灾民社区,以及提供御寒的棉袄、衣裤、棉被,及复耕的种子、肥料等事宜,希望灾民能尽早重建家园,维持往后长远的生活。

一九九一年十月十四日是历史性的一刻——由慈济援建的全椒十四个灾民社区举行开工奠基典礼!慈济赈灾团四十三人亲临现场观礼,亲身参与这份爱的见证。

一九九一年、一九九二年之交,慈济完成安徽全椒、江苏兴化及河南固始、息县三省四县之建房、发放的赈灾工作;也成为往后数年慈济往赴大陆救灾,提供可依循之经验模式。接着,一九九三年湘西,一九九四年广东、广西,一九九五年安徽、江西、湖南、广东及辽宁,一九九六年青海、河北及福建,一九九七年安徽、福建、浙江及贵州等灾区之赈灾及发放，只要伸手可及、脚走得到的地方，总计遍及大陆十八省份；如果再加上今年的湖北省，共计有十九省灾民受到慈济赈灾照抚！

智者常坚忍

“千里之遥，始于初步；合抱之木，发于毫芒。”慈济从事大陆救灾工作，迈开的第一步，坚决又沉重。首梯次勘灾小组赴大陆与政府协谈，因彼此互不了解，初步过程并不顺利；同时在台湾进行的募款工作，推展了半个多月，却因民众反应冷漠，也无多大成效。

当勘灾小组向大陆当局提出慈济赈灾原则时，他们希望慈济比照联合国的方法，将所有物资折合现金，交由他们统筹发落；然而此项作法与慈济之“直接、重点”原则不符，赈灾小组耐心再次对计划加以说明，不意接待人员听了之后并不理解，让赈灾小组心凉半截。

幸而出发前，上人曾叮咛“到大陆与对方沟通，必须有心理准备”。上人以一九七七年赛洛玛台风侵袭台湾南部，慈济赈灾所遭遇的困难告诉他们，为了过滤出真正最需要帮助的灾民，曾与委员在当地住了十几天作访查工作。为了取得乡镇市公所的灾户名册，守候公所门外数天之久。受到他们的百般拖延，有委员气不过，认为自己远道来救灾，不知为什么还要看人脸色？

上人心平气和地说：“他们没有邀请我们来赈灾，是我们自己要来的啊！要求别人提供资料，就须低声下气啊！他们是公务员，时间到才上班，时间到就下班，这并不过分。而我们是自愿来赈灾，灾户的名单如果拿不到，就会辜负很多人的爱心，所以大家要有耐心，是我们要求人家，而不是人家要求我们啊！”

大陆勘灾小组想到上人临出门的交代，“是我们要求人家，所以要低声下气”，因此自始至终都展露笑容，会谈结束还向对方说谢谢。直到与阎副部长晤面，才达成有效沟通的共识。

如风吹石山

至于台湾募款方面，一来民众对彼岸仍存有敌对心态，引发不出同情心，二者台湾红十字会已募集四亿多的赈灾款项也遇到关卡汇不出去，要赈灾的米放在仓库中，都已发霉了还没运出，使台湾人的爱心大打折扣；并且大陆官方对救灾款的处理是：八成拿去做灾后重建，只有二成交给灾民；基于上述几点，慈济因此对救灾款能否直接送达灾民手中没有信心。

慈济预估四亿元的救灾工作，在八月初才只募到百万元，离目标是如此遥远，上人只得不断鼓励委员："这份爱的工作实在是困难重重，但是，我们要有信心、耐心，更需要的是耐力，大家要提起爱的耐力再往前跑，不管多远，只要我们发正念之心，站好方位，跨步向前，总有一日到达目标！"

在大众面前，上人必须鼓舞士气而且振作精神，但是因为四十年来两岸的对立，社会上有很多人对大陆存有排斥感，连带的对慈济从事大陆赈灾，而产生的误解、批评及反对的声浪“排山倒海而来”。见诸于报章、杂志、广播等媒体，乃至直接投函或以电话指责，层出不穷。

面对这些强大外在压力，上人只有忍泪：“很多人问我为什么？我能问谁？只好反问自己！好几天夜深人静时，一次次问自己，救大陆，是对或不对？有时，自认问心无愧，但当听到委员转述会员的话……我又再陷入挣扎。大家看我表面平静，其实内心非常挣扎。”

“直到有一天，乐生疗养院的金阿伯对北区第一组委员说：‘师父做大陆赈灾没错，就如两粒无形的原子弹，炸开了好几年两岸的仇恨。’没错，只有大爱，才能解开两岸的心结。从此，我很宽怀，不论什么时候什么人来，又对我说会员、或者是计程车司机，如何批评……不管是多大的声浪，我自觉问心无愧，做就对了，否则错失因缘，将会后悔莫及。”

风雨故人来

实际上,直至今日,慈济大陆赈灾工作,因为两岸四十年的暌隔,形成彼此价值观念的落差,一方犹疑猜忌、一方担虑不安,使得慈济的大陆救援工作显得举步维艰,有“两难四苦”。两难者,台湾部分民众反对的声浪不断,而与大陆方面的沟通更是阻碍重重;四苦者,路途苦、精神苦、体力苦、沟通苦。

“士不可不弘毅,任重而道远。”如果不是非凡的毅力、勇气,如何肩挑以天下为己任的重担?台湾与大陆的暌隔,本就加重救灾的难度;尤其在一九九五年,五省八县的送爱大行动,因当时两岸的导弹演习,关系益形低迷紧张,然而上人仍排除万难,坚持宗教家慈悲济世的胸怀,告诸大众:“政治不应影响两岸人民的感情。”并加强慈济人的信念:“天下的动乱不是比武力可平息的,只有以爱、感恩心、圆融心,才能维护和平。”

上人希望："以'大爱'铺出一条康庄大道，连结两岸人心，并推行于天下间，才能消弭国与国的战事，及种族互斗引起的内乱。"于是，依然组团赴大陆勘灾、救灾。当勘灾人员走访阎明复先生表达伸援的心愿，他深切感受到慈济无私、大爱的情操，激动难抑地说："本来我以为你们不可能再来，想不到你们还是来了！"

听到此行勘灾人员带回的灾民苦况，上人悲哀的，仍是天下苍生苦难何其多："普天之下的苍生，禁不住一阵风、一阵雨，几十年来努力经营的家园，一夕之间毁于一旦；想到这些受灾民众，又要过着餐风露宿的日子，便心绞痛楚非常……"

这回的救灾行动，委托全椒制作的十六万余套棉衣，及长沙制作的八万多条棉被，分送四省灾区全长数千公里。基于慈济与全椒结下的深缘，军方在一九九三年慈济湘西赈灾时，也曾军车协助运送，所以此次数十部军车，跋山涉水，长情千万里的爱心大接力，更显出两岸在风雨之中，写下真情以待的感人篇章，实乃弥足珍贵。

至此，上人更肯定大陆赈灾行动。“就佛教精神而言，佛教之‘大爱’，是爱普天下众生，而非台湾地区人只爱台湾人，印度人只爱印度人之小爱。三藏十二部经，在在说明普天下众生，不论肤色是红、黑、白、黄……同样都是流着红色的血；生命是平等的，我们应该尊重生命，只要是发生困难的地方，我们脚走得到，手就一定要伸得到。”上人表示，以往的反对声浪，反倒是一种助缘，因为有压力，才有助力，而且思惟更深刻的理念，从而更坚持大爱的精神与作为。

福人居福地

以佛教教义来说，“众生共业”是基本的中心思想，上人深明此理，认为大陆赈灾，就两岸的现状，其实也是慈济“济贫教富”的落实，在大陆是济贫，在台湾是教富，期待借着救灾的因缘，启发两岸的爱心。

“一切道业、福业都是由时间累积，有福才能感招天时地利人和；相反地，若缺少福业，常常是求雨无雨，或者狂风暴雨造成灾难，这都称为‘非时风雨难’或‘过时不雨难’，这都是众生的共业呀！”天灾人祸，都是由心所造；上人希望救护大陆灾难同时，也能劝导当地人心向善，聚集许多人士共造善业，善业之地常吉祥，居地吉祥才能安居乐业。

台湾是福地，几十年来，人民丰衣足食，大家有余力行善。不过，也有“物极则反”的现象，目前台湾虽然有很多爱心人士，但却也出现人心浮动的情形，因为很多人想追求暴利、有钱还要更有钱，心不安分；不定的心就像无根的浮萍，财富要愈多愈好；子女要受最高等的教育；房子也要愈大愈好；先生好，还要要求他更好，这是很多人的心态。

上人期待台湾人人都能付出菩萨的爱，怀着知福、惜福、更造福之心，响应大陆赈灾；以累积福缘善果，缔造社会祥和。“如果每个人都能把爱编织起来，相信这个社会将是菩萨的人间，长情大爱也会充满幸福的人生。”

《无量义经》说："而诸众生，虚妄横计，是此是彼，是得是失，起不善念，造众恶业，轮回六趣，受诸苦毒，无量亿劫，不能自出。"就因不忍众生在你我之间，生分别心，造诸众业，所以不论客观环境如何艰难，上人绝对贯彻"布善种子，遍功德田，普令一切，发菩提萌"的志节，不因人世的反对声浪，而动摇其志。

本是同根生

在许多人云亦云的说法中，尤其是"大陆是敌方，为什么要救敌人"？上人的理念是："普天之下的众生，都是我们的眷属；天下众生有灾难，我们怎能袖手旁观？再说，'爱你的朋友不稀奇，爱你的敌人才伟大。'更何况受灾受难的人，是没有力量的无辜百姓，他们长期生活在贫困中。我们的祖先来自唐山，从大陆渡海来台，所以，我们与大陆百姓是同文同种同文化的同胞。两岸人民要安和乐利，就必须化小爱为大爱，以爱铺着路走过来，子子孙孙才能永享太平。"

至于"台湾都救不完了，为什么要救到大陆去呢?”“我们要取诸社会、用诸社会,有多少力量就要赶快做多少事,去帮助没有力量的人。其实,台湾的贫病者,只要经访查属实,我们都已尽力去帮助。目前台湾社会较富足,人情较温暖,当局对贫户的照顾也很周详,其他的慈善机构也会关心贫病者。而大陆则不同,贫富非常悬殊,居住在乡村偏僻的人,逢灾遭难,生活马上陷入危机,急需外力支援。”

也有些人对赈济大陆抱着质疑的态度,认为大陆连年多灾多难,苦难的人那么多,到底要救到何时?而又能救多少人?

上人表示,虽然大陆连年灾难不断,但其土地广袤,难得有重复受灾区。以慈济九一年赈灾安徽全椒来说,自发放稻种供给居民播种后,当地便一直风调雨顺,年年欢庆丰收。当地官员们并表示,如果以后慈济有需要,他们乐意回报当年救灾之恩,提供大米协助赈灾。

“大陆苦难偏多,这是我们尊重生命的重点区,大陆有十二亿人口,我们一定要发恒长心,真正地去救助他们。佛教中说众生共业,我们给予物资的帮助,最重要的是启发大家的爱心。善念启发,则善业共聚,如此才能真正消除灾难。”

“连年灾难,要救到什么时候?有多少能力,就做多少事吧!看看我们救过的地区,生活改善了,真正是个吉祥之地啊!所以我们要有信心。大陆疆域广阔,希望一个个地方都能因为改善而好起来。我们要感恩有此大福田,‘福田一方邀天下善士,心莲万蕊造慈济世界’,希望大家能多造福。”

恩情日以新

“爱的力量无限大,爱的力量能相互感染;也唯有大爱的精神,才能为世界带来和平与希望。”回首慈济大陆赈灾之路,确实如上人所希望,开拓了两岸很多人的大爱情操。

每回赈灾团员出门,上人都会行前叮咛,强调赈济大陆不只在物资的纾困,更重要的是,要带去慈济的人文精神。上人严格要求团员的素质，教大家要行止有礼，谨慎言行，不可熟不拘礼而不顾威仪；肩负传递大爱的重任，要秉持“无人相、无我相、无物质相”之“三轮体空”的态度，千万不能心存“我是来帮助你们的人”的观念，反而要对灾民抱着感恩心，感恩他们成就我们付出的机会；团员彼此相处，要和心、互爱，维护慈济人的形象。

“我们必须坚持慈济的人文，慈济的人文不是出口成章，而是发自于内心，表现在形态、动作上的关怀与爱。我们是走在菩萨道上的人，要自我警惕自己是宗教者的身份，所以要有谦柔宽容的形态，使人自然对你生起欢喜心，而彼此结下真挚的善缘。”

信受奉行的慈济人，带着不负师门的使命远赴大陆，做事办事的冲劲，令人敬佩。为争取行事效率，每每与大陆地方单位沟通至凌晨，一早五六点，又要出门访视灾区，徒步远走，纵使正午也直行不缓，午饭后无稍休息，又继续赶路，令跟随的大陆官员大叹吃不消。有人好奇地问团员，到底是领了多少薪水前来？不意得到的回答竟然是："我们不仅没有领薪水，还要自掏腰包呢！"这样的举动，简直是不可思议，让他们无法想象会有这样的事。

几度与官员接触，渐渐化解了他们原本防卫的心态，油然生起敬重、感动之心，所以提供了更大的协助。如一九九一年救济大陆江苏、安徽及河南三省四县之后，一九九二年救援外蒙时，获得大陆官方免费以三部飞机，三日来回九班次帮忙运输物资；一九九三年救灾湖南时，安徽全椒发动二十多家制衣厂，一个月内赶制二十多万件棉衣，且调派五十多辆军车运送到湖南，为防意外，并派二十七位公安保护；一九九四年广西融水水患，由湖南长沙赶做三万多件棉被，以四十七辆军车送达。

又如全椒一地发生龙卷风，部分地区传来灾情，全县民众立即呼吁学习慈济大爱精神，发动捐款纾困的自力救济行动，以表回馈慈济。受灾百姓领取到慈济带来的物资，从一无所有的困境，乍然生活有了着落，美梦成真的事实，更教他们衷心铭感。

有一个老婆婆接到软绵绵的新被子，一骨碌地跪下来，用那浓浓的乡音道谢，扶起她时，却看到她苍老削瘦的脸上，满是泪水。有对夫妇接受赈济物资后，坚持赠送赈灾团核桃，而慈济人赈灾，因体恤灾民已空无所有，所以向来不接受馈赠物，只领心意。然而这位先生却对太太说："你赶快跪下，我是大丈夫不能跪！"语意非常诚恳，使团员们感动不已。又有位八十岁老人，拿到棉衣被时说："你们的大恩大德，我一辈子报不完！我活了八十多年，从来没有拥有过整包的米。"

安徽全椒县与慈济结缘最早，慈济曾在当地援建敬老院及中小学校，即使多年之后，老人与孩子们仍依依缅怀慈济的长情。所以，当今夏慈青与慈济教师去大陆做文化交流时，兼程往赴全椒关心这些老人，老人听说慈济人要来，好几天都高兴得很，几天前就一直等，等到慈济人到了，才说："终于等到了！"就哭了！学生也很感恩，常思念着慈济人为什么没来，等到再见面时，无不非常开心！

"世间只有一个永远说不完、也写不尽的故事，那就是——爱。”大陆善良的长官与纯朴百姓的爱心，上人点滴感怀在心，“长情大爱遍满虚空，永无止境”，人心的善念只要被启发，就犹如心中的莲花绽放，清香溢远；也像源源不断的清流，轻柔洁净。

心灯照神州

大陆如此，台湾也一样。

当慈济发出赈灾募款的消息，虽然遭到反对与漠视的压力，但赞同与支援者为数也不少，大家以行动表达自己对大陆的同胞爱，这股行动和气氛，使上人深深体会到台湾充满了爱。

募款之初，仅得零星捐献，令上人挂虑；直到接受本会长期照顾的阿公阿嬷们，当他们在发放日当天前来时，听到上人呼吁救助大陆水患，为上人的悲泪感动，好多阿公阿嬷也哭了，急急地在身上掏钱，有人拿五十元，也有人拿一百元、两百元……甚至在发放时，左手接过救济金，右手就交给委员。老人们向委员说，感恩慈济长年照顾，自己才能在台湾过好日子，所以可以缩减为两餐吃，省着点用；或者采番薯叶下饭，简单就好；还能到河边捡石头卖，贴补家用……

当时上人就站在屋内的窗边，看到这幕情景，不觉又流下了泪来……生活如此清苦的老人，心中都有如此广阔的爱心，大大振奋上人募款的信心，相信台湾的同胞也都有这份爱心，慈济必定可以把赈灾工作做得很好。

时日渐渐流逝，慈济的赈灾理念与作法，慢慢取得民众的认同与信任；加上慈济人秉师志为己志的大力推动下，“捐款援助大陆水患灾民”的呼吁声，传遍全台湾，大街小巷掀起义卖募款的活动，民众如斯响应，纷纷慷慨解囊，越海奉献自己的涓滴爱心。

大企业家在连锁店放爱心箱，让大家将零钱投入，发挥“小零钱是救命钱”的善行；经营小生意的人“开门见善”，喜舍每天前来光临的前几名客人的收入；摆路边摊的小贩，在市井义卖赚欢喜，做一个“路边的董事长”;计程车司机也“奔跑在爱的路上”,联合发起为赈灾而义跑的活动,悉数捐出载客的车资……一股社会善良风气,就在社会各阶层全力投注下而蔚成。

不论是上年纪的老人、稚幼的孩童,或是家庭主妇、公司董事长,都走上街头去修行,捧着爱心箱,亲和地微笑向人劝募,恭敬地鞠躬道感恩……烈日下、风雨中,从白天到深夜,不辞辛劳地出力、出时间,为的是募钱也募爱心。

玉兰花也连夜赶工,开得满枝满树,又大又香,教主人卖得好些钱,帮助上人去救人;山上的翠竹也听话,乘台风来袭,风雨交加之夜,弯下高高的竹竿,供委员在白天容易采下竹叶,包成粽子去义卖。连大地草木也行善不落人后,所以说“菩萨有情,草木有爱”。

两岸相映的爱心,教上人深深认为,每个人都有一份潜在的爱,不只是台湾的人,大陆的人民也都有那份深藏潜在的爱。就慈济从事大陆赈灾的经验,印证人间最大的力量就是爱,上人就说:“只要你有诚恳的爱心，普天之下绝无困难事，也绝对没有成就不了的事！”

岁寒知松柏

今年夏天大陆长江水患，慈济在台湾并未发动大规模募款，然而此次赈灾行动，台湾出钱、出力者也很多，尤其海外慈济人更是纷纷响应，在侨居地进行多项募款活动，如美国、荷兰、澳洲、泰国等，又有马来西亚及菲律宾参与，一时之间爱心善行蔚然成风，深深感动了上人。

每回慈济发起大陆赈灾，总会遭到台湾部分人士的反对，带来些许压力，今年也不例外，让人感叹慈善工作，真是善门难开！

想到灾民的苦况，上人还是不改菩萨心肠：“水灾至今，已经三个月过去了，大水仍然未退，流离失所的灾民，不知如何度过寒冬？这是我天天都想到的事……众生在苦难中，我能忍心不救吗？不论压力、阻力有多大，我们一定要赶快去救拔众生之苦！”

就慈济立场而言，国际赈灾皆采直接、重点原则，援输大陆的救灾物资，也都全部免税，分毫都用在灾民身上，绝无遗漏。

所以，面对反对声浪，上人指示，慈济既尊重反对者不做赈灾的看法，但也要尊重有爱心要奉献的人的希望，当有心人纷纷捐出善款，指定要救济大陆，慈济没有理由拒绝。

在上人的立场，坚持救苦救难是宗教家的使命，但遭到不支援者的不当言论，难免感慨："我必须自我安慰，生逢此善行不易的时代，虽说困难重重，但就因生在这样的时代，所以才需要我来承受时代的艰难，既带动众人完成菩萨道业，得到欢喜自在，也确实做到拔除众生苦，使人离苦得乐。""所以，为了维系两岸的和平，慈济必须负起用爱铺路、用爱造桥的使命！"

上人强调，慈济的目标是净化人心，净化人心才能永保天下无灾难。而"净化人心"的具体表现何在？"清净的爱绝无人我、敌我的分别！佛心就是如此地清净、光明！要净化人心，就是希望大家去除所有怨恨、仇视的心态，才能彻底发挥清净的爱；人人心中有清水之爱，净化人心的目标，才告完成。”

日月共为证

慈济从事大陆赈灾时，上人计划发予灾民们稻米与谷种。有人疑惑，给米吃就很好了，为何还要发谷种呢？上人于是以“一粒米中藏日月，半升锅内煮山河”回答，米粮是解决一时的饥饿，吃完了就没了；但种子可以下种，收割后的米粒，有些可以作为食用，有些则能再拿来播种。

“两岸之间关系紧张，我希望彼此能和平相处，莫令同文同种的同胞落入‘煮豆燃豆萁，豆在釜中泣，本是同根生，相煎何太急？’的可憾情境。欲借种子年年岁岁的收成，表达台湾同胞的爱就如种子收割后可以代代不断地种植、不断地食用；这份爱是日日月月、岁岁年年，永无止息。”

“一粒米中藏日月”，小小的一粒米，对大陆苦难灾胞而言，大过于须弥山，是未来温饱的希望。在他们正饥饿时，慈济人亲手将这米粒放在他们的手心上，这份爱开拓了台湾和大陆同胞爱的历史，也就是说这粒米中已包藏了日和月。“半升锅内煮山河”，将米放入锅鼎里烹煮，加水进去后，水面可映现出蓝天白云山影，但愿台湾的爱和大陆美好的山河连接在一起，两岸之间水乳交融，永远连结彼此的爱心。

台湾这条番薯，与大陆之秋海棠，生命之源同样来自五千年悠久历史的中华民族，一样是为炎黄子孙，就该“为生民立命，为往圣继绝学，为万世开太平”，真诚地携手合作，共同创造中国人的新世纪，代代相传礼义之邦的美名。

每一个人都在为时代写历史，也都在为时代作见证，慈济愿意为时代贡献更大的力量，也愿意为历史承担更多的责任，就让日月星辰、山河大地，岁岁年年来为慈济做历史爱的见证吧！

透彻人生虚幻，进取永恒慧命

——从慈济湖北赈灾谈上人开示“真空妙有”真实义

时当冬十二月，二十二日到二十八日，“慈济湖北赈灾团”，远赴公安与监利两县，参与一周之发放大米与衣被的工作。短短七天里，团员们深入大陆偏远乡下，走进广大百姓中，掬满丰富的回忆与可贵的人生经验。

亲身行赈明明德，做中悟入佛境界

“闻听三国事，每欲到荆州。”荆州，古地名，古九州之一。公元前六百八十九年，楚文王建都于郢（湖北荆州区纪南城），历时长达四百一十一年，是为楚文化的发祥地，并形成长江流域古文明的巅峰。

荆州是三国文化的中心。三国时期，魏、蜀、吴三足鼎立，以“得荆州者得天下”为目标，荆州、樊城、襄阳及当阳一带，为三国时代重要舞台，流传不少气壮山河的故事，地方遂也古迹处处，供后人缅怀、凭吊。著名者如襄阳古隆中，是诸葛孔明出仕前耕读隐居所在，其与三顾茅庐的刘备纵谈天下大势，所谓的“隆中对”就在这里提出。孔明诫子语：“宁静致远，淡泊明志。”影响千年来的中国知识分子，以此为立身处世座右铭，砥砺自己不为权利、物欲所蔽，以天下苍生为己任。

湖北既为古时楚国封地，历史渊源已久，遂在风景秀美、鱼米富饶以外，兼具丰富人文内涵。多少千古人物生长于湖北山川，如著作《楚辞》的大文学家屈原、编撰《本草纲目》的医药学家李时珍、创立佛教“天台宗”的智者大师等人，他们的卓越成就与高尚人格，为灿烂的中华文化增风华，留予湖北珍贵的历史遗产。

今年长江流域暴雨集中、河堤溃决，沿江省份多受波及，受灾惨重，湖北也无幸免，其中公安与监利二县，在“舍小家，保大局”政令下，将县内江堤决口，引大水流入，以确保武汉三镇及江汉平原。两县成为严重受灾区，造就慈济赈灾因缘。

行前，团员们阅览湖北地理人文史料，而今亲自接触乡民，真切去体会慈济大陆赈灾事况究竟如何？

而行履大陆山河，又有何思考？

心怀许多思虑，就这般千里迢迢来到湖北后，经过亲身之印证，便能愈加明了“上人从事大陆赈灾的意义”，此即从做中去体悟真理，从实践力行中悟入实相境界。

若欲了解上人赈济大陆的意义，必须以宏观的角度来看。上人是发菩萨誓愿的人，上人的慈悲表现于其“心包太虚，量周沙界”的伟大心胸，上人说过，所有沙尘的所在，都是他要救济的地方。就上人“普度众生”的层面来说，众生包含所有蠢动含灵，人与动物，都是上人关心的对象，但人是万物之灵，人心的造业，影响生物界最为严重，所以上人将所要救济的“众生”范围先缩小些，先从净化人心开始着手。

而再将净化人心的范围缩小，大陆占有全世界四分之一人口，若大陆人心净化了，世界的净化就有更大的希望。再说，中华文化强调仁义礼智信，若能借着慈济沟通两岸爱的桥梁，同是炎黄子孙的两岸人民，共同来发扬固有的伦理道德，净化人心就指日可待了。

更何况，人都说未来二十一世纪是中华文化的世纪，此时更应该把握时代因缘，加快脚步做好大陆赈灾工作，以助成世界和平能够早日实现。菩萨莫不都是悲智双运，上人之重视大陆赈灾，就是其智慧的显现，实具有深远的意义。

所以，大陆赈灾可谓任重道远，如何先以物资的纾困建立两岸人民的互信、互助与互爱，日后再谋教育与文化的合作，共同阐扬优美的中华文化，这条路非常漫长、遥远，但必得要坚持走下去！

而大陆赈灾行，令人感受最深刻的又是什么？上人曾说："政治是少数人的舞台，影响的却是天下苍生。"五千年来，历代改朝换代之际，百姓总免不了战乱流离，善良的人家不得享有长治久安的生活，这是中国人共同的悲剧。

中国历史源远流长，中国百姓纯朴善良，中华文化灿烂优美，但看到广大乡下百姓生活贫穷困苦，团员们内心非常不忍。五千年的悠久历史，不应该是这样的。但愿善良的百姓们能早日过着安居乐业的生活，不再受冻挨饿，这就是上人以及慈济人最大的期盼。

中国人讲缘分，佛教也说因缘，人与人有缘，人与地方也有缘，透过与“有缘”的接触，使团员们感受人生的美好，从而充满信心和爱心地与“无缘”拥抱，共同结下深深的好因缘。

湖北之行，既打开团员们之视野，看到了天下苍生之悲苦，并且从苦谛契入佛之知见，深知行菩萨道必须怀抱“真空妙有”之心境，才能真实做到“付出无求同时感恩”之上人教诲，而恒持“以出世之心行入世之事”，出入世间而圆融无碍，轻安自在。

“真空妙有”是《法华经》的重要思想，明示菩萨行者应事接人处世的根本指导原则与信念。以下即从历年《证严上人衲履足迹》一书中，针对上人关于

“真空妙有”之诠释，予以整理汇集如下（编按）——

红尘影事莫执著，潇洒出俗解缠缚

有个痴人走到水池边，看见水底有金像的影子，立即跳入水中挖池泥找金子，把池水搅得混浊不堪，自己也找得很疲累，却总是找不着。等他爬出水池休息了一段时间，水渐渐清明，又出现金色的水影，他又跳入池里找寻，反复多次，仍然找不到金像。

其父来找儿子，问他为何这么狼狈不堪？儿子告诉父亲说：“水底有金子，但是我每次下水去找就是找不到。”父亲看了看水底真的有金像的影子，但是他马上知道这金像在树上，一定是飞鸟衔落，挂在树上的，水里的影像只是倒影而已。这孩子照着父亲的话爬上树，果然找到了金像。

这则《百喻经》的故事，就在告诉我们，凡夫愚痴，没有智慧，只要见闻、接触到境界，就妄生知见，本质为“无”，却以为“有”，为了功名利禄，争、夺、求、取，像故事中的痴儿一样，浑身脏污、狼狈，却毫无所获。有智慧者就如这位父亲，他不会被幻影迷惑，能以真理点醒愚痴儿。

佛陀以智慧点醒我们，世间一切都是幻化无常，但是若无警觉心，凡夫终究还是耽著在五蕴之中，生见解、起分别，从五蕴造作的一切，只增加烦恼的业种子。我们学佛，就是要脱离愚迷不觉的凡夫心，以佛法解除重重烦恼缠缚，让清净的本觉种子萌发，就能开出污池中的一朵清净莲华。

不论是上天堂或下地狱，都在一念心——起佛心，当下就是佛；无明陡生，反面成仇，就变成了夜叉恶鬼。所以“发心如初，成佛有余”，看到了一件好事，起了一个好念，如果永恒地把握住这一念心，要成佛就没有困难。人的困难，都是因为心念起起伏伏，看到善事就发好心，看到了好玩的事物就贪玩，有了物欲，就起贪念，陷入贪念就难以自拔。

多用心机的人烦恼丛生，这种人往往不懂得如何去利益他人，大部分的心思都在想着如何利益自己；“利”向着自己，“害”向着别人。既然利字出头，害处也是跟着来，承受苦果皆因一念贪。

权巧方便去无明，舍权就实菩萨道

很多学佛的人都追求“了生脱死”。生是死的开头，死是生的起点。人生本来就是生死轮回，要了生很容易，要脱死很困难。“生”，即生起菩提心，生起菩提心很容易，但是生起菩提心后，有没有执著？有没有挂碍？如果又执著、又挂碍，就是在“死”中无法再复活。

因为菩提心生起即能增长慧命，如果菩提心生起后，我们的烦恼没有打死、没有消灭，慧命则无法增长。我们若能生起菩提心、消除烦恼，且一门深入，一道直行，慧命就能渐进渐长。

《无量义经》说“不知菩提大道直故”，众生因烦恼遮蔽而不知菩提大直道其实是直直的一条道路，因为不知道才会走上岔路。

怎样才能真正"了生脱死"？众生凡夫都是为了自己了生脱死而探求究竟，而佛陀是为众生而修行。佛陀的教法，虽有八万四千法门，例如弘扬佛法的祖师大德们，研究《法华经》者，就认为研究《法华经》才能成就佛道；研究《楞严经》者，则说研究楞严才能开智慧；如果志于华严宗者，就鼓励大家研究《华严经》。

其实"门门道同"，佛陀说法四十九年，为什么到四十二年后才说《法华经》？在《法华经》里，佛陀很明确地告诉大家，四十二年前所说的都是权巧方便法；权，就是方便。

华严是佛陀成道时的心灵境界，谁能听得懂他的心灵境界？佛陀认为在华严境界中所证得的佛性是很奥妙的境界，并非"人"所能接受。

所以佛经上说佛陀成道后，曾一度要入灭，当他起了入灭的念头时，天人现前，即天界的人跟天主现前，请求佛陀一定要为天下众生设教，以引导教化众生。天人现前也是佛陀的心灵境界，即他成道后之三七日的观想，并非真实的境界。

于是他决定离开菩提树，踏出第一步，方向在哪里？鹿野苑。鹿野苑有五个人，这五个人跟他关系很密切，当初他出家时，父王很不舍，希望能劝他回来，所以从王族里挑选五个人去说服太子。他们口才很好，曾跟悉达多太子一同读书、一同长大，感情很好，尤其都是王族中的王子。太子会被这五个人说服吗？不可能！不仅不可能，这五个人也不敢回去，因为没把太子带回去。但是他们关心太子，所以就跟着太子修行，直到有一天，太子因为修苦行，体力不支而昏倒。

牧羊女供养羊奶给他喝，这五个人以为太子起了退道心，因此离开太子而到鹿野苑继续修行。这段期间，因为牧羊女每天准时供养乳蜜，太子的体力精神终于恢复了，就在十二月初八，他夜睹明星开悟了。

为什么佛陀夜睹明星就开悟了？其实，大家看星空心很宁静时也会体会到天体，但都只是刹那而过，那种很宽阔的心在刹那之间就过去了，大家都没注意到，原来这就是“开悟”！而且很快又恢复凡夫的烦恼。

佛陀悟到什么呢？佛陀悟到原来人心空无一物，原来人心如天地宇宙这么宽广空旷。每个人都有不同的烦恼，但是烦恼在哪里呢？烦恼只是个名词；佛陀真正透彻一切烦恼，而我们却只知道烦恼是个名词，虽然也知道一切皆空，但是却不懂得“如”！

我们常说“空空如”啊！但是只知道“空空”，不知“如如不动”。真正清净妙境的如如不动，我们没办法把握。听起来觉得佛法好美，探讨起来只能探讨到有或没有，就像外道的开经都是“乌有，乌有”，“乌”就是无，有就是有；意即不是“有”的道理，就是“无”的道理。

佛陀开悟了，也因为天人的劝请设教，所以佛陀决定到鹿野苑初转法轮，对当初陪他修行的五个人三转四谛法——苦、集、灭、道。虽然只有五个人，佛陀却说了三次。

第一次说完问："你们听得懂吗？"只有阿若憍陈如一个人听懂。其他四个人还不很了解，因此佛陀再演说一次四圣谛，第二次说完再问："你们听懂了吗？"有两个人说："我知道了。"还有两个呢？还不很了解，于是佛陀演说第三次，最后这一次大家终于都了解。佛陀亲身指导五个人，同一种法就说了三次。

何况是初转法轮之后，佛陀演说了四十几年的法，他觉得众生有千层无数的烦恼，所以他观机逗教，看众生是什么样的根机就给他什么样的教法，只为了让众生去除烦恼。众生有什么烦恼，就教他们如何去除烦恼，这是不是根本究竟呢？不是。所以佛陀在四十二年后舍方便就正直，开演《法华经》七年，这是《法华经》上说的"舍权就实"。

《法华经》就是教菩萨法，教我们如何行菩萨法。总之，尽管千经万论，佛陀来人间的目的就是为了启发人人的爱心，教导人人如何舍弃自私的烦恼，拓展众生生命共同体的观念，所以“无缘大慈，同体大悲”，就是佛陀所教最重要的菩萨法！

有人问我：“师父，您是不是常常念《法华经》？”老实告诉你们，我只有在小木屋的那六个月诵《法华经》、抄《法华经》，虽独身一人清修但心无挂碍；做了慈济以后，从此就是“操心经”。天下哪一个众生不用我操心？所以我天天都在操心经。

十多年前我曾说过《佛遗教经》，《佛遗教经》也是从四圣谛开始讲到最后佛陀将入涅槃时为弟子说法，说什么法呢？八正道。

佛陀将入涅槃时，最后一位弟子来皈依，佛陀演说八正道——正见、正思惟、正语、正业、正命、正精进、正念、正定。“三十七道品”里也包含了八正道，佛陀无非要教导我们，心态最重要的是一个“正”字，也就如孔子所说：“诗三百，一言以蔽之，曰：思无邪。”思想无邪念，佛法也是这样。

佛法是心法，从佛陀开始说法的四圣谛，到入灭前所说的八正道，就是一条简单的菩提大直道。所以大家要有信心，定下心来，好好把握时间行走菩萨道。

因缘会合故生有，因缘散灭归空无

就《金刚经》云：“‘须菩提！于意云何？三千大千世界所有微尘，是为多不？’须菩提言：‘甚多，世尊！’‘须菩提！诸微尘，如来说非微尘，是名微尘。如来说世界，非世界，是名世界。’”人生就如微尘或纳米，再进一步就是“真空妙有”的境界；所说的“真空妙有”或是“妙有真空”，亦即“是世界，非世界，是世界”、“是人生，非人生，是人生”之义。

人生，其实什么都没有。一如人体之器官，头目髓脑，各有其名，都只不过是个代名词，很多的代名词合在一起，就是一个人，就是人生；“是人生”，这个人生只要一口气不来，就是“非人生”了。然则，这口气到底是什么呢？的确很难分析。

世事总是要因缘和合，才能成就。所有一切物质与人的身体，离不开四大——地、水、风、火。四大假合成世间，但若有一项失调了，便会败坏，败坏之后就空了。当人一口气持续时，身体健康才能有你、有我；有一天，一口气上不来，身体很快就肉烂骨散了，哪还有“我”存在呢！所以说身体健康，表示四大调和；一大不调，转眼便成空了。

《金刚经》阐述“真空妙有”，将有相万物从“整”分析到“零”，实是“真空”。世间一切皆是四大假合而成，无可单独存在的物质，如“书”实为纸张构成，只因有人写作、交予印刷付梓，才能将人的思想转为文字流传于世。

举凡纸、笔乃至于印刷，皆需要不同的物件、机器等综合组装而成。分析到最后，实相即是“空”，然而最奇妙者，即是真空之中，却“有”所存在。

我们所居住的世间，时刻变迁，瞬息之间沧海变桑田，家财也随时可能失去。至于“我”，又何尝不是变化不定呢？

“我”这个名词是不定相，如国语、闽南语、日语、英语等所称的“我”都不相同。“我”的身份与形象也是不定，随着年月变迁各不相同。小时候，人唤“小孩”，再大些，就叫“少年”，再来是“中年人”，然后是“老人家”，哪一个是真正的“我”？真者，不变也；会变的，就不是真的了！

“我”的身躯，也在不定变化之中。色身是由地、水、火、风四大因缘假合而成。固体之物叫做“地”，如骨、肉；大小便溺是“水”；人体的热能就叫“火”；吸入呼出的便是“风”。四大因素成就人身，缺一不可，如果四大不调，就会产生疾病。

四大组合才成一个身躯，单举其中一个因素都不能代表“我”；何况四大有变异乃至散坏之时，到时地归地、水归水、火归火、风归风，则“我”又在哪里？所以说，四大苦空——四大组合之人身，并非实我！

佛陀以智慧为我们分析“空”，无一个时刻是实有，一切都在行蕴间不断变化。在不知觉中，时间让稚子成长，我们的身体随着年月变化，如婴儿时期的形貌已过去不存在，但它确实存在过；一棵树的种子是由之前的花朵结成，但是在种子中找寻花，也无法找到。推究一切都是“空无”，但在因缘会合之后，就“有”了。

五蕴所成的身心，是因缘和合而假名为“我”——五蕴无我。五蕴之“色”蕴，是指一切物质的存在。“受”，是对境界的感受。“想”，是境界过去后，“相”仍留于心中。“行”是不断地造作之意，如人心在生灭变异中，宇宙也在成住坏空中。

“识”，细分为九种。“想蕴”就是第六识；“行蕴”是第七识，也就是“思”，离开境界之后，心里仍不断地思量；第八识，是“业识”，一切所思所做就如种子种在心田中，成为牵引人在六道往返的力量；第九识，是清净无染的本性，也就是纯真的佛性，亦即悲智圆满的佛境界。

五蕴构成的身心，由于因缘聚集使然，因缘聚即生，因缘散即灭，例如“色”固然是四大之假合，其他四蕴也随顺因缘而产生变化，因此说“生灭变异，虚伪无主”。

宇宙万有，天天都在说法。在无佛的时代，也有辟支佛独觉者，具有高智慧，只是见到世间四季轮替变换，就能觉悟无常。世间的一花、一草、一木，皆不断地进行新陈代谢，万物本空，是因缘会聚而生。

过去佛陀讲经的范围，只在印度恒河两岸，因受当时的社会形态所局限，佛陀说话时，没有麦克风，无法扩音，好让更远地方的人听见。但佛经中却说佛陀八音中有深远音，佛陀一发音，三千世界的人都听得到。其实这是形容佛德，德，就是人间，宇宙之间，真空妙有的德。

现代因为科学发达，佛陀八音中的深远音，现在科学能做得到。例如我在这里说话，除了你们听得到以外，经过大爱台立刻转播，只要四秒钟，全球就能听到。

在佛法中，虽然一切事物分析到最后皆是归零，什么都没有，但是在这“什么都没有”中却有一个“妙有”。例如现在的无线电视台，明明没有线，只有一个天线，就能收看到电视节目，到底是从哪里传来的呢？又例如数位机器，光是一部机器就能看到、听到，还能记录，真的很厉害。科学家将许多发明和零件结合在一起，发明空中妙有，在肉眼看不到的虚空之中，有物质存在，这就是妙有。妙有就是在清净的空中产生出来的，只有看不到的物质，才能真的传达得很远。

世间万物都在生灭变异中，然而一般人不明白无常、无我的道理，妄认假合的物质为实有、假合的身心为实我，所以产生种种颠倒乱想、迷恋执著，而造作一切不善业，故说“心是恶源，形为罪薮”。

真空之中，因缘和合而“有”，每个人的人生，亦是因缘和合而来。孩子不知不觉地投生在现世的家庭中，无法自我选择；为人父母者想要一个理想中的优质儿女，也由不得自己选择，一切端看过往结下的因缘。而缘长、缘短，在人生过程中，受心力、业力的牵扯，亦是由不得自己。

人事为什么不能和谐？世间为什么多灾难？这都是由“心”所引起。人心不能调和，就会做出许多破坏的事情。

“智”由“知”与“日”合成，应是明朗透彻，但就佛法而言，只具有“智”并不圆满，因为“智”是分别智，能分别长短、圆方等等，但若误用于歧途，就会造成许多遗憾。

“有”可以“智”分别，然而穷究到底，则是空无。物理、生理、心理等三理四相，皆能以“真空妙有”贯之，如人人各自有不同面相，往生之后腐朽消失，却什么都没有。

有分别智还要具有平等慧，“慧”乃清净而空寂，故不受污染。常说要“净化人心”，心既看不到亦摸不着，是什么污染了它？又能用什么去净化？究其实，心的污染或净化，只是一个观念而已。

透彻假相不烦恼，微尘纳米力量大

佛陀来人间，无非也是为了打破人与人之间的不平等。二千多年前的印度，就将人分成四等级，很不平等，佛陀不忍心，所以修行证理，体会了人性平等，这就是佛陀觉悟的精髓。但是二千多年来，人归人、事归事、理归理，于人，总有富贵贫贱，还是无法打破阶级分别的执著；于事，人世间的是与非、对与错，时常对立，所以人与事永远都不能平等。真正要体会佛陀觉悟的真理，人人也要能觉悟。然而觉悟谈何容易！必须真正投入人群去付出，才能真正启发一念慈悲心。

慈济的精神即是抱着出世心，走向社会人群，投入奉献的工作。所谓出世的精神，就是“凡事不计较”。能凡事不计较，必须具有“真空妙有”的心态。

有些人虽然谈空说理，但他们以为做任何事到头来皆是空的，于是认定“只要我喜欢，有何不可以”，在日常生活中造作很多污染的行为，这就是“所知障”——自己障碍了自己。

真正的“空”是指所有的烦恼不要放在心中，不使人我是非纠缠于心。烦恼要断除，就要有宽大的心胸，对人善解、对事包容。如果将他人坏的形相放在心中，就会因怨而生仇恨，导致怨怨相报，以牙还牙。做世间事，十有八九不能称心如意，所以，一定要以很开阔的心，来包容、善解他人，才不会烦恼纠缠，永远解不开。

空掉一切烦恼后，还要有“妙有”；妙有，也可说是“感恩”，感恩心才是人人真正的本性。在慈济世界，大家要相互感恩。我们能投入社会去做助人利己的工作，是因为众人给我们力量，所以，对人要感恩。

在日常生活中，接触周围的人事物，心容易被外境驱使，见境缘著，却常有不如意，就累积许多烦恼。其实外境的一切现象，本质是空，若能透彻假相，也就不会斤斤计较而受烦恼所苦。

人生本来就是与其他人共演的一场舞台剧，人生舞台上的戏份结束了，仍然要下台，准备要再展开来生的另一场戏剧，所以要在今生扮演好此生的角色，和这场戏中的所有人互动配合良好，才能结好缘，将来才能转阻碍为助力。

真空妙有，一切皆空，就无须执著；在真空中，却不能消极退缩，以为既然是空，面对恶缘也无须理会，这也不对！要能加以圆融，转恶缘为善缘。因为结恶缘就是在人与我的心中种了恶因，这颗种子存在双方的八识田中，若不加以化解，那念怨、恨的种子，累生累世纠缠不清，那就很辛苦了。对于法的理解要能深入，知苦才能入真理，守于中道，否则容易偏于“空”，又再造业。

也不要因为看透了世间事物皆无常而执空，消极悲观，认为只要顾好自己就好了，其他什么都不要做。“真我”是清净而有益于人的，然而凡夫所执著的“我”，不过是血肉之躯以及无形的层层欲念，引人坠往苦恼深渊。

真理是存在的，实乃真空妙有、妙有真空。四十年来，若遇及人我是非，我都以修行的心态看待，不生计较之心。然而人、事、物，实皆有真理蕴含其间。

慈济人遍居全球，在每个角落援助贫病苦难或是遭逢意外的人。倘若将他人的苦难也视作“无”，只顾自己，则对人生及个己的道业毫无助益。因为“人伤我痛、人苦我悲”，是以慈善志业须巩固而持续不间歇。再者，人生至苦，以病痛为最，故而开展医疗志业，除了拔除众生病苦，也很感恩医师教授们积极研究探讨病理，从他们的分享，更进一步体会大乾坤、小乾坤的物理。

慈济人不因自己的付出而自尊自大，愈是付出的人，他的心地愈宽阔，但是“我”愈缩愈小，这就是微尘人生，无处不在，到处都有人人的力量与用心。

不只能微尘人生，无处不在，还要具有纳米良能，微如真空，却能发挥很大的良能。微尘与纳米，实是妙有与真空。学佛就要学到缩小自我，缩到好像不存在，但无处不在，这就是真空妙有。

在我尚未出家之前，总觉得生在世间，到底有何作用？我是如此地渺小如微尘，多我一个人，地球不会多一分重量；少我一个人，也不会减轻一分力量。做慈济之后，一直到现在，自觉依然是“微尘”，但这跟过去看轻自己的心态，已经完全不同了。

现在所体认到的“微尘”，是微尘无处不在！现在科学都说“纳米”，将微尘转变成纳米，所能发挥的力量更大，无处不在净化人心！

二千多年前的佛陀，就已说过“是世界非世界，它就是世界”，“是微尘非微尘，它就是微尘”；在微尘之中，再追究、分析下去，其实什么都没有，那就是非微尘了。

总而言之，人生是那么地微妙；不过，这微妙的人生，却可以发挥很大的功能！缩小自己，是微尘人生，不但是微尘，也是纳米了。身而为人，若没有“微尘人生”的心态，实在是很难做下去。但更重要的是“真空妙有”，说有、非有，说非有、它明明就是有；这是很深的道理，若往《金刚经》钻研，就怕钻入太深，“空”到非常地空，就会转不出来了。总而言之，还是

“做就对了”，这是最实在的，唯有身体力行，才能真正达到“真空妙有”的境界！

人生虚幻明真空，慧命清净识妙有

世间无一事物是“绝对”的，总在迁变无常中；时间、空间亦然，没有绝对存在、永恒不变的时空。例如说“现在”，说时已过去了好几秒；时日随地球运转而消失，无一刻能些许停留。

但依佛教所说有所谓“真空妙有”，宇宙万物最终都化于无、归于零，这是“真空”；但在真空中有“妙有”，“妙有”则是“绝对”的，“妙有”亦即人人原来之清净本性，本性永恒存在。一旦人心被后天所污染，蒙蔽了这份清净本性，染着之心就会起分别心，而造成种种相对！清净本性是绝对，心若被污染，本性被蒙蔽，则绝对就变成相对。

生命从无到有，生命既来之，有生就有死，生死是必然，何况又有无常？人生能把握的，只是“现在”而已。过去已求不可得，未来则遥不可及，所以只能把握现在此时，尽本分、尽心力，照顾好当下的心念。

虽说“佛法不离世间法”，为应众生根器与习气，必须权巧方便借助世间法，方能达到观机逗教、应病与药的目的。其实佛法较之世间法更有殊胜处。一般人或将佛法看成“哲学”，亦无不可，但佛法更上一层者，就在“真空妙有、妙有真空”之理。

“看破红尘”的真义为何？红尘确实烦扰不堪，但红尘的烦恼不只是结婚生子这些事，所有人我是非都是烦恼。佛教说“一切皆空”，但也说“真空妙有”。所谓“万般带不去，唯有业随身”，虽然生命最后必然往生，什么也带不走，仅有一股业力跟随，这股业力是你生前的造作，会在你临终时化现一道光，由不得自己不随这道业光而去，作恶多者在舍此投彼时，一张开眼或许已在牛棚猪圈中。

过去生的作为，决定今生的剧本。今生的脚本既然早已经写好，人也上了舞台，大家同台演出，当好好珍惜在一起的因缘。人事难免有“对”与“不对”，做人就是在这对与不对之间，打开心胸来包容。如果我们明知别人不对，我们所能把握去做的，就是包容；自我磨练到面对别人的不是，能由勉强不动怒，进而忍耐成自然；这份培养出来的好习气，就会随着我们带到来生，而常感轻安自在。

生命从无到有，是化零为整。人生路上，难免人事纠缠复杂，我们可以利用这一世，好好把握学习放大心量去包容，将这些复杂的纠缠归零，一切处之泰然，这就是化整为零。人生其实没什么，若能透彻佛法，了知“真空妙有、妙有真空”之理，就能明白人生是虚幻无常，但有永恒的清净慧命；如此何来恩恩怨怨之人事葛藤？一切只会心存感恩而无怨尤。

我常说什么事情做就对了，做了之后不要常放在心里，这就是佛陀的教育：“三轮体空”。当因缘际会时，有人需要帮助，我们要及时伸手相援，但是帮助之后就放下，不要常常心里想着哪一年、哪一月、哪一日、哪个时候，我曾救过什么人，怎么没听到某人感恩我？如果常常把一件事情放在心中打转，转到牛角尖里就会很辛苦！所以我们固然要把握因缘去做，但做过就要放下，不要常常耿耿于怀，也不要在乎是否受到称赞或受助者有没有感恩自己。

就像几个骨髓捐赠案例，捐髓者都是年轻的台湾人，而受髓者有的是在上海，有的在杭州，也有的在日本，更远在德国。每一位抽髓之后，隔天就来访精舍，我问他们知不知道身上抽出来的骨髓是要救谁？他们都回答："救谁不重要，只要能从我身上抽出骨髓去救另外一个人，我就很满足，很欢喜，很感恩。"他们能抱着无我相（不执著我是帮助别人的人）、无人相（不执著他是受我帮助的人）、无物量的相（也不执著我布施了多少物质）去救人，就叫做"三轮体空"。

救人而不执著，不执著谁是被救者，也不问到底捐了多少骨髓去救人？只知救人是最重要的事，这份从内心发出最诚恳、无分别的爱心，就是大爱，因为真诚付出，不求回报，所以感人至深，真正发挥了佛陀所说“真空妙有”的真理。

本性如镜。镜面有污秽、雾气，就无法清楚照见实相，必须拭净之后，才能显露光明；所以我们也要以善解、包容，去除人我对立的恶劣形态，才能不使污秽沾染心镜，进而呈现清净的本性，而这清净的本性就是佛性。

想要“以佛心看人，人人是佛”，就必须相互感恩。能彼此感恩，善的循环就会不断运转。这就如同我们种下一个好因，有了好因，即使在六道中轮回，也会有彼此的善缘来相互成就。有善缘的成就，就得福的果、智慧的报；此因缘果报，就是“妙有”。妙有是很奥妙的，你看不到、摸不到，但它就是很微妙地存在。

所以说，“真空”，就是要断除一切烦恼。用心种好因、好缘，必定能结好果、好报；这因缘果报，就是“妙有”。

修行路上，要随时保持正念，不能有一点偏差，否则差毫厘就失千里。曾与人不和谐，过去的就让它过去，不要老想着为何那人声色不好？为何自己付出，他不感恩？一味想过去，会很烦恼；现在结好缘才重要。结好缘就要多付出，并且付出后要很感恩。以大爱付出，付出后很感恩，如此还有何牵挂？此即三轮体空：无布施之我、无布施之物、无接受布施的人。只要付出就是了，并无其他要求。就如人走路，走前脚、放后脚，才会进步。

心中无所计较、执著，就是“真空”；唯有佛心存在，就是“妙有”。真空妙有，了无牵挂，就是真正的解脱。此话说来简单，真要做到就不容易了。但就是因为不易，所以才叫做修行。

总之，清净的本性是“空”，但并非枯寂不动；若能投入世间，无所求地为众生付出，就能得到无比的安详和欢喜，这便是“妙有”。

真真假假人间事，真实戏剧显真理

慈济是佛教的团体，专修的法门就是回归社会、在人群里修行，用佛陀的出世精神，看彻人间的空法，不执著幻相，摆脱因虚无幻相而起的烦恼束缚，达到轻安喜悦、身心健康的妙有境界。

常常听到患忧郁症的人，来慈济做环保而痊愈，也有驼背做环保做到直立，或是跛脚来踩环保的空罐子，最后脚变正常，这真是很奇妙！所以佛陀与我们解说“空法”，实法真空，“空”中仍具“妙有”，因为真空，所以幻生许多烦恼。不论是真病、假病，只要心没有病，什么病都没有了。

再者，世间亦有许多人为情所苦，其实，感情亦是无形无色，问情为何物？也属空幻！就因空虚无法掌握，所以才会起烦恼，但看多少人为了情做出了傻事。

进一步就“真实”与“虚幻”来说，假借不实人事编撰的“戏”，剧中登场人物与时空背景，随编剧的人凭其想象流露笔端，文笔佳妙者，自然脚本就十分精彩，充满戏剧张力，然则，这戏再好，也不过就只是“戏”而已啊！写的人编戏，看的人看戏，不实的戏如何能深远影响人心呢？

那么，大爱剧场以真实人事入戏，目的何在？慈济有个个案，有位先生拼尽一己所能为人生奋斗，在身强体壮时，觉得自己所拥有的一切，诸如一身的本事、家庭的幸福、经济的宽裕等等，都是“真”的；但后来重病住院，曾经拥有的一切似乎尽皆远离，他感到自己失去了健康、工作能力……变样的生活令他终日怨叹不已，以为过去的一切都是“真”实的存在，现在却全都是“虚”假的了；执著过去是真、现在是假，这份对于真、假的分别心，使他感到非常痛苦。

人就是因为对于“生命”的本质认识不清楚，所以在自以为失去之后，有了椎心之痛。其实，就真理实相来说，宇宙天地乃至于人生世间，其本质是虚、是假，以其迁变无常、变化不已以及瞬时即变，故说是虚幻、是虚假。那位先生以为曾有的都是真，以为必然恒常存在，所以感到变化、失去的痛苦；然究其实，他所认为真的，却是真不了啊！世间的一切都是在刹那之间说变就变！

人生是虚幻不实的，虽然是真不了，但大爱台要做的是“真”的戏剧。所谓的真，就是要借真实的人生世事，彰显人生虚幻、空无之“真”理。若是在虚假的人生又制作许多虚假的人事，这就是假中假的“戏”了。

真正人生的道理可以“三理四相”来说明，无论是心理、生理、物理，万象的本质都是成、住、坏、空四相之迁变、轮回，这是真理不移的定论、是自然的法则。虽然万有是虚幻的，但又有所谓“真空妙有”，凡所有“相”分析到最后都是归零于“空”，这就是假；但珍贵的是又有一“无相”的存在，也就是众生本自具有的佛性、清净的本性，这是常住不变、永恒存在的“真”，故说是“妙有”。于一切归零的真空中有微妙的实相道理存在，这就是大爱剧场应把握住的叙事重点；亦即借人生事相之假相，点出实相的真理。

变化多端的人生，是真不了；而真理的实相，也是假不了。希望大爱台能在虚幻的人生做出真的道理来。

人生虽说是虚假的，但事相并不出于因缘果报之理，如是因、如是缘、如是果、如是报，因果随人造作如影随形。如一粒种子，种子必须植入土中，经阳光、水分滋润，而长成大树，结出累累果实。种子若无泥土、阳光、水分之缘以助成，就无法成长、茁壮、结果。种子之因结果累累，而每一颗果实，又是一个因，这个因会再成长累累的果实；所说“因核(赅)果海”就是这个道理，因虽如果核之极其微小，但果报却能如大海之无尽无涯。这也就是《无量义经》所说的“一生无量，无量生于一”之理。

无风不起浪，事出必有因。一个人的一生，就是由其视听言动所造作的因缘果报，形成他独具的个人脚本。若欲借其人生点出真理，在事相上就得全然属实，并且要交代清楚，不能含糊而过。例如这个剧中人出生的时代、社会背景，对他造成何种影响；他以何因缘接触慈济团体，以致改变其人生……原本受到污染的人生的净化过程，如实详述具体交代，这才能触动与启发人心。

再例举以夫妻的情爱来说，老夫老妻能老来相依相伴，为何他们能恩爱如此？这该是他们的人生也是志同道合，所以再苦的生活，也相互勉励要撑着熬过去，以能时常在一起，这也是生命的一种旅程。每个人都有其人生道路，夫妻就如同林鸟，想要相守在这片林中，也要有共同的志愿，愿永远相依相随，才能生死与共，永远在一起。深入探讨这夫妻之情，其中也有道理在，若能善加描述真实入戏，这"戏说人生"就蕴含着真理的价值；但若只当作好玩的"戏"而已，没有严谨的制作过程，这戏剧就失去其价值意义了。

总强调大爱台开台目的是"为时代作见证，为慈济写历史”，大爱剧场即是为慈济人留下经典历史，以弘扬人间菩萨精神；既然剧场主角是慈济人，则其他并非慈济史之关键人物，就不在为其以戏剧立传的范畴。在八点档连续剧以外，可针对故事主角之人生事迹加以分类，或以内容属性或以集数多寡分，但总合起来是完整的“慈济大藏经”；这就如佛教经典之《阿含经》，皆是属于阿含藏，但分有《中阿含》、《长阿含》、《杂阿含》与《增壹阿含》等类别。

与其空论钻名相，莫如净心了因果

我们居住的娑婆世间，即是“五趣”杂居地——天、人、地狱、畜生、饿鬼；因为凡夫身虽在人间，心却在五道中轮转。“因”就像种子般，造什么“因”，就得什么“果”。如广行善事的好人，将上升天堂；在世间是规矩的人，来生也仍是再为人；而在人间不守规矩、犯了不守人伦道德、规戒的人，他的行为有如禽兽般，不受人尊重，将来即会沦入畜生道；心中贪求无厌的人，一味地要求更多，愈贪，愈觉得人生欠缺得愈多，他在人间就像一部赚钱的机器，欠缺人性的大爱，这样的人，和饿鬼并无异。

而心被无形的苦所折磨，像病苦、亲人离散、夫妻之情或子女相互违背礼仪等，这一切的一切——身的痛苦、心的折磨，都比有形的刑罚更加痛苦，所以，这和地狱又有何差别呢？

为了要净化人心，我们必须开方便法门。佛陀当年讲经为能因应众生根器，观机逗教，以因缘果报之方便法，说法四十二年，之后转而讲述《法华经》的中道妙法。不论是执有或执空，皆容易偏执、迷失，因此，《法华经》以譬喻方式，引导众生在日常生活中实行佛法。

譬如说，我们住在娑婆世界，这个世界就好比是莲花池，池内有污泥、有莲花种子，亦如人有清净的佛性，而被五趣杂染蒙蔽住，随业流转。莲花种子在污泥中生根、发芽，而后浮出水面，开出清净的花朵，并不因其根生在污泥中而染尘；假如能够开启一个人本心的佛性，那么他就能像莲花般出污泥而不染，一样清心、自在。

意大利考古学家在曼托瓦附近挖掘古代遗迹，发现一对男女拥抱的骨骸，十分完整，虽然两人的五官六腑早已腐化消失，但仍看得出一对男女拥抱交叉的形态。考古学家研判，此二人的年代约在五六千年前，由齿牙俱在的状态也可看出他们的年龄应该很年轻。但在五六千年前，鲜少男女合葬之例，何况这两具尸骸紧紧拥抱着，这种情形他们从来没见过，认为这一定是青年男女的缠绵之爱。此一发现公诸于世，引发许多凄美爱情故事的遐想。

尽管在六千年前，青年男女之间相互吸引，牵扯纠缠难分难舍，如今也只余一堆白骨。他们的爱，虽是无形无体，却令两人至死相拥，缠绵不分，让后人震撼；但是六千年来，当年相爱的两人，不知历经几多轮回？是否仍是恩爱的伴侣，亦或在爱恨情仇的因缘中轮转纠结？一切因缘成、因缘灭，真真假假、假假真真，还有什么好执著呢？

投入慈济必须认清楚，究竟自己是为“佛法名相”还是“人生目标”而来？慈济并不希望大家钻研于名相，而是期待大家能真心付出，从而体会生命之美，从而体悟人生真理。

纵是怀有满腹佛学学问，能长篇大论分析名相义理，但在人与人之间却总在起分别，分别谁与我有缘，谁与我无缘，这种分别的习气都收纳于“藏识”之中，也就是存在于潜意识中，一旦因缘会聚，就缘境现形，造作业因。“万般带不去，唯有业随身”，人必定要深明因缘果报之理，去除习气才能学佛有成；若不明因知果，不致力于净化心地，却单在名相上求，实是无济于事。

行菩萨道要步步踏实，不要浪费人生时光。“人身难得今已得，佛法难闻今已闻”，莫以为必定要出家师父说的法、谈的经、著的书，才是佛法、佛经、佛书；如我方才所说，经是道是路，若有人依佛所说如实信受奉行，他将走过的路回头来告诉你，则他与你所分享的心得，那就是道，那都是法。

所以，不要执著于“相”，不要执著是出家师父所说才是法，也不要执著人家在讲说佛经才是经；其实，行菩萨道者走入人群去付出的心得分享，句句都是经、都是法！

实相无相无不相，水月道场做佛事

至于如何才能救度众生呢？佛法必定要生活化，所谓生活化，就是要务实；务实之义，就是要把握当下时空背景，不要脱离"现在"之此时此地。如有些流传至今的宗教仪式，或许佛世时代也没有那套形式，是当初祖师大德们透过思考，应机应缘所制下的方便。然则，时代毕竟不同了，现在是科学时代，不似往昔民智未开的古老年代，佛法须如水应方就圆，要观机逗教提出切合时代的方便之法。

人生要务实，千万莫虚幻，一旦流于幻化的思想，就很麻烦了。宗教观念偏差者，如宗教政治化，或宗教幻化。前者是宗教被政治利用，假借宗教之名行斗争之实，使人与人之间总在对立与战争之中；后者是对宗教存有不正确或不切实际的幻想，如若以为"杀人是美德，牺牲是光荣"，或以为"杀了人后，可以上天堂享有佳丽美酒”等等，就会走向自杀攻击的行为，实在非常危险。

对于宗教信仰采取的态度，也有两种极端的现象。一种是迷信之人，被认为是愚夫愚妇；一种是只埋首研究理论，对宗教并不相信。如何能提升迷信者的信仰品质，又如何能使知识分子接受宗教的智慧，方法唯有真正脚踏实地去做，推动人间佛法，使佛法生活化，才能普遍接引各种根机的众生。

修行不必定要出家，但脱离人群则无行可修。慈济始终在提倡人间佛教，教人要各尽本分、恪守人伦，否则若家庭不幸福，社会不祥和，想要提倡佛教也很困难。若能打破我执，有大我精神，就能自在出入红尘，随缘尽力做人间事。

在印度，每年十月三十一日起五天是新年，第四天为元旦。新年第一天，不能对人生气，也不准发脾气；有的地区，于元旦早上，家家户户哭声不止，人人涕泪纵横，乃至于抱着亲人或朋友痛哭；用哭来迎接新年，是在慨叹岁月易逝、人生苦短，这习俗被印度人称为“哭元旦”。

对于印度人来说，元旦开始，短暂的生命，又少了一岁，堪叹人生太短暂，因为有此叹息的心理，更感到应珍惜人与人之间相会的因缘，所以他们看到人就是相拥而哭，此种对人生的慨叹，一如普贤菩萨警众偈所言：“是日已过，命亦随减。如少水鱼，斯有何乐！”

所以，年节之时，若是纵情狂欢，尽做不理智之事，岂是过年应有的心态？其实过年的时候，应该好好地利用长假，来沉淀这一年中自己有无犯下过失，此即反省过去；并且须惕励未来，要做对生命有意义的事。狂欢作乐，迷失自己；若只是为名、为利，一生枉然！家产、名利、权势、地位，到头来皆是虚幻。所以我们应该要多做一些跟自己生命有关的事情。

印度人的过年是感伤的心情，这份来日不多的感伤若排除了，就容易恣意妄为、放浪形骸。所以佛陀说法开始即言“四谛法”，首先就是谈“苦”，希望大家真切体会人生是苦，进而亟思离苦得乐之方。

人际之间的相待，如何取得平衡，皆大欢喜？天地万物是“有相”，而“实相”是“无相无不相”，我们应该把握实相道理，认清“凡所有相皆是虚妄”，所以不要执相；但万法本体是不生不灭的实相，也就是清净无染的慧命，所以要明因知果进取慧命，固守人伦之间礼节，才能自他两相安。

世间本是水月道场，身处幻化不实的人生，切莫卷入虚妄的人我是非中，应该进取真实，追求永恒的慧命。所谓“实相无相无不相”，慈济是取中道精神，希望大家以出世心做入世事，真能无所求为众生付出，慧命必得成就。所以，有志于慈济者，最重要的并非坐而论谈名相，而是起而力行佛陀本怀。

浮生若梦。梦境是虚幻，人生亦非实。一如昨日过去后，若欲追回，实不可得。不过我们可以从昨天的待人接物中，来做一番反省，改进自己的短处。梦幻般的人生也是一样，要时时自我检讨。因为凡夫每天过着迷幻如梦的日子，由不得自己。虽然得了人身，却不能及时利用时间，利用身体，赶紧来体会人生。

吃喝玩乐，荒唐一生，所得的是空虚寂寞、身心疲累。但若我们想尽办“法”去帮助人，对方因此得到真实“妙”用，那么你所运用的就是“妙法”；而你以“法”帮助人，自心亦感到助人的欢“喜”，这就是“法喜”。

人生来也空空，去也空空，人生如镜花水月，一切皆是迁变无常，难以把握，万般由不得自己。但是，置身于这虚幻的人世间，却有一真实的慧命必定要进取；欲求得慧命，就要过有道德的生活。德者，得也。去做、去付出，就有心得；不做、不去付出，即无心得！

（编按）

“真空妙有”为上人经常言及且强调的《法华经》之重要思想，此篇阐述“真空妙有”之长文，为求论说完备，故于修订时取材来源含一九九八年后之上人开示。

一九九九年

大爱在静思，慈诚造房屋

——记静思精舍第十期修缮工程

静思精舍自一九六九年大殿落成启用以来，三十多年间全区道场经过九次整修工程。

早期常住众以水稻、地瓜、花生等农作种植及织毛线衣、糊水泥袋、做婴儿鞋、棉纱手套等手工，维持生活所需，收入余额则皆挪为功德会从事救济工作之基金；因此，在非常窘困的经济下，增建的屋宇，大多是十分克难而简易的建筑——木构、砖造或铁皮屋。

一九九一年，也就是花莲慈济医院成立的第五年，为因应庞大的会务工作量、日益增加的慈院志工人数和络绎不绝的参访信众，以三年时间陆续增建三栋建筑，即男女众志工寮房、办公室以及新讲堂。

这时期也因常住众的人数增加，所以大部分的常住众也亲自投入增建工程，参与拌水泥、灌浆等工事。而回来当志工的师兄们，也曾同心协力参与常住们清理石块、清水沟等工作，浓浓的法亲之情深铭在心。

因时代建筑科技日新月异，所以这时期的建筑皆采钢筋水泥营造，甚是美观坚固。

自己的家自己盖

越四年，即一九九八年，慈济国际化的脚步已大幅开展；鉴及慈济三十三周年庆时，全球慈济人将纷然返回精舍寻根，为因应突增的住宿人数，所以于三月间在原为二层楼房的男众寮房上增建一层。这项“男众寮房增建工程”，是精舍第十期工程的前一阶段。这项工程由北区慈诚师兄本着“自己的家，自己盖”的决心，揽下各种大小粗活，再加上常住众的人力支援，大家夜以继日地抢建，终于以三十三个工作天完工，圆满增建工程。

大家奋力以赴的表现，令上人既震撼又感动！“若非视精舍就是自己的家，要这样卖力付出是非常困难的事。”上人称赞慈诚师兄们具足“三十三天，天人之福”，以佛教“三十三天”的典故，表扬他们就如无量劫前的三十三位善女人，以无私无求的精神，欢喜恭敬的心来重修破旧的古寺一般,真正是无量的功德!

众师兄们在大队长黎逢时师兄带领下,各工项如板模、泥作、油漆、钢筋、木工、水电等工作,他们都一手包办,既有专业人才,也有完全门外汉者;即使是门外汉,他们却都乐意配合做小工。这一片“和心”的精诚团结力,既成就高品质的工程,也带给上人、慈诚师兄们更大的信心。于是又持续这股惊人的快速动员力,投入第二阶段之增建工事。

“师父!您不用担心,交给我们就对了!”慈诚师兄们以无比的勇气与决心,一肩扛起后续工程。这项工程,对慈诚师兄们及常住众,是一项极辛苦的挑战,不仅常住们投入大量人力,师兄们也投入七千多人次的人力全程参与,在“众志成城”下,终于赶在农历年节前完工。长达六个多月的工期能克期结束,上人相当地感恩与感动,直说:“事实证明,我真的是交对人了!”

上人赞美这群师兄们宛如“天兵天将，散豆成兵”——将艰难化为可行，他们将爱心灌注在静思精舍——这个慈济人的心灵故乡，正是“大爱在静思”的最佳呈现，深情眷顾精舍的建筑，悉心照顾大家的心灵故乡。

在小木屋苦修六个月

这段期间的工程，由姚仁禄师兄创意设计，并派驻公司同仁许俊伟先生，现场掌控将设计理念落实于实体的呈现。精舍第十期后阶段的增建及改建工程，除将原女众志工寮房及新讲堂楼上之寮房改为僧众寮房、观音殿与中庭打通填平、增盖知客室及会客室外，此次最大工程是增建一栋含地下一层、地上三层的大楼，并装修成新厨房、餐厅及寮房。上人感念慈诚弟子们的辛苦付出，特将这栋三层楼的新建筑命名为“慈诚楼”以志纪念。

“慈诚楼”的建造工程，依然由大队长黎逢时师兄领着众弟兄们，携手并肩，雄壮威武地于同年八月十五日启建。从这一天开始，担任总协调的黎大队长与总务陈清波及现场监工陈营基三位师兄，为坚守工地现场，应付各工项所需，而住进在工地一角临时搭设的工寮——“小木屋”里，恰如当年上人独自一人在普明寺附近的小木屋清修一样，他们也抱着“修苦行”的心态，一住就是全工期六个月。

虽然在建筑志工早会已将志工师兄分配协助职工师兄，但慈济事变化之多实属正常，更何况是人多事繁的工地现场？特殊状况层出不穷，一下子三楼需要帮手，一下子观音殿需要几个人，一下子这里要水泥几包、得赶快送去，一下子那边要清理现场好施工……等一下这里要钢钉，等一下要铁线……铁槌哪里去了？真正是“雾煞煞”（闽南语），累得他们晚上睡觉还得跟自己说：“赶快睡觉，不要想了！”才能及早安眠。

工程繁琐及人员协调问题，原属意料中事；但是，随之而来的安全考量，也造成黎师兄内心一大压力。工地上的小事故频繁，稍有不慎便容易出事，黎师兄不得不全神关注，同时在每天一早上工前按例集众，目的除了分派工作外，不免更来一段“爱的叮咛”：“第一注意安全，第二注重品质，第三进度也要注意”。

“慈诚楼”地基刚刚开挖时，曾有一位师兄在凌晨一点多醒来，当时正下着大雨，他往楼下工地一看，发现有人打着伞从小木屋走出来，正是——黎大队长！原来，被大雨冲刷了两天的地基，已经出现一小处坍方，黎师兄担心工地的安全，冒着大雨漏夜出来巡视……

在这样的过程里，每天真的很“操”——既操心又操劳，有时真的会累倒了，原本还可以帮忙做些事，到后来各工项陆续进场，为了应付工事所需，最后，真的心有余而力不足了！正如加建“三十三天”时一样的情况，最后四天真的没力气！单是应付各工地现场及各工项需求，想着、想着就够累人了，俗谚：“一个人应二十四个”，对他们三人来说这是最贴切不过的形容词。

“从来没有这么累过!”

其实,大部分师兄的职业很少是做粗活者,固然三位“工地常住师兄”非常辛苦忙碌,其他众人也无不把握时间卖力地做,他们有的是经理、行员、襄理、教师等文书人员,一天劳动下来,往往把他们累得黏在墙壁上,不能动弹了!

有位任职公务的师兄就说:“十几年来,我从来没有这么累过!挖土、拿圆锹、持电钻,这些工具我从来没有使用过,这些事我也从来没有做过。幸好我还撑得下去,虽然第一天比较累,第二天情况好些,第三天却有倒吃甘蔗甜美的感觉。”这师兄名“武强”,他介绍自己是“武功高强”的武强,当他心得分享说他从来没有这么累过时,其他师兄不禁糗他累到连睡觉都说梦话:“好累!好累!”还称什么武功高强?

虽然大家都做得很疲累,但“甘愿做,欢喜受”的快乐、踏实感,使他们忘掉了体力的不支,还满心欢喜继续谦虚地问专业师兄:“还有什么要做的?”即使是七十几岁的师兄们,也都“当仁不让”,他们搭飞机连续来回几次,做得很欢喜,有时体力不济,就跟黎队长请假:“我赶快上楼休息一下。”休息后,精神来了,又马上回到工地现场。

工程中多的是待人发心去做的粗活儿,人人也都希望做得“不负此行”,所以虽然疲累不堪,只要稍获喘口气的时间,各种姿势都可以进入甜美的梦乡。

紧张、艰苦的地下室工程

大家的辛苦,可以从最伤脑筋的地下室工程体会出来。因为开挖后的挡土墙打PC(灌水泥浆),只用帆布盖起来,每次下雨都让人十分紧张。有一次正好下大雨,第二天又继续下,第十五中队的志工回来后就赶紧装沙包,提心吊胆地赶快回填崩塌的挡土墙,共用了一千多袋的沙包。

原本他们已买好十一点五十分自强号的车票回台北，但一看情形不对，就说："我们都回来了，回填工作只做一半，这样不行，太危险了！"于是就将回程时间改为下午五点五十八分，陈清波师兄告诉他们这班列车买不到座位，他们却说："没有关系！"那天大家卖力工作，被雨淋得满身湿，最后还一路站着搭火车北返。

另外最大的困难点，是设在地下室的蓄水池，无论拆板模或是清洗都非常辛苦。蓄水池有五十五个，高度只有九十公分，出口小、空气少。拆板模的前一天才灌浆，而且天气又热，师兄们一进去就满身大汗，不论是志工或专业的板模师兄，进去一个小时或半个小时后一定要赶快出来透气，并躺在地上休息，他们汗流全身就像才刚从水中捞起。水池共清洗五次，人蹲在高热、密不透风的水泥槽里工作，而且还无法站立，这种苦若非拥有超人毅力，实在难以熬过！

整个施工进度，地下室的工程就占去了一半的时间。所以地下室的工程如果成功，地面的工程就好做多了，往后工程也就能一路顺利进展。

“和心合力”的感觉最甜美

如此艰辛万状无法形容的工程，大家的力量来源到底从何而来？“全体和心，是我们最大力量的来源！”常住志工毫不迟疑地给予肯定回答。

就以地下室开挖的工程来说，不论是常住或师兄，每一个人所发挥的团结精神，就是激发彼此最大力量的原动力，而这幅“和心”的美丽图画，更是牢牢深印大家脑海，成为不能忘怀的记忆。

记得，有一次在地下室开挖后的一个下雨天，突然听到紧急广播：“所有的常住师父、大德，请到后面帮忙铺塑胶布！”广播声音才刚停，大家立即由四面八方飞奔而来，每个人都为了保护地下室刚开挖的土墙，在大雨中卯足全力，如长龙般搬来塑胶布，虽然紧急气氛笼罩着大家，却没有人想到要穿雨衣。当时的场面甚是壮观，一个大家庭，一个广播，在没有任何组织下，人力全部集中，这份感觉使参与的人每次谈起，感动与喜悦的心情，一如当时！

诸如此类令人终生难忘的场景,在工地现场屡见不鲜。有位常住师父表示:“最感动的是有天晚上灌水泥时,为了保护所有建筑物不受破坏,所以就用单轮推车接驳泥浆,要上鹰架时就用水桶接力提上,当时天候较晚了,所有师兄、师姊、水电、木工、水泥师傅都赶来一起帮忙,所有常住众也全力投入,大家和心合力,做到很晚才去用餐……”

认真做事、温柔待人

常住师父们的体贴关爱,在工程进行中表露无遗,使回来参与兴建阵容的人,感受到“大家庭”的和乐融融。

“大约十点回到精舍,刚向大队长报到完,就遇到一位常住师父,他轻轻地说:‘师兄赶快到餐厅吃些点心!’心想,都还没有做事,怎么好意思就先用点心?心虚地回应常住师父一声,还是快步往工地走,等做些事再吃比较心安。没想到走没几步又遇到一位常住师父,再一次听到同样的话。在前往工地短短的路程,一再听到热络的招呼声，常住师父实在很爱护慈济人。”

“看到常住师父们从早忙到晚，还常对着师兄们说：‘师兄，累不累？要早点休息’、‘师兄，休息一下，用一些点心才有体力’，可是却没有看过常住师父休息一下，或停下来用一下点心，而常住师父们的工作量并不比师兄少。他们处处为人设想、爱护别人，他们的慈悲心实在令人很感动！”

这位师兄心存感恩地刻画了常住师父们的形象，很多师兄也都提到：下雨了，师父们就拿阳伞、斗笠来给大家遮雨；不小心刺伤了手，师父们马上取药来敷；有人感冒了，师父就请护士来关心；乃至于“一日五顿”——三餐饭加上早上及午后两顿点心，教大家吃得直怕胖呢！

尤令大家感动与敬佩的是，常住师父们认真做事的态度。润弘公司同仁举例说，八月初小木屋后面要做小水沟时，常住师父们排成一列，用水桶装水泥一桶一桶接力过去，公司里两位身体很壮的工程师，自告奋勇地过去帮忙接水泥灌水沟。一直灌、一直灌，想休息一下，转身一看，还有三四桶等着接，不好意思说什么，手很酸也停不得，好不容易才将前半段莲花池的水沟灌好了。同仁晚上回到在外的住宿地，一看，两位平常不到十一二点不睡觉的工程师，竟然今晚八点多沐浴后就“摆平了”。

事实上，这次工程中，负责工程的常住众经常在大众入睡后，还要收拾善后，等到停下来准备休息时，已近晚上十点，然而清晨依然三四点就起床上早课，之后又是一天工作的开始。再者，工程期间，新历岁末年初时，正逢全省感冒大流行，不少常住师父都感冒了，但每一个都是不倒翁，工作照样做！

道在挑柴运水中

常住师父这样刻苦耐劳的意志力，使上人很感欣慰：“修行人，能在这种环境下磨练过来，以后还有什么事没办法忍耐、不能做的？”无论是拿抹刀涂抹墙壁，或上屋顶、下地基绑钢筋，常住们都做得有模有样，每个动作都很标准。上人看到大家在“做中学，学中做”里获益，虽然心中很不舍，但是仍然高兴见到大家的成长，遂忍不住赞叹有加。

“这种亲自投入去做的感觉，不是一般人能做得到和感受得到的。不过，我觉得他们不是‘一般人’，他们拥有超过常人的耐力及毅力。这是一群来自不同家庭、在俗家里同样是父母的心肝宝贝，但是来到精舍以后，他们学到了巧工，也学到了如何负重。”

“很多事情他们本来都不会，但是跟着我出家之后，什么都要会，从家务事到一切工事，他们都学到了；又如耕种、整理文书及行政工作，他们也都学到了。我觉得因为大家有心在学，这种有心，不只会想才叫有心；有心就要去做，做，才是真正有心；并且还要做到不起心动念，心没有浮动，这样就更有心，这就叫做‘修行’！”

“他们长年累月不断地付出，没听他们说厌倦，这一点让我很感动。我向来不会在大众面前夸赞精舍这一群修行人，因为都是自己人嘛！自己人不需要夸赞自己人，但是这次，我禁不住要说：‘我真的很感恩！’”

常住师父对师兄们大家无微不至的照顾，任劳任怨、不求回报的埋头苦干精神，和始终保持着的亲和力——那满脸和蔼可亲、平易近人的笑容，以及不求闻达、淡泊名利过着忙碌日子——在师兄们心中烙下“老实修行”的面貌。“我们所见的不是吃斋念佛的师父，而是从日常生活的挑柴运水中，去体悟真理的师父。”一位师兄由衷叹道。

大众温暖的靠山

当然，对于常住众及慈诚师兄而言，上人——是全体大众精神力量的支撑点，是在背后照拂大家的靠山。

上人的智慧法语，使大家明白如何是“工地即道场”；上人的慈爱叮咛，给予大家难言的温暖；上人仔细观看工程细节的用心，使弟子们具体体会何谓“多用心”；有时上人一天中忙得只能挤出一点时间去工地探视，有时根本无法前往探视大家，这种“过秒关”地忙于慈济事，教人充分体认，什么是“人间菩萨”的形象。

尤其上人勇于尝试新技术，最难做的工作，也想努力试试看，也因此激发大家的智慧，在工程中高度达到克服困难的能力，以及十足的创意表现。

如“慈诚楼”的营造采用先进的“预铸工法”，由润弘公司负责，创下了两个第一：一是由地下室开始，即以预铸工法施工；一是洗石子先做预铸，也因此增加许多施工的难度。又如精舍大殿屋顶，堪称是“世界唯一景观”，特色在瓦片非瓦片，而是采泥作方式，由泥作师傅以耐心、细心用手工一片片细致塑造所成的水泥瓦片，这次增建的知客室及会客室上的装饰屋瓦，正是由四位擅于泥作的师兄穷尽心力，以手工完成的艺术瓦片，上人称赞之余，特将其定名为“慈诚瓦”。

其他创意之处不胜枚举，做的人感到很有成就感，欣赏的人也叹为观止！

百千万劫说不尽

这就是静思精舍第十期的修缮工程的过程。所有的成就，来自于大家体认"一分付出，就是一分成就；一番动作，就是一番完成"。没有动作，就是浪费时间；唯有在时间的消逝过程中，把握分秒去动作，才有所谓的"完成"。

温馨的建筑，是很多人付出的成果。上人为此次工程作了总结语："我常说'舍得，舍得'，不舍不得，能舍才能得。这种熬过来的感受，我想参与的人一辈子都忘不了！如果没有参加的人，就无法体会到，这种磨练的感受；而参与过的人，在建筑完成之后，建筑物中任何一事一物就跟自己有很亲切、贴切的感觉。这种付出之后的贴切感受，可以说——天地宇宙间的大环境，跟自己整个人的生命，已经融合在一起了！"

"感恩的心说不尽，所以佛陀赞叹诸菩萨时，都说：'不可思、不可议、不可说'，此刻我的心情无以形容，真正是'百千万劫说不尽'！"

慈济之精神堡垒

——慈济静思堂

有位僧人诗云："不辞跋涉路三千，杖锡来参南岳禅。万叠峰峦围佛阁，数声钟磬绕经筵。云迷绝巘疑无路，人在高楼别有天。半点红尘飞不到，清游十日意欣然。"

人有各形各色，予人乍见或深交之后，会在心中留下印象；一栋建筑物完成了，所有来参访的民众，也会在脑海烙下感觉。作为具有弘扬人性真善美的宗教建筑，不论是硬体外观或内部装修，莫不希望使所有来瞻仰的人，能领略其中蕴涵的哲思，将感动与启示放在心里，在踏出建筑之后，于个己的心灵有番净化，进而在生活上对别人散布好的影响。

慈济静思堂是慈济之精神堡垒，经过十多年的建筑工程，已进入内部装修阶段。在上人的构想中，慈济精神就是法华精神，慈济志业是法华思想的开展，慈济人也就是法华精神的实践者，所以希望静思堂整体予人法华精神的启示。此一课题颇费思量，到底如何使静思堂展现法华精神？多年来，不少艺术家、佛学研究者以及建筑设计师，都有意愿投入静思堂的艺术装修工程，上人也少不得要再三表达自己的理念。

要探讨静思堂是慈济之精神堡垒的说法，得先从上人受到法华三部——《无量义经》、《妙法莲华经》、《观普贤菩萨行法经》哪些影响，才能追本溯源得到完整的概念。

佛佛道同——行菩萨道

上人认识佛教是在父亲往生时，到丰原慈云寺为父亲做佛事礼诵《梁皇宝忏》，因而对佛教有了了解，并生起信心，引发探讨佛教真义的心理。

“借着为父亲做佛事的因缘，我入佛门探讨生命的价值。在《法华经》里，我印证了生命的价值何在？了解了我的生命应该用在哪里——这就是因，也是种子。之后又看到那一摊血，这事件启发我付出行动的动机。在《法华经》中深受感动，从一摊血中付出行动，感动与行动的因缘和合，就创造了慈济世界！”

本着“佛法生活化，菩萨人间化”的立场，上人对于《法华经》，尊崇其“教菩萨法”的理念要旨。上人表示，佛陀说法四十九年中，前四十二年说的都是方便法，直到后七年讲《法华经》，才是真实法；亦即法华是原则，其他都是方便。

“《法华经》，教人行菩萨道，要广结善缘，这才是佛佛道同的本怀，是过去、现在、未来诸佛内心真正的目标。志求罗汉、独善其身的人，是佛教中的焦芽败种；唯有行菩萨道，才是直接了当的成佛法门！修行必须福慧双修，才能到达佛的境界。慈济法门就是修福、修慧双管齐下。慈济人行菩萨道，走入人群，为人付出，这就是做中学、学中做——做时，就是在学；学时，就要去做。人生时间不多，所以要一直做、一直学。”

上人强调，在人群中，才有机会发挥良能，才能学习消除烦恼的方法。若是为了怕烦恼、远离烦恼而逃避人群，则表示仍无法达到真正轻安自在。因为“业缘”由不得自己作主，若没有学会去除烦恼的方法，就会生活得很痛苦。所以如果立志立愿作菩萨，虽然不知何时达到目标，但总要记住目标在哪里，然后恒久精进不懈，必能达到成佛的究竟目标。

上人用心良苦，将佛法生活化，为免大家执著文字，流于口头论说，剖析佛陀之教法是生活的经典，是可以在生活上力行的道路，而非泛谈虚无玄奇、脱离人间之事，所以不要在研究时被经文所绑，只钻在白纸黑字里，不知拿来生活上运用。

"经者，道也；道者，路也。经典是佛陀指示的修行之路，循着这条路去走就能达到成佛的目标。'道理'若是生活上行不通，不能使人与人之间有良好的互动，无法事圆、人圆，就不是完美的道理；执著行不通的路，就会陷入人事烦恼而无法解脱自在。"

上人为使大家明白佛教的真义，直言指出，佛陀来到人间，无非是要教导众生走上康庄大道，佛陀的教法是“为佛教、为众生”，换句话说，佛教是人间菩萨道，在人间推动菩萨精神。

万朵莲花开满人间

慈济精神来自佛教，而佛教是务实的，是应乎人间的需要与社会密切相结合；若佛教脱离社会、离开人间，佛教也失去价值。人生苦难偏多，再强盛的国家，也难免有遭逢意外或贫困的人，所以需要救苦的慈善团体。三十多年前，慈济便是基于苦难人生需要爱的组织而成立。

善良的爱，人人本具。经过呼吁，慈济慈善网渐而编织起来，发挥救人的力量，但仍觉有不足之处。因为慈善工作毕竟偏于消极面，待人发生困难后才伸出援手。其实应该防患未然，才是积极的作法；于是慈济深入社会各阶层，了解因病而贫的现象，继而筹建医疗建设。

“所谓‘妙法莲华’，就是要有莲花出污泥而不染的精神。佛陀称这个世界为五浊恶世，他希望在这污浊世界能开出清净莲花来，那就需要游戏人间的菩萨来度化众生。面对很多烦恼的众生，面对多灾多难险恶的人世，若能不被影响，就是不被污染的莲花。因此修行不可独善其身，要入世才能救世。”

上人为建设慈济医院，历尽万般艰苦，也正因为要面对、克服很多困难，所以得到很多人的爱心帮助。这份很多人的爱所集合的力量，非常美，也很令人感动。

在慈善、医疗志业之后，慈济又应乎社会需要，肇启教育及文化志业。当今这个时空，真是非常复杂的世界，时有精神病患滋事，或杀父、杀母、杀妻、杀子……等残酷社会事件发生，这都是因为心理生了病。这样的五浊恶世，需要人间菩萨来拯救。

每个人的人生经历都是一部经，深具启示人心的作用；而慈济世界中有很多美好的人生、动人的故事，应当珍惜这些可贵的文化，好好地记录下来，并广为宣扬，借以带动更多人开启心中清净的大爱，发挥宝贵的良能！

慈济人实践法华精神，令上人深为感动！“佛法能够很完整地流传到台湾，我们要很感恩很多老法师、一些高僧大德在中国研究佛法，如太虚大师提倡人间佛法，造就了很多的僧才，为台湾铺设了人间佛法的基础。不过，只在精神层面上铺设基础实在不够，所以我一直感恩所有慈济人，他们真正将佛法精神落实在现代社会。”

“今天众人皆知慈济是‘佛教慈济’，建设医院或学校是以爱为出发点，是为了尊重生命；但岁月不留人，往后当我不在时，需要一处‘精神堡垒’，来传承慈济精神、理念。看看欧美各国教堂，一两千年来费心保存完好，因为这些就是他们的精神堡垒。”

美的回忆，爱的教育

在上人构想中，慈济精神对于后代子孙，是一种美的回忆、爱的教育。来到静思堂，子孙们可以了解慈济是如何发展的；如毫芒雕刻荣董传记，记载着他们如何在当代参与慈济善事；当后代子孙看了这些传记，既缅怀先人善心事迹，并能启发他们起而效行，这就是一种教育。

“所以，静思堂是慈济很重要的精神堡垒，是慈济的‘感恩之塔’；塔即德，其德高显于此，令人感恩满怀。所以，慈济精神凝聚在静思堂，对后代子孙而言，是世世代代祖先之德高显之处，这就是美的回忆与爱的教育。希望以后来参访静思堂的人，能体会慈济世界正如极乐世界般清净而祥和，并生向往之心与投入之愿。”

上人期许静思堂是慈济“慧命的堡垒”，建筑物本身及内部装修，都必须具有“无声说法”的功能，无论是地上或墙壁，甚至各角落都可以予人“感触的体会”，参访者不必透过解说介绍，只要走进来，就能直接有所感触与感动；也就是说要“用眼听，用耳看”，用心看静思堂说法，深入了解慈济之路是如何走出来的？

“地球村距离愈来愈短，世界各地的人来台湾的机率愈来愈高，海外慈济人的第二代、第三代华裔，很多人都不懂中文，何况不同国家、不同种族的人？又要他们如何能深入了解慈济精神？再过几年我们不在了，谁来解说慈济呢？所以，只好就运用古人的智慧，将经文变成图文，可以看图解义，这就是‘触觉’。无声的说法就是要用感‘触’的，眼睛接触到了就能体悟，这就叫做‘先触后觉’。”

为使静思堂能充分展现“无声说法”的功能，上人常对有心于此的学者或专家们，表示深切的期待：“国外的教堂常有历史百、千年以上者，人们进入其中，无需透过任何言说，自然就能体会其独具的精神意义。我也很期待静思堂能呈现永久的人文教育，成为慈济的精神堡垒，希望慈济大爱精神，能随着静思堂流传百代。”

既古典又现代

“期待静思堂无论硬体建筑或内部装修，都必须具独创性，呈现中国传统及佛教精神，又呈现现代科技之建筑设计，整体感觉起来是既古典又现代的建筑。在展示空间上，要能突破语言不同的障碍，并使参观人潮能顺畅行进，借着无声的说法，使来访者感受到慈济的人文精神。”

上人认为，美术是心灵的构造，每个人的境界都不相同，所以表现或者欣赏的角度也就各有殊异。上人欣赏的是在接触作品时，能立即与作品融合一起，内心深受感动，而非研究半天，仍不知作品要表现的真正意涵。若论佛像，则以为不要将佛神化，最好要人性化接近人间，令人感到亲切感。

所以，描绘佛像，希望是画我们能学习、能做到的形象，而非渺不可及、脱离现实的形象。因为在佛教中，人性就是佛性，心、佛、众生三无差别，我们要提倡人心即佛心，肯定人可以成佛，若所画的佛与人相离太远，如何体会人之本性与佛同等慈悲？

上人并表示，艺术创作应具时代性，而非一味模仿、因袭古代，必须突破往昔格式，才称得上是“创造”。而艺术也应具普遍性，能为群众接受、喜欢；如果无法获得人欣赏，就不算好的艺术作品。

“佛像在不同的时代、背景，有着不同的形态。例如藏传佛教的佛像，形态都很削瘦，那是因为蕴含苦修的精神；另外，佛菩萨手持箭、矛等各种武器，代表降伏种种心魔；这些佛像都明确地传达出时代与地区的特色。”

总言之，上人对于静思堂整体艺术表现，希望能富有时代性，展现出当代独特的风格，并且要勇于突破前人既有的成就，不要因袭、仿古、翻版，这是上人建议艺术家们必要建立的信心，期待以恢弘的气度，开阔的胸怀，创作出这个大时代的精神。再者，为慈济是以《法华经》为精神中心而行菩萨道，慈济志业正是法华精神在人间的落实，所以期待透过慈济故事的形象化，表达出法华妙义。

为什么作品必须具时代的精神？上人以佛像形

貌为例，慈济给予艺术家绝大的创作空间，或许艺术家在跳脱前人的窠臼时会遭到诸多批评，指陈不像唐、宋等古老时期的传统造型；然而慈济希望的就是能不抄袭既往，又能脱俗于现在；充分掌握当代人间性却又不沾染世态俗气。所以创作者必须先自我心理建设，舍弃被人批评的挫折感，才不至于囿于他人成见而画地自限。

至于如何在作品中展现慈济、法华精神？这就必须艺术家们亲自投入慈济世界深切体会慈济精神，意识到这项工作的意义，自己也对此工作感到兴趣，这样才会用心去做，并且做得很欢喜。就如同很多人投入慈济后，感受到为人付出的快乐，这种心灵上深刻的喜悦，不是金钱买得到的，所以即使做得很辛苦，他们内心仍觉得非常幸福、美满。希望艺术家们也能拥有这份人生价值观，能真心投入，那么法华的精神象征，才能具体表现出来。

“我不是要盖大庙，图信众的膜拜，而是要用无声的说法，让人眼睛一看到庄严的佛像，即有心灵上的感动与体会。能创造出象征当代佛教人文特色的佛像，是一份历史责任，若在我有生之年无法达成这个理想，我也会将这份理念流传下去，留给后人去完成。”

回归清净无染的本性

《无量义经》有段经文：“静寂清澄，志玄虚漠，守之不动，亿百千劫。”上人非常喜爱这十六个字，引为人生之指南，常在慈济人的各种场合，开示其中深义。事实上，这段经文的内涵，已足以说明上人创立慈济的目标；静思堂的创建意义，也就在希望来访大众，能体悟这段经文的妙义。

“‘静寂清澄’是说心念清净、无杂念，表示清净的大爱，也比喻无染的本性。若问：‘学佛的最高目标为何？’我的观念是：‘回归清净、无污染的本性。’这就是修行的目标。佛陀告诉我们：‘心、佛、众生，三无差别’。意思就是说‘心、佛、众生’虽是三个名称，其实都是以‘心’为本体。”

"修行就是要修心。凡夫心是污染的心，佛心是清净的心；佛心和凡夫心，其实是一体两面。好像一面镜子，能把东西照得清晰，这是镜子的本性；但是镜子若被污染，镜面就发挥不出良能。同样的意思，心念若被污染就是凡夫。"

"慈济的情是长情、慈济的爱是大爱，这份开阔的心胸和大愿，即是'志玄虚漠'。佛陀说：'我不入地狱、谁入地狱'，慈济人不怕苦，总是发大愿、立大志，愈是有苦难众生的地方，我们愈是要去帮忙；别人不去，我们要去。就如地藏菩萨所发的大愿'地狱不空，誓不成佛'一般。"

"慈济人不只此生此世才跟着师父，而是过去生就已经和师父结下好缘。有很多人从前没见过师父，可是一听到我的名字，一想到慈济的事，就会生起一份爱心、慈悲心，和一份认同肯定的心。这就是缘，可见我们的缘不只是今生此世，而是在过去生中就已缔结。"

"'缘'有过去、现在、未来；所以不只是今生此世的缘，我们还要守住未来的缘，要‘守之不动’，守好这份缘。慈济人要好好把握在此相聚的缘，相互鞭策、观摩。我们应该延续过去的好缘，更要广结未来的善缘；每个人不但要守好慈济志业的精神，而且千万不能动摇自己的信心。”

“除了善缘，我们的心志也要守持‘亿百千劫’，这时间有多长？无法计算！但慈济人必须守住这份志愿。《法华经》中佛陀也说，菩萨能把刹那的时间拉长为一劫，也可把一劫的时间缩短为一日，这个意义何在？我常说要把握当下，把握住刹那的时间。只要能把握住刹那，当下就是永恒！慈济三十多年的时间，是成就于三十多年前我看到‘地上一摊血’的那一‘刹那’。我把握住当时一‘刹那’的心念，而且在每一天、每一刻的刹那间，也恒持这个心念，因此成就了今日的慈济。”

“慈济世界就是在这一刹那间化为永恒。总之，只要我们好好地做，心念守之不动，刹那的时间即可延长至亿百千劫。”

用清净的智慧思考

筹建慈院之时，为筹谋人力及财物资源，过程相当艰辛，但也因此充分感受到人性之美，很多人为了协助建设，积极向各方劝募，乃至自己为人帮佣，预支薪水捐作建院善款，如此展现的美善人性，实是人类可贵的精神。因为建院而体会到社会拥有如此多美善的人性，所以在慈院落成启用当天，同时举行静思堂动土典礼，开始兴建这栋彰显人性本善之“慧命堡垒”。

自静思堂动土至今已有十三年岁月，十多年来，基于“资源有限，急者先盖”的两点原因，静思堂始终就在“边做边停”，往往都是活动有需要时，就先赶工处理出一个地方起来应急，就如这次为配合周年庆的场地所需，也是急急地赶出几处空间以供使用，但很多地方也只是临时性质，并非永久使用。

上人说，社会祥和需要“静思”，就因大家行事欠思考，才会人云亦云、盲目跟从，造成社会乱象。若大家能用恬静心念来看世间万物，就能看出人性与万物本质的真善美，就不会被虚幻不实的假相所迷惑，而起人事纷争，这就是智慧。“就如当初那些为人做工预支薪水来协助建院的人，他们那份清净的爱与智慧，就是从‘静思’而来，绝对不是冲动与迷信。”

所以取名“静思堂”，就是期待前来参访的人，看看别人如何“静思”以及“静思”之后付出行动所得的成果，并且想想是否自己也应该多多“静思”呢？

烽火科索沃 梦魇土耳其

——慈济发起“台湾爱心动起来”活动

巴尔干半岛人称“欧洲火药库”，长期争战不息，岛上民族复杂，加上列强势力入侵，益增此地种族历史恩怨，数百年来相互仇杀，造成本是同根生的斯拉夫族群互不信任，彼此是敌是友诡谲难测。

科索沃风云

历经两次世界大战后，南斯拉夫共产党在战后建立“南斯拉夫社会主义联邦共和国”，由塞尔维亚等六个共和国以及科索沃等两个自治省共同组成。但因彼此间的宗教、文化及经济上有所差异，以致各族群间为了争取独立常爆发武装冲突；一九九一年联邦终于崩解，仅余塞尔维亚和门特尼哥罗组成南斯拉夫联盟共和国。

在塞尔维亚的科索沃地区，境内百分之九十的人口为阿尔巴尼亚裔，他们一直想争取独立，与其西邻的阿尔巴尼亚，更夙有建立包括科索沃在内的“大阿尔巴尼亚”主张。然而南斯拉夫联盟采取军事手段制止，西方国家却予以阿人支援,此即科索沃的危机由来。

塞尔维亚与其自治省科索沃间的冲突,在美、俄、北约等国际强权介入后,更趋复杂、国际化。一九九九年六月二十一日,北约宣布结束始自三月二十四日的空袭南联行动,为期三个月的战争总算平息。然而,种族仇恨、历史恩怨、宗教冲突等,再度成为国际政治的重要议题。

医疗援助

战争刚开始时,许多科索沃难民纷纷涌入邻国,但因未获收留只好被迫搭上火车或卡车无奈地继续流浪前行;不少人在半路上因体力不支而倒地,眼看亲友倒下,大家也只能无语问苍天!

要如何援助难民?上人虽然也很着急,但考虑南斯拉夫还在战乱中,即使前往救人也要确保救人者自身的安全才行;再者,难民仍四处逃难,哪里才是慈济最应该去的地方?而面对无数的难民,什么才是他们最需要的援助？救援计划必须深谋远虑，不能仅凭匹夫之勇，也不能无功而返。上人日日、刻刻注意外电报导，等待因缘成熟而给予难民适切的济助。

在安全考量下，慈济首梯次对科索沃难民的济助，是一九九九年的四月十日与美国南加州“骑士桥”基金会合作，运送四千六百磅抗生素等药品至阿尔巴尼亚难民中心。之后又于七月八日至十一日，与法国无国界医师联盟 M. D. M. 合作，组团前往科索沃了解难民医疗等民生现况；八月十二日至十九日再度深入科索沃，并与 M. D. M. 签约进行五个月的医疗站重建之医疗援助。

烧杀、行刑、埋地雷

难民惨象令人唏嘘不已！稍前，宗教处谢景贵师兄与外交部人员远赴马其顿关怀难民回来后，曾向上人提到有一天傍晚，忽有一大群人涌入村庄，教每户人家的妇人必须在五十分钟内离开。许多妇人的先生上班未回，孩子还在学校读书，但被迫之下也只得匆促地收拾简单行李，走到村庄口，看到很多人和自己一样，大家都不知道自己的先生、孩子在何方？一群老弱妇孺仓皇离开家园，被迫活生生地与家人拆散。

在马其顿的一处公布栏上，贴满了各式照片与纸条，希望离散的亲人看到公布栏后，前来难民营与自己相认，或许亲人混杂在难民营中也说不定，但人海茫茫，是否还有相见之期？

美国“骑士桥”亚帝斯博士，赴阿尔巴尼亚完成药品发放的任务后，回到精舍面见上人时所描述的难民苦况，较同仁所说的更为悲惨！阿尔巴尼亚的一户人家，有一天来了一群蒙面持枪的人，大声喝令男人与女人各站一边，然后随即开枪打死那户人家中的男人，并命令其他人必须在一小时内离开。像这样死了儿子、先生的老人与妇人，神情哀凄地带着小孩逃难的景象，可说是难民潮中典型的情况。

据前往科索沃复勘回来的同仁说，有一个逃难归乡的老妇人告诉他们，当时塞尔维亚人进入她家后，把她的年轻儿子抓出去，与一群年约二三十岁的年轻人排成一列随即开枪扫射，后方的墙壁上留下许多子弹孔，之后又就地放火烧毁这些尸体。

塞尔维亚人除了对科索沃采取暴力行动外，更可怕的是，他们在撤退时，在当地埋下上百万枚的地雷。这种地雷不会炸死人，却会炸伤人造成残废，其目的就是想彻底消灭异族。

有些地雷埋在田里，虽已黄澄澄成熟的麦田，也没人敢去收割。曾有位女孩走到田里不小心踩到地雷，双脚被炸断；还有一位三十多岁的中年人，带着全家人逃到德国，当战火结束时，他回去探看，结果在自己的家里踩到地雷，双脚也被炸断。

现在战争已然停息，但是种族间冲突仍然存在。难民们陆续返乡、塞尔维亚人渐行撤退，两族中间只隔一条河，彼此可以看清对方的动态，只要一方有任何挑衅的动作，随时都可能再发生冲突。战火虽然平息了，但科索沃这个地方几乎成了人间活地狱，人人每天过得惊惶、痛苦！什么时候会再发生什么事，没有人知道！

冰冻三尺非一日之寒

面对科索沃风云，上人感叹地表示，人生最怕敌对的心念，敌对会造成人心的瞋恨；瞋火一烧，就无法收拾。南斯拉夫的战乱是“冰冻三尺非一日之寒”，他们自古以来就彼此对立、存有种族冲突。上人表示：“政治家因为个人心理不平衡，由贪瞋痴慢疑所发动的对立及相互屠杀，无辜的是老百姓，在硝烟烽火中流离失所，家破人亡。”

“消灭异己”是举世灾难的关键。例如两三年前的卢旺达及柬埔寨的战乱，都是因为种族对立所引起，去年的阿富汗亦然，这些国家因人祸加上天灾，以致民不聊生，慈济都曾前往援助。印尼也是一样，宗教对立，人种相互排斥，加上政治险恶，所以造成几十年来排华的局面。华人在印尼的事业发展得很成功，但当地的原住民普遍都很贫穷；在种族不同、贫富悬殊下，富有的华人轻视当地原住民，当地原住民对华人产生排斥心态，彼此发生摩擦，去年五月还引发大暴动。

“这些本来好好的国家，为什么会造成动乱不安的局面呢？都是人心所引起。政治舞台的险恶实在很可怕，往往少数人的自私心态，就造成普天下的浩劫。”

这种枪林弹雨的生活，令人多么惶恐不安！上人提及小时候躲空袭时，如果看到天空下雨就会很高兴，因为表示天候不佳，敌机就不会来丢炸弹！“这种由人祸引起的战争，不仅使国家民不聊生，且会影响到后代子孙。如二次大战时，日本长崎及广岛被掷下两枚原子弹，造成日后当地人民大都产下畸型儿，这是多么悲惨的历史创痛！”

大海纳百川

“众生共业，不是天灾，就是人祸；天灾与人祸，都是从心而起。所以，救世要先救心；人人有爱心，才能永保社会、世界平安。”如何化解敌对？上人说：“就像阴天，只要云开见日，浓雾自然能化开。所以，我们要常保有欢喜心，时常露出欢喜的笑容面对人事物，只要我们的心能常常快乐，自然就没有敌对的对象。即使有人刻意毁谤、伤害我们，只要你用宽大的心，不要以牙还牙，自然对方会慢慢化解敌意。”

而宗教之所以会产生对立，原因就在没有正确的宗教信念。上人表示，“宗教”是人生宗旨、生活教育，明白此理，就是彻底了解宗教的人。正信教徒，必须拥有如大海纳百川之心量，不要执著于狭隘的宗教观念，也不要排斥异教，应该要有开阔的心胸包容一切宗教。至于政治舞台上的“执政者”，为满足个人权欲，不惜牺牲百姓、扩张领土，上人认为这并非真正强国的行径。

上人表示：“三十多年前，我就常自问：为何台湾地区要接受国外的援助？难道台湾不能去援助别的国家吗？美国长久以来就是强盛的国家，但真正的‘强盛’应该如何表达呢？我想，单靠国力强盛是不够的，想在国际间具有领导地位，最重要是必须拥有‘人道精神’。唯有本着人道精神去关怀穷困地方、去为苦难的人付出，才是真正的‘强国’！”

土耳其大地震

当上人犹在台湾为科索沃难民悲叹，而在科索沃的慈济同仁即将结束复勘返回台湾之际，在八月十七日凌晨三点零二分，土耳其发生规模七点四的大地震！接到上人的指示后，同仁们立即转道马其顿前往土耳其勘灾，并紧急提供六千条毛毯和三千份床垫。此外，为让灾民尽早安居，九月十八日，慈济七人小组再赴土耳其洽谈搭设简易屋事宜。

二十世纪的混乱世局，令上人感受到佛法所说“法末世浊”之时，世代正处减劫时期，一切都在破坏。除了有“小三灾”——刀兵、饥馑、瘟疫，破坏有情世间外，还会有“大三灾”——火、水、风灾，破坏器世间的一切。“在末法时期，因为人的道德观念泯没，灾难才会不断地发生。现在，我们要彻底地忏悔，好好地重整道德，重整道德必须身体力行，赶快付诸行动。”

情牵苦难人

鉴及数月来，全球天灾人祸不断，上人心痛天下苍生死伤无数，而台湾却安和乐利，因此呼吁台湾应当发挥大爱援助苦难的人们，集众人善业转当前恶业，以缔造全球平安。

几度与同仁们开会研拟救援办法，上人决定发起“台湾爱心动起来——驰援土耳其，情牵苦难人”的活动，发动慈济人走上街头募款。上人希望慈济人把握“普遍及深度”的宣传重点，借劝募因缘，全面而深入地向民众宣扬慈济济世志业的理念以带动大家的爱心；期盼在救助别人的同时，也为台湾创造平安的福缘。

“呼吁全球慈济人动起来，是为了援助土耳其及科索沃。请大家这次一定要普遍地向每一间商店劝募，告诉他们土耳其、科索沃真的很需要帮忙；或把爱心箱放在商店里，让大家了解有爱大家一起来。

不管捐多少钱,即使是随喜功德也是一份力量。很多人的爱汇合在一起就是大爱;把这份爱与福凝聚起来,就会形成吉祥的福报!”

上人希望,借援助科、土案提醒大家:“人与人之间,要有清净的大爱。‘落地皆兄弟,何必骨肉亲?’既然都出生在这个地球上、呼吸同样的空气,为什么还要分你的国家、我的国家,你的种族、我的种族,你的信仰、我的信仰?这是因为缺少了一份大爱。所以,我们要努力地推动大爱,期待大爱清流流入人人的心中。”

提高警觉,居安思危

上人强调,在援助别人的同时,也要关怀自己的土地。人生无常,祸福难测,台湾是一个海岛,也常有地震。

“台湾是大家的,每个人都有为台湾植福的责任。所以,这次援助科索沃及土耳其——‘有形的是救济苦难众生,无形的是为自己造福’。慈济人的数量与台湾总人口数相较仍然太少，希望借呼吁援助国外灾难以启发台湾更多人的爱心。现在天下灾难偏多，希望每个人为善要及时，并且要‘提高警觉，居安思危’。”

就如早期越战时，美国表示将派五十万美军出兵越南。越南人过于依赖美国，许多人天天饮酒作乐；没多久，越南就在一夜之间被攻克！无数的越南人民成为海上难民。

“政治舞台不时在改变，人民若依然纸醉金迷，真的很令人忧心。佛陀说‘众生共业’，恶的共业造成灾难，善的共业成就福业。因此，三十多年来，我的心愿就在如何净化人心——提倡人人多付出一份爱。社会多一个慈济人，就多一份菩萨的力量；社会多一个慈济家庭，就多一份吉祥、幸福的气氛。”

“什么是‘祈祷’？如何才是‘祈福’？其实，福不是拜来的，也非求来的，唯有用虔诚的心付出，发挥爱心去救人，才是最踏实的造福，也是最踏实的祈福。一福破千灾，有福就能减少灾难，所以我才呼吁全球爱心动起来。”

尽心力，尽人事

后年就是二十一世纪，时代将进入第三个千年，未来的祥和，全世界每一个人都有责任。唯有让爱绵延不断、细水长流，才能化解所有的仇恨。上人谈起“森林小麻雀救火的故事”——

有一只小麻雀，看见山林发生大火，立刻把自己的羽毛浸湿，再飞到失火之处，将羽毛上的水抖落，想试着浇熄这场大火。其他猛兽看了就笑它：“你真是自不量力！以你的羽毛沾水，就能熄灭山林大火吗？”这只麻雀并没有理会它们的嘲笑，只坚定地说：“不论能不能熄灭大火，我总是要尽心尽力。”

举世混沌不安，慈济人的这份爱心是不是要继续下去？上人表示，答案是肯定的！“就像这只麻雀的心，凡事都要有人起步，有人带动，才是尽人事！慈济人就是要尽心力，尽人事！做就对了！”

五浊恶世绽莲花

——“九二一大地震”之省思

当慈济同仁在土耳其洽谈地震灾后兴建简易屋事宜时，九月二十一日凌晨一点四十七分，台湾发生规模七点三的大地震。“提高警觉，居安思危”，上人九月份行脚时，才呼吁大家要借援助科索沃及土耳其，以启发台湾人爱心，集结福业致祥和，未料回到花莲才三天，就发生台湾史上百年来的大地震。

“我一直提醒大家‘人生无常’，台湾位在地震带，大家要居安思危，结果现在真的……”上人悲伤得说不下去，隔了一会才感叹地继续说：“真的是人生无常，国土危脆！”

“九二一”台湾大地震当天，面对这场突如其来的大浩劫，上人内心十分悲痛！

悲极无言

“心一直挂念在灾区里，整天从电视上所看到的画面，只能用一句话来形容：‘惨不忍睹！’真是非常不忍心，这样的心情就好像回到四十多年前父亲往生时，我的心整个都空掉了，想哭但哭不出来，那种欲哭无泪的悲痛，就与现在一样……”九月二十三日，上人在志工早会上，勉强以言词诉说痛心的感受。

台湾地区发生大地震后，灾情成为世界瞩目与关心的焦点，各国媒体记者纷纷视作重点新闻详细采访，随着资讯的快速传播，许多国家或发起捐款活动，或组织救难队来台协助救灾；而在国内方面，民间输困救灾的真情更是动人，灾区涌入成山的物资，许多机构团体也发动募款。

大众对灾民所投注的人道精神关怀，令上人十分感动，但也感叹：“为什么平常平安的时候，大家不能把爱心充分发挥出来，却要等到灾难来临时，才发挥人性的真情？”

怀着“心碎”及“悲极无言”的心情，上人指示全省慈济人全心投入救灾工作外，亦在二十三日中秋节前夕，亲赴中部灾区，并坐镇慈济台中分会，带领全省慈济人坚强地从事救灾工作。

在救灾之初的紧急阶段结束后，将在“安顿与关怀”方面，进行安身计划：兴建大爱屋；安心计划：访视关怀、祈福晚会、心灵辅导；安生计划：依灾民生活需求，分短期、中期及长期补助。“复建与重建”方面，进行希望工程：援建学校及简易学校；健康工程：提供灾区身心医疗照顾；社区文化及其他公共工程：协助地方文化及道路桥梁建设。

灾后复建之路十分漫长与艰巨，诸多大小繁琐事务，在在需要高度的智慧与冷静的意志才能逐次完成。上人此时的心情，虽说与面对父亲往生时，同样都是欲哭无泪，但“现在已经较过去坚强，以前真的是茫茫然，不知自己在做什么；现在则是告诉自己：‘我要赶快做！赶快使灾民能安身立命！如今悲痛、心碎都没有用，唯一需要的是——坚强！我要与慈济人相互勉励、一起努力！”

众生共业

在坚决的毅力下主持灾后复建工作的上人，仍常把握时间与因缘对慈济人开示法要。上人曾感叹,九月份行脚时,还提醒大家:“台湾位处地震带,像土耳其地震不是不可能发生。”真的不幸言中了。上人表示,台湾这次遭遇百年浩劫,其实有迹可寻。从佛法来说,现在是浊世法末时期,整个社会次序混乱,人心不清净。虽然有爱心的人不少,却也有很多消福的人;消福的人消费大,他们过着醉生梦死的生活,众生共业之故,所以引发此次灾难。

“向来都是国际有灾,慈济人怀着超越国家的大爱前往救灾,但现在却是国际人士来到台湾帮助我们……尽管台湾拥有很多外汇存款,但以前慈济在为国际赈灾募款时,却常遭人骂说:‘台湾不救,为何救到国外去!’甚至在为土耳其震灾募款时,也有人说:‘土耳其在哪里?你指给我看!’我听到这些话时,心震了一下,有种莫名的害怕!台湾人为何要自我诅咒呢?”

而今,地震大灾难真的在台湾发生了,台湾也真的成为国际人士救灾的目标。

若不希望世间悲剧、祸事不断上演，就要从根本杜绝因缘生起。上人再三强调，佛陀说“众生共业”，这句话应该要好好地思考。“心力是很强的一股力量，冷漠与大爱会造成相反的果报。‘爱大福就大’，大爱不是个人的事，必须很多人的爱汇合起来；大爱的气势强盛，这份‘福气’就能避灾厄、趋吉祥；反之，冷漠的人多，人与人之间没有感情，不会和心互爱，所累积的恶业就很可怕了。”

上人提到，台湾是个海岛，属海洋型气候，是故台风难免；又因位处地震带，所以地震也算常见。但大抵说来，台湾尚称风调雨顺，人民过着安和乐利的生活。虽说这次地震是百年大灾，对受灾户而言自是不公平；但是对整个台湾而言，算是“重灾轻受”。

慈济人在为土耳其震灾募款时，有人说他要钱不要爱，也不想捐钱给苦难的人。当时上人就想，面对如此冷漠的人，慈济有必要“普遍而深入”地唤起大家的爱心。少数人抵不过多数人，就如棒球比赛，尽管投手及捕手很强，但若整个团队很弱，也会输掉比赛，这就是“众生共业”之理。有爱心的人多，福业就盛；没有爱心的人多，恶业盛极，灾祸自然聚集。所以，善恶业是两边拉锯，有如拔河一样，爱心多福就大；反之，恶念盛则祸事多。

“想到许多人的家园支离破碎，我的心真是碎掉了！曾有记者问我是否心痛？已经碎了的心，如何会痛？一定要说‘痛’，应该是痛在内心很深的地方。”痛定思痛，上人教大家要明因知果。“果由因所造，就如一粒果实，内含很多子，粒粒子是未来果，果中粒粒子都是因。种过去生的因，就结现在的果；现在所种的因，又结未来的果。既然已经发心发愿要做菩萨，就要明白因缘果报，打开心门，以宽广的心接受因果。”

觉悟真理

“台湾这次付出的代价，实在太大了！”上人说，此次“无常”真的发生在身边，大家若还不能有所觉悟、得到教训，将不成熟的“学”提升为明事理的

"觉",去除愚痴烦恼、人我是非,将心量打开再打开,那么大家就真的是付出太大的代价了!

"许多道理我们都知道,如'人生无常'人人都会说,但是可有真实的感受?这次地震给我们很大的学习机会,我们不只要'学习'更要'觉悟'。'学'字下有个'子'字,意指心智幼稚、懵懂,所以才要学习;若将不成熟的心态去除,与真理会合,这就是'见'到真理,也就是觉悟了。学而不觉太可惜,希望大家经由这次灾变,能真正有所觉悟。"

生命共同体

"如今真正是要'脱胎换骨',要'大彻大悟'了!"若能真正觉悟"人生无常"以及"众生共业"之理,就能在心中建立"生命共同体"的观念。

大家生活在同一个地球,呼吸共同的空气,何必分你、我?况且天灾并不捡择贫富贵贱,只要是生命,都难料何时会受到灾难袭击。"世界上任何地方有灾，我们都应该伸手相援，不分别国土，也没有敌对心态，这就具有‘宏观世界’的思想。平等心，就是人道精神，这是超越政治、种族及国家的大爱情操。”

就如土耳其发生地震，与其世仇的希腊马上驰援相救；而当希腊随后也有震灾时，土耳其亦是立即援助。台湾地区此次地震，有多少国家组织救难队前来帮忙，乃至海峡对岸的大陆也捐款纾困。“落地为兄弟，何必骨肉亲？”人人呼吸同样的空气，何必要有所对立与排斥？人类应该相互帮助，因为天底下的人都是“共生存”的关系，并非少数人存在就能活得下去，所以要感念“众生恩”。

上人分析指出，一个社会能安定繁荣，不是少数人的成就，而是多数人的努力。就如企业家的成功，是因为众多劳工的付出；又如日常生活中，只是喝一杯茶，也要很多人付出力量与知识来种茶、制茶、烧窑做茶杯。

因此，有人批评慈济“台湾不救，却救到国外去”，若从众生恩的观点来说，台湾能有丰富的物资由国外输入，也要感恩外地劳工的付出。所以，国外有灾难时，台湾岂能袖手旁观？

大地如母

再者，生命与大地也是“共同体”的关系，对于滋养生命的大地，人类也应该要怀抱“感恩大地”的心态。

在佛教的说法，大地是大乾坤、人是小乾坤，两者道理可以互通。当人感到全身热气太盛，就会想喝水补充水分，这是人体水大不调。大地也有水大不调的时候，大地若到处铺上水泥，地热就难以散发，同时也失去渗水的功能；就如人的皮肤表层若被套上一层塑胶，体内热气无法散发就会生病。

如今山林砍伐严重，雨水来时，没有树林可以将水分保存在土里，既失去储水的功能，也失去保护土壤的作用，所以大雨一来就造成土石流，而长期不下雨也会引起干旱。

为避免地大不调形成灾害，大家就要爱惜土地，要“大爱地球”，用爱来维系一个会呼吸的地球。

“我们的生命与大地是共同体，大地需要我们用爱去疼惜。”上人寓意深长地说，大地如母亲，不间断地承载、滋养万物，也默然忍受人类无穷尽的破坏，现在已经生了重病。“青山流了泪”，青山崩塌、土石奔流，整座山有如被泪水洗刷过，翠绿的颜色变成光秃秃的景象。当大地病情发作，即使有心庇护万物，也力不从心。

“所以，我们不必怨天尤人，应该反省自己：为何要破坏、伤害大地？我们要用爱来关怀大地，使其有养息的机会以恢复生机。”

自我祝福

普天下灾难偏多，如何安住自己的心？既已了知众生共业，又该从何做起，才能创造祥和、平安的人生？上人教示大家，要时时自我祝福，不要诅咒自己。“不要诅咒自己有待人来救济，也不要诅咒自己的国土需要人来救；我们应该要发愿，愿自己是个能救人的人。口要常说好话，心要常想好意，脚要常走好路，手要常做好事，语默动静都要好，好就是平安，平安就是幸福。”

简单就是真理

上人并言，任何事不要想太多，想太多钻牛角尖，事情就会变得更困难而复杂。“简单就是真理，单纯就是美，凡事把握一个原则：‘简单的道理，单纯的人性，做就对了。’事情不要想得太复杂，但要及时去做，要以单纯的心处理人间事。”

“其实，什么事都很简单。”上人表示，看看如今的台湾地貌，高山成平台，河流变瀑布，这就是佛陀所说的“无常”。“在无常的娑婆世界中，人生总是要堪忍地生活，难忍能忍；直到忍而无忍的境界，心境轻安自在，就是解脱了。面对人生各种境界，心胸要开阔；一直想下去，是拿绳子绑自己，这又有何用处？过去是杂念，未来是妄想，把握现在，做就对了。”

因缘果报

上人再深入分析，想要在娑婆世界触境不动心，就当“处顺境用‘无常观’，处逆境用‘因缘观’”。

“苦是人生的真谛，离开人生之苦，就无法可说了。苦有身外之苦、心内之苦、有形之苦及无形之苦，娑婆世界就是离不了这些苦。人生本就苦、空、无常，若有这种无常观，虽受身外灾害的损失，也能够看得开，心不会受到变动的创伤；身外的毁损已令人悲伤，再看不开的话，更加深心灵的伤害。所以，人生若能突破苦难的境界，就能活得轻松自在。”

人在富有时要有“无常观”，但在灾难来临时，就要提起“因缘观”。佛教中的“三世因果”是指过去、现在、未来，“过去”不只是说昨天的事，应该要推到更远的过去生的事。过去生所做的一切都没有带来，就只有带因而来；今生此世所做的是现在的因，将招感未来的果。过去种不好的因，现在得难受的果，此时要以豁达的心去感受，日子总还是要过，以何种心情接受，这也是在种因。现在若能以豁达的心来面对人生，未来必能得到快乐、幸福的果报。

从身边做起

以因果之理来安住自己的心、面对无常的人生，然后抱着豁达的心态积极行善助人，这是在堪忍世间重要的处世哲学。

行善助人其实不必舍近求远，上人感叹，人常都无法使近在身旁的人快乐，对他们欠缺包容；但是对于贫困或恶贯满盈的人，却都能给予照顾与宽容，这就是凡夫！希望普天下祥和，必得从关怀身边的人做起，推己及人而及于天下，才是人生幸福之道。

使命感

虽有行善的念头，仍要强化它，否则终将如过眼云烟，很快就消逝无踪了。上人以慈济志工为例，说明培养“使命感”的重要性。常有人问慈济是如何动员的？“其实，慈济并无特别的动员，而是经常在动员，从无休息过。因为一直在‘动’，所以反而是‘无动也无静’，这表示慈济人的生命有共同方向，这是自然形成，并没有刻意。”

“做慈济做到有使命感时，亦即生命的每个细胞都有慈济，每个细胞都是大爱的细胞。”上人诠释说，慈济志工不是临时性的工作，是生生世世的使命，他的生命等于使命，整个生命细胞都是慈济，所以一有事情发生时，就会马上动作去救人。根据“基因遗传”之理，一旦立志发愿为志工，细胞中的大爱基因必然生生世世存在，生生世世永不退转。

欢喜迎接未来

“在此千年世纪末，正当坏劫来临，我们必定要提起使命感，发挥生而为人的价值。时代需要每个人投注力量，我们在此非常时期能有机会去付出是有福之事，所以要日日感恩，时时付出大爱。”

上人期待九二一大地震对每个人而言，都能如“当头棒喝”，将自己重重敲醒，真实觉悟出人生的意义与世间的真理。

“虽然一九九九年人间发生许多灾难，却也让很多人的智慧、见识得到成长。受苦受难的人付出很多代价，使我们了知人生无常、体会人生真理，所以也要感恩那些苦难的人。面对即将到来的公元两千年，我们要以欢喜心来迎接，希望未来充满吉祥与光明。”

“九二一大地震就如一场寒夜里的恶梦，梦醒之后若能痛定思痛，则一番大灾的破坏，应该更可以提起我们对人群的关怀，因为体悟到人生无常、国土危脆，还有什么好计较的？人生但求家庭平安，并且对社会有一分关怀，这才是最重要的。”

“莲花池中必有污泥，没有污泥哪有莲花？人间世界，没有灾难哪有菩萨？希望人人都是五浊恶世中的一朵莲花，是一尊尊的菩萨。我们要把握机会，利用污泥绽放心中的莲花！”

【二〇〇〇年】

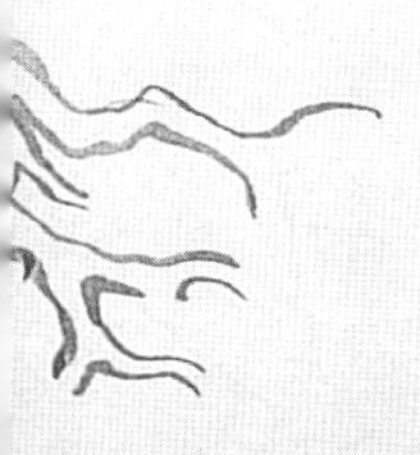

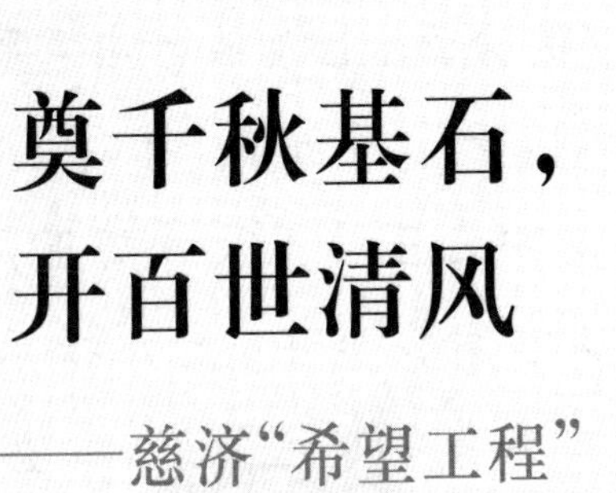

奠千秋基石，开百世清风

——慈济“希望工程”

"九二一"台湾大地震后，房屋倒塌无数，中小学校也毁损近八百所，许多学校面临大举修缮、原址重建或觅地迁校的命运，上人早已注意到这项"希望工程"的复建计划，于十月五日，针对认养学校复建事宜，与慈济志业中心王端正及林碧玉两位副总，首次开会讨论初步方案。会中，上人指示，将兴建的学校，宜选择人口密集的市区学府，希望建设现代化的学校，以培养优秀的下一代。经数小时讨论结果，草拟出将认养的学校并估计预算。

青青校树，灼灼庭草

而在此之前，为建设灾户简易屋而奔走四处寻找建地的上人，早在九月二十八日，与台中"市长"张温鹰女士赴军功地区看地行程中，便曾向"市长"表示，若有校舍毁坏者，慈济愿意为孩子们兴建学校，以使国家未来的幼苗不致因震灾而中辍教育。

"剑及履及"是慈济精神的特色，才计划着手进行教育之"希望工程"，及初步决定认养二十余所学校，上人及两位副总于十月六日立即驱车往赴几处学校探看，实际了解各校校园毁损情形。

当日薄暮时分，上人车抵竹山高中，校长及老师们，提起地震当晚，男女学生宿舍摇晃剧烈，二百五十多位住宿生，在别栋住宿老师们协助下，全数安全撤离到操场。宿舍已成危楼无法居住，学生们都暂住在校园里的帐棚中。这些寄宿学生大都来自埔里、中寮及东势重灾区，许多人家园已毁，如今又在校住帐棚，景况堪怜。

走在这所有三十五年校史的校园中，是小雨飘飞的黄昏，雨水蒙蒙，青青校树、灼灼庭草，看来教人分外疼惜。

“看看孩子们在大树下、在布棚中读书，真是很不忍心啊！因为这多么像慈济在国际赈灾时所见的景象！赈灾人员回来，常报告说因为教室毁坏了，所以孩子们就在树下读书，或在危屋中上课；每次听到这些话，就觉得很不可思议，但有相片及录影带为证，由不得人不相信。却没想到，这幕难以置信的情景，也发生在我们台湾。”

上人说，慈济在国外救难，除了照顾到灾民外，就连其学校之教育工程，也在援助之列，这是基于教育是一国的希望，所以现在面对自己的土地、自己的子弟，焉有不助之理？

大灾难，大使命

亲见灾区学校严重毁损情形，上人不时深深感叹着，每与人谈到，此次地震是世纪末的大灾难，现在不好好从事复建工作，则未来新的世纪将不堪设想！二十一世纪是台湾的希望，是一个新的开始，所以必定要负起时代使命！

“在大世纪末遇到大灾难，期待赶快走过大浩劫的阴影，在新世纪的开头，但愿美丽的远景与希望，树立在台湾的土地上。”“我们一定要争取时间和速度！看是否能在二〇〇一年开始，所有学校都能启用。现在是大千年的世纪末，期盼在新的千年的世纪初，这些学校有新的面貌！”

在年初之际，上人即再三提出未来社会令人最担忧的是青少年问题，而教育正是一国希望之所寄，“争取时间复校”，遂成为上人自甘承担的历史重责。

上人说：“国家、社会未来的希望就在教育。如果学校能提早一天完成，孩子们就可以提早一天就学，否则一天不就学，就是一天的空白，一年无法上学就是一年的空白，若能尽快将学校建设好，未来社会的教育才不至于发生断层。尤其，小学是教育的基础，就如树根偏了，枝干就无法成长，而要开花结果更是不可能的事。若不快点使孩子们及早复学，未来将会演变成社会问题，并埋伏社会潜在的危机。”有鉴于此，慈济认养学校，实是希望带动社会大众一起来关心未来的希望工程。

在慈济陆续认养三十多所学校后，“教育部”杨朝祥“部长”商请上人再考虑二十二所已由民间出钱但无力兴建的学校，经过慈济希望工程小组的同仁们实地评估后，慈济决定认养其中十一所，则总共将援建四十多所学校(编按：最终累计共五十所)。

面对如此庞大的建筑工程，上人表示："只因不忍心孩子教育空白，所以做此自不量力之事。此事需要很多心力、人力及物力，有此三大力量，才能建设完成。慈济并非很有钱，但需要很多人共同来响应这项希望工程。"

建筑菁英，济济一堂

"希望工程"前阶段的重要工作是进行学校建筑设计讨论，参与慈济希望工程的建筑师，囊括国内建筑界菁英，他们或是与慈济有长年合作经验，或是主动前来发心，或是透过他人介绍。

建筑师们以其专业素养，除了用心设计造型及配置外，也考虑到学生上下学的交通安全性、避免车辆及学童的噪音污染、回复学校历史感等。有的校长就很感恩地说，有些建筑师求好心切，甚至到校探勘十次以上，设计图也多次修改，乃至重新规划。

建筑师们在设计硬体建设时，甚至也考虑到珍惜自然资源采用雨水回收等设计，同时也非常重视在建筑中注入人文内涵，例如注意到造型及配置要有本土文化色彩，所以校址所在的地方人文，或客家庄、或闽式农村、或田园风味、或书院气质等，都溶入设计理念中，希望工程之学校因之展现许多不同的面貌，可谓各有千秋，各展风华。

在上人心目中的希望工程是“千年大计”——为立百代基石，除在花莲多次与建筑师们商议外，行脚到台中期间，更是百忙中抽出数天时间，全天候地从早至晚与众多建筑师讨论模型，用心之深切，教大家感动不已。至于上人所提出的看法，或基于宗教家所细腻注意到的教育意义及人性化考虑，或多年建设经验累积的独到意见，每为从事教育工作的校长们以及身为建筑专业的建筑师们所赞赏与敬服。

辛苦一时，慧命永存

台湾大地震引起上人对于建筑物防震效果的重视，为求硬体建设之牢固可靠，慈济所援建的学校皆采用“SRC”建材，也就是除了钢骨外，并加上钢筋混凝土。

在上人想法中，当灾难发生时，有两种建筑物一定不能倒，一是作为救难中心的医院，一是充当避难中心的学校，故而唯有采用钢骨钢筋混凝土建造，此举在维护硬体建筑的坚实上可谓一劳永逸，但却对设计造型之难度相对增加甚多。“这份历史重责考验着大家的智慧，希望彼此要多做沟通，以完成时代使命。”上人寄以深深的期待。

在硬体造型设计上，上人曾比喻，所谓完美的“整体规划”，必须做到就如一篇好文章，增一字太多、减一字太少，所有的字不多不少，并且都放在最适合的地方；最好的规划亦如是，所有建筑体都被安排在最恰当的空间，多一个建筑就嫌多，少一个建筑则不够。上人希望建筑师们体认到，人寿有限，但慧命无尽，若能穷其智慧设计出最好的建筑，此无异于建筑师的慧命随学校不断栽培学子而流传于千百年后无尽的时间。

追求卓越与完美，是大家共有的理想，在此前提下，有时校方对于建筑师的设计已感到十分满意时，上人仍再三推敲，反复思量，务使真正达到尽善尽美。

有时大家的意见纷歧，乃至讨论得争执不下，上人也会“做公亲”，充当和事佬地劝解说：“大家要相互尊重啊！希望都不要太执著于‘我’：我的看法、我的意见……我们的生命有限，但学校建好了，是千百年都在造就良才，我们虽然都用不着这些学校，但为了往后千百年着想，学校之造型必定要美化、要有文化气息，所以大家应放弃个人之私‘我’，集思广益来完成真善美具足的学校。”

上人总是苦口婆心地与校长、建筑师及慈济建筑委员们说："慈济所援建的'希望工程'，是千秋百世的建筑，所以期待发挥各人功能，同心协力来完成。在一九九九年建筑毁坏，希望在二〇〇〇年归零，用心来重新规划，最后则在二〇〇一年展现出完美的新学校。"

又如上人与一位建筑委员谈到，慈济在此次希望工程中付出许多人力与财力，若没有在二十一新世纪建造出可以传承千百年的学校，则所有的付出就是浪费了。我们宁可在此时非常辛苦地付出而使慧命永存，也不要随意马虎而白来一生。

新世纪，新风貌

会议中经常引起讨论的问题，在于根据当局"法规"已有之建筑必须达到一定年限才能拆除，遂使有些并未全毁的学校，面临新旧建筑必须融合的现象及旧建筑拆除是否造成资源浪费。

针对此问题，上人表示，虽说要有惜物的美德，但旧的不拆又恐在未来变成危楼，就如受损严重的牙齿，摇摆不定，加以补强之后，是否能永久牢固？再者，若要达到“新世纪新风貌”的理想，则旧有的建筑是否会破坏整体性的设计？

不论是钱财、人力的付出，或老树是迁移还是保留，乃至旧建筑究竟是否拆除，一切都要经过智慧的缜密思考才能下决定。

“既然是‘新的创造’，投注那么多的心血，就必定要达到‘完美’的理想，否则就白费了大家的心血！”基于这种考量，上人以为，若学校中原有之旧建筑，严重影响到新设计的整体规划，即使将其拆除必须花几千万元，上人仍认为值得。“如果拆除费有困难，可以再想办法，若为几千万元而牺牲足以流传千百年的设计，岂非因小失大？”

“慈济不是为工程而工程，也不是为建医院而建医院，而是借着建设使人有接触慈济的机会，使人有发挥爱心、长养爱心的因缘，若一切建设停止，大家无事可做，爱心如何滋长？再者，世间财世间用，钱不过是世间的工具，就如旧建筑修缮得花几千万元，若拆掉重建经费则需上亿元，究竟是要花费上亿元而流传千百年，还是只花数千万元修缮然后等待老旧不堪时再拆除？况且留着旧建筑会影响整体规划，若不乘此时拆掉，于数年后才拆除，那时新建的建筑又与现在的规划不协调，这样的做法如何能称之‘千秋百世’？”

“所以期待新学校是在完好之整体规划下兴建，不希望迁就障碍整体规划的旧建筑。就如一件旧衣服，与其不断地修改到适合另一人穿，不如剪裁新布料，为其人量身新做，新衣必然较修改无数次的旧衣更适用、更长久保存。”

有所为，有所不为

上人曾与慈济建筑委员谈到，慈济并非很有钱，也非建校资金已筹妥，虽然建设费用异常庞大，但不希望被钱所限制，毕竟钱财本是世间物世间用，如何用得恰当，真正将人文精神带入校园中，是更要重视与审慎思考的事。

一如慈济在建设医院时，平行照顾医护人员与病人，为医护人员建设坪数宽敞的宿舍，目的在使他们无后顾之忧，能依慈济的理想致力于照护病人，使病人得到最好的医护品质。同理心，在规划新学府时，也应重视校长及老师的需求，能关照到“大人”，则“小孩”自然也会受到良好的照顾。

“有所为、有所不为”是上人的原则，基于大格局的考量，该用的资金就当运用，但不该用的，就算是小钱也不可浪费。如有校方未周详考虑，部分行政空间太大，上人会向其说明“惜福”观念的养成也是一种教育，希望工程是全球慈济人爱心的付出，希望大家要惜缘、惜福，很多学校常无人认养，今天大家有福可以恢复校园，应惜取因缘，将资源运用得当。

就上人与建筑师的讨论过程，又如黄建兴建筑师曾提出，有一所人数众多的大学校，鉴及该校重建规模庞大，面对校方提出可否再增建其他建筑？因为考虑慈济已为该校付出太多，建议是否就由校方自行设法增建？

关于此案，上人表示，既是大型学校，建筑设施自然比其他学校多，必须付出的费用当然也就多。校方认为是必要建筑者，慈济愿意付出；若是不必要的，当然就不应浪费。慈济并非以应酬的态度在援建这些学校，而是本着真诚的大爱，投注无量的心血，希望建筑出历久弥新且千秋百世的学府。

再者，校方认为确有必要增建者，慈济若不为其建筑，一旦新学校完成后，校方随后自行再加建，如此岂不与当初慈济所设计的整体规划不搭配？况且，在已完成建设的校园中又继续增建工程，一来既破坏景观，二来也制造成环境及噪音污染，对学生的读书品质将有不好的影响。

“家庭、社会的希望在孩子，孩子的希望在学校。慈济不是很有钱，但既要付出，就会给予最好的。很期待乘此大世纪的大毁灭，为新世纪建造理想的教育新面貌。所以慈济会尽量付出，也盼建筑师多用些心思来设计，为了这些新学校，全球慈济人凝聚真诚的爱，也付出了很多心血。”

环境教育，无声说法

在设计规划中，上人非常重视“造景教育”，认为校园是育才重镇，景观本身须具备教育目的，如空间配置要有开阔与宁静之感，使学生很自然陶铸恢宏胸襟与器识；即使学校地小、人多，优秀的建筑师也应该要突破既有的困难与限制，利用当前的条件，规划出理想中开阔的校园配置。

“教育不只是在教室中听老师上课、看黑板上的文字，也不只是教育学生们常识、功能，教育最重要的是要‘心灵辅导’，是要教育学生心灵的智慧，启发其良知，发挥其良能。所以希望学校建筑设计要具有‘触觉’的教育，意即要令眼睛所见都有启发良知、导向智慧的功能，这种‘触觉的语言’，犹如环境会说话一般，到处充满使人有所感受的语汇。”

如何将生活教育落实在建筑设计中，使建筑本身即富含教育性，针对此项观点，上人亦多次提及其看法。

例如有一所学校其原有正门是创校的古迹，拥有颇富历史感的石阶，但学生们因为居住地大都在后山，所以都由后门出入，正门早已备而不用，则学校正门当设置何处为宜？

上人认为，学校教育强调文化品质，人文精神教育要落实在生活中。“人要走正门”是对自我的心灵教育，就如在精舍的生活环境，停车场在精舍后方，但上人从不走后门坐车，总是步行较远的距离到正门才上车；又如系上绳索标示不能进入的地方，即使绳子降低即可跨越通行，但也不可如此行走，还是按照规矩循着可以通行的路走。“我所看到的不是‘有形的绳索’，而是认为‘自我心灵的绳索’要界限好，这也是‘道德’。”

“一个教育环境，不能使学生有走‘后门’、‘偏门’或‘旁门左道’的观念，在无形中要培养他们走正门的习惯，则未来人生路上才不会乱了脚步。再说，从正门石阶往上走，随着阶梯渐而升高，可以看到校园全景，如此好比人生的远景展现眼前，心中会自然生起对教育的恭敬心，这对学生的人格养成具有正向的助益。”

也有建筑师问及，是否各校都建筑小餐厅，使学生们集中用饭，既使学生们免费体力将饭菜提到教室，也不会使教室满溢饭菜的味道。上人表示，衣食住行四项是做人的基础，如何穿着整齐、吃得有威仪等，是非常重要的生活教育。但现代人往往不注重端庄的形象，一个人的生活从吃饭开始，若能有空间让学生们集体用餐，教导学生们“吃饭要有吃相”，就能在饭食之间落实生活教育。

另外，针对厕所必须设在比较隐密而非太公开的地方，上人表示，这不只是牵涉隐私权的问题，而是希望孩子们养成一个观念，就是自身的服装要经常保持整洁,个己的形象要端庄。上厕所后总是要整肃仪容,再整齐地走出来,如果服装不整,不可见人;所以厕所的位置要适当,目的在教育孩子们时常保持端庄的仪容。

又如有些学校提出习俗中的风水、地理观念,上人表示,顺人心理的建筑就是最好的建筑,也就是说大家看了顺眼、欢喜的就是好的地理,所谓的"风水"并不重要,这种迷信的观念应该要打破,尤其学校是教育机构,更不能带有这种迷信的色彩。"慈济的志业体建筑,从不看地理也没有选日子,而认为'日日好心,就日日吉祥',只要心理的方向准确,常心存好念,就不必为风水地理费心。心念合理就是好地理,心的方向正确就是好的建筑。"

千秋百世,历史学府

鉴及有些建筑师采取开放式空间设计,主张教室不必隔间,学校也不需设围墙,上人则顾虑孩子们年纪尚小,若眼见其他班级小孩的活动情形,是否会影响他们听课的专注力？学佛的成人尚且不易有见境不动心的定力，何况仍在学龄中的孩童？

因西风东渐，也有校方提出“学校社区化”的主张；但上人与林副总每每婉言说明，事实上西方思想中的“学校社区化”，是为了推广教育，故而希望落实每个社区都要有学校的理想，并非如台湾学界所认为，学校应开放给社区使用。

针对此点，上人也提到慈济本身的学校建设，如慈济技术学院或慈济医学院等，虽是全球慈济人的爱心捐献，但也不允许学校因此成为观光所在。学校应该保有能安心学习的宁静气氛，造景的美化是基于学生心境的教育，而非为了观光；学校也不应过于考虑社区使用的方便性，若一切都为社区考虑，如此岂可名为“希望工程”？学校是为了教育子孙而兴建，所以理当要以良好的教育学府为重点。

再者，若主张学校开放予社区，又不要有围墙，则校园的宁静与安全如何维护？若学校变成开放空间，任何人都可以随意出入，如何防止不法之徒进入作违法之事如吸毒或破坏？所有房间都加上铁窗，楼梯也加设铁门，如此岂非白费在美化校园上所做的努力？

至于学校与周遭环境的关系，“本土化”是上人所强调，不论是运用地方风味营造成亲切感，或者留存地方文化令后人饮水思源，都甚具其意义与价值。若学校地处山城，必须把握特殊的地域性，将校园与山景设计成密不可分的关系，也就是与自然景物相融合，不要有排斥与疏离的感觉。

“以世俗话来讲，慈济并非将这些学校当作‘媳妇’，而是视如自己的‘子女’来看顾。”上人理想中的希望工程，莫不衷心期盼每一所学校都是一件艺术作品，就如国外一些历史名校，留传几百年，至今建筑物不增不减，永远那么美好。慈济所援建的学校，也是以流传“千秋百世”的精神来规划，期待这些中小学将来能负起道德教育的功能，培育学生人性本具之美。

“希望将来有人想盖小学、中学者,要来台湾参观,而非现在我们为了盖大学,而到很遥远的地方去观摩人家的学校。”

萤火光芒,璀璨人间

“父母的希望在孩子,孩子的希望在教育,社会的希望在人才,人才需要教育,所以说教育是‘希望工程’。”

“我们要争取时间,号召更多人的力量,赶快完成希望工程,才能使下一代的教育更加昌盛。天下无难事,只要我们有心,就能集合大众心力来共同打造千秋百世的大工程。”

希望工程开工的脚步近了,上人勉励大家不要轻视自己的力量,集合点点滴滴的爱,就能发挥很大的力量,培育未来社会优秀的人才——“萤火虫虽然小,晚上飞在黑暗的地方也会闪闪发亮、散布光明。大家不要轻视自己一点点的光芒,能发心付出就有光明，就有力量！”

（编按）五十所希望工程

慈济援建之九二一希望工程学校，共计五十所，群策群力陆续完工后，不到两年的时间，全数落成启用。九二一大地震届满三周年时，适逢农历八月十五日中秋节，在静思堂举行之国际慈济人医会年会，遂与希望工程学校之一，位在南投县之旭光高中举行的希望工程学校联合启用典礼，透过卫星传送，二地共同参与中秋晚会庆典。上人当日在静思堂亦作开示。此事记载于《证严上人衲履足迹二〇〇二年秋之卷》一书中，如下——

“但愿人长久，千里共婵娟。”“今夜月明人尽望，不知秋思在谁家。”中国人素喜以月圆象征人团圆，古云“月圆人团圆”，因此中秋节也是团圆的日子；若亲爱的家人们因故无法在八月十五月圆日团聚，则离愁别绪在此佳节，就更惹人伤情。

玉兔绕寰宇，慈济遍全球

回溯一九九六年始，菲律宾人医会医师们返回精舍与上人欢度中秋，年年如此遂成定例；有感于中秋团圆的人情美好，国际慈济人医会年会举办日期，遂就选定于每年中秋佳节时分举行。年会期间，除了各国人医会成员向上人报告当地推展之会务现况、进行专题座谈等等之外，亦筹划精致之中秋晚会庆典。

今日正当农历十五日中秋节，来自世界各国的人医会成员，在静思堂与上人共度中秋。较往年更形特殊的是，今年农历八月十五日适巧为国历九月二十一日，也就是九二一大地震届满三周年，故而慈济倾力援建的五十所希望工程学校亦择定今日于南投县旭光高中校园搭起表演舞台，举办慈济援建希望工程学校联合启用典礼。据悉，逾五千名会众聚集共襄盛举。

隔着山峦层层，透过卫星之传送，旭光高中现场与坐落在花莲的静思堂串连起中秋团圆之喜庆与祝福。借由装设于讲经堂舞台二侧的巨型荧幕，国际人医会成员热烈地向彼端的慈济人及会众们挥手致意。因置身室内，此时此际，可不知十五圆月是否已洒下满天银光？

晚间七时许，林碧玉副总、花莲慈院陈英和名誉院长、林欣荣院长、张耀仁副院长以及大林慈院林俊龙院长等人，以“合心鸣鼓展大爱”之阵阵鼓声，雄浑有力地揭开中秋晚会序幕，博得满堂热烈掌声。

节目丰富多元，表演团队来自各志业体，如慈济大学管弦乐团演出古典乐曲“卡侬”及“爱洒人间”、慈大实小表演获“行政院”“文化建设委员会”主办、绿净音乐工作坊承办的“二〇〇二年儿童音乐短剧表演竞赛”特优奖的“小黑鱼立大功”音乐剧、菲律宾人医会成员演出“光之舞”，轻快节拍流露出热情洋溢的南洋风情，女舞者头顶着烛光一盏，意喻上人如生命中之明灯照亮着方向。虽然头顶烛光，仍不减舞者曼妙的舞姿，因之掀起节目高潮。

互爱，是人间幸福的泉源

在欣赏完精心安排之演出后，上人对讲经堂及旭光高中现场之会众开示，全文如下：

首先要向在草屯的各位说声“祝福”。三年前的此刻，正是我们心痛的时刻；但现在，大家一片祥和共聚在此，此时此刻，因缘殊胜，有来自全球的慈济人医会的大医王和菩萨们与我们在此欢度中秋，这不就是千里共婵娟，天下同慈济吗！

痛的时间已经过去了，从三年前一直到现在，全球慈济人份份的爱心付出，让我们的心永永远远地连接在一起。这么多学校也一所一所地就像一座一座的艺术品，从大地上冒出来，庄严、震撼，令人感动，这一切都是全球慈济人用爱付出的成果。

台湾的慈济人，三年来用汗水，用爱心、力量所付出的成就，此刻一片一片，一幕一幕地展现在面前时，的确让人有许许多多的感动。刚才看到在教联会老师们的引领下，一所一所学校的校长及同学鱼贯进入会场，又看到现场有五千多人聚在一起，相信你们在当地应该是非常温馨。今天是中秋节，正是天上月圆，人间人圆，我在这里，虔诚为你们祝福。

我也要感恩来自全球的慈济人医会的各位大医王和菩萨们，感恩你们长年累月在国外为慈济，同样地付出这份爱心，为贫穷苦难人，不惜辛劳，跋山涉水，只为拔除众生苦难。我在此为你们祝福，同时也致上无限感恩，台湾慈济人都是以主人的心来迎接天下的慈济人回家。

全球的慈济人，在每年的这个时刻就是要回家，要回到心灵的故乡。在心灵的故乡，有这么多法亲手足，家人们都用最亲切的爱，最真诚的心，展开双手，迎接各位归来。但愿，年年此时，在全球人医会归来的时刻，都能这般地天上月圆，人间人团圆。

这份人与人之间的爱，正是世间幸福的泉源；人不分国界，不分种族，不分宗教，只要心中有爱，不都是一家人吗？世间没有比家人的亲更亲，没有比家人的爱更贴切的情，只要有这份天下一家亲的胸怀，哪个地方不是我们发挥大爱的地方呢？有欢乐时，大家彼此分享；有苦有痛时，我们也以最大的爱心，最坚强的毅力，家人们心手相连，共同去为苦难的众生付出。

三年前的今天，虽是我们最痛心的时刻；不过，也就是在这样的悲恸中，启发了许许多多人心中的爱，而且将爱心片片相连成为大爱园地。但愿，众人这一片一片的爱心园地能片片相接地连锁在一起，而让世界更祥和、更和平。虔诚祝福天下每一个人都在爱的生活中，在最温馨的理念中，彼此合心、和气、互爱、协力，搭起一条连心的爱的大道。祝福大家，中秋快乐，福慧双修。

夜色低沉，上人座车驶返精舍途中，细雨自天空飘落，长空万里不见明月朗照人间共庆佳节，然则慈济人以至诚之心相互祝祷平安和乐，相信层层云外，当有一轮满月映照着人间至情。

做出世界性典范教育

——慈济教育志业之终极目标

“跨过二〇〇〇年后最烦恼的事，就是青少年教育的问题！”年初开始，上人即不断在各项场合或与来访者，提到他内心这层深深的忧虑。

究竟，时下青少年出了什么问题？

人伦道德淡薄

上人说：“早在数十年前，年轻人流行迷你裙等服装时，就对此现象感到很忧心，思及未来必然发生两性泛滥的青少年问题。所谓‘相由心生’，如今年轻人各种奇形怪状的服饰不断冒出来，表示当今的年轻人对于何为正确的人生价值观十分模糊，岂不令人忧心？”

“当今科技教育发达，但人性教育却在沦落中。”上人就社会现象之观察及社会各界人士的看法，而认为现代年轻人的严重弊病是我行我素，罔顾人伦道德，不为他人着想，只为自己考虑。

“生于此时的孩子，可说是幸，也可说不幸。

幸的是，他们出生在这个时代，经济富裕，有很好的教育环境，真正是天之骄子，实在很幸福。不幸的是，生在这种是非不分的社会，到处颠倒是非，所以现在的年轻人是、非已经分不清楚。真的教人很痛心！”

男女之间情操观念淡薄，最是令上人担心不已。“男女之间的情操到哪里了？两性关系好像变成一种游戏的动作，人性最宝贵的情操已被抹煞了，这是很不幸的事情。男孩与女孩把最宝贵的感情当作办家家酒一样，欢喜时结合，不欢喜时就分离，这种家庭组织能健全吗？又有何幸福可言？”

新闻报导常听闻弃婴的消息，例如有个弃婴，才出生四个多小时，脐带还没有干，就用两件薄衣服包着丢到田埂边。

“为什么会有小孩被丢到田埂边呢？是不是未婚妈妈呢？很有可能。年轻人把情操当成儿戏，草菅人命，这是很不幸的事。所以我觉得现在的孩子让人很心疼，很不幸出生在这种时代——丧失了人性。最宝贵的人性，他们体会不到。”

上人也为现在的亲子感情有代沟而忧虑，大部分的人都不再重视孝道，只重视下一代而轻忽上一代，这个问题也很严重。“如果观念继续偏差下去，我想这个世界已经不是人的世界，那会是什么世界呢？畜牲的世界！”

“世界到了这种景况，人生的价值观在哪里？既然跟畜牲差不多，人性的价值就没有了！虽然常常说用感恩的心和期待的心来迎接未来的二〇〇〇年，其实，我内心实在很烦恼、很担心，因为这种人性的丧失，就是祸端的开头。”

上人提及当初创立慈院时，就少有年轻医师愿意东来任职，因为普遍多数不知身为医师的使命，也没有长远的抱负，只着眼于目前的功利；行医所在以高度的欲乐为考量，不以“吃苦”为人生方向。“以前的人学医是为了救人，当老师是志在教育，但现在那份为人服务的志愿已淡去，不曾想着‘我要为人做什么’，只想‘我要有什么’，满脑子名利色彩。”

社会环境生态矛盾

台湾社会从纯朴的农业形态转变到如今的工业化时代，西风东渐所及，民生虽然富庶但人性道德却日渐低落，年轻人处在时代价值观的变化关卡，不免受到大环境的影响，而沾染不良的思想。

就上人分析，青少年问题的成因，来自许多不同方面的影响。以社会大环境来说，以往的台湾社会经济朴实，虽不富裕但也不算贫穷；如今台湾经济不断猛飞，同时思想开放太快，人都是凡夫，贪欲一旦扩张，想再拉回来就很困难。

以前的孩子读书并不容易，若有求学的机会便非常珍惜，都会按部就班、很守本分地努力上进，因为心地质朴，所以能感恩父母养育的辛劳，也很感恩师长的教育。

现在的孩子受教育容易，当今的教育又太开放，使得孩子们忘失自己的本分，只极力争取自己的人权、自由，却忘了别人也应享有人权、自由，由于个人主义太盛，带给社会很大的冲击，动辄为个己利益而抗争、示威。孩子们原本单纯的心，在社会大环境矛盾的生态下，不知何为父母恩、师长恩？这种欲念炽盛、不知感恩的心态，使得自己心生迷惘，更令父母与师长十分痛心！

“现在许多学生不能明辨对错，恣意妄为造成对他人的干扰。例如‘人权’之声甚嚣尘上，年轻的学生们尚不明白人权的真谛，就跟着盲目地喊，造成对学校没有信心，对师长不懂得尊重，种种违背人伦的观念与行为愈来愈离谱。事实上，并非不要人权，但应认清人权的真义——在于尊重别人，而非妨碍别人的自由。当前大家对人权并无理性的认知，只是针对个人的利益，所以‘只要我喜欢，有什么不可以’，长此以往社会将时时惶恐不安，这是很可怕的事！”

上人说道，现在年轻人的弊病，就是不尊重别人的自由，却一意争取自己的自由，这是行不通的。就好比在高速公路上，岂能只顾自己横冲直撞，却不理会公路有四线道？希望享有自由，但也要依循轨道、秩序，才能自他两相安。

“校园自治”弊端大

又如现代大学推行“校园自治”，主张校长、系主任及教授，都要经过学生同意，此举恐将导致老师们无法安守本分，为了顾全面子与保住饭碗，就得矮人一截，向学生拉票、事事讨好学生，如此不只伤及师道尊严，也将使学校治学精神沦丧，如此学生如何能受到良好的教育？长此以往，是很危险的事，也是很令人担心的事。

“深究‘自治’的真义，是学生要治理自己，而非去治别人；亦即要自我节制言行，心怀尊重别人的涵养。若人人都能治理自己，爱顾好自己，社会就会有希望。”

上人说，学生们争取校园自治，对老师而言真是很无奈,老师若不教也不管,这倒是比较省事;若要教又要管,不仅很花心思并且将承受很大的压力。“其实,自治就是要自爱,是要将自己治理好,对自己负责,而不是反过头来管学校、管老师,学生不受老师管教、不受学校约束,这是不对的事。这时代的年轻人,往往好坏不分人云亦云,不知人生方向,所以学校更应该负起教育责任,要教育出有良知的学生,而非徒具学识而已。”

肤浅的家庭之爱

上人深为感慨,教育学生本来就要“软硬兼施”,一味呵护孩子,孩子有时就会不明是非、不知事情轻重,如此反而害了孩子。但如果老师态度稍微强硬一些,家长往往又跟老师没完没了,如此老师难免就会手软脚软,自认对教育心有余然力不足。所以,教育问题不能全部推给老师,家长也要负起责任。

“不能尊师,何以重道?”上人说,为人师的管教孩子,孩子回家向家长反应,家长就兴师问罪,如此老师即使有心要教,但如何能使孩子对老师生起恭敬心而愿意受教呢?

“现在的亲情分歧,常见父母为了拉近和子女的感情而向子女道歉,低声下气地对小孩说:‘你原谅爸爸好不好?’、‘你原谅妈妈好不好?’,像这种‘亲迎子’的现象是很可怕的事。乍看之下,好像身为父母的很开明、很文明,但其实这就像利剑抹蜜般深藏着危机,很可怕!”

“孩子有错,我们一定要谆谆善诱、想方法用心来引导,父母也要同时给孩子尊师重道的观念——老师教的是对的、老师的骂是爱,因为爱之深而责之切,所以要懂得感恩。老师如果受到尊重,自然对孩子的付出任劳任怨,尽为人师的使命。”

“现在的社会,家长对孩子是爱在肤浅表面,没有爱入骨髓,只让孩子住得好、穿得好、吃得好,而忽略了天将降大任,必先劳其筋骨,要让孩子将来能成为有用的人才，一定要在读书的期间开始琢磨。孔夫子曾说：‘如切如磋，如琢如磨。’”

媒体、学界之舆论误导

上人心疼现代家庭及学校教育反常：“媒体的过分渲染和学术界不正确的舆论，造成孩子反弹、反抗，这种现象大家却习以为常，不知大家是否会想过，一旦要再恢复传统正常，可能就难了！这是一种陷阱啊！好像锋利的剑尾涂蜜一样，虽然舔到了蜜，但是一不小心，却会割得血流满地，以致那种伤痕难以弥补！”

针对媒体引起的负面影响，上人深感痛心地表示，慈济有将近两万名教联会的老师，这些老师们都尽心尽力地想把学生教好，但是整个社会的生态环境却让他们很难发挥，因为媒体所偏好的都是暴力与耸动的报导，将会激化社会的乱象，也使学生质疑老师所教的道理，所以说叫老师们该怎么教呢？

立法的缺失

再就立法来论，法律也有必须检讨之处。“现在的立法让学生变得不知尊重和感恩，造成教育上的致命伤。”

上人从医疗方面说起，如果病人家属动不动就要告医师，就会让医师觉得多一事不如少一事。医师有这种明哲保身的想法，如何能真心看病？“所以现在最重要的是，如何提倡人与人间真诚的爱，让每个人在自己的岗位上尽心付出。而另一方面，不论病人或病患家属都应该对医师心存一份感恩。如果能做到真诚的付出和真诚的感恩，那么不论是医病或教育方面都不会有太大问题。”

偏颇的观念需要社会大众提起道德勇气来改正。上人呼吁：“虽然现代人所受的教育高，不过我却觉得现代人很愚痴，动不动就闻风起舞，人家怎么说就跟着走。所以说现代人必须要有‘有勇气的仁心’，也就是所谓的‘大仁、大勇’，对于不对的事要有勇气指出来，而不要迎合现在的舆论。否则跟着舆论一直偏下去，那就很可怕！”

回归清净本性

欲挽救当今教育的缺失而应病施药，则必须了解教育的目的何在？上人心中自有理想蓝图。

“大爱，让世界亮起来！”慈济这首歌传唱几年来，始终为大家所喜爱，就这首歌的歌名上人表示：“每一天，我们都怀抱爱的心情，大家的爱心集合起来就是无量的光明。这份无量的光明，能照耀世间，能使地球完全亮起来！在光明照耀下我们看到的境界是多么清楚，而这份心灵境界是多么的美好！”

一如精舍外的青草绿地，有树、有花，境界是如此美丽，但若非在白天，再美的景致也无法享受。所以说，很美的境界也要有光明的存在，才能领略到。“佛菩萨的心是至真、至善、至美，大爱充满其心，心灵境界一片光明，所以能透彻宇宙万象，清楚明白万事万物，不受欲念所污染，所以心境常在宁静、安详中。”

慈济“教育完全化”

学佛就是回归清净的本性，教育的目的也在此。上人理想中的希望工程，莫不衷心期盼每一所学校都是一件艺术作品，就如国外一些历史名校，留传几百年，至今建筑物不增不减，永远那么美好。慈济所援建的学校，也是以流传“千秋百世”的精神来规划，期待这些中小学将来能负起道德教育的功能，培育学生人性本具之美。

深为现在教育问题担心的上人，为能扶正台湾当前社会偏差的教育理念，期待借着“教育完全化”，希望教育能自小扎根，所以从幼教开始而小学、中学、大学，以至研究所博士班；希望以整体的完全教育，培育将来毕业后能在社会上付出良能的学生。

正信的宗教观

慈济是宗教团体，虽然“教育完全化”之目标明确，旨在负起道德教育的使命，但也有人以为宗教因此进入校园好吗？其利弊得失如何？上人的看法是，慈济是佛教团体，但慈济之宗教理念，事实上存在于每个人身上，“宗教”意指人生宗旨、生活教育，人人都少不了这份宗教内涵。真正的宗教关心人类的安危，也重视各种宗教间的相知与融合，希望促成人与人之间的关怀与互助，这是所有宗教共同的目标。如慈济几十年来致力援助受困于天灾人祸的众生，也极力达成宗教间的共同合作。

“当今知识水准普遍提升，期望台湾社会对于佛教的知识也能提升——佛教并非是教人拿香拜拜的信仰，而是教人走入群众去付出。如此的宗教若能大力提倡，又有何不好？”

或说，有人反对宗教进入校园之说法，上人表示，这是说者怕一旦宗教进入校园，会引起偏差的观念与行为。因为思想观念如果差毫厘则失千里，宗教不是不能进入校园，但解说宗教者确实要谨慎小心，例如谈到佛法中，所谓“了生脱死”，不要误导人以为必须到深山修行才能了生脱死，要给以正信的宗教观，使人明白修行要在人群中修；若能在人事中对境不生心，恒在清净、寂静的境界，就是真正的“了生脱死”。意即当下即能轻安自在，而非往生后到西方极乐世界的了生脱死。

落实生活教育

慈济这份任重道远的教育使命，是从学生的生活教育做起，期为端正的人格打好基石。“学校教育不只是常识的灌输，更在培养学生懂得如何生活，知道人生的目标。成就功能并不意味就是一个成就圆满的人生，台湾现在伦理、道德低落，与知识的过度强调不成平衡，所以导致社会乱象频生。彻底解决之道，唯有从宗教观念的加强，才能扶正当今偏差的现象。”

上人所说的“宗教”，即指“人生宗旨，生活教育”。“慈济所培育的学生，期待每个人都是社会所需要的人才，每个人都能受到社会所尊重，而这份良好品性的涵养，就要借重生活教育来完成。”生活教育是在日常生活中实践，从衣食住行等方面的力求端庄、有礼、整齐、清洁，以陶铸文质彬彬的学生。

上人强调，一个人的生活不只是功能职业的注重，同时也应该注重生活环境的卫生、讲究待人接物的礼仪。而卫生与礼仪及形象的干净整齐，是慈济学校最重视的生活教育的内涵。每个人都要自爱，若没先培养好的生活习惯，就如学开刀而手势不对，一旦成习惯再调整回来就很困难。

“所以，生活教育是基本要求，期待来到慈济的学生们，都能学会如何做人、如何生活？并培养端庄、有礼貌的形象，这是为孩子的未来着想，也是对家长的交代，甚且是对全球慈济人的负责。”

不参与政治

国有国法，家有家规，学校也有校规。上人表明进入慈济志业机构的同仁，乃至于前来慈济教育体系就读的学生，都必定要和所有慈济人一样坚守两项基本原则：一不参与政治、二要穿制服。上人表示，慈济是宗教团体，但坚守着政治与宗教不能相混的原则。

就史实来看，政教合一的结果，每常发生打着宗教旗帜，挑起所谓“圣战”的武装流血冲突，造成举世灾难，这真正使不得。

“佛教教祖释迦牟尼佛，未出家前本是太子身份和日后国家储君，但他为追求真理，舍弃王位而修行，这是一个重要的启示，旨在说明佛陀必须脱离政治环境，才能回归内心清净的大爱与智慧。人性中的清净智慧，非常纯真，而这份纯真本性要借宗教来净化。所以宗教教育不能介入政治，以免因名利斗争，而失去宗教本身纯真的智慧，及净化人心的宗教义涵。”

“我必须为慈济的未来以及佛教的未来深思熟虑，若我人还在时，政治就混入慈济团体中岂不可怕？更何况我人不在时，岂非更可怕？慈济是由社会群众组成，若偏向政治去，必将因政治之名利争夺造成对慈济很大的伤害，也会导致社会的混乱与不安，所以我必定要非常谨慎、注意，绝不能让政治、政党进入慈济团体。”

“假如院内同仁参与政治，我的立场就会变得很尴尬。事关慈济形象，同仁必须特别注意。”

上人强调：“‘慈悲喜舍’是佛教精神的四大力量，超乎国界、种族与宗教的藩篱，本着‘人伤我痛，人苦我悲’的慈悲心肠，以解除众生苦难为使命，所以佛教是非常清流的宗教，是最懂得尊重生命的宗教。虽然不参与政治，但是教化人人要做好国民，要守好自己的本分，这就是在帮助当局照顾社会的治安；虽非直接参与政治，但却间接地稳定了人心。身为宗教者的社会责任就在此。一旦有政治色彩,则慈善工作要达到普遍国际化就行不通了,有的国家就会因慈济的政治倾向,而拒绝接受帮助。”

上人也分析政治不能进入校园的看法。“若学生的本分是在单纯的校园环境中读书,参与政治活动会对学生本身造成伤害,如示威游行,开始时他们心情会很激动,若诉求达成,心就定不下来而不可一世;若失败了又会郁郁寡欢。情绪如此起伏,如何能保持平衡心境,专心求学?更糟糕的是,游行示威甚至造成学生流亡在外,或因此牺牲生命,这教父母情何以堪?”

“所以,慈济固然尊重人人的政治意识,但也希望大家能尊重慈济的立场,不要因自己的行为而混淆了慈济超然政治的立场。”

穿制服

另外就制服方面而言,人的内心世界看不到,唯有从其表达出来的形象，可以明白其人心思。一个人的人格从他的生活开始，生活不离衣食住行，从其穿着就能看出其人心理人格的状态。看到现在孩子们奇形怪状各种形态，令人非常担心未来的社会。

“对学校我开放很大的空间，任何事务都尊重托付，但孩子们的衣食住行，我期待教育要生活化，要教孩子们既生在人间，就要像个人。”上人表示，慈济主张穿制服，是希望孩子们养成对生活教育的注重，学会打理自己的衣着，同时也借此掌控出入校园者的身份，使校园安全有所保障。

上人表示，教育不只在讲究功能知识，更重视良能智慧。良能智慧的启发有赖生活教育的落实，举凡日常生活的衣食住行，都有一定的规范与要求，以此养成学生的人格、品性。

“教育学生，要令其明确知道自己的身份是‘学生’，学生的责任就是读书，读书要专心才能学有所成。穿制服的目的在提醒孩子们自己的身份与责任是‘学生’，希望借此约束自己的行为，好好专心向学。”

就一般论调，穿制服对学生人格的养成，通常有两种不同的看法，一是认为不穿制服，任由孩子们发挥，可以激发创意，避免全体成为一式呆板的模子；另一种说法则认为孩子们在成长过程中，若没有适当的规矩约束，恐怕其人格会有偏差。

上人则以为，主张穿制服是“权衡得失”的结果：“世间本来就是‘不定论’，但在不定论中，如何做取舍？这必须谨慎权衡才行。单从‘相由心生’来说，为人守规矩，生活有规律，则其品貌必然端庄，学生时代正好养成有规矩、规律的内涵。再说，在校受约束的时间并不算久，人格自学生时期扎根，确有其必要性。”

上人强调，慈济之教育是“重质不重量”，既下决心办教育，就要培育“种子学生”。

“能将‘种子’栽培好，大家就都能明白，慈济学校教育，是身心教育并行，确实以培育人才为宗旨。品性与形象俱佳者，这个学生就是一颗‘种子’。以形象来说，礼者理也，有礼才有理，无礼就无理；教育要注重礼节，与人相见，服装整齐也是礼数。若是穿着不修边幅，如此随性、草率，何足堪称品学兼优的好学生？以后毕业就职，又如何取得别人信任？其人格又如何受人敬重？”

上人表示，慈济所坚持的理念，不可能受学生影响而改变，也不会随社会流俗而更易。学生们可以选择，若要前来慈济就读，就要遵守学校规定，接受学校之教育。

守住良医本分

由于慈院也是教学医院，是慈济医学院医学系学生实习所在，所以医师们同时必须负起教育的功能，上人因此对于担负行政任务的医师们寄望甚切。

上人表示，一个国家强盛与否，良医、良相担负很重要的关键。良相领导国家政治，呼吁民众守规矩，做好本分工作；良医则在站稳自己医师的立场，照顾好全民的健康，人民身心健康，才是国家富强、康乐之道。“所以希望大家要守住自己良医的本分，怀抱使命感为社会付出，奠定人民健康的基石。”

“依佛法来说，人性本清净无染，但受后天环境污染而有不良的习气，教育就是要引导孩子们回复清净本性、修正不好的习气。在慈院中兼任行政主管的医师们，面对的不只是院内同仁，还兼负教育的使命，提升学生慧命，照顾病人生命，所以不能以个人为考量，必须注重团体，要以身作则从自己做起，做好教育学生的本分。”

上人强调，慈院内含教育机构，要对学生们负起教育责任。这份责任范围不只在慈济自己的医院及教育单位，而是为了整体下一代的教育；期盼能将自己学校的学生教育好，才能进而带动全社会的教育，使每个年轻人都有端庄的仪表。“这是长远的考虑，希望从慈济做起，肩挑影响深远的教育良能。”

发扬人性的教育

“所以，慈济的教育理想，就是要在当今迷失的人心中，建立教育典范。一如家有家规，国有国法，学校也必须明定校规，作为学生们遵循的法则，以矫正时代之弊病。”

“既为社会教育担心，与其要求别人做，不如自己做。”在上人的理想，慈济之完全教育一定要做出一种人性教育典范，使大家知道，要创设能发挥人性的教育，端看是否用心，只要多用心，理想必能达成。

“若大家都有共识，慈济不仅可做出台湾的典范，相信必能做出世界的典范！”上人说，慈济除了志业体本身的大学筹设外，加上所援建的希望工程，若能结合慈济教联会老师们的力量，则新世纪之教育新风貌必能成就。

五月十七日，“教育部”杨朝祥“部长”捎来喜讯——慈济医学暨人文社会学院已获准升格改制为慈济大学。杨“部长”专程来访，表示经多位学术界权威肯定，此项评鉴无异议通过。上人听闻此讯息，喜悦之情自不待言，但亦感到日后实乃“任重道远”。

法轮常转

慈济大学获准改制，慈济之教育完全化，从此奠下基石而广开鸿图，并在净化人心的工作上，扮演举足轻重的角色。事实上，在慈济整体志业中，教育建设必然也是上人致力之所在。

“有人曾问我，为何要做那么多事呢？正是因为佛陀的一句话：‘众生共业’启发了我。世间天灾人祸不断，是众生业力的牵引，善业多则平安吉祥，恶业多则灾难频传。三十多年前，我方出家之时，就一直思考着要如何救人，当看到地上一摊血时，便体悟救人必须及时，光是从事理论研究无济于事，必定要汇聚众人爱心，组织大家的力量，才能达到救人的目的。”

然而，为何要做得如此忙碌、辛苦？“佛教有句话‘法轮常转’，从慈济慈善志业的‘法轮’开始转动起，法轮不能停下来，必须恒常运转，才能缔造人间的幸福。因此慈济一切的建设、志业，目的都在借有形净化无形——也就是借事洗练大家的心，以达到净化人心的终极目标。”

“所以，我必须不断地向前铺路、开拓，完成一个就再进行下一个。只要我又多往前踏一步，旧的人会更加精进，新的人也会跟上来，无数的人同方向迈步，人间的幸福就有更大的希望！”

良医典范在今昔

——从大林慈济医院“良医典范百年回顾”谈起

大林慈济医院于八月十三日正式启业，配合院庆的活动主题是“追随良医——守护生命的磐石”，借着动、静态之展示，表现“典型在夙昔”的良医典范，使医界人士缅怀前人之仁心仁术，以策励大家见贤思齐，再创良医形象；并供社会大众知晓良医懿行，既饮水思源，也砥砺自己敦品力学。其他尚有台湾乡土文化展，以及演讲及座谈等，花莲及大林各有类似活动，期间在七月下旬至九月份。

活在台湾医疗史舞台上

为筹措此院庆系列活动，之前，上人与花莲慈济医院、大林慈济医院、志业中心、大爱台及静思文化等多位主管，于花莲慈院会谈方向。议程中提及“良医”为重要宣介主题，上人据此希望能真正呼吁出“良医”的观念。

上人说：“世间最尊贵的是生命，生命是最脆弱的东西，良医就是生命的工程师，也是生命的守护者，这是很神圣的使命。往昔的人对医师都很尊重，而医师在为病人诊治后，医病之间的情很浓厚，充满敦厚的人情。但现在医师医德日丧而趋向功利，民众也不再如昔般尊重医师，医病之间也形同商业性的消费行为。所以很期待能唤起医师的爱与良知，也希望能提起病人对医师的感恩与尊重。”

院庆系列活动之一“良医典范百年回顾”，承蒙台湾各大医院的响应与支援，于七月二十四日大林慈济医院开诊当天展出。该项展览是就台湾医疗发展百年以来，标举十四位具卓著历史贡献的医界人士，以图文说明、国际大事年表呈现。

这十四位良医典范，在台湾医疗史的舞台上，横跨一八六〇至一九六〇之百年间，约按在台服务的年代先后，依次是：

“台湾西洋医学的播种者：马雅各”、“台湾医学现代化的推手：马偕”、“台湾汉医第一号：黄玉阶”、“台湾爱盲的导师：甘为霖”、“台湾中部医学的扎根者：兰大卫”、“台湾医学卫生之父：高木枝”、“台湾医学教育的播种者：堀内次雄”、“台湾第一位女医师：蔡阿信”、“医民医世的民族运动家：蒋渭水”、“台湾麻风病之父：戴仁寿”、“台湾新文学之父：赖和”、“人道主义实践者：井上伊之助”、“台湾专科医院的先驱：韩石泉”、“台湾第一位医学博士：杜聪明”。

无私的宗教情操

针对良医典范展，上人表示，就台湾百年医疗史所见，国外宣教士针对台湾早期医疗落后的景象，应病与药，随机投教，也就是如佛教之“开方便门”，以医疗技术照顾民生普遍穷困的台湾社会，达到在台湾宣扬教义的目标。

“真正的宗教者，心胸宽宏大量，西洋传教士本着宗教的情操，并无国家之别，远渡重洋、冒险犯难来到台湾，为广大民众的健康服务，这种不辞万般辛劳的奉献精神，何其伟大！”

上人并言，虽然中国之医疗五千多年来是汉医文化，但现在所建设的是西医式的医院，所以从饮水思源的观点，希望大家也能明白西医在台湾的发展历史。西医传入台湾，主力是外国的宣教士们，他们以宗教家的爱心，一边行医，一边传教，不论他们是天主教或基督教等，并无宗教、种族的分别，但就是抱着奉献大爱的精神，从事尊重生命的使命。

“不论我们信仰何种宗教，都要对人有一份尊重。”上人以己身为例说，四十年前初到花莲时，独自在小木屋修行，炊事所需的柴火，都得自己去捡。小木屋后方是为佳民村，大部分是原住民的住家，信仰着天主教、基督教等。“每回我捡柴火路经其地之教堂，莫不端庄站得笔直，然后很恭敬地深深一鞠躬。”上人认为，虽然彼此宗教不同，但因为耶稣、圣母是有德的人，而他们也是以德来引导人，所以他们的品格很是令人尊重。

上人表示，世间之缺陷就在无常，如此无常的人生，因为有无数的爱心人，所以能弥补此一缺陷。就如在良医特展中所见，多少海外宣教士，本着热忱宗教情操，来到台湾施医施药，在有限的生命时间中，他们发挥智慧、发挥爱的良能，将自己的慧命永留人间，这就是生命有限，慧命无穷，令人永远缅怀不已。

西医来台之始

据文献所载，西医来台自马雅各开始，史学家称：马雅各来台开始行医，“开启了台湾西洋医学的黎明期”——

马雅各习医于爱丁堡大学，是英国长老教会第一任驻台宣教师，来台那年是二十九岁，先是在府城台南布道施医，但很快即遭本地汉医的仇视和反对，甚至传出洋医师杀害汉人的谣言，致令教堂兼医馆的房子被愤怒的民众强行拆毁，于是被迫离开有七万居民的“岛之首都”府城，来到只有二千人的海边小村旗后（今高雄旗津区），重新出发。在这小村期间，前来就医的患者很多，也有远自澎湖者。

三年后，马雅各重回府城，典租大厝作为教堂与医馆，即俗称之“旧楼”，此后求医者日众，名声远播。一九〇〇年，新医院在府城另一地方落成，乃自“旧楼”迁搬新址，取名“新楼医院”。同年，马雅各次子马雅各二世，受命驻台宣教师，继承父志，任新楼医院医师，除着手培养年轻见习生和护士，并且扩充医院设备，使新楼医院具备现代化医院之条件。两代“马医师”在南台湾的奉献，和后来台湾中部“兰医师”父子的传奇，前后互映，让台湾人永远感怀。

老马雅各之后，“以药医人，而传其教”之西方宣教师的脚步，陆续接踵而至，他们精湛的医术，使台湾人接纳西医的观念更加深固；而其怀抱的宗教无私情操，在台留下的嘉言懿行，更是树立“典型在夙昔”的模范。

切肤之爱

上人就曾多次提及：“小时候家住丰原，曾听闻当时彰基医院兰大卫医师的伟大行谊，对其取妻子皮肤为一个小孩植皮的感人情事，甚为震撼，认为世间竟有这样的人，真是难以置信！而当我出家后来到花莲，同样在门诺医院的薄柔缆院长身上，再次见到那份令人深为敬重的悲悯心与爱心。又如在淡水的马偕与在非洲行医的史怀哲亦然！他们莫不无私地为病人付出，真是值得人敬佩，也留下使人缅怀的史迹。”

在慈济文献《证严法师衲履足迹一九九九年春之卷》一书中，于三月一日记载，兰大卫医师之子兰大弼医师，曾来精舍拜访上人——

距今七十多年前之一九二八年九月，在彰化医馆服务的基督教医疗教士兰大卫先生，为一位因腿部溃疡，皮肤坏死的十三岁学生周金耀，做皮肉植补手术。原本身体虚弱、奄奄待毙的学童，经过医师们悉心照顾，遂逐渐好转。后来，这小孩被兰医师夫妇收为养子，栽培完成学业成为牧师。周牧师曾对兰医师的儿子兰大弼先生说："您的母亲的肉，虽然没有长在我的腿上，但却牢牢地长在我的心中。"

原来，周小朋友因为无法再割下自己皮肉植补，兰医师的夫人连玛玉女士毅然表示愿意捐出自己的皮肉，遂由兰医师为她割下右大腿四片肉，移补到这位小朋友腿部。虽然兰夫人的皮肤因为人体排斥而先后脱落，但兰医师夫妇慈爱的形象，永远鲜活地活在周牧师的心中，而这一则仁心仁术的佳话，也成为台湾医疗史上动人的篇章。

兰医师是英国人，年轻时候远渡重洋，来到海陬一隅的异域台湾，传教行医四十年，他奉献一生于台湾偏远之乡下，无私的大爱情操，深受大众敬仰。而这一段与妻子共谱的"切肤救人"故事，更在全台流传，感动与撼动无数人心！

上人在很小的时候，就听过这则杏林美谈，那种"良医"的典范，深印脑海，以致往后当慈院兴建，每与人言及"活佛，大医王"的良医形象，常举兰医师夫妇的故事为喻。

兰医师的儿子兰大弼先生，其后也克绍父志，继续在彰化基督教医院（即原彰化医馆）服务，并任院长职。因秉持乃父博爱的伟大心胸，所以也获得民众敬爱，直到十九年前才返回英国。

当其二月初仆仆风尘重返台湾，在预计停留两个月的时间里，特地前来花莲，为慈济医学院学生演讲"如何做个好医师"，并乘此因缘，在彰基同仁及慈济医学院副院长赖其万教授夫妇陪同下，专程先入精舍拜访上人。

"我小时在台中丰原，就听过令尊、令堂'切肤之爱'的故事，内心生起无比的敬仰，那动人的故事经常萦绕脑海，有时与人谈到良医的模范，无形中就常提起这个故事……"甫将兰医师迎入会客室坐定，上人便欢喜地表达他对兰大卫医师夫妇伟大事迹的衷心敬爱。"后来，有回跟英国慈济人提起，他们回到英国就去拜访您。"兰医师慈祥专注地聆听上人话语，表示英国慈济人有十多人曾来见他两次。

八十六岁的兰医师身材颀长，虽然白发苍苍，步履仍健，予人“仁者寿”的和蔼印象。他穿着一袭灰色西装，打着蓝色领带，慢条斯理的语调，自然流露端正的气质。兰医师本人散发十足的亲切感，何况他又说着道地的闽南语，并且用词古典、文雅，故而很快就得到大家的欢喜，饶有兴致地听他与上人的对话。

“久闻法师救济志业，因您的热心，做了很多好事，乃至在教育、文化方面，也贡献甚多，真是令人感动与敬仰！”兰医师深致敬意。上人谦言自己实不及那“切肤之爱”的精神：“这是真正疼爱病人的好医师，这份高贵的精神，应该永远流传，教每位医师都该学习这种精神。”兰医师也说，“爱”的确是人间很重要的东西。

上人言及，有回曾到彰基，亲见“切肤之爱”的图画，“自小就很深刻的故事，及至又目睹那幅图，内心更是震撼！”兰医师说，当时他还只是十四岁的少年，因为在英国读书，一年回家一次，所以这事件发生时，他并不在家。

与兰医师交谈片刻，上人一直赞叹其台湾话说得真好！一些典雅的用词，在当今已甚罕听闻了。

兰医师是在一九四〇年到一九五一年在福建泉州基督教医院服务，于一九五二年到台湾以后，一直到一九八〇年才离开彰化基督教医院，回返英国。既是在台湾居住许久时间，兰医师对台湾的情感自是深刻而绵长，如其在英国的寓所，就像中国人一样，在门户上挂着“兰寓”字样，并且因为很喜欢阳明山公园中，有些树木被剪成各种不同的形状，所以也将自家屋前的树木，修剪成孔雀、狮子及龙等动物。

宁为烧尽，不愿锈坏

又据《证严法师衲履足迹一九九九年夏之卷》所记，上人亦曾在六月二十一日参观台北马偕医院院史馆——

"我再一次与您立誓，就是病苦至死，我一生也要在此地——我所选择的地方，被您差用！愿上帝帮助我！"这份坚定的誓言，是在一八七二年四月七日，为马偕博士所宣说。当大家随上人探访在台北马偕医院住院的一位师姊后，便在热诚的林增坤牧师引领下，来到"院史馆"参观，进入马偕博士医病医心的天道历程。

马偕博士，一八四四年生，加拿大人，在取得基督教神学院博士学位后，奉教会命令前来中国服务，他最后决意来到台湾，并选择在淡水为他服务的"教区"，以医疗服务来辅佐宣教。博士虽非专业医师，但他的拔牙实绩与技术，相当可观，当时可谓妇孺皆知。初期的宣教工作并不顺利，几度遭人讪笑、辱骂，甚至啐唾沫、扔石头，但他从不气馁，最后终以治病的技术，解除民众的痛苦，而获得大家的友谊，使他在传道工作上得到不少帮助。

博士曾在淡水租屋开设"沪尾医馆"，后其在台义行，感动一位美国妇人，得其捐赠基金，建造一所新式医院“沪尾偕医馆”。博士故世之后，教会拨款在台北另建一栋具现代规模的综合医院，以纪念他。今上人所参访的“院史馆”，则设于这所综合医院日前扩建完工的新医疗大楼顶层。从医院新颖美观的建筑体，遥想博士当年下乡行医为人拔牙，“他在没有任何工具之下，顺手拿起一块坚硬木片，将其削尖使用”，今昔对照，可想象“马偕医院”的院史，必然深蕴可歌可泣的宗教情操。

果然！馆内陈列的古老黑白旧相片，那样克难行医的景象，真是令人动容！看博士站着为乡民们拔牙，众多乡民排着队，一小时之内就拔掉一百颗牙齿！珍贵的相片之外，又展示数量可观的文物，包括博士所用的拔牙用具、医疗仪器等，并有“教会、医院、社会”三者并列的大事记，明白相对照出当时的历史事件。

大家在仿当时建筑样式的馆内慢步观览，有时抬眼便可见壁上书写着圣经字句，字里行间透露宗教家淑世的热情与坚定的信仰：“我要向山举目，我的帮助从何而来？我的帮助从造天地的耶和华而来。”“宁为烧尽，不愿锈坏。”一字一字细细读来，感动之情油然而生……

“我们常于旅行到乡下的时间，展开宣教，先在空地上或寺庙石阶上唱一二首圣歌，而后替人拔牙，接着才开始传播福音。……自一八七三年以来，我亲手拔了二万一千颗以上的牙齿……他们目前已没有需要再为牙痛而苦恼，更不必为解除牙病而冒传统拔牙失血的风险……”

当年舟船在沪尾下锚，“淡水疏烟，青山翠峦”，立即摄住一位年轻人的心灵，“仿佛有一种平静和明晰的声音告诉我，此地就是了！”从此终其一生为台湾人服务；于老年追忆那段辛苦的岁月，喜乐与踏实的心情，一如往昔——这就是令人敬仰的马偕博士。

在后山奉献一生

而关于在花莲创立门诺医院的薄柔缆院长，上人表示："三十年前我来到花莲，即听闻薄院长，信守基督教的博爱胸怀，为医疗资源极度缺乏的东部地区，付出心力。我初来之时，当地交通就非常不便，更何况薄院长于五十年前来到花莲，可以想见当时偏僻乡下的落后景象。"

薄院长，于三十余岁时，毅然舍下在美行医赚钱的机会，与夫人来到花莲，于万方艰难中，成立门诺医院，为山地原住民及贫民做医疗服务。四十多年来，薄院长坚持基督教"为主服务"的热忱，为患者奉献一生。而今门诺医院已欢庆五十周年，从当初三十五张病床，到现在新医疗大楼启用，病床数已增至五百床。为这医疗大楼庞大的重建基金，老院长即使退休返美后，仍悬念此事，到处奔走筹募基金，其情可感，令人景仰。

阅尽人情，知多世事

上人一生致力之志业中，"医疗"志业具重大的里程碑意义，自因应社会需要创建慈济医院后，慈济在建设以及会员招募方面，从此步入大幅之发展。而就上人本身来说，医疗志业的肇启，有着对于世态人情颇为感伤的体悟，因此萌念建造有爱的文化在其中的医院与医学院。

对于“医师”的认知，上人曾言及在其青少年时的一则往事。

台湾在一九四五年光复后，上人举家迁到丰原，在其青少年时期的岁月过得很平顺，当时的社会让人觉得纯朴、安和乐利，人生充满理想，对未来也规划很美的蓝图。

“就在如此顺遂、平安的生活中，对我有所启发的一个缘，是我的一个七岁的弟弟患了脑膜炎送到省立台中医院，我在医院照顾他八个月。”

“记得当时有一位有钱人住在一等病房中，我常听到他们热闹吵杂的声音，但这份热闹并不是一团和气，而是全家大小吵在一起。原来这有钱人娶了三个太太，大太太每次在先生危急时，就躲在门外从门缝中关切地偷看先生的动静；二太太每次一进病房就被赶了出来；最有权势的就是三太太。”

“听人说，大太太是和先生白手起家，两人一起走过最艰苦的日子，把事业经营起来；二太太是帮他看店管帐；三太太是陪他应酬。三太太认为他有今天的钱财地位，是因为她陪其应酬所致；二太太也认为，如果不是她将帐管理好，哪有今日的事业；大太太则一句话也没说，想当时日子正苦时，她和先生全心共同奋斗，现在要钱没钱，陪先生应酬也没名分，只好留在家中煮饭，惹得她的儿子不服气，因此从这有钱人住院开始到往生后，儿子、二太太、三太太，仍天天争吵计较财产。”

“当时我就觉得，生命何其短促，人来到世间，究竟是为了什么？即使有美满的家庭，到最后亲人终须死别，则人生又有何意义？人生的种种爱欲，都只不过是短暂的。这份看顾弟弟的因缘，使我在年轻时就看尽人间，体会到人生生老病死之苦与无奈。”

对世间人生现象虽感无奈，然则，医师与护士的精神也让上人很感动，觉得世上值得敬仰的人，就是像他们一样能救人的人。“我对那里的印象很深，我想那一段经验可能与我为什么会出家，以及为什么会创办医疗志业及教育志业，有一点关系。”

上人在那里遇到一位令他印象最为深刻的儿科女医师，这位张医师身材修长，始终穿着旗袍，外面再套上医师的白袍，总是穿着一双黑皮鞋，予人十分端庄的感觉。她说话声音轻柔，能让家属有稳定感，与病人相处也很温柔。上人的弟弟因为脑膜炎住院，一开始每隔两三天就要抽一次“龙骨水”（闽南语，脊髓液），之后变成一周抽一次，再来是半个月一次。

张医师每次来抽之前，都会先跟上人的弟弟玩耍一番。小病人每次看到张医师来，都很开心，一点也不怕。因为跟小病人很亲，所以小病人会乖乖听话躺下，当她把病人的身躯弯起来，抽取脊髓液时，小病人虽然因为痛而哭泣，但他嘴巴里喊的不是爸爸、妈妈，而是哭着叫“医师”。上人说：“我对这件事印象很深，这一份医病关系很亲。”

脊髓液抽出来时，有时很清澈，有时会混浊，但张医师总是马上说出让家属感觉安心的话语：“今天看起来有进步，好多了。”然后现出一抹轻盈的微笑。

“好美喔！”忆起这位张医师的笑容，上人由衷发出赞叹：“我回忆她的同时，脑海里还很清楚地出现她的形象，一举一动都感觉历历在目，她可说是我这一生中看到过最美的女人。她疼惜病人，给家属稳定感，对自己的工作有一份神圣的使命感，我对医师很尊重，可说就是因为她的缘故。”

因为此次美好的回忆，上人屡屡期勉年轻的医师们，应该要有使命感，造就自己完整的人格形象，创造自己生命的价值。什么是完整的人格呢？上人说：“形象美好而清高，对病人亲切，待家属如朋友，这就是很完整的人格。希望不只学会看病，还能学会做人。会做人的意思就是要懂得生活，不但衣服要穿整齐，头发也要梳理得很干净。”

“但医师、护士的精神也让我很感动，觉得世上值得敬仰的人，就是像他们一样能救人的人。”

虽然曾对医护人员生起敬慕之心，但稍长，却发生一则令上人十分慨叹的医界现象。时间还是在上人未出家之前，有位亲姑姑家住台中，女婿在当地经营一间颇负盛名的大药局，姑姑后来长了脑瘤，在三十四十年前的台湾，得这个病是天大的事，必须要开刀治疗。幸有女婿财力雄厚的关系，能远赴台北在大医院里手术。

“那时的风气都是要包‘红包’，我记忆深刻的是阿姑的开刀包了五万元，当时的五万元可以买多少栋的楼房！姑姑当时很需要我陪着去医院，我跟着去时，记得那份红包要先拿给医师，说些话拜托以后，医师才开刀。虽然姑姑后来再活五年之久，但生活品质并不好。犹记得当时在医院，那时‘乌脚病’正流行，医院病房通铺摆下的三十几床，满满的都是得乌脚病而遭截肢的人！”

“看到没有脚的人那么多，我就想着，幸好姑姑的女婿很有钱，否则得这么大的病，怎么办？再想，如此收下红包才开刀的医师，他值得人尊敬吗？”

上人慨叹之余，对此事亦留下深深印象，所以在创立慈院时，就非常期待慈院能建立以人为本的医疗文化，希望医师是病人心中真正的活佛！

一个决心，一颗种子

一刹那间的经历、印象，或许是充满悲情，但上人每将之化作积极的力量，为大众的幸福投注自己全心的奉献。

医院需要良医与好护士，才能提供病患最好的医疗照护。而就医学院与护专体系来说，护专较简单易办，所以上人就想以护专为慈济教育志业的第一步。就在慈院启幕后，于筹办护专之前，培育“好医师、好护士”的理想，因一事因缘，也更加强上人的决心。

那是在一次上人去台北某大医院探望一位得癌症的老委员——静性师姊(编按)。她看到上人来了,非常高兴。忽然间,病房外头走廊上,吵吵闹闹、很大声走进来几位医师和护士,他们推着药车,边走边吵嘴,很不情愿地把推车推到这位师姊床边,医师口气很凶,大声说:“要为你插鼻胃管啦!”师姊说:“可以等一下吗?”“你有时间,我可没有时间!”上人告诉师姊:“没关系,你先让他做,我站在旁边。”上人与师姊的先生遂走出病床布帘外,到另一床床前。

这一床的病人家属就说:“他们如果闹情绪,就会把气出在病人身上。”话还没有说完,就听到师姊在里面喊说:“我又不是胃病,可以不要插鼻胃管吗?”医师很凶地甩东西说:“是你医生,还是我是医生?”上人听到这段话,便对师姊说:“我们要和医生合作,你忍耐一下,让医生插鼻胃管!”声音都静下来。那时,师姊的先生在外面流着泪说:“这里的医生、护士常常吵架。”旁边的病患也说:“每天都被这些人精神虐待得受不了!”上人听了这些话,心里很难过,但也只能任由医师将管子插下去,不知道是怎么一回事。

后来，听师姊先生说，这两天胃有比较胀些，就告诉护士，护士说那是医生的事，就去和医生吵架，医生说："好啊！你要肚子软一点，我就插管子！"事情就只是这样。

"病人身体已经苦不堪言，又因为医师和护士不能合作，为了病人，护士追医生，追得医生发脾气；追不来，护士便对病人发脾气，这实在是一件很难堪的事。"这一幕，上人永生难忘；再加上慈院盖好后，深感医师来源艰难，所以就决心自己来培养有爱心的医师与护士。

造就人医良才

慈济护专之后，上人紧接着筹设医学院。当时为争取创办医学院，上人数次到"卫生署"请求，但屡屡受挫。因为他们认为到公元二千年，台湾的医师将供过于求。

但是上人分析："再过二十年，医师年龄层已七八十岁，究竟还能发挥多少医学功能？而且毕业后会留在台湾行医的又有多少人？就算医师人数够，但爱心却不一定充足。"上人不断强调慈济培育有爱心良医的理念。就在许多人认为机会渺茫之中，在一次评估会上，十位学者中竟有九人签名赞同，慈济于是历经万般艰巨设立了医学院。

就上人之理念，慈济医院与慈济医学院是一体的关系，不能分彼此。"医院的使命是病人病苦得解脱，医学院使命是在培养好医师，期待医学院的教育不只在功能知识，更重要的是智慧教育。知识与智慧并不相同，若只造就出高知识医师，他的心态有所偏差，则其功能将助长他一错再错；智慧则含藏无限的爱，会用爱为前提，以解除病人之苦为终生职志。"

上人说，就如早期台湾有许多基督教的医师，他们怀着虔诚的宗教情操，本着拓荒的精神，终生奉献于台湾，他们博爱的襟怀不是在口上说，而是真正去做出来；反观自己，实令人感慨为何东方人就没有如此的奉献精神？所以非常希望借着成立医学院，能造就有奉献精神的好医师。

“常见西方出现许多具伟大情操，而为世人景仰的良医，为何却少见东方也有如此的好医师呢？我一直觉得我不应该认输，我们中国人的传统文化思想与固有的仁慈美德，绝对不下于任何民族，但是为什么无法培育出如西方之良医！所以，我对于慈济医学院的学生，怀抱着很高的期待，医学院很辛苦地建设了，而我并无其他要求，不以医学院为营利之学店，唯一只希望真正培育出能视病如亲的好医师。”

“国家有良相，则国家富强；国家有良医，则国民健康。良医担负非常重要的责任，期待有使命感的医师们，投入于广大人群中，实践以仁心仁术济世的理想。”

在上人理想中，医师除了要有使命感外，对于自己的形象也要照顾好，才能树立自己的品性与人格，增益病人对医师的信任与肯定。“不能庄严自己的人,如何能敬重别人?医师能保持干净、整齐的外形,这才有医师的‘格’,也才显出人才的格调,以及上流社会绅士的庄重体面。若医师不修边幅,生活邋遢,上流社会风格如此,如何期望整体社会有美好的生活教育?”

神圣的天职

鉴及现代医师受功利社会影响,而亦趋于追求现实利益,没有远大抱负的弊病,上人除建设医学院以教育体系来培育良医外,也希望借助大爱台的媒体力量,来提升日渐没落的医德,以及改善良好的医病关系。

上人与大爱台主管表示:“一直以来对我们的医疗体制很担心,本来科技的发展,应该对人的身体是一种保障,但是病人动辄诉诸法庭的方式,发展到最后,变成好医师难当、好医院难做,害来害去,还是都害到自己,每一个人都会需要医疗服务的。到最后,现在已经看出医师的走向都偏了，年轻一代的医师，都要选择皮肤科、眼科等较不用负很多责任的科目，而外科、妇产科等则乏人问津；因为这些科既要付出劳力，又要负责任。”

上人强调，所以现在医病关系的教育很重要。因此希望大爱台能够开辟有关医病关系的节目，一方面教育医师，一方面也教育民众。人生最宝贵的是生命，从事生命工作的医师，也是最神圣的；每个病人，都期待遇到好医师，好医师对患者言，甚至如同是再造父母。因此，医师应该要付出爱，而病人则应该要感恩医师。

“希望能够营造医病之间，大爱与感恩的善的循环，不要动不动病人就告医师，一点点差错，就抬棺材来抗议……难怪医师会心灰意冷，会失掉人性，或是干脆就不做了，吃力不讨好的事是没人要做的。当然医师也要教育，教育要如何对待病人及家属，如何提出真诚的爱与关怀。而医病之间要做好教育，‘媒体’扮演着很重要角色！”

饮水思源，薪火相传

而针对此次大林之良医展，亦具有借此呼唤良医的功能。上人并提出一个重要观念，过去的医师虽然足堪模范者多，较之现今功利的环境，良医道德式微，但举办良医展的目的，其一在使人饮水思源，莫忘今日的成果，也有前人的努力；其二，则虽然百年前之良医距离我们甚是遥远，但我们也可以及时地看看现在。

“事实上，我们也不要只知一味追溯过去，以致过于怀旧而忘了现在，在了解前人曾如何做的同时，也要回过头来看看现在又是何种成就。新旧相传，过去值得缅怀，现在也有可取之处，若一直觉得过去很好，而忘了现在的好，如此也很容易迷失，将会因为不知珍惜、肯定当下，而无法振作精神继续向前迈步。所以说，缅怀过去，也要策励未来。”

花莲慈济医院已升格为医学中心，在迈入成立第十五年的现在，回首来时路，院史中也有许多良医典范的篇章，而为上人经常举出，或是以之缅怀昔人，或表达感恩，或勉励他人。

无分秒浪费的生命

上人就常以慈院首任院长杜诗绵先生的故事为例，阐释生命的价值观。慈院筹备初期，找建地、画设计图、募款工作三管齐下。当时慈济会员不多，而上人只是两袖清风、刻苦清修的出家人；在连建院土地都无着落的情况下，即要请人绘图，如此之事谁人肯信？更遑论来帮忙了。因此，上人特别感恩当时任职台大医院的两位副院长杜诗绵及曾文宾先生，他们两人大力支援，总在下班后即来筹备处审图至凌晨。

当筹建医院工作如火如荼地展开时，亟需有才干者任院长一职，以实际统筹各项任务。就在此时，传来杜先生因末期肝癌住院的消息。上人前往探视时，见他虽在病床上，但仍精神奕奕地批阅资料，上人看到衣架上挂着看诊时穿的白色医师服，因此问杜先生生病期间仍照常办公吗？

“虽然大家教我不要做，但是没有工作做的话，实在很无聊。我以工作打发时间，感到很快乐，何况我也有病患正在住院中，放着他们不管，也不放心，所以一有时间我就去看看他们，给他们精神鼓励。”这是一位多么充分利用人生使用权的长者，毫不浪费生命！“我该成就他，让他的人生使用权更加发挥！”上人感动之余，如此计划着。

虽然医师说，杜先生只剩三个月的生命，上人却觉得他为人群付出的毅力如此坚强，不可能只剩这么短的生命；所以打定主意，一定要让他对自己更有信心，提振生命的力量。因此虽然院长人选甚多，上人仍决心由杜先生担任。众人对于上人的决定大感惊讶，杜先生本人也感到不可思议，但上人仍正式敬邀杜先生担任新职。上人认为，他对杜先生有信心，杜先生一定也要对自己有信心；上人也希望慈济人能为杜先生祝福，所谓人多力大福也大，杜先生的病情一定能因此好转。

当时杜先生向上人表明，自己罹患末期肝癌，是颗不定时炸弹，随时说走就走。上人回答他：“我患有心脏病，我的炸弹比你大。而且不只你我，每人身上都有不定时炸弹，‘无常’何时来临很难预料。所以，只有把握现在，能做什么事，即刻去做就是了。”杜先生闻言，非常感动，表示自己要坚定信心才行。之后，果真在意志力坚持之下，历经慈院筹备时期的两年三个月、之后又担任院长三年，直到病症再发作后住院期间，总共六年岁月。

“医师说他只剩三个月的生命，想不到却活了将近六年。这六年中，他做了不少事！他真正是付出了生命的价值！”

温馨的医病关系

步入时光隧道里，上人也每回忆说，有一天在一位委员家，初识慈院第二任院长曾文宾院长的夫人时，得知她是时任台大医院曾副院长的太太，一时精神振奋，念及建院非常需要人才，遂当场表示希望能亲自到府上拜访曾副院长。“我平生请求要去人家中，这可能是第一次啊！”就因这次的拜会，曾院长从此与慈济结下深缘，参与慈院筹建的各项事务。

在当时的谈话中，曾院长向上人提起他所从事的“乌脚病”研究。有鉴于偏远乡下地方民众，易得此种不明的病例，曾院长遂实际下乡追踪。他挨家挨户拜访乡民，因为乡民行动不便，加以双脚污黑，他只好将他们背到门口，亲自为他们洗涤脚部，以清楚研究脚上的皮肤得病的情形。“我听了他的描述，内心好震撼！心中就笃定认为，曾院长必然是将来慈院的院长！若能有他投入慈院，以他这么有爱心的院长，才能带出有爱心的良医。”

曾院长与病人的互动，也常为上人举例说明往昔社会的医病关系，其贴切、亲和，教人感动。

“数年前有一天，有一大企业的董事长来见我，当时我正与曾院长讲话，曾院长与他并不认识。这个董事长入座后，就给我及曾院长一人一张他的名片，曾院长一见名片上公司的名号，马上问他的母亲现在情形如何？董事长很疑惑，院长怎么认识他的母亲呢？曾院长回答：'你母亲曾是我的病人，二三十年前，就是我在照顾你母亲的病。'院长接着提起他母亲的病情及生活形态等等，真是如数家珍，巨细靡遗！”

“当时我听到院长的陈述，心中非常震撼！院长只是看到名片上的公司名，就立刻想到这家公司的老董事长夫人其生活样貌种种，这样的医病关系，多教人感动！我问院长，为何医师和病人之间，如此亲切？院长答说，以前的病人都很感恩医师，不只会到医院来找医师看诊，平时也会到医师家中拜访，还会带东西来，以表真诚的谢意。”

不畏污秽亲闻伤口

至于现任的慈济医学中心陈英和院长，上人更是爱护有加，其爱心行谊也常挂在上人口中。

"慈院启用之时,很感恩最先来院服务的,就是陈英和医师。当时,慈院建设方完成,仍有砖块堆积尚未清除。专长骨科的陈医师,遂带着几位护士一起做清扫工作;而当医疗仪器购入,他亲自拆封,并且协助安装。长年以来,他爱护病患的心志始终如一,也尽力要提升医院水准,这份大医王的精神,实在令人感动。"

上人每爱提及陈医师的一则感人事迹。有位患者车祸后,未经妥善照顾,延误病情,致令脚部发炎,院方建议必须截肢。患者于是转诊到慈院来,当时脚已污黑、腐烂,非常严重。

有天,上人到病房中探视,患者的先生说,很感恩上人创办慈院,医师都很有爱心。陈医师一天来看望好多次,有时甚至半夜也来关心。凌晨时分,他在睡眼惺忪中,察觉有人来房中,睁眼即见陈医师,正抬着妻子的脚,不畏污秽臭味,仔细地闻着伤口。此举令他见了,心里非常感动,不能想象竟有如此好的医师!

之后，上人见到陈医师，与他提及这事。陈医师淡淡地说，这并没有什么，不过是运用中医所说的"望闻问切"的方法。因为患者是否要截肢，或应该如何治疗，得培养细菌后，才能决定。但此得耗费几天，不如以"闻"的经验，就可了解细菌的状况，据以判断病情。

上人再问，为何那么晚又去巡房？陈医师回答，开完手术后，睡不着，就想四处看看病人，如此就会很好睡。"像这样好的医师，他对自己的行为不觉得有什么，但对病人来说，其关怀备至的情怀，多教人感动！"

爱的医疗文化

"慈济医疗体系，不论是慈院本院或各分院，都不是以营利为主，最重要的是要经营出充满了爱的医疗形态。我们现在就要为未来画一个美好的蓝图，也就是所有慈济之医院要以爱心真诚地为病人服务，不是要赚钱，而是要'赚爱'，我们付出爱心，也得到别人爱的回响。当人们想探讨何为‘医德’或‘医疗之爱’，就得到慈济来看，这就是我深切的期待。”

随着大林慈济医院启业，院内不断流传诸多感人的医、病故事，令上人很是欣慰，对于建设爱的医疗文化，更充满信心与期待，故而勉励医护同仁说，在慈济文化中，慈济人都有共同的观念，就是“付出的同时要感恩”，所以慈济之医疗文化，也是在强调“感恩心”，医师医术之提升，是病人所成就，病人的生命在生死边缘挣扎，他付出身体的苦难折磨，使得医师有看诊的因缘，所以医师应当要感恩病人。

“而对于病人来说，人生最宝贵的是生命，最痛苦的是生病，医师能够减轻病苦，复原生命，所以医师是病人的‘再生父母’，病人应该要感恩医师。病人与医师互爱、感恩的这种医疗伦理，就是慈济医疗文化所要建立的医病关系。若只是单方面付出爱，这个文化就不美，必须是双方面都存有爱与感恩，才是最美的医疗文化。”

上人十分推崇医师救人的天职:“一直认为人的价值不是赚了多少钱,而是人格有否令人尊重。社会上有各行各业,但人人普遍都对医师非常敬重,因为医师是人们‘生命的守护神’,生命不健康,人生就没有幸福,所以好医师在佛教的名称上,意义等同于活佛。当病人在病苦彷徨中时,最期待的是好医师在面前,就如众生在无助时,最期盼的就是佛陀、菩萨,所以说医师就是活佛、活菩萨。”

佛陀探问病比丘

在佛教中,佛陀的德号之一是“大医王”,以其能应病与药,医治众生身心之病,故名。不论在慈济医学中心之本院,乃至其他各分院,都有一幅“佛陀问病图”,以图像彰显建院的宗旨,以及理想中的医师形象,乃至于做人的道理。

上人曾开示言及“佛陀问病”故事的由来——

佛陀座下有位比丘,他修行的理想是为了自己能够了生脱死，所以就断绝与人群互动的关系，过着独善其身的修行生活。因为他有这孤僻的习性，平时不与人接近，别人也就不与他往来。他故步自封一段日子后，有一天生病了，无助地躺在床上。印度天候炎热，他因为无法自由行动，全身便长满了褥疮，发出阵阵恶臭。

佛陀听说他病重，身体很臭，就带着五位弟子去探望。佛陀走入比丘居住的洞穴里，果然臭气冲天！佛陀教弟子们为病比丘清洗身体，但因为病比丘平常与人结不好缘，从来不去帮助别人，也不接受别人的帮助，所以没有人愿意去为他浴身。于是佛陀先叫阿难去提水来，自己再以毛巾沾水，亲身为病比丘擦净身体。

病比丘感受佛陀的慈悲照顾，终于惭愧地痛哭流泪说："今日才知，修行也是需要人与人之间相互的关怀。过去的我独断独行，太自私了，所以都没有去关心别人。"病比丘深切悔过，省悟真正的修行是走入人群去付出，而不是自我设限在小小的框框中。

大林慈济医院启业庆典当天，就在这幅大型“佛陀问病图”壁画下，院长及副院长们联合表演这出“佛陀问病”的短剧，以表达全院同仁步履前贤芳踪的誓愿，其情其景一如“良医典范百年回顾”序言中所说——

一百多年来，一代又一代来自不同国度的良医，相扶相继，共同接力，让台湾从瘴疠之地脱困而出。他们成就了不凡的典范，为台湾谱写出生命咏叹之歌。“良医典范百年回顾”除了反思夙昔，感恩前人；更殷殷寄望后继者，勇敢地传承良医的历史脚步。让这样的精神，永不停止！

（编按）静性师姊

一九八六年六月五日，病缠数月的静性师姊（苏金桂）往生。期间，上人几次进出北部一所医院探望师姊。

我的心在静思中感恩

——慈济之“岁末祝福”

“年少时听闻太虚大师所作的《三宝歌》：‘人天长夜，宇宙黯暗，谁启以光明……’当时不禁内心酸楚，感叹人世茫茫，谁来开启众生的佛性，使黑暗的心地变成一片光明？出家后，便发愿为众生做个‘提灯照路’的人。众生原本与佛陀一样具有清净本性，但因受到世俗的污染，累积‘贪、瞋、痴’等无明习气，才掩盖了本性、遮去了智慧。若要开启心中的光明，唯有唤起良知，使善良的本性跟着良知起作用。”

“此所以我全省奔波为众传心灯，即是希望世间多一些点灯、传灯的人。”

岁暮年终盛事

“岁末祝福”是慈济每年岁暮年终之盛事，意义在于上人希望借此因缘，表达对所有慈济人的祝福与感恩心意，并希望大家一起为天下众生祈福。此仪式程序曾经几次更迭，而终于确定为今日大家所熟悉的形式。典礼中，依次进行表演节目、发福慧红包或授证、开示、静思手语表演、点心灯，最后在《祈祷》歌声中，上人领众默祷、祈福，仪式于焉结束。

活动所用的蜡烛，是精舍常住在年节前几个月，即投注许多人力夜以继日地制作，数量总在数十万个左右。至于福慧红包内之纪念金币，则是上人著作书籍之版税所得；而红包之折叠，同样是出自精舍常住之手。

参加"岁末祝福"者，有委员、慈诚队、荣董及慈济团体如教联会、环保志工、儿童精进班等，并有新任委员、慈诚、荣董之授证。每场次人数少则七八百人，多则上千，全省一趟总计约五六十场次，可想上人站在台上发红包的时数相当可观，实在非常辛苦。

上人虽觉得疲累，但始终甘之如饴地说："好多人长年累月不辞劳苦地为慈济付出，平时没有机会与我面对面的接近，只有这天能与我接近些，让我看看大家，也让大家看看我。所以，虽然很累，但内心感到非常欢喜！这就是'甘愿做，欢喜受'。一如大家来到我面前泪涟涟地，这也是因感动、欢喜而哭啊！心中欢喜，缘于慈济之路，是我们自己选的；人生能从事自己选择的志业，自然能做得满心欢喜！”

欢乐中国年

为这岁末欢庆之日，慈济人也利用时间积极排练表演节目，既增添佳节喜庆，也联络法亲情谊。

例举历年来几场动人的演出：一如由台北分会同仁表演社区守望相助的故事。故事中，社区人人不按时倒垃圾，以致臭气冲天。虽经里长伯召开大会讨论，无奈人人否认自己乱倒垃圾，甚至因相互指责而彼此失去和气。直到有人家中遭窃，有女孩晚上遇到歹徒，大家才警醒必须团结互助。于是找来慈济委员，教大家从事资源回收，并落实社区志工理念，社区才顿扫阴霾，而呈海阔天空气象。

二如屏东儿童精进班表演的环保舞剧，教人动容。戏的内容描述一条清澈的河流住有鱼虾、螃蟹，岸上的草丛里也有蝴蝶及飞虫，大家快乐地与河神母女俩生活着，每天唱歌、嬉戏，十分悠然自在。然而，好景不常，都市文明侵入这块乐土，高楼大厦破坏这里的山水美景，大群游客带来成堆的垃圾，小虫、小鱼无法忍受污染的环境，在依依不舍中离开了伤心的河神。

更在一天的狂风暴雨中，山上发生土石流，以致山崩地陷、路断屋倒，这样危险的地域，更不适合久居。痛苦的河神顾及大家的安危，不得已乃教所有的小动物与小昆虫全数搬走，但自己与女儿仍坚持负起保护河流的天职，希望凭借自己有限的能力，恢复以往清净、美丽的乐土。

小菩萨与班妈妈们真情流露的演出，十分动人心弦，乃至饰演河神的美金幼稚园园长侯美金女士，举手投足间洋溢丰富的感情，大家为她悲痛河水遭受污染以及坚持整治河川的决心而深深感动，许多人泪眼婆娑地看完整场。

三如台北十二位资深委员的卖力演出“慈济列

车”。早期慈济并不普遍为人所知，为实现上人净化人心的理想，台北的资深师姊们，在忙碌家务之余，想尽办法劝募会员，并且还要四处访贫，在长年辛苦奔走之下，才将慈济点点滴滴地向外拓展。这出“慈济列车”手语短剧，正是描述当年委员做慈济的生活内容，如带会员参访精舍、开茶会、整理救济之旧衣等，马不停蹄地做慈济、说慈济，才有今日队伍浩荡长的慈济世界。

这些慈济年资十到二十年的资深委员，她们自然生动的演出，教台下年老或方上任的委员们，心有所感地噙着泪水看完终场，有的甚且嘤嘤啜泣着，为真实的情节而深深地感动。岁月教资深委员们白了头发，但可喜传承有人，许多年轻一代纷纷来接棒，学习她们当年不辞劳苦的精神。

四如荣董们的表演。台北有四对夫妻档，双双相偕比手语歌——“舍”，后又有李宗吉爷爷全家大小同台演出，意寓“孝顺”是中国的传统美德；最末大家以一首“一家人”和乐融融地表达出慈济家庭的幸福美满。如此深情动人的场景，令人动容，教人也怀想着见贤思齐，建立父慈子孝的幸福家庭。

五如慈诚师兄们的演出。一曲高亢、嘹亮的“茶山儿女情”，由师兄们演来，有柔美的情味，也有雄健的气势，看他们戴斗笠、披汗巾忙碌采茶的情景，好似慈济人又回到了三义慈济茶山上，大家随着上人步行在相思林与茶树间，内心充满感恩与知足，那种恬淡、逍遥的情趣，好不尽兴！

其他如大爱台与台北分会同仁也铆足劲发挥各人演戏天分，博得满堂彩！大爱台以同仁口中的“张老师”——采访组长张尊昱师兄加入慈济后在个性上的改变为剧情主题。张师兄有出口即损人的习气，但在慈济受到熏陶后，常常以静思语鼓励后进。台北分会则动员分会、文化中心及《经典》杂志同仁，联合演出关怀老人的主题。同仁们演技颇为可观，称得上是有水准的短剧，尤其“张老师”为真人实事，看起戏来，更感逼真、有趣！

纤手蕴道气

慈济人的表演自是精彩，而每回随师全省表演的静思手语队所带来的节目，更是吸引全场的焦点。

手语队年年表演的歌曲都不同，大部分皆由郭孟雍师兄所作。如“生生世世都在菩提中”，师姊们丰富的队形变化、优美的举止，让人心地自然地沉静。不同的是，师姊们在表演中更配合着歌词叙说一则则的故事。

“人生茫茫，浮沉无际大海中；任由风浪飘浮、随境转向，何去何从？立愿觉悟，寻思宇宙真理海，从此解脱业力、显迹人间、去来自在！”剧中教人行善、行孝要及时，并且点出了六度波罗密，将迷失的众生，引渡到菩提道上，使之免于沉沦；将音乐、手语、慈济文化及佛法作了最完美的结合。

而“三十七道品”，曲是郭师兄创作，王端正师兄精读上人《三十七道品》著作取其开示要义填词。师姊们随着低扬有致的韵律，打着手印般的手语，将整场观众带入深蕴道气的宁静氛围里，静而不沉，教人悠然心生正念——

有色无色皆是法，众生皆为法所困。六根六尘蔽真心，莫使无明驴乱意。磨砖焉能做明镜，自家宝藏善珍摄。透彻宇宙万物理，观法无我唯心造……

真空妙有

上人之开示，每视参加的对象而应机施教。如在赠予资深委员红包后，上人想及她们在慈济成立之初，即已发心跟随；而今近看她们的脸，不禁感叹岁月不饶人，于是开示“真空妙有、妙有真空”之理。

“你们已不是二十年前的你们，而我也不是二十年前的我了。人体细胞每天都在新陈代谢、不断地生灭，这个‘我’无时无刻不在变化。对于最贴切的自身都无法保有，又何况身外的物质呢？所以要体会‘真空’而心无执著才是。清净的本性是‘空’，但并非枯寂不动；若能投入世间，无所求地为众生付出，就能得到无比的安详和欢喜，这便是‘妙有’。”

菩萨训练场

“要做菩萨，必定要经过长久时间的考验、训练。而菩萨的训练场何在？”上人对将接受培训的见习委员们表示，据佛陀说，娑婆世界之上有兜率天宫，天宫内之弥勒内院，就是在训练发菩萨心者，能够更坚固道心，发挥爱心。释迦牟尼佛，就是经过弥勒内院的训练后，再来人间救度众生。凭其金刚不移的爱心、意志与毅力，排除贪、瞋、痴、慢、疑的无明欲念，用清净大爱来拥抱天下众生，终于福德因缘具足在人间成佛。这是一段非常遥远的岁月，一如佛陀所说，菩萨要经三大阿僧祇劫，才能在人间成佛。

“但是，佛陀也说‘三世一切佛，一切唯心造’。我们此时既已发心，就要把握今生走入菩萨道，在人间做活菩萨，锻炼自己的菩萨心。慈济世界就是菩萨的训练场、是成佛的康庄觉道，我们可以在慈济世界自我锻炼，人格成佛格即成。”

上人表示，慈济世界的菩萨培训，有一步一步的进阶次第。先从缴善款的会员做起，待自己深入了解慈济、肯定慈济作为后，更向他人募款、募心，鼓励人人也来做好事，此时就是见习委员。经过一段时日的培训课程，参与慈济各项活动，经由大家认可便受证为委员。委员的责任是济贫、教富，帮助苦难的众生、启发富有者的爱心，这就是造福人间的活菩萨。

“想做菩萨就要持戒，能诸恶莫做，众善奉行，才能从凡夫心升华为菩萨心。”上人叮咛大家，空有爱心是不够的，必须“身心平行”，例如见人跌倒，觉得很可怜，尽管心中非常不忍于人何益？应该赶快伸出援手将人扶起来，这种发自内心的真诚付出，就叫做身心平行。慈济世界就是提供环境，使人人得以自救救人，福慧双修。“我们何其有福，能在人间行走慈济菩萨道，这是一条永不后悔的成佛之道，希望大家要知福、惜福，把握此难得的殊胜因缘。”

深心持净戒

《涅槃经》言：“欲见佛性，证大涅槃，必须深心持净戒。”上人有感“戒”是维系慈济慧命所在，故对新发意的新任委员及慈诚队，明示戒的重要性。“佛教是最彻底的人格教育，既是教育，就有戒条，以作为学佛者行事做人的依据。慈济是宗教团体，是具有缜密制度的组织，所制定之慈济十戒，就是希望大家持守这些戒规，以升华自己的人格，并促使团体稳定成长。所以，委员及慈诚队受证后，都要‘自我持戒’，不可犯规。”

“要成为一个完美的人，身心俱无污染，必定要自我洁身自爱。如何照顾自己，使自己身心清净，就需要‘戒’的规范。‘戒’，意即防非止恶。以戒时时警惕自己，做该做的事，不该做的不要做，这就是‘防非’。而尚在凡夫阶段，遇到境界现前，不动念是不可能的，但能知此事不应该而马上停止动作，虽则有因起，然无动作也就无结果，这就是‘止恶’。所以，真持戒者，必然明白事理，心灵常保冷静，不会无故犯错。”

上人表示，慈济三十多年来，始终不移之信念，就在只求天下众生皆得解脱、自在。要达到此目标，唯有净化人心，才能使众生得离苦。“人能弘道，非道弘人”，尽管佛教教义很好，但必须要有人弘扬；要弘扬真理的人，必须自己以身作则，显示道理的真义，才能广为施教。“既然大家已是正式的慈济人，有心挑起如来家业，期待大家在日常生活中要照顾好自己的身心，持戒不犯，才能肩担重责大任。”

垃圾堆中修清净行

目前全省都有环保志工组织，在各地从事资源回收及净山、净海等活动。上人肯定大家的用心，并提到当今资源因高度开发所产生许多废弃物，制造了空气、河川等污染，又因人类无节制地享受结果，造成地球资源不断地耗损。鉴于地球资源有限，如何节用资源、回收资源再利用，是当今非常重要的事情。“佛教所说‘六道轮回’，不离于地球。若能留予子孙一片净土、丰富的资源，就等于为我们自己再来人间时留下清新的空气、干净的溪流，及丰富的资源。所以，为子孙设想，就是为自己造福。”

“佛经中有一则故事——有位奴隶身份的妇人在城中做着扫地的工作，但她有份虔诚的心，在得知佛陀要来城内时，她与别人一样，也很想去亲近佛陀、向佛陀礼拜。然而，念及自己卑贱身份，根本无法贴近佛陀的身边，所以就伤心地哭泣起来，适为一比丘看见，问明原委并告诉妇人：‘佛陀最尊重的就是为别人付出的人’，便鼓励妇人回去沐浴净身，换干净衣物，就能前去供佛、礼佛。妇人果然回家净身、更衣，然后与大众一起闻佛说法。”

“当时参与大会者，有国王、大臣、富有长者等，但佛陀眼光顾视全场后，就停留在这妇人身上。佛陀面带笑容表示，在众人中，就以这位妇人心地最虔诚、清净，因为她具有为大众服务的高贵心灵。”

上人以此故事表示:“有福的人,才会去造福。环保志工们不怕脏乱,弯身在垃圾堆中做分类回收的工作,这就是修清净行。能无所求为人付出,就是最清净的美德。”上人赞叹环保志工们是“捡福的人”——将别人丢弃不用的,捡回来整理再用;并带动孩子们惜福、节俭的观念。希望大家能在环保工作之外,更致力于社区志工活动,让人人共同清净家园、邻里间守望相助。

推动“社区志工”

上人之开示依对象而有不同的重点,若该年有特殊情事发生,则针对特殊事件在每场次开示中言及,例如呼吁推动“社区志工”、“护持大爱电视台”。

一九九六年八月,贺伯风灾后,上人认为推动“社区志工”因缘成熟,遂不断向慈济人宣说理念。

在工商业发达的现代,人人生活忙碌紧张,田园农村的悠然生活已如远逝的美梦。上人追忆往昔农村乐——那种人与自然融和，人与人间美好的人伦道德，如今难以再见。虽然过去的农村岁月已飘然远去，但是“人人心中都有一畦心田，就如与生俱来的清净本性，若人人能善用清净本性，以大爱种子来播种，发挥农夫殷勤的精神，就能耕耘出很美的境界。”

“期待大家落实‘社区志工’，借此推动清净家园、注重卫生保健的理念，进而建立家家户户都是好家庭，如此就是最祥和的社会。若社会祥和，彼此敦亲睦邻、守望相助，则夜晚在外行走，也不必担心、害怕。这并非不可能，只要有心，理想必能实现！”

大家来护台

“大爱电视台”在一九九八年元旦正式开播，同年年初的岁末祝福，上人即大力呼吁“护台”。

“电视媒体耗资甚巨，更投注庞大人力，为何我要承担如此辛苦的重责？因为，我是宗教家；既是学佛的人，当然以成佛为目标，必须步履佛陀的芳踪，学习佛陀的智慧与慈悲，勇于走向人群，完成净化人心、度化人间的使命。在现今动乱的社会环境，要净化人心，必定要加快脚步推动爱的文化，并启发人人的爱心，以多行善事为人生价值观。”

“以我有限的生命想度化广大众生，实在非常困难，所以必须结合群体力量，利用当代发达科技，才能在二十亿佛国现广长舌相。例如此次开台典礼，现场节目传送到全省乃至海外，而各地庆祝盛况，也迅速连线回到现场，如此一秒不差、镜头遍传天下，真正是‘神通广大’！所以说电视媒体，实在是现代不可或缺的弘法工具。”

上人认为，慈济世界真善美的真人实事，若能借电视科技深入家家户户，就能达到普遍净化人心的目标。“佛教之大藏经是短篇故事的结集，但几千年几经辗转翻译才流传下来；而慈济世界却是活的大藏经，可透过影像、声音、文字之有声、无声的结合，记录事件本身发生于何年何月何时何地，而非如佛经之‘如是我闻，一时……’的无从考据；如此则能以真实感接引见闻者萌生见贤思齐之心念。”

上人以往昔慈济草创时之竹筒岁月为比喻，认为“五毛钱可以救人”的观念普遍流传在主妇及菜贩间，而终于积少成多，开始从事慈善志业，而大爱台亦可由此观念开始。“过去为了慈善工作，我们天天投五毛钱在竹筒，如今我们也可以节省平时的费用，将零钱投入竹筒来响应‘聚沙成塔、粒米成箩——大家来护台’的理想。”上人呼吁所有慈济人“我们的电视台，我们自己来爱”——不计小钱，累积护台基金；并且多看大爱电视台，也教人多看慈济节目，如此出钱、出力、出时间，就是真正的护台。

大爱村祈福晚会

鉴及慈济大家庭成员愈来愈多，为免每年一次的岁末祝福，行程太长、太紧凑，遂从一九九八年年尾开始，分两个月举行。

而在一九九九年九月，因为台湾“九二一”大地震，上人忙着为灾民筹建大爱屋，在大爱屋纷纷落成，灾民陆续迁入大爱村后，上人的心才渐渐安定下来，终于与灾民们会面，亲自前往灾区关怀他们，并乘岁末为慈济人祈福同时，也在大爱村举办祈福晚会，为灾民们点心灯，祝福他们岁岁年年平安吉祥。

众多场次中，以东势大爱村这场岁末祝福最为特殊——

为参加祈福晚会，上人等一行乘车出发，愈接近目的地雨势愈大，“假如仍然下雨，就取消吧！”上人一路交代着。当车子转进林管处，经过没有路灯的小路到达大爱村时，雨还是下着，大家正想着“到底如何是好”之际，在会场的灯光下，看到三两撑伞依偎着坐在矮凳上等候的灾民们，虽然寒夜雨水纷纷，大家仍满怀期待舍不得走，这般情景实在令人动容！

上人于是当下决定改在图书室里举行。计划既定，师兄姊们合力将室内桌椅杂物搬走，并且立即排放矮凳，就在一阵混乱后晚会依时举行。大爱台的晚会主持人阳华与竹琪一出场，客语、国语及台语齐出，将满满挤着百多人的室内空间，带出热闹而欢喜的场面。

坐满人群的场地，表演空间十分有限，慈诚师兄一曲手语歌“饮一杯智慧的水”，在传递慈济旗时，旗杆还撞到天花板！而王金福师兄执掌的“布袋戏”，也只得借窗牖为戏台，站在户外淋着雨表演着祝福大家入新厝的吉祥话。“东西搬入厅，大家不必惊，明年金银财宝发大厅！”灾民们看着逗趣的布袋戏，听到许多喜气洋洋的好话，人人眉开眼笑，小孩更是看得津津有味！

殷正洋师兄也高歌一曲“预约人间净土”，“唱现场”的实力令人赞叹！台中县陈雨鑫副县长也到场致贺，因为现场不适宜点心灯，上人遂在发红包后开示：“外面正下着雨，但看到家家户户有屋住，不必再露宿帐棚，内心真是非常高兴！”

“如今，大家的身心都安定下来，就能东山再起，为未来重新打拼！坎坷的一年已经过去，现在要以欢喜心情迎接未来的一年。接受爱的人有福，付出爱的人更有福，大家接受了很多人爱的祝福，但愿不久的将来，你们也能付出爱给别人。人生能有‘爱的循环’最幸福！”

参加岁末祝福时除了东势大爱村，新社大爱村灾民们也赶了过来，又加上附近其他机构建筑的简易屋住户，显见一场晚会并不够，遂决定追加两场。因为人气太旺，师兄们干脆将所有窗户卸下，从室内望出去，黑夜的感觉十分深浓，虽然户外很冷，但室内却温暖极了！

第二场次有许多阿公阿嬷，看他们白发苍苍，真为他们庆幸有大爱屋可住，否则这般年纪还要住帐棚，真是令人心酸！也有怀抱小婴儿的年轻太太或先生，他们也是大爱屋的住民，想必从此一家生计当可稳定下来。在佛号声中，大家依序排队领取上人手中红包，看到站在旁边的师兄姊，许多人合十道感恩，有位拄着枴杖的老阿伯对手语队的师姊说："看你们比手语，我好感动就流下泪来。"也有位年轻妇人表示："真是辛苦你们了！"

"真正高兴地见到你……"阳华与竹琪拍手唱着欢迎歌，灾民们陆续进场，这是最后一场晚会，但人数仍然有百多人。在户外表演布袋戏的王师兄，连演三场非常兴奋，从雨天站到晴天，这一场表演时，雨已停止。在清唱及手语之后，上人开示："外面已经是好天气了，人生就是如此，有时下雨，有时晴天。虽然遇到天灾很无奈，但不要将过去的阴影放在心中，日日欢喜就天天有福，日日忧郁就天天烦恼。"

上人表示，东势一场晚会演变成三场，表示这份缘很长。"'缘'真是很奇妙，若非大地震，彼此原本不认识，如今成为好邻居，希望大家要惜缘，相互关怀、鼓励，为未来努力重建家园。"

晚会结束，走出户外，冷风阵阵吹来，在这林荫深处的所在，寒冬气息十分浓厚，大爱屋的灯火亮晃晃地，交映着人间的温情。

一九九九年年终，除有上人亲自到会场为大众祝福外，静思精舍常住师父们亦配合全省各区委员们落实社区传心灯，代表上人前往各社区点灯、发红包以表达上人对会员大德们的感恩及祝福。此后，此形式就沿用至今。

虔心祈三愿

"岁末祝福"，传递着上人对慈济人的至诚感恩，也具体表达上人祈求天下无灾难的心意。

每在活动曲终将尽，静思手语队比完"祈祷"后，人人手上的烛灯点燃全场静默时，上人教大家用最虔诚的心，发愿、祈祷。于烛光灯海闪耀下，大众手端烛灯、长跪发愿……数秒后，上人之慈音在大众耳畔轻轻响起——

此时此刻，我们的心很宁静，充满虔诚。难得人间菩萨相聚一起，大家共同来发愿——发多大的心，就有多大的福；发多大的愿，就有多大的力。在此人人不分彼此的福与力，为未来的一年发愿、祈福。人人各有心愿，是什么愿，我不知道，但我以最虔诚的心，祝福大家心愿皆得圆满。

此时我在静思中感恩，愿我的心念上达诸佛听，愿诸佛菩萨知我心：我愿天下无灾无难；我愿社会祥和、家家幸福；我愿人心净化，去除贪、瞋、痴恶念，启发良知、发挥清净大爱。此三愿，是我历年来，年年、月月、日日、时时恒存的心愿。

要天下无灾，必须社会祥和；要社会祥和，就必须建立幸福家庭；幸福家庭则在人人本身。所以，人人要从自己做起，对上要孝顺父母，对下要教育子女，夫妻间要相互敬爱。但愿人人与师父共同发此三愿，时时多用心！在新的一年，虔诚祝福大家事事如意，家家平安，人人福慧双修，新年快乐……

《二〇〇一年》

以《无量义经》印证上人行谊

——上人力行《无量义经》之精神开展慈济志业

二月份上人在行脚行程中，曾开示《无量义经》经义，在场之中区委员与慈诚，莫不饱餐法味，感到无限欢喜。今即以《无量义经》的三品：“德行品第一”、“说法品第二”以及“十功德品第三”来印证上人的行谊——上人是如何身体力行实践《无量义经》的精神，从而开展慈济世界，让我们在慈济团体里借事练心。

单纯善良

《无量义经》、《法华经》以及《观普贤菩萨行法经》，合称“法华三部”。上人因为深入阅读与探究《无量义经》，由此登上法华思想堂奥，透析生命的疑惑，体悟人生的意义与价值，建立不落入“空”亦不执著“有”的“真空妙有”之“中道”思想体系。

《法华经》之要义、精华，尽在《无量义经》。上人常言“一生无量，无量生于一”，此理即出于《无量义经》；慈济世界之含摄四大志业，从台湾地区及于全球，就是“一生无量，无量生于一”之理的印证。欲探究“一”与“无量”奥义，可先从上人所说的“简单最好，单纯最美”这句话来了解。

“单纯最美”，上人从何表现出单纯呢？上人的单纯与小孩的单纯不一样。小孩的单纯是天真、无知，未经人世历练，没有被环境污染，没有被社会不正确价值观蒙蔽清净的本性，所以对人人都很有善意。但是随着时间消逝，小孩渐渐长大，被社会环境所污染，原本单纯的善意就慢慢变质，滋生贪、瞋、痴、慢、疑种种习气。

佛教的观念中，所谓“心、佛、众生三无差别”，肯定每个人都有与生俱来的清净本性，不好的习气是被后天所污染。怀有宗教情操、深知佛教义理的上人，看到有人表现出不好的习气时，他不会像一般凡夫，看到有恶习的人就讨厌他、否定他、远离他，或排斥他。

上人的单纯好比菩萨的单纯，表现在他面对芸芸众生，所想的只有一个念头：“我要用什么方法，来引导他回归本性清净的光明。”

入世的菩萨必须观机逗教，方能权巧方便度众无碍；上人的人生阅历非常丰富，尤其是做了慈济之后，看尽无数众生相，众生有哪些好或不好的习气，都能体察入微，了然于心；因知众生根器、习气与个性而静待时节因缘，用适合他的方法来引导，使其回归清净的本性，这就是上人的单纯。

生住异灭

上人的单纯永恒不变，孩子的单纯则随时日而变异，这“变”与“不变”，就是《无量义经》中所说的“生住异灭”与“性相空寂”；“生住异灭”是“变”，“性相空寂”是“不变”。

在这次行脚中，上人曾解说《无量义经》里很重要的义理：“生住异灭”。上人说宇宙万物不离“三理四相”，物理有成、住、坏、空，生理有生、老、病、死，心理有生、住、异、灭；三理四相在宇宙间是必然的现象。上人说科学愈发达，愈能证明佛陀所说的三理四相真理。

如几亿万年以前曾有什么生物，但是现在已经绝种；现在有些生物，在几亿万年以前不曾出现过，这就是一种成住坏空的现象。至于身体的生老病死，我们更能深刻体会，从慈济之大体火化入龛追思典礼可见多少人曾经生活得那么灿烂、丰富，可是现在在哪里呢？已舍此投彼，重新开始另一段生命。

虽然整个宇宙万物“成住坏空”不断在循环，但上人说心理的生住异灭就不一定了；在凡夫是必然，在菩萨则不必然。菩萨的心如如不动，这份清净无染的爱心，永远不曾改变、动摇。对菩萨来说，他能超越生住异灭的现象，所以生住异灭是不必然。

而凡夫一天到晚心随境转，这个人跟我有缘，我看到他就很欢喜；下一秒看到无缘的人，心里就很痛苦，就起烦恼，心念永远起起伏伏，永远在生生灭灭、生灭不已的痛苦里。所以，对凡夫而言，心理的生住异灭是必然。

上人期待我们在慈济借事相去除不好的习气，成为一个清净无染的菩萨，在入群处众之间，力行“普天之下没有我不爱的人”，对众生平等慈悲而无分别。事实上，也唯有透过“平等慈悲”，付出的对象没有我爱、我不爱之分别，才能修行有成，证悟真理。

自性三宝

心有分别就有“相对”的存在，从而产生好、恶之心，以致造业不断。《无量义经》说法品第二，对此道理有甚深的诠释——

善男子，是一法门名为无量义，菩萨欲得修学无量义者，应当观察一切诸法，自本来今，性相空寂，无大无小，无生无灭，非住非动，不进不退，犹如虚空，无有二法。

上人表示，所谓大小、生灭、住动、进退，这些都是“相对”而存在。菩萨的心没有这些分别，爱众生的心“绝对”平等，也绝对不变；不会分别这个人有权势、有地位，那个人无财无势，因此所付出的爱有所分别。文中“性相空寂”四字就在说明，菩萨对众生无私的大爱，永恒不变，永远存在。

而诸众生，虚妄横计，是此是彼，是得是失，起不善念，造众恶业，沦为六趣，备诸苦毒，无量亿劫，不能自出。

这就是凡夫的境界。我们还未成佛，就是因为我们的心总是在分别，在分别中造成许多的“相对”，如彼此、得失、你我等等，所以起计较、比较，喜欢、不喜欢的心态，对于自己所爱的就执著争取，对于己所不爱的就厌恶排斥。

譬如说你特别喜欢这个人，也就绝对会有你很不喜欢的人，这是相对存在的。如果你特别喜欢的这个人变心，你自觉受到欺骗、伤害，就会由爱生恨，一想到他就非常气恼；或是有人对你很喜欢的这个人不友善，你就会连带讨厌那个人，像这种连锁的烦恼不断地滚下去，就会造作许多不善的业，在业力牵引下，而轮回六道苦不堪言。

可见不起分别，没有你、我之分别观念，视众生与自己“同一体”，待人不分彼此平等付出，便是成为凡夫或菩萨的重要关键。

菩萨摩诃萨如是谛观，生怜悯心，发大慈悲，将欲救拔，又复深入一切诸法，法相如是生如是法，法相如是住如是法，法相如是异如是法，法相如是灭如是法，法相如是能生恶法，法相如是能生善法，住异灭者亦复如是。

当我们彻底了解何为菩萨、何为凡夫的关键时，我们的大慈悲心就生起了。除了透彻了解凡夫与菩萨之不同点外，菩萨又深入观察宇宙万法现象，发现世间凡夫虚妄的心就是充满着生住异灭——善念因何而生，恶念因何而起，所以善恶之念总是反反复复。

菩萨如是观察四相始末，悉遍知已，次复谛观一切诸法，念念不住，新新生灭，复观即时生住异灭。

不只有生住异灭，而且是常常的、快速地生住异灭，上人举例什么是“情”？“青”年人的“心”就是“情”，年轻人的心总是飘浮不定，虚无缥缈，抓不住自己，以此形容情的本质是变化无常。

如是观已，而入众生诸根性欲，性欲无量故，说法无量，说法无量，义亦无量，无量义者，从一法生，其一法者，即无相也。

上人明白众生的性欲、根器、个性、习气是什么，所以菩萨欲度众生，是否了解他是非常重要的；唯有彻底了解这个人的心性，才能施以种种方便引他回到心灵故乡。不同的人施以不同的方法，这无量度众的方法、义理，来自于一颗大爱的心，大爱的心无形无状，看不到、摸不着；所以说“无量义者，从一法生，其一法者，即无相也”。“一”就是指清净的大爱。

如是无相，无相不相，不相无相，名为实相。

上人诠释“无相”就是大慈悲心，大慈悲的心是无形的。“无相不相”就是“一生无量”，虽然是无形无相，但是可以开展出无数无量有形、让众生看得到的事相。“不相无相”就是“无量生于一”，虽然可以开展很多事相，可是这些无穷尽的事相又生于一。“名为实相”，实相就是清净本性，意即有这种作用——虽然是无相、看不到，却可以开展许多善事！

慈济世界，就是起于上人一念悲心，一念不忍众生之心，所开展出来的事相；而即使事相无量无数不可计数，却总摄于一念大爱之心。

这句经文，意即希望我们肯定“自性三宝”，假如人人回归清净本性，每个人的本能就是无限，这无限来自于人人之自性三宝，就是实相。所以上人要大家莫轻己能，不要自卑，只要心彻底清净，自然能发挥很多能力。

菩萨摩诃萨安住如是真实相已，所发慈悲，明谛不虚，于众生所真能拔苦，苦既拔已，复为说法，令诸众生受于快乐。

菩萨唯有彻底了解真理、实相，所发的慈悲才是真正彻底慈悲，因为已经不再动摇了。“于众生所，真能拔苦，苦既拔已，复为说法”，众生在饥饿边缘，叫他念佛，他怎么念得出来呢？所以要先拔除他的苦。他饥饿，给他食物；他受冻，给他温暖的棉被，安他的身；盖医院，解脱他的病苦。把他的苦彻底解除，这是慈善、医疗；再施以教育、文化，开启他的爱心良能，过一个为人付出的幸福人生。由此可见，度众是有先后、次第的；所以，上人开展四大志业自有步骤。

善男子，菩萨若能如是修一法门，无量义者，必得疾成阿耨多罗三藐三菩提。

什么叫“疾成”？上人表示就是“大直道无留难故”，菩萨道是一条康庄大道，假如能坚定修行，净化自己的心，不断扩充大爱，付出、再付出，自然能明白众生心性。众生有八万四千烦恼，因而开展八万四千法门，八万四千法门就是无量义理，能彻底知道无量义理，至终必能成就佛道。

求仁得仁

《无量义经》的精神，就是要我们“看透虚幻，进取真实”。什么是虚幻？凡夫虚妄心所起的生住异灭种种现象，是虚幻；什么是真实？就是如如不动的清净心。

这个世界虽然是在生住异灭的变化现象中，可是我们人人都有不变的清净心。假如能透彻这个道理，就知道世间无常是必然也是自然，就不会为无常变化生起很大的烦恼。众生的痛苦就在面对无常时，内心生起很深的痛苦。一旦看透宇宙万物是众生虚妄心所幻化，我们就不会去追求外在物相，心自然能清净而轻安自在。

这是很重要的观念。当我们去关心、帮助别人时，他不仅不感恩，还毁谤你、排斥你，此时我们就要看透，那不是真正的他，那是凡夫心的他；他也有清净本性，只是他还没有明白他有清净本性、还陷在习气里。

孔子说："求仁而得仁，又何怨。"我们唯有透过帮助别人，才能净化自己的心，培养大爱的心。我们去帮助别人，成就自己的爱心，就不用为别人还没有找到他自己的清净本性而觉得无力感。我们要帮助他，是借事练心，虽然他不一定愿意接受你的帮助，可是因为我们要帮助他，要成就自己大爱的心，不论他有没有感恩或得救，我们自己已经成就，所以还是要感恩他。

就如释迦牟尼佛，并非每个人都很满意他、喜欢他，都接受他的帮助，有些人还是不喜欢释迦牟尼佛，可是释迦牟尼佛照样成佛。所以帮助别人时，不要因为别人的脸色、刺激、毁谤，对我们不客气、不礼貌而伤心、难过，我们还是要如如不动，用清净的爱心对待他。

当我们成就了，求仁得仁——成佛之后，我们再回来度他。虽然他不满意我们，我们对他的爱心不变，而且成佛之后，就能具足更大的力量来帮助他。

朗照红尘

上人对中区委员慈诚联谊会开示，说到“一大事因缘彻悟人生，无量义大爱朗照红尘”，这句话彻底解释了《无量义经》的精神。整个《无量义经》的经义，就在教菩萨法，教我们如何做一个人间菩萨，以出世之心做入世的志业。所谓“一大事因缘彻悟人生”，“一大事因缘”就是行菩萨道，因为行菩萨道，发挥大爱的心付出，必然能彻悟人生的道理、众生的心性。因为帮助众生，所以能生出智慧观机逗教，这是自然的。

对无量义理的透彻是因为发挥大爱心付出。而当大爱扩展到无限无量，能心包太虚、量周沙界时，对于红尘的一切事理事相，是是非非，善恶对错，自然看得明明白白，我们的心胸自然无限开阔而无限欢喜，这就是“朗照红尘”。

安稳乐处

在《无量义经》德行品第一，很明白教示菩萨应该有的修持。其中一段——

是诸众生真善知识，是诸众生大良福田，是诸众生不请之师，是诸众生安稳乐处，救处、护处、大依止处，处处为众作大道师。

为了慈济三十五周年庆，静思堂之讲经堂大门上要刻一段《无量义经》经文，上人觉得“德行品”是此经之开头，在空间有限之下，理应刻德行品的经文。

上人思考时，指着《无量义经》的经文纸张样版说：“德行品的经文多美！多好啊！”上人指的就是这一段。

“德行品”里称赞菩萨的德相、德行，让我们清楚明白身为菩萨应该有的心灵状态及外在形貌应如何。

上人强调,成佛一定要广结众生缘,一定要让众生看到我们的人、听到我们的名,就起欢喜心。如何能让众生看到我们起欢喜心?一定要柔和、忍辱、端庄,让众生觉得可以依靠,很有安全感,很喜欢亲近,众生才会倾诉他种种心结,我们才有机会帮助他。

“是诸众生不请之师”,众生没有来找你,但你观察他的形貌好像有心事,就主动去关怀他,这就是不请之师。像国际灾难,从媒体知悉消息后,慈济常都主动透过管道,救援脚步就踏出去了,正是众生的不请之师,让众生在你身上得到无限安慰。

由上人的形象,能印证“德行品”这段话。当大家向上人倾吐自己的贪瞋痴慢疑时,上人会因此排斥大家吗?不会,也绝不会因此而讨厌大家,所以大家才敢向他倾诉。上人是如此柔和、端庄,但该威严时则如古人形容孔子是“温而厉,威而不猛”,是一种既庄重又和蔼亲切的形貌，所以大家乐意向上人诉说心灵的苦处。

细腻周到

做菩萨一定要有慈悲、柔和的形貌。在此举三点上人处处为人着想，十分细腻周到的地方。

在表扬大林慈济医院筹备期间努力奉献的医护人员会中，那时候许多医师和护士都表示很敬仰上人，上人的行谊很值得大家恭敬、欢喜。也有人提到大林慈济医院参加评鉴，从地区医院升格为区域医院，因此非常忙碌，很多医护人员熬夜辛苦做准备。

但上人上台致词时，却首先向大家致歉！“大家为了评鉴这么忙，还让大家晚上聚在这里，这么累了，还坐在这里听我讲话，真的感到万分歉意！”这是一种多么谦虚、善体人意的人格所表现出的委婉言语。

再来是云嘉南三区会议的时候，突然萨尔瓦多来电，上人就先离开会场接听，回来会议现场的第一句话是问："刚刚是谁报告?"有人说是影视志工。这个报告的师兄一定很欢喜，上人并没有因为暂时离席而疏忽了他。

后来开示时，上人犹不忘记称赞影视志工的劳苦功高，为时代作见证，为慈济写历史。影视志工听了皆大欢喜，上人没有遗漏掉他们。但我们要明白，萨尔瓦多的地震灾情是多么令上人挂心，在万般牵挂中，还能细腻地注意到——"刚刚是谁报告?"让人充分感受到被上人重视!

还有在彰化联络处时，江师兄向上人介绍一位林教授，师兄不断赞叹林教授，说他是木构造专家，他的书是建筑系学生必读。之后当林教授提出观点，认为在中庭之上覆盖一个木屋顶，可以解决空间不足的问题；然而上人却有不同看法，上人认为中庭采露天方式，可见天上之星月，又能见合院两侧飞檐，意即可兼得自然景观与古色古香的美感。

但是面对初来乍到的知名学者，上人如何委婉表达自己的意见，又不伤及他的心，不使其感到自尊受损呢？

上人提出折衷办法，是否设计可收可合的木屋顶？或是以后在别的地方设计？后又表示："我相信林教授一定考虑到彰化联络处空间有限，所以费尽心力想解决空间不足的问题，而且很用心地提出木屋顶方案。"声音是如此轻柔，又给人肯定，教授哪会觉得自尊受损？他和慈济因缘来日方长。

功德难思

力行《无量义经》所开示的菩萨道，有何种殊胜处？"十功德品第三"说，假如信受奉行《无量义经》，可以得到十种不可思议功德力，举其中五点说明——

第二功德——能通达百千万亿义，无量数劫不能演说所受持法。

随师者多人跟在上人身边，天天跟天天记录上人言行，所记永远觉得没有重复，这是因为上人随缘说法无碍，上人所体会到的道理，无量亿劫讲不尽。这句话，随师者应该是感同身受！上人如此，只要我们跟随上人力行《无量义经》的精神，我们也能够通达百千万亿义，这就是自性三宝所发挥的作用。

为何“无量数劫不能演说”？由经文知，从一能生百千万数，以至于无量，所以演说不尽；且从一法能衍生百千万亿乃至无量无边之义，此即上人所云“一大事因缘彻悟人生”，无量义则都在你的心海里，因为这无量义是从你清净的心所衍生者。

第三功德——于一切法，得勇健想，如壮力士，能担能持诸有重者。

试想上人做尽多少别人不敢做或做不到的事。如成立大爱电视台，在当今习尚刺激性的报导，有多少媒体能不以营利为目的，全天候报导温馨感人事迹？而且成立大爱台又耗费多少钱？投注多少人力？但上人志在负起道德勇气，鉴及电视媒体影响社会极其深远，因此毅然挺身而出，借重大爱台的力量，希望带动其他媒体，协力肩挑净化人心的使命与责任。

前“新闻局”局长胡志强先生来访时，上人讲过一句话：“人可以不为自己，可是人不可以没有自己，理想一定要坚持！”

“人可以不为自己”，我们理应建立无私无我地为人群付出的生命价值观；可是我们“不可以没有自己”，不受利欲熏心迷失做人的本分，不忘记自己的理想是什么，这个理想虽然很艰难，可是我们一定要坚持。慈济做大陆赈灾之初，上人在公开的演讲场合讲过一句话：“我天生下来，就是要做别人做不到的事！”这是何等的大丈夫气概！一般人都无法说得有气魄，何况是在大众面前，更何况是在一片反对、批评大陆赈灾的声浪中。

第四功德——虽复不能领理国事，已为臣民之所崇敬，诸大王子以为伴侣，王及夫人爱心偏重，常与共语。

意即，一个王子虽然还没有成熟长大到能统理一个国家，可是他也能被国民所崇敬。“臣民之所崇敬”这一段话可以解释成，臣民就像幼小的孩子，幼小的孩子都无比崇敬上人。“诸大王子”，即与上人同年龄辈的很多人都和上人志同道合，是菩萨道上的法亲伴侣。“王及夫人爱心偏重”，可以常常得到长者的护持。

上人的形象不就是如此？幼小的孩子看到上人都很欢喜，与上人志同道合的人又何其多，长者的护持更不用讲，例如许多老委员都是，所以才能集众人之力开创慈济世界。

第六功德——虽具烦恼而为众生说法，令得远离烦恼生死，断一切苦；众生闻已，修行得法、得果、得道，与佛如来等无差别。

上人是否已成佛，以凡夫之身的我们实难揣测。

但就这段话可以得知，就算上人不是成佛之身，仍然心有烦恼，可是当他宣说《无量义经》，众生听闻后如法修行，一样可以成就果位。多少的慈济人因为听闻上人说法，而得满心欢喜？并且深受上人精神感召，也投入做菩萨的行列。

第七功德——如法修行，发菩提心，起诸善根，兴大悲意，欲度一切苦恼众生，虽未修行六波罗蜜，六波罗蜜，自然在前，即于是身，得无生忍……六度法宝，不求自至，生死怨敌，自然散坏，证无生忍。

第七功德非常重要，何谓“虽未修行六波罗密，六波罗密，自然在前”及“六度法宝，不求自至”？行菩萨道是何等匆忙，尤其慈济是应社会需要开展志业，天下灾难何其多，走在慈济菩萨道上，自是忙碌不休！所以，不论身居慈济何种岗位，大家都非常忙碌，如何能去了解、认识众多的佛学名相呢？事实上，许多名相也是后代的人依着自己对佛法的体会，为方便敷演畅说己见而创造、发明的。

精舍常住们职事非常忙碌，或种田、出坡，或在大寮煮食，或在慈济基金会任事，或带各种营队、随师、从事文宣工作等等；委员们则忙于济贫教富，国际赈灾……大家都这么忙，实难有时间去了解众多名相。虽然如此，其实我们已经将名相付诸行动了，“六度法宝，不求自至”，以无所求心力行救世志业时，已经做到这些名相的义涵。

古来大德都教人“一门深入”，一门深入故，得大智慧，通达诸法，故勉学人专心无杂勤精进，方学有所成。

所以，我们应深入认清自己身居的道场，既选择入群做入世志业的慈济菩萨道，哪有许多时间去钻研经藏或知识？若欲求得悠游知识学问瀚海，此无异缘木求鱼，不仅做不好本分工作，也将心生矛盾，烦恼丛生，无法安住。

《金刚经》云：“法尚应舍，何况非法”。不要执著名相，莫因不识很多名相，无能读遍三藏十二部经，就自以为不是在学佛、修行，这是非常不对的心态！“一理通，万理彻”，只要能彻底了解《无量义经》的精神，把握住佛法法义之精髓，做人、行事不离佛陀本怀，我们就可以非常坦然自在地说：“我讲我所做、及我做到的”。许多道理我们是亲身体验得来，而不一定从书本上读来，是发自内心真实体会所得。

难言之苦

第三品讲行菩萨道有很多殊胜的地方，可是行菩萨道也有很多难言的苦处。上人曾喟叹：“我遭遇的人事，心灵深处的忧苦，连随师的人及精舍弟子们也不一定了解！”

即连近身的弟子也难以贴切了解上人心，足见这内心深处、不为人知之苦，是如何地深沉？

分析上人所感叹的有两点：行菩萨道所遭遇的人事打击，如何能与人说？到底对机不对机？能说到怎样的程度？这些人事打击或挫折，有来自一般认识的、不认识的人，也有向来友好者，乃至于尊敬的长者，无能肯定或了解到底上人为何这样做？这种不被人肯定、乃至备受批评的人事打击，这种苦有谁能了解呢？

另外，还有不能为人体会的心情。这是指对世局的忧虑，对众生共业所形成的混乱世界的担忧，这份内心深层的担忧没有人可以体会。事实上，上人讲这两点也是示现行菩萨道必然遭遇这些历程。同时也在启示我们，因为慈悲、智慧不足，所做的事少，所遭遇的人事风浪不多，因此智慧尚未开启，不能深刻明白、不能贴切感受上人历经的人事之苦，及对世局的担忧。《法华经》说："唯佛与佛乃能究竟诸法实相"，一介凡夫，又怎能理解菩萨的内心世界？

所以上人曾对台中的慈诚委员开示时说："你们以为师父好做吗？不然，师父让给你们做好了！"

因为委员、慈诚队都很贴心，所以上人说了这句话。上人为佛教、为众生，奔波辛劳三十多年，无一日不为人群做事，无一日不为众生担忧，若非极坚强的信心、毅力、勇气，如何能长久贯彻到底？这岂是一般人能做得到或愿意做的呢？

此心安住

上人教慈济人要"做中觉，觉中做"，觉悟什么？就是好好体会《无量义经》的精神，透彻何为虚实、真假、常变，从力行菩萨道，完成自己的法身慧命，切莫"欲度众生，反被众生度"，被心念变化无常的众生所伤，而心生退转。

"做中觉，觉中做"之后，我们可以自行加上一句话"觉行圆满，继续做"，我们在慈济一边做一边觉，在自觉、觉他、觉行圆满，也就是成佛之后，还是回来娑婆世界继续做！

假设我们现在已经成佛了，哪里还会起分别心！绝对不起分别心，任何工作我们都能安住，事不分大小、重要不重要，也不计较自己是否默默无名，只要能认真当下的工作，待人处事不起分别心，努力做到等念怨亲、平等慈悲，则在慈济的任何工作都能福慧双修。唯有建立这样的信念，我们也才能安住手中的工作。

慈济希望工程之学校，都以SRC建筑，也就是采用钢骨钢筋混凝土，这种建筑无比坚固、耐震，当大地震来的时候，人在里面亦能安全无虞。上人或菩萨就好比是SRC建筑，能安稳地庇护众生；而我们可能还在叠砖头，一块砖、二块砖慢慢地叠，或只能盖成一间小茅房；但是，只要我们真正透彻《无量义经》的经义，肯定自性三宝，人人都能成就法身慧命，这也是上人对我们深切的期待。（三月十一日讲于静思精舍）

人格成，佛格成

——上人以伦理道德教育作为成佛之道之初阶

年初时候，为慈济一年一度的岁末祝福，上人行脚全省，不意到了台中就染患风寒了；生病十多天后，到了高雄，对委员和慈诚队有一番相当语重心长的开示。原本人好好的，不意却生病了，这就是“无常”。然则，到底上人与高雄委员和慈诚队开示些什么呢？

无来无去亦无生

既说到“无常”，不妨就先从这里谈起！七八月的时候，是夏天很闷热的季节，在精舍后面的莲花池，可以看到朵朵莲花盛开；到了冬天十二月、一月的时候，又可以看到大殿旁边的梅花一朵一朵地绽放。自然界的春、夏、秋、冬循环得多么快速，才刚欣赏莲花溢香，又见梅花傲霜。

提到人生无常，想及多年以前，上人曾经在一次早课中开示：“草露风霜闪电光，堪叹人生不久长；有生有死皆有命，无来无去亦无生。”这是上人俗家父亲往生时，上人在寺院礼诵《梁皇宝忏》，每次都会诵及的一段偈文。这段偈文给上人相当深刻的印象，所以上人在晨语时有感而发地讲出来。

佛教对于“无常”以及“人生快速过去”的形容，在这首偈文里提到了四相：草露、风、霜、闪电光。人生的快速、匆匆而去，就像春天草上的露水，太阳一照，露水就干涸了；也像夏天的微风，才觉得拂过我们的脸容，一下子也就飘远了；又好像冬天的霜雪，大地上一片白茫茫的冰雪，太阳光一照就融化了；又像闪电，只见天边电光一闪、随即雷声作响，电光石火生灭于刹那间！人生，就是消逝得如此匆遽！

“堪叹人生不久长”，人生无常、苦短，是每个人都会有的感伤。文学家和艺术家有感于“人生不久长”，对人生油然生起无限的感怀和悲情，所以写出了无数感人的文章，笔绘了许多动人的图画。

可是，在佛教中，我们就不能停留在这感伤的阶段。所谓“有生有死皆有命”，真正透彻真理的人，清楚知道这些生死、生灭的现象，是一个很自然的情况；并且，人生之岁月是长或短，是根据我们前生的造作，由造作而形成的业力，决定我们今世的缘短或缘长。“生、死”是自然现象，“人生长、短”是过去生的造作，我们必须对自己的造作负责。

至于“无来无去亦无生”，到底是怎么样一个超越的境界呢？这是非常难以描述的，但是当我们没有生死、来去、得失、你我、彼此等等这些“相对”观念的时候，这就是一个成佛的心境，这样的心境非常难以陈述。

在佛教来讲，它叫做“不可思议的境界”，就如《法华经》所说：“唯佛与佛乃能究竟诸法实相”，这是一个佛的心灵境界。《无量义经》也说：“如是无相，无相不相，不相无相，名为实相。”很多佛教书籍都在探讨“实相”之理，用很多名相来解释，如所谓“真空不碍妙有，妙有不碍真空”，很多的探讨都在这里钻研。

而上人是用非常浅显的话来诠释，如上人说：

“人生无所有权，只有使用权”——“人生无所有权”，这就是一种“真空”；可是人生不只如此而已，“人生还有使用权”，这就是“妙有”。

学佛自有次第、顺序、阶梯

学佛是为了成佛，而成佛的境界是如此难以明白，故而上人深入浅出解释“实相”的道理，这方面的开示虽然不少，但更多的开示则集中在“伦理道德”上。

上人为什么不和一般佛学者一样，投注全然心力去解说“无来无去亦无生”之“实相”境界呢？因为这样会让大家觉得佛法好深奥，深到大家都听不懂，如此又如何运用佛法于现实生活？如何让佛法成为妙法？为了引导大众走上成佛的目标，上人观察众生根机，明悉学佛而成佛的历程自有次第、顺序，与其坐而空谈论说高妙的心灵境界，不如循序渐进接引众生透过力行实践，而自然而然逐步到达成佛之究竟目标。

学佛依着次第、顺序老实修行，其重要性可从《四书》语句去明了。上人常常在开示里提到《四书》，尤其是《论语》，早期也曾经对静思精舍常住教过《四书》课程。

《四书》之中，《大学》和《中庸》是《礼记》一书里的两篇，古人把这两篇独立出来，和《论语》、《孟子》，合为《四书》。上人常提到《大学》开头的一些字句，所谓“大学之道，在明明德，在亲民，在止于至善”；“明明德”，先启发我们自己的良知良能，先净化自己的心，然后推己及人，付出爱心给我们的家庭、我们周围的人、我们的社会，最后止于至善，达到世界和平的境界。

“止于至善”就是上人所讲的天下无灾难，要达到这祥和的境界，得先从自己做起，这是有阶梯、次序的。

《大学》又说：“物有本末，事有终始，知所先后，则近道矣。”事情、物质，都是有头、有尾，就像树，有树根也有树梢；我们人也是有头有脚；事情则有起始，有终点。就像岁末祝福，有第一天的第一站宜兰，也有最后一天最后场次的台东，然后回到花莲，任何事情都有起始、过程与目标。

假如我们没有认清“开头”和“结束”，不知起点何在，也没认清终点目标在哪里，那么我们可能会迷失，不知道从何所来？去至何所？正因为清楚明白事有次第、阶梯，所以上人不希望绕着很高深的“真空妙有”讲述，讲得大家都听不懂；他根据众生普遍的根机而观机逗教，如果我们还在凡夫心阶段，还在算小学的加减乘除算法，上人如果一直跟我们讲微积分，我们哪里听得懂？

所以，上人将言教集中在伦理道德的教育，为的就是先把我们的人格奠基好，再带着我们一步步走阶梯，最后到达成佛的目标。上人的慈悲和智慧由此可知——上人应众生根机，投注心力于伦理道德教育。

伦理道德是学佛的根本、初阶、基础

“伦理道德”，是做人的根本情操和品德，也就是成佛的重要关键。人格教育是成佛的基础，此信念与思想可从《无量义经》去印证。在“德行品第一”有文：“静寂清澄，志玄虚漠，守之不动，亿百千劫，无量法门，悉现在前，得大智慧，通达诸法。”

“静寂清澄”，将心保持在很宁静而清净的状态，用很宁静的心去面对红尘世事，用清净的爱心去面对纷扰人寰，此时心境犹如清澈的湖水或明镜，照山是山、照水是水，宇宙万物朗朗在心，洞彻世间与人性，因此生起如虚空广大的志节，“志玄虚漠”就是“心包太虚，量周沙界”，当心很宁静而清净的时候，自然生起那份救世救心的大志与悲愿。

“守之不动，亿百千劫”，保持一颗清净大爱的心，如如不动、心无挂碍，胸怀慈悲济世的志愿，投入人群行利人利己之事，百千万劫都不退转，则自然水到渠成，得大智慧，通达诸法。

守持“伦理道德”，奠定人格基础，心境安然自得，思虑静定，自然能发心立愿以众生为己任，恒久持行利益众生之事，最终自然能明心见性“得大智慧、通达诸法”，亲身印证“无来无去亦无生”的境界，也就是到达成佛的目标。

以理启事，藉事会理

学佛修行何为起点与终点，必须透过智慧深入了解，进而向众生深入浅出说明，才能引导众生走上正确的方向，稳健迈步从起点以达终点。在这次行脚，上人提到两句话“以理启事，藉事会理”，意指慈济之成立，是以真理实相开启志业事相；慈济人藉由投入志业工作，以体证真理实相。

上人除以言教开示学佛之道的正确方向外，更透过开创慈济志业，希望人人从做慈济事，自己亲身去体证智慧、觉悟真理。亦即藉由投入有相的志业，以觉悟实相的真理;也就是上人常言的,透过有形以净化无形。

上人认为,若单是由他以种种言语传述成佛境界,实无益于大众觉悟之路。事实上,假如我们不经由体证而只是听人讲,自己也就跟着大谈成佛的过程、境界等等,则自己岂非就像一只鹦鹉——“别人说什么,我们跟着讲什么”。自己所说的并非亲身的体验,只是徒然模仿别人说话而已,这对修行有何助益?因此,上人不要我们好高骛远,宁可要我们从最基本的人格修养打好基础,行之既久,自己自然明白一切道理。

应机应缘施以智慧教育

上人开启慈济志业,让慈济人借事以修道;而当慈济人在借事修道的过程中,上人且一路陪伴,应机应缘施以智慧教育,使我们更能借此领悟真理。既是伦理道德是成佛的基石,则上人又如何在日常生活中施行道德伦理教育,使我们得以接受良好的学习而会见真理呢？从去年的慈济大事回顾，可试说明之。

去年慈济有三项特别重要的事，第一项是九二一大地震之“希望工程”；年初时，上人即不断和建筑师讨论学校设计方案。第二项是慈济医学院获准改制为慈济大学，并结合慈济中小学，落实慈济“教育完全化”的目标。第三项是“大林慈济医院启业”，配合启业盛事，举办了百年回顾良医展。

就希望工程来讲，当初在集思广益讨论学校模型规划时，建筑师有自己的看法，校方有校方的考量，慈济也有坚持的理念，其他建筑委员们也有种种意见。因为大家都很有心，希望建造一个大地上的艺术品，这个艺术品要负起千秋百世的教育重责，所以在讨论过程中，各种见解犹如百花齐放、相互争鸣。

上人因此表示：“希望大家要以大局为重，摒除自我的私见，更不要为了自己的私利，而有私心的看法。”

例言之,有的校方希望行政空间广阔,事实上单人使用的办公室,何必占据那么大的空间?上人就循循善导:"惜福也是一种教育,我们要有惜福的观念,慈济的钱来之不易,校方真有需要建筑,动辄上亿,少辄千万,慈济都愿意支援与付出;可是钱要用在刀口上,该用则用,该省则省。单人办公空间实在太大,是不是请校方以惜福观念,能以身作则?"

又例如,上人特别提到"人要走正门"的理念,这个思想感动在场很多人。起因于有所学校坐落在小山坡上,原本正门设在层层石阶上,学生们必须走上石阶后,再从大门进入山坡上的学校。但因为学生们大部分都住在后山,所以大家都舍弃正门不用。这个石阶原是古迹,两旁都是高大的树木,浓荫蔽天,非常美丽,可是大家为了方便,就从后门进入校园。

上人表示,石阶是个古迹,存在已久,假如从阶梯一步一步走到小山坡上的校园,会有一种心胸豁然开朗的感觉，会突然眼界一开，一所很宏大的学校建筑就展现眼前，这对学生心胸的陶冶非常有帮助，何况怎么可以只是为了方便而“走后门”呢？人应该是堂堂正正地从正门进出！

上人借此教育大家，人要有“自我心灵教育”，为人要走正门，任何旁门左道都不可以走。上人希望学生们在人生路上能明明白白，绝对不可为了做事情取巧、得利，就攀权附势走偏门，而不靠自己的实力。这是上人给予学生的人格教育。

另外，关于厕所的位置，一般人并未深入想及太多，但上人自有其智慧细腻之处。慈济当初盖大爱屋时，上人即很注重厕所的位置。有些建筑师设计的大爱屋，大门一打开，即能看到厕所的门。上人认为若作这样的设计，则人从厕所进进出出，很容易被人看到；当人上完厕所后，总会整整衣冠，这个整衣的动作，或衣衫不整的模样，非常不雅观。

从大爱屋到希望工程学校，乃至慈济各建筑体，上人都表示厕所必定要在隐秘的地方，上人是在教育大家——作为一个人，在任何时、任何地，都应该保持端庄的形象；当衣冠不整时，绝对不可以让人家看到。

从这些小地方，可以看到上人很用心地在点点滴滴的生活中，落实伦理道德的教育。

第二项年度大事是“慈济大学”。去年年初，上人即表示：“今年开始，最担心的就是青少年问题！”现在的青少年到底发生了什么问题？和以前的社会比较起来，以前人的生活较困苦，受教育的机会较少，所以非常珍惜能够接受教育；也因物质不丰富，所以非常惜福。

可是，现在的年轻人得到的太容易了，且得到的东西多，就不懂得惜福也不知道感恩，唯我独大的结果，就是“只要我喜欢，有什么不可以”。再加上西风东渐，人权的思想被混淆，大家不去了解人权真正的意义。事实上，这样的思想已经形成一种风潮，很多年轻人都迷失于争自由、争权利、争个人的表现、争个人成就的满足感，而不管其他人，不尊重他人，这是令上人相当忧心的地方。

普遍所认知的人权或自治，是不要人家管。但是上人说，真正的自治，是要自己治理好自己、管理好自己，同时也要尊重别人的权利，而不是只顾自己的利益，这是不对的思想。

为了要匡正时弊，修正不对的观念，上人对于慈济之教育完全化，非常强调生活教育。希望衣食住行要端正、整齐、清洁、有礼，此用意在于透过外在端庄形象的要求，进而陶铸内心的品格也能端端正正。

在慈济的教育机构，老师和学生都必须穿制服，穿制服有很多原因，其中之一是希望借着穿着经过设计的校服，该扣的钮扣要扣，该结的领带要结，女孩子该系的蝴蝶结要打好，该穿好皮鞋时，就要穿好皮鞋，而不是随随便便不顾整体搭配即穿着布鞋到处奔跑，并且头发要扎好，从外形的端正来使自己的内心也能很端正，这是深谋远虑的一种看法、一个决定。

最后，就大林慈院启业的良医展来说，良医展有两个意义，第一，希望我们藉此“饮水思源”。以往的宣教士，从海外千里迢迢离乡背井来到台湾，终其一生在台湾，为台湾民众的健康担任保姆的角色，为大家的健康谋福利，他们远离了亲人，远离了家乡熟悉的一切，自己一个人，或者少数几个人一起来到这个孤岛，这样的精神相当动人、可敬可佩。

上人借着良医展来教育我们，应该以这些大爱无私奉献的宣教士为榜样，而且台湾人也应该饮水思源，当初别人怎么帮助我们，我们怎么可以自私的没有去爱护台湾以外的其他不同人种，不同宗教，不同国度的人！所以，在第二个意义上，良医展是在“树立典范”，上人希望我们能见贤思齐。

良医展举办以来，上人开示许多，也提及内心的忧虑，如今台湾充满了追逐名利、地位的色彩，连医师也不例外。

医师的天职本来是很无私的，以照顾病人为终生职志，可是他们也迷失在时代的思想潮流里，变成喜欢追逐名利，而不是关心病人，不再以救人的立场行医，着眼于金钱和地位，这是令人很忧心的地方。当一个医师变成名利中人，民众的健康如何能得到妥善照顾呢？

有些资深医师也忧心地表示，如今医学院的学生选择的科别都是不必负太大责任，但可以轻松赚钱的科别，如皮肤科、耳鼻喉科、眼科、牙科等等。当然并不是说这些科系的医师全都是唯利是图的人，只是有满多人选择这些科是基于责任小、好赚钱、又轻松的考虑；比较辛苦的，或是稍一闪失可能就要负医疗责任的，如外科、妇产科等等，就少有人志愿于此。

这些都是令人很担心的情况，上人希望借由良医展能够唤起大家或医学院的学生及医师的神圣天职使命，希望大家能效法当初那些海外教士们的精神，重新调整自己的心。上人也很明确地提到，慈济所要建立的医疗文化，就是医师和病人要互爱、感恩，双方能互爱、感恩，这才是最美的、最重要的医疗文化。

医师要感恩病人，因为有病人受苦，医师才能透过诊治病人而不断增进医术；病人要感恩医师，没有医师，怎能解除病苦呢？病苦是很痛苦的，上人希望慈济的医疗院所，能够建立美好的医疗文化，进而推及到所有地方的医师，都能负起这样的责任。

安慰与遗憾

就几例年度大事回顾，可以清楚地发现，上人苦口婆心都是在讲——如何好好做一个人，做好一个人，这是多么重要！

想要进入佛法的堂奥，达到成佛的境界，基础相当重要;基础不稳却要攀上高峰,这不仅不可能,并且非常危险。所以上人集中心力于全民伦理道德的教育,就是希望人人打好品格的基础。

在岁末祝福行程中,上人在病了好几天之后,来到高雄时感冒已经非常严重了。当上人带着疲倦的病体,以非常沙哑的声音,对委员和慈诚队语重心长开示时,在场众人实是感触良深!上人在这场讲话中,说及他的“安慰”与“遗憾”。

上人说,我的年纪一年比一年老,体力一年不如一年,让我非常安慰的是,佛教应走入人群服务众生,这样的思想和作法,全球慈济人已经藉由大爱奉献众生的行为努力去实现,已经将佛法从深山寺庙、藏经阁里拉回现实的人生;甚至有些教界团体,也开始仿效慈济的作法。

可是大家若只是拼命做慈济,一味忙着工作,而没有厚实的伦理道德情操,仍在人我是非争执中打转,只为一件小事就不舒服,就好像台语所说:“你把我撞得乌青(瘀血)!”天天心存这个念头,自己的心也就在想着:“哪一天我也要以牙还牙,把你也撞得瘀血!”

大家从工作中、从做慈济中,累积了聪明、能干,可是却没有清净自己的心,常在人我是非中起争执,在人事漩涡里迷失自己,使得慧命损伤、夭折,这是上人觉得最遗憾的事!上人还说:“这会让我感到,我只是带你们走到一半而已。”

上人希望我们自己能够把另一半的路走好。“慈济到底是修福或修慧?这不是师父的问题,而是身为弟子的问题。应自我反省做慈济,不论是访贫,或到医院当志工等等,是不是只累积了能干,常常不可一世,不能原谅别人,不能包容别人,也不能去爱别人?”

“师父引入门,修行在弟子”,上人说,成长智慧得靠自己,这事急不来,有时也感到无奈,只有期待所有慈济人都能知道修福也要修慧。

做人做事“多用心”

从以上分析，可以明了上人开启慈济事相，接引了建筑师，接引了校方，接引了无数的民众，教他们打好人格的基础。上人不断地叮咛，要好好做一个人，好好利用慈济大环境，来修养自己高尚的品性。

上人曾提到《法华经》的一段故事。有一位名医也是良医的父亲，他的儿子生了病，这个父亲很用心地帮儿子诊断病情，并且对症下药。但是儿子“近庙轻神”，舍近求远，再怎样都不吃父亲开的药，总觉得外面的月亮比较圆，自己父亲开的药并不在意，所以病一直好不了。

这父亲实在无可奈何，自己家中的孩子不愿意听话，留在家中有什么用？不如远走吧！所以就到外面去行医。长年行医救人无数，很多人都在这位医师父亲的诊断下，病体康复了。好多年以后，这位父亲在外往生了，消息传到家里，这个孩子才知道后悔，后悔当初父亲开的药，为什么就是偏不吃，以致现在病还没有好。找遍了家中的药柜，就是遍寻不着，到底药放在哪儿？

就这则故事的启示，为人弟子者或在家或出家，宜于深思上人“以理启事”开创慈济，要人做慈济“藉事会理”之深义。慈济已立，法语已说，上人诚盼人人在慈济菩萨道上福慧双修，不仅从做事中累积聪明能干，更重要的是在人事磨练中去除习气，培养高尚品格；唯有品性端正，才能会见真理、觉悟智慧，也因此才有成佛的希望，这就是“人格成，佛格即成”之理。

为人弟子者，是否真能真实体会上人心，走在成佛大直道上，就要靠自己在人事之间“多用心”了！

从人间教育之观点
探讨佛法出世间之道理

——上人思想与《四书》之关系

《四书》是我们所熟知的:《大学》、《中庸》、《论语》、《孟子》,这四本合称《四书》。中华民族千年来的主流思想是儒家思想,儒家思想的核心在于《四书》,《四书》的论述重点是伦理道德的人文精神。

上人经常引用《四书》文句,或在感叹之时,如感叹时间飞逝、一去不复返,上人会说:“孔子说:‘逝者如斯夫,不舍昼夜’。”又如感叹人才难求,会说:“孔子也说:‘才难!’人才很难求!”乃至于慈济成立三十几年来,上人开示时,也每以《四书》文句,教导做人做事的方法。

由此可见,上人对《四书》有相当研究,并且肯定、推崇《四书》的道理和思想。

中华文化

上人曾经讲过,中华文化相当优美,它最美的部分是“伦理道德”,这是上人相当推崇与肯定的。上人也曾说,二十一世纪是中华文化的世纪;上人如此说，并不是唯我独尊，以为其他文化不如中华文化，而是认为伦理道德若能在世上发扬光大，举世的纷乱动荡就能获得解决。

上人也曾说过，世纪在交替之时，会发生必然的变动，从而产生新的局面。其实就佛法五蕴："色、受、想、行、识"来看，这"行"字指的就是天地万物都不断在迁流、变异之中，分分秒秒生灭不已。所谓世纪交替时"必然的变动"，代表什么意义呢？

看看我们身处的世纪，正逢二十世纪和二十一世纪之交，是历史上交替的关口，在这个关口发生多少天灾人祸？如中南美洲乔治台风、米契台风相继来袭，造成中南美六个国家严重水患；又如土耳其、萨尔瓦多、哥伦比亚、印度等地大地震，导致众多人民伤亡。至于人祸，则有科索沃风云、"九一一"美国惊爆事件。

以上所述都是变动很大的事件，可不知往后二十一世纪还会发生何等大变动？至于"新的局面"指的又是什么境况？中华文化将在二十一世纪居于何种角色？

不论时代的变局如何演化，在这新世纪之初就上人所说“中华文化最优美的是伦理道德思想”、“伦理道德是维系世界和平的良方”这些观点，或许有必要来加以深入探讨“究竟‘伦理道德’的义涵是什么”？从而为纷乱的世局找出和平的方向与希望。

《四书》因缘

在探讨伦理道德思想之前，首先来谈上人接触《四书》的因缘。民国四十九年（一九六〇），上人因养父往生，遂到丰原慈云寺持诵《梁皇宝忏》，由此觉得佛法对其人生有新的意义。所以就经常往赴慈云寺，想深入了解佛法义理。

此时，寺里有位老先生以汉文教授《四书》课程，而修道法师在言谈间偶亦说及《四书》，上人遂并非全然专注在佛经的钻研，而亦自修研读《四书》，其动机就是这篇文章的标题——“从人间教育的观点，探讨佛法出世间的道理”。《四书》之人间教育与佛法的出世间法，二者之间有何关联？这是上人探讨《四书》的动机和目的。

在一九六一年的时候，夏秋之交，上人为了出家二度离开家乡丰原，偕修道法师流浪到东部。转辗寄身于知本清觉寺，因俗家养母与亲生父亲寻踪而至，原本瞒着家人的上人，既被家人寻获，三人遂在台东市一家旅馆中，展开亲子之间一番长谈。

上人强调自己出家心志已坚，不可能改变；既然如此，两位老人家就黯然神伤回去了。尔后，上人心想，如今家人已晓得他出家的心志，且已不再坚持，这表示终于能够得偿出家志愿，一切无须再隐瞒，遂回到慈云寺，先行过着带发修行的生活。住寺期间，觉得出家应该是走入人群，为佛教、为众生服务，因此又离开常住，来到花莲。

慈云寺常住众有亩田，一甲两分地，一年三收，种二季水稻一季麦子。上人于逃家离开丰原前后，皆曾参与寺里的农稼工作，举凡如何割麦、整地、灌溉、插秧、“搜草”（闽南语），乃至于施肥、堆肥（有机肥）等农事都做过，很能感受到农夫的辛苦！

寺里常住是在麦子成熟割下来后，紧接着马上进行春耕播稻种，插秧之后一星期就要搜草，上人即曾参与这时期的农事。搜草时得全身趴在田里，跪爬前行，双手抚地，将杂草压入泥里，以免新草和秧苗抢肥夺水。

有一天清晨三点多，上人跟常住数人骑着脚踏车，差不多二十多分钟后，来到稻田所在。这时才四点多，天还没亮，非常寒冷。初春时节，就要下田去搜草，不免有“透早就出门，田水冷霜霜”（闽南语），一种冷冰冰的感觉。

上人眼见田水那么冷，心都凉了，在犹豫的时候，看别人都已卷起裤管下田了，可是上人不敢卷裤管，就直接穿着长裤、打着赤脚，在田地里跪爬着搜草。那时年末才收割麦子后的田地里，仍留有一根一根尚未腐烂、枝干坚硬又尖利的麦禾，田水是如此冰冷，手脚又常被麦梗割破，既痛又累，可真是举步维艰！从没做过田事的上人，不免觉得为什么好好的日子不过，要来过这样辛苦的日子？有时搜草时摸到泥鳅，以为是蛇，吓一大跳，但因田泥土又黏又软，脚一踏进土里就陷入甚深，虽然心里十分害怕，但也无法起身，只好怀着恐惧之心继续搜草。

过了一会儿天亮了，抬头一看！一甲两分地，才寥寥数个人力，要搜草到什么时候呢？但是既然来了，也只得勉为其难。那时上人就想到一个方法：背《四书》里的《大学》章句。既知有这么大一亩田，担心、害怕、退缩都没有用，只要照顾好手中周围的杂草，心就能定下来。上人告诉自己，不看远方、只看眼前，不要想太多，做就对了！“大学之道，在明明德，在亲民，在止于至善……”上人就这样心无二用地，没有任何杂思，也没有什么不安，边埋头背书，边专心搜草，待《大学》字句背熟了，整亩田地的草也清理干净了。

这个搜草的经验，带给上人很大的启示，在往后与众开示时也每每提及。如在面对希望工程之庞大建设，或慈济在嘉义大林、台北新店、台中潭子等地之医疗建设，或在推动社区志工时，上人总是以早年搜草的例子，鼓励慈济人不要去计算“数量”有多庞大，不论必须耗费多少时间、人力、物力与财力，亦不论工作有多艰巨，总是专心致志去做就对了！否则，一味杂思乱想，还没有开始做就先心生恐惧，手脚发软，就永远做不了事。

目标既已确立，只要把握当下，专心于现在正在做的事情，在不知不觉中，忘掉了时间的飞逝，本来很庞大或艰巨的事情就这样完成了。

出家后，早期还没有成立慈济时，上人领着五六个弟子在普明寺清修，这时大约是一九六五年。大家白天种田，晚上，上人就教弟子们读《四书》，约教了一年多。这一段耕读的岁月，是上人一生难得无牵无挂的日子。

本末终始

我们先就《四书》原文，去理解儒家思想的根本精神，再来探讨上人从《四书》所获得的做人行事的依止所在。

大学之道，在明明德，在亲民，在止于至善。知止而后有定，定而后能静，静而后能安，安而后能虑，虑而后能得。物有本末，事有终始，知所先后，则近道矣。

古之欲明明德于天下者，先治其国；欲治其国者，先齐其家；欲齐其家者，先修其身；欲修其身者，先正其心；欲正其心者，先诚其意；欲诚其意者，先致其知；致知在格物。物格而后知至，知至而后意诚，意诚而后心正，心正而后身修，身修而后家齐，家齐而后国治，国治而后天下平。

自天子以至于庶人，壹是皆以修身为本。其本

乱而末治者否矣;其所厚者薄,而其所薄者厚,未之有也。(《大学》经一章大学之道)

"大学之道,在明明德,在亲民,在止于至善"与"知止而后有定,定而后能静,静而后能安,安而后能虑,虑而后能得"这两段可看出儒家和佛教思想在义理上的关连性,二者能相互印证。

古人教育的宗旨就是"在明明德,在亲民,在止于至善"这三句。"在明明德",每个人都有本具的良知良能,接受教育时,就是要启发人的良知良能,也就是启发我们内在本有的光明的德性。"在亲民",我们被启发了之后,要走入群众里,在人群里付出,来完成自己高尚的品德;意即透过净化自己的心,进而也去净化别人。"在止于至善",到达最完善的目标,对个人而言这已经是成就了佛道;对天下来讲,就是天下和平。

透过教育来达到个人修道的成就,也透过教育来促进、完成世界的和平。"在明明德"是一个起点;

“在亲民”就是佛教所讲的菩萨道，一定要透过走入人群，才有可能来完成自己的道德，这是一个过程；“在止于至善”是一个目标。上人曾说：“佛陀的教育不也就在这三句吗？佛陀来人间，就是希望我们每个人净化自己的心，进而去影响别人；一定要透过导正别人，帮助别人行走菩萨道，我们才有可能完成自己的佛道。”

“知止而后有定”，我们把心依止在这宗旨之上，把心依止在这个起点、过程与目标，心心念念都是善的，都是净化自己，都是净化别人，都是进德修业。我们知道起点也知道目标，我们的心有所依止就会有定力。

通常人会没有定力，会感到迷茫，就是因为他的心没有依止之处，不晓得起点在哪里，也不晓得过程与目标何在，所以会感到茫然。假如我们很清楚地把心依止在这宗旨之上，我们的心就不再迷失，不再迷乱，就有一股定力，定力产生之后，心就会常感宁静。因为我们很清楚知道自己在做什么，做错了，知道要改正之处；做对了，也很清楚要持续这优点。“定而后能静”，心有定力，凡事清楚明白，就会觉得很宁静自在。

“静而后能安”，因为非常宁静自在，一心希望自己能够进德修业，往更好的层次提升，言行举止问心无愧，心就会很安定。“安而后能虑”，我们的心一旦很安定，在思考事情时就比较不会出差错，而且能考虑得非常周详、细腻，不致于人事不圆融。“虑而后能得”，既然做事非常圆融，常考虑得非常周到，于是就能得，得能成就自己最高尚的人格。

上人常讲“人圆、事圆、理就圆”，做人做事圆满，就表示道理圆满；也唯有真明白道理的人，才能做人做事圆融无碍。由此可见，“在明明德”就是求其人圆，“在亲民”就是事圆，“在止于至善”意即“理圆”的境界。

上人亦曾说：“知止而后有定”，这就是戒。“定而后能静，静而后能安，安而后能虑”，这是定。“虑而后能得”，得什么呢？就是慧。也是戒、定、慧，三无漏学的一个过程。

从“知止而后有定”，一直到“虑而后能得”，就是戒、定、慧三无漏学的成就，此理也可以和《无量义经》经句加以印证：“静寂清澄，志玄虚漠，守之不动，亿百千劫；无量法门，悉现在前，得大智慧，通达诸法。”这段话就在鼓励大家，要做一个菩萨，就要将心常处于很宁静、很清明的状态下，而且起心动念都是要帮助别人，亿百千劫帮助到究竟圆满的时候，我们的智慧就开通了。所以佛教教法与儒家思想可以从这句话里得到相融之印证。

“古之欲明明德于天下者”这句话以下，讲的是“修身、齐家、治国、平天下”，这是一个步骤，也是一个抱负。儒家所强调的不是只有独善其身，而是希望能兼善天下，每个人都应该扛起促进天下和平的使命、责任。在步骤来说，每个人把自己的心念都照顾好，家里的每一分子都能依循道德来相处，家家户户就能非常幸福、和乐，则由各家庭所组成的国家就能非常安定、繁荣。每个国家都如此，天下就太平了！

这段话一方面揭示了一个天下太平的方法、过程、步骤，一方面很期待大家能怀有这样的抱负。佛陀的教育不也就是这样！所以上人在研读《四书》时，会觉得深契他的心，觉得这与佛法并没有相违背。

知其所止

在《大学》的另一段话——

诗云："邦畿千里，惟民所止。"诗云："缗蛮黄鸟，止于丘隅。"子曰："于止，知其所止，可以人而不如鸟乎？"

诗云："穆穆文王，於缉熙敬止。"为人君止于仁，为人臣止于敬，为人子止于孝，为人父止于慈，与国人交止于信。

诗云："瞻彼淇澳，绿竹猗猗。有斐君子，如切如磋，如琢如磨；瑟兮僩兮，赫兮喧兮；有斐君子，终不可諠兮。"如切如磋者，道学也；如琢如磨者，自修也；瑟兮僩兮者，恂栗也；赫兮喧兮者，威仪也；有斐君子，终不可諠兮者，道盛德至善，民之不能忘也。诗云："於戏！前王不忘。"君子贤其贤而亲其亲，小人乐其乐而利其利，此以没世不忘也。（传十章三释止于至善）

这整段话有两个很重要的思想。里面提到"穆穆文王"，周文王是儒家非常推崇的圣贤。现就儒家所推崇的古圣先贤的事迹，来理解道德修养者的人格典范。

以尧、舜、禹、汤、文、武、周公等人为例。尧是古时候的仁君，他平日吃的是粗米饭，住的是茅草屋，生活过得非常简朴，对百姓相当宽厚。他知道有人没有衣服穿，有人没有东西吃，他就会很感叹很伤心，他会觉得："这一切都是我的错，我的过失，才会让人民受饥寒的苦楚。"

当他在找寻继承者的时候，有人建议尧的儿子丹朱。可是尧帝不同意，他觉得他的儿子非常狂妄、顽劣，根本不适合当国君，没有办法统领好一个国家，使人民安定，所以断然的拒绝。后来听人家说舜是一个孝子，工作又勤奋，是一个很好的人选。他听到人家这样讲，并非就直接请舜来当帝王，他先把两个女儿嫁给舜，就近来观察舜的一言一行，看看是不是真如人所说的品德这么美好。

后来经过女儿们的观察了解，知道舜真的是一个了不起，有完美德性的人，所以尧才把帝位让给舜。这是中华历史的一个美谈。

舜到底有怎样美好的德性呢？舜的母亲很早就往生了，爸爸又是一个瞎了眼的人，后来娶了后母，这个后母对舜非常不友善，甚至有意要把他害死。曾经叫舜去修理仓库，然后竟然去点火烧仓库，想把舜烧死。还好舜急中生智，抓着两个斗笠从屋顶上跳下来，安然无恙逃过一劫。后母又叫他去挖井，当挖到地下深处时，后母就从地面上往深井丢石头、丢泥沙，想将他活埋。舜赶快挖了一个小洞逃出来了。虽然几次大难不死，但他对后母还是非常孝顺，毫无怨言。

这就是古人那种很纯朴的德性！他不怨恨后母，还是非常孝顺，还是认真勤劳工作，赢得大家对他的敬仰。所以后来舜不论迁住到哪里，总有一群人跟着他到那里安居安身，以致于他所在的地方都会变成一个很繁荣的村落。

夏禹因为治水，三过家门而不入，这是以天下苍生为念，为公忘私的典范。商汤也是非常有道德人品的人，有一次国家发生了五年大旱，粮米都绝收，他非常伤心，非常自责。跑到山里的树林里，向上天哭泣祈祷求雨说："上天啊！假如是我一个人的过错，请你不要连累到天下的百姓。假如是天下的百姓做错了事，惹恼了你，这是因为我没有把国家治理好。粮食攸关天下百姓的生命，没有水来滋润粮食成长，恐怕天下百姓的生命就难保了。这都是我一个人的过错，请不要将我的错，让天下的苍生来承担。"

商汤非常虔诚地向天祈求，他为了更虔诚，就把自己的头发剪掉，把双手绑起来，就像是一个真的犯了过错的囚犯。他用这带罪之姿态向天祷告，至诚感动天，后来竟然真的下了一场大雨，解除了五年的旱象。这也是商汤很感人的事迹。

周文王是如何之人？在商纣王时，文王是名臣子，不论纣王怎么谩骂，面对君王都不动怒，还是很勤奋，很认真地做臣子应为之事，因为他一心就是希望国家百姓能得安乐。后来有人来跟纣王进谗言，说周文王怎样不好、要小心。纣王竟将周文王抓到一个地方关起来，并入了狱。可是周文王还是一点怨恨都没有。有一次纣王把一块土地封给周文王，文王跟他讲："您现在把这块地封给我，我宁可不要，我希望可以用另外一个方式来代替，就请您把一些残酷的刑罚免了吧！"他就是这样心心念念为天下苍生着想。

周文王和姜子牙有段故事，为中国人所熟悉。文王会遇姜太公时，姜太公已七八十岁了，怀才不遇。周文王耳闻姜太公有才干，虽然文王是非常尊贵的人，但仍然不远千里来拜访，也不以姜太公已老而有所轻视。经过交谈之后，文王赞赏姜子牙见识非凡，就请他来佐理政事。文王为表示礼贤下士，还亲自为姜子牙驾驶马车。文王就是这样非常谦虚的人，不以自己的身份高而骄傲。

周武王是周王朝的建立者，也是施行仁政的君主，各项施政宽厚合理，以仁为至，获得天下人民共同的肯定。周公是周文王的第四子，周武王的弟弟。周公小时候很聪明，很孝敬父母。当他的儿子要到封地鲁国就位时，深知人才很重要的周公就告诫儿子说——

我文王之子，武王之弟，成王之叔父，我于天下亦不贱矣。然我一沐三捉发，一饭三吐哺，起以待士，犹恐失天下之贤人。子之鲁，慎无以国骄人。（《史记·鲁周公世家》）

周公说明他身为周文王的儿子，周武王的弟弟，周成王的叔父，他的地位在国家中也不低了。然而，自己就曾经在沐浴时三次握住头发，吃饭时三次放下碗筷、吐出口中食物，为的就是起身礼待有才能的贤人，这样还恐怕失去天下的贤人。你到鲁国去，也要思贤若渴，礼贤下士，做事要谦虚谨慎，千万不能以国骄人啊！

后来武王过世，周成王还只是个小婴儿，周公恐怕天下大乱，就替代成王理政，有人就放出谣言说："周公将不利于成王。"但周公不以为意，仍然以大局为重，继续理政。成王长大后，周公就还政给成王，自己则执臣子之礼。但又有人诬陷周公居心不良，周公被迫离国。后来成王弄清事实真相，就哭着把周公迎接回来。周公希望成王也能做个贤君，所以写了许多文章来告诫成王，教他要学习商汤、文王那样的勤政爱民。

这里所说的"穆穆文王"，指的就是品德高尚的周文王，"於缉熙敬止"，他为人光明磊落，做事始终庄重谨慎；这是标举出一个人格的模范。

“为人君止于仁，为人臣止于敬”一直到“与国人交止于信”，这段话是在说明我们是什么身份，就要去做到这个身份所应该做到的德行。

身为君主者，就要把心安住在仁慈上；当臣子的，就要对君主非常恭敬。这个“君”也可以指长辈、资深的师兄师姊等。长辈或资深的人要爱护晚辈、资浅的人；晚辈或资浅的人要对长辈、资深的人非常敬重。为人子的要孝顺，为人父的要慈爱，平常和其他的人交往，要非常讲信用。这种君、臣、子、国人的伦常关系，也就是伦理道德思想的根本所在——每个人都有他的身份，每个人必须完成自己的身份所应该做到的本分，这就是安分守己。

“瞻彼淇澳”这段，是在说明我们要透过不断地切磋琢磨，在学问与人品方面，都要不断地上进，更上层楼。品德高尚、有文采的君子，内心非常谨慎，所以表现在外的形象就非常庄重；心胸非常开阔，相貌堂堂，这就是君子的威仪。有文采的高尚君子，“道盛德至善”，他的道德非常的盛大，非常完美，所以“民之不能忘也”，人民没有办法忘怀他。“前王不忘”，“前王”指的就是文王和武王，他们仁德美好，尊敬贤人、爱护百姓，虽然不在世了，后人依然非常怀念。

以上是说明，每个人都要认清自己的本分、角色是什么？这就是“知其所止”。我们上有父母，旁有平辈，下有晚辈，在人世间有这么多的人伦关系，我们应该扮演好自己的各种身份，透过不断地敦品力学，直到成为人格完善的人。

安分守己

接着是《中庸》——

君子素其位而行，不愿乎其外：素富贵，行乎富贵；素贫贱，行乎贫贱；素夷狄，行乎夷狄；素患难，行乎患难，君子无入而不自得焉。在上位，不陵下；在下位，不援上。正己而不求于人，则无怨：上不怨天，下不尤人。故君子居易以俟命，小人行险以激

幸。子曰："射有似乎君子，失诸正鹄，反求诸其身。"（第十四章）

这段话很重要的字句在"素其位而行"。素就是平素、现在。我们现在处在什么地位，就要做这个地位所应该做的事情。"不愿乎其外"，就是不要生出非分的妄想；富贵的人就做富贵人该做的事情，什么是富贵人该做的事情？就是富而好礼。贫贱的人应该做的是什么？安贫乐道。现在处在什么样的处境，就做好那个处境应该做的事情，不要去妄想。

"君子居易以俟命"，君子就是安住于现在等待天命，他不会如"小人行险以徼幸"，他不会铤而走险，妄求非分。除了安守在自己的地位、处境之外，我们现在是在怎样的职位，这个职位所赋予我的权责功能是什么，我们就要好好做到。如在一个团体，各人皆领有各自的功能执事，有的人身为干部就要勇于承担，其他的人就要乐于配合；两方面的人都能各守本分，团体才能安定、和乐。推广及于社会、国家，也是如此。

《中庸》另一段——

天下之达道五，所以行之者三：曰：君臣也、父子也、夫妇也、昆弟也、朋友之交也。五者，天下之达道也；知、仁、勇三者，天下之达德也。（第二十章）

君臣、父子、夫妇、兄弟、朋友，天下不外乎有这五种伦常的关系；还有其他，如师生，人和自然，人和万物也都是一种关系，但大致来分有五种类别，这是古人的智慧。

名正言顺

再下来，《论语》子路第十三——

子路曰："卫君待子而为政，子将奚先？"子曰："必也正名乎！"子路曰："有是哉？子之迂也！奚其正？"子曰："野哉，由也！君子于其所不知，盖阙如也。名不正，则言不顺；言不顺，则事不成；事不成，则礼乐不兴；礼乐不兴，则刑罚不中；刑罚不中，则民无所措手足。故君子名之必可言也，言之必可行也。君子于其言，无所苟而已矣。”

子路问孔子，若去参与政事，服务百姓，想最先做什么？孔子就说：“我一定要先正名。”“正名”就是正名分，先把这个做好，才能使大家各就各位，各尽本分。何况“名不正，则言不顺；言不顺，则事不成”，一直到“则民无所措手足”，这就是一个制度的建立。如方才所言，所领的执事就是一个“名”，随着名带来的就是“分”，有这个名就要尽这个分。

各就各位

《论语》颜渊第十二——

齐景公问“政”于孔子。孔子对曰：“君君，臣臣，父父，子子。”公曰：“善哉！信如君不君，臣不臣，父不父，子不子，虽有粟，吾得而食诸？”

有人问政于孔子，如何才能把统领大众的事做好？孔子回答："君君，臣臣，父父，子子"，意即假如为人君的像个君子的样子，为人臣的像个臣，为人父的像个父，做人子的像个儿子，整个天下就安定了。最怕的是君不君，臣不臣，父不父，子不子，儿子应该孝顺也不孝顺，爸爸应该慈祥也不慈祥。这段话重点在于人人都要自我要求，相互都要严以律己，而不是片面去要求别人。假如大家各就各位，各尽本分，社会就会很有秩序。

例如身为政务官就要好好地为民服务，教师的责任就是教导学生，商人的责任是把此地有的东西运输到彼地没有的地方去，也就是运输有无。假如当教师的不好好教育学生，而跑去从政，或者商人也跑去从政，大家都跑去从政，那么社会不就大乱了？

儒家对于稳定社会秩序有其周详的考虑，这就是正名分——是什么名，就尽什么分。

《孟子》滕文公上，也说——

后稷教民稼穑，树艺五谷，五谷熟而民人育。人之有道也，饱食、暖衣、逸居而无教，则近于禽兽。圣人有忧之，使契为司徒，教以人伦：父子有亲，君臣有义，夫妇有别，长幼有序，朋友有信。放勋曰："劳之来之，匡之直之，辅之翼之，使自得之，又从而振德之。"圣人之忧民如此，而暇耕乎？

使契为司徒，教以人伦："父子有亲，君臣有义，夫妇有别，长幼有序，朋友有信。"这是说明伦理道德教育的核心思想就是在"安分守己"。古圣先贤不外是教人要尽本分，否则饱食、暖衣，只是吃饱了就好，有衣服穿就好，没有伦理道德的教育，不懂得做人的道理，这和禽兽有什么区别呢？

自然法则

我们从《四书》可以了解儒家伦理道德思想的内涵。关于伦理道德思想的开示，上人也讲得非常多，就以这几个月来看，有一天的早课，上人提到，天地宇宙之间的自然界有一定的顺序，比如：春、夏、秋、冬四季的轮转。冬天时很冷，夏天时很热；冬天时白昼比较短，夜晚比较长，夏天的时候，白昼比较长，夜晚比较短。

春、夏、秋、冬是一个顺序，或说春天是气候和煦，夏天是炎热，秋天是凉爽，冬天是寒冷，这都是季节应尽的本分，若是不尽本分，季节轮转的秩序错乱了，季节的气候属性变异了，以致风不调、雨不顺，那么就会有天灾，整个世界就会乱掉了。

从自然界的顺序，上人讲到人间的人伦关系也要跟自然界一样，有上下、长幼的顺序，如果乱了顺序，整个社会也会很混乱。

人和万物之间，人对万物应该以仁存心，应慈爱对待万物众生。上人在晨语时也说过，佛陀提到，在舍卫城靠近灵鹫山五百里的山上，有一个一百二十人的家族，这个家族平常以打猎吃兽肉来维持他们的生命，并且近亲结婚，生下来的孩子都是身体残障或身有疾病。

佛陀悲悯这个村落的人，所以去教育他们，人要守人的本分，要有人伦秩序，不要近亲结婚；应该爱护苍生万物，舍去打猎，改为农耕。佛陀并设法向国王要些田地，让这个村落改以种田维生。

TVBS董事长邱复生先生来访时，上人也说，“士农工商要各就各位，各尽本分。”居于什么职位，就要尽那个职位的本分。

上人也向邱董事长谈及媒体工作者的本分，上人认为记者的本分是发扬社会光明面的感人温馨故事，旨在匡正人心，引导社会走向善良的民情风俗。宣扬好人好事，净化人心是媒体记者的本分；但现在媒体尽是报导一些刺激、血腥、煽动性的消息，使得人心浮躁不安。媒体记者若没尽到本分，就是失去自律，结果就会失去公信力。一如人人没有尽到保护大自然的本分，过度地开采、滥垦，就会导致一下雨就发生土石流，最后受害的还是人自己！

举例说，一九七三年的娜拉台风，造成台东、大武等地灾害，当时前往勘灾所见到处都是碎石，原来那时东部正盛行采大理石，业者以炸药炸破石山，取走了大石，留下小碎石，当台风来袭，无数的碎石便从山上随大水流下来。但是现在，却是深山里比人还高的巨石随洪流奔腾而下，足见台湾山林实已破损、疲惫不堪，再也经不起任何大小的风雨了。

上人认为，自然界的顺序或人伦的秩序，就是自然的法则。自然的法则，就是伦理道德的思想；伦理道德的根本精神，在于“安分守己”。人假如合于自然的顺序，恪遵自然的法则，守住伦理道德，安分守己，就会过得非常平安和乐。

彰化静思堂即将竣工启用，当初设计时，上人就指示：“中国固有的伦理道德观念，是维系社会长治久安必定遵循的自然法则，这分传统保守的文化绝对不能遗失。”因彰化、鹿港一带是台湾古朴文化的所在，上人坚持保留台湾古老文化的合院式建筑，就是希望借此守住古来的道德文化。

未来彰化静思堂也将开办社会推广教育，上人也曾强调，伦理道德教育旨在回归自然法则，希望社会上人人恪守本分，善尽自己的分内事。以女孩来说，如何能在家中是孝顺的女孩，出嫁了是夫家的好太太、好妻子、好媳妇，这就是教育的重要目的。往昔女孩出嫁前，都必须学习裁缝等家务事，出嫁后才能井然有序地料理好一个家庭。因此，推广教育或可设立"待嫁班"，以教育女孩涵养美好道德的人品，并能娴熟地做好种种家务事，如此才能建立美满幸福的家庭，促进社会的安定与繁荣。

暴虎冯河

我们从上人的开示，可明白其对于"伦理道德"的重视。而就上人开示的内容深入探讨，可见上人以《四书》文句来举证说理的事例相当多，以下就《论语》来说。

子谓颜渊曰："用之则行，舍之则藏，惟我与尔有是夫。"子路曰："子行三军，则谁与？"子曰："暴虎冯

河，死而不悔者，吾不与也。必也临事而惧，好谋而成者也。”（述而第七）

“九二一”发生的时候，上人在九月二十三日来到台中分会，那时已经黄昏四五点了，中寮灾区还在发应急金，有人打电话来，叫分会赶快再送几百万元过去。接电话的人一听，急急忙忙赶快就要送钱去。上人马上阻止：“走山路到那里已经天黑了，路又不熟，何况到达时已经很晚了，钱要怎么发？”

这是多么危险，也无济于事。所以上人劝阻说：“暴虎冯河，有勇无谋，不足取！”这是长久持续性的救灾工作，计划使灾民能安身、安心、安生。既是很长远的一条路，慈济人的人数非常有限，所以要考虑体力、安全和人力的问题，才能做好救灾的工作。

同样在这一天，又有慈济的三部车跑到山上去，他们是听到长庚医疗队要上山到东势雪山坑义诊，大家只是听说“雪山坑路通了，需要义诊”，总共六七辆车傍晚五点就出发了。结果上山到了中途，幸好军队劝阻说：“你们怎么跑上来？前面的山路还没通，你们赶快下山，山上非常的危险。”

他们就只好折回来，路上听说有个一百多人的部落需要义诊，所以匆匆忙忙地就去义诊了。下午五点多出门，到晚上十一点才回来。上人在晚上八九点听到慈济三部车还没有回来，整夜辗转难眠，一直担心着大家的安危。

隔天上人就指示说：“山上人家谋生应变能力很强，需要义诊或物资，也不必那么急，非要你们冒着天大的危险，而且还号召一大群人去，这是非常没有智慧、没有纪律的事情。”因为有这些事情发生，上人就指示：“以后窗口要统一，资料要汇整，出入要有秩序，大家要切实遵守，不可以贸然上山。”

后来“中正大学”一位石教授来讲解关于地震的

常识。他说九二一的大地震就如有四十粒的原子弹丢在中部地区，可以想象威力有多么大！他还说未来还会有六个月的余震，并且山上土质已经松动了，一下雨可能就会造成土石流、山崩。他这番话引起上人更大的忧虑。

那时台中正要进行大爱屋普查，调查灾民们有无意愿住大爱屋，一方面也借机安慰他们的心。因为中部人力不足，台北慈济人下来支援，临行出发时，上人千叮咛万叮咛："就石教授所说，山上已经非常危险，并且事有轻重、缓急、先后。例如六个人居住在山上，心思很单纯；六十个人在一起的地方，他们也会随遇而安；可是有六百个人居住的平地聚落，就非常不一样了，他们会彼此讨论当局的补助事项，也会很彷徨，甚至有所埋怨，可以说人多声音多，思想非常复杂。"

"所以，我们不要舍近求远，应该把都市里六百个人的心照顾好，去安慰他们、关怀他们，让他们的心能定下来。因为他们都是社会的人才，他们的心定下来，国家才能安定，国家的社会经济也才能尽快稳定。山上的人我们当然也很担心，可是他们毕竟韧力较强，我们必须权衡轻重，待平地人烟稠密的都市稳定，再来考量山上的情形。”

虽然上人这么叮咛，还是有师姊走路上山去访视。因此在十月十日上午十点，上人强调：“此后一段时日之内，禁止大家为任何理由而上山，从今天这一刻开始，禁令生效！”

“禁令生效”隔天，就有人来忏悔了。几位师兄来说：“九月二十五日曾向上人报告要去爽文山上送物资，虽然上人劝阻，但我们还是瞒着，只因他们需要物资、很可怜，我们很心疼，所以九月二十六日我们还是偷偷去了。”

结果七组人分七个村去送物资。有一组人开车遇到一个老阿伯，老阿伯说：“有一个村落还没有人去关怀，你们要不要去？”就在阿伯的指路之下开车前往。行进间好像开不动，越开越慢，大家问开车的师兄，才知原来又有地震，所以车子开不太动。

那次地震规模六点八，就是九二一地震之后最大的一次余震。就在车子开不动时，前面突然一丛竹子倒下来，他们只好下车先停在路边。才下车，竹子前方不远，土石流就滚了下来。假如没有竹子的阻挡，一旦他们前进几步，就会惨遭灭顶。

而他们竟然还是勉强上山，一二个小时后，去发放物资给少少的几户人家。他们觉得自己很英勇，很心安理得地回来。上人听到他们讲述，真是叹息又忧虑。

“九二一”一个月之后，因为先前九份二山发生气爆，二十三个人还埋在山里面，家属非常伤心，还在挖尸体。慈济人接到这消息，就赶着上山去助念。后来上人知道了，脸色沉下来，很严肃地跟他们说：“你们要正信，不要感情用事。”

上人说：“应该辅导家属，往者已矣，已经入土为安了；何况就佛教来讲，早已经舍身投彼，现在去助念也没用！而且你们应该劝他们不要再挖了，就算挖出来，家属看了更伤心。”这是在台中的开示。

过了几天上人到达台北，带队的师兄来忏悔，上人就说得非常地严肃、沉重，听得在场的人都沉默下来，师兄也非常伤心。上人这时就讲到子路，上人说子路一向就是莽莽撞撞，很有勇气，但是没有智谋，虽然是孔子弟子七十二贤之一，是孔子很贴心的好弟子，但是他常被孔子耳提面训。

因子路常自恃英武有力，所以孔子说了这段话——若是与人共同领军队打仗，或是空手就与老虎搏斗，或者是过河也不搭船，若是这样死了也不后悔的人，我是不会跟他去的。“必也临事而惧，好谋而成者也。”唯有遇事考虑谨慎周详，有成功把握的人，孔子才会跟他去领军。“暴虎冯河”，指的就是子路。

上人以孔子这句话，提醒大家遇事要冷静、沉着，事事要考虑周详，救人的人也要保护自己的安全，才能去做救人的工作。何况带队的人？更不可任性以为“我将生死置之度外”。能为自己也为别人设想，凡事顾全大局，这才是真正的智者——有智慧的领导者。

明哲保身

《论语》中之四则句子——

子曰：“笃信好学，守死善道。危邦不入，乱邦不居，天下有道则见，无道则隐。邦有道，贫且贱焉，耻也；邦无道，富且贵焉，耻也。”（泰伯第八）

子曰：“直哉史鱼！邦有道，如矢；邦无道，如矢。君子哉蘧伯玉！邦有道，则仕；邦无道，则可卷而怀之。”（卫灵公第十五）

子谓南容，“邦有道不废，邦无道免于刑戮。”以其兄之子妻之。（公冶长第五）

子曰："宁武子，邦有道，则知；邦无道，则愚。其知可及也；其愚不可及也。"（公冶长第五）

该出来做事或该收敛隐藏，这其中有大道理在，上人有时针对事件所开示的"邦有道则仕，邦无道则隐"，就是出于以上论说。这道理在《中庸》第二十七章也有相同的思想——

是故居上不骄，为下不倍。国有道，其言足以兴；国无道，其默足以容。诗曰："既明且哲，以保其身。"其此之谓与？

如"九二一"发生期间，印尼师姊曾来台中分会请示上人如何在当地推展志业？此事涉及东帝汶事件。东帝汶曾被印尼占领，印尼让他们自行选择是否独立，东帝汶向来分成两派，一派是亲印，一派是反印。结果，大部分的人都赞成独立建国，只是那些亲印尼派的非常反对，所以引起国家内乱、纷争不休。东帝汶一些难民跑到西帝汶，西帝汶觉得没有办法收留，把他们赶回去。印尼本来就很乱，再加上东帝汶事件，整个社会更是雪上加霜、紊乱不堪。

针对印尼师姊们的问题，上人跟她们说："邦有道则仕，邦无道则隐。"要明哲保身，印尼局势混乱，这时应该要放低姿态，不要发起太多活动，应该缩小自己，甚至缩小到被人看不到都无妨，这样才能保护自己。

生命很可贵，我们必须尊重生命，所以当天下很乱的时候，不要光芒太露，不要让人发现，以保住自己的生命；待天下有道时，我们就要积极负起使命，勇于承担，出来做事。

是仕或隐是很高的智慧。上人制定慈济十戒，其中之"不参与政治"，目的也是希望我们能够明哲保身。因为现在选举环境恩怨纷争多，都不是君子之争，不是礼义的竞争。希望慈济人不要参与政治活动，并且让宗教归于宗教，政治归于政治，二者不要相混，以保住重要的生命去做有意义的使命。

君子不党

陈司败问昭公知礼乎，孔子曰："知礼。"孔子退，揖巫马期而进之，曰："吾闻君子不党，君子亦党乎？君取于吴，为同姓，谓之吴孟子。君而知礼，孰不知礼？"巫马期以告。子曰："丘也幸，苟有过，人必知之。"（述而第七）

子曰："君子矜而不争，群而不党。"（卫灵公第十五）

子曰："君子周而不比，小人比而不周。"（为政第二）

"君子不党"，上人当初推动"社区志工"时，总是以这句话来勉励大家。缘于要落实"社区志工"，必须将委员与慈诚队以当局之行政区域分组，以前同一组人分散在各个行政区，如今要重新编制，就必须将成员重新组合。上人教示大家，慈济人是超然的菩萨，对所有的人都要友爱，不可结党营私，不可有

"我跟你比较好，我非要跟你一组不可"的小爱执著。"周而不比"亦即君子对人都是普遍亲厚，没有我特别私爱的人。

"浸润""肤受"

子张问"明"。子曰："浸润之谮，肤受之愬，不行焉，可谓明也已矣。浸润之谮，肤受之愬，不行焉，可谓远也已矣。"（颜渊第十二）

此处的"浸润之谮，肤受之愬"，原是说如水慢慢渗透的谗言，如切身之痛般的诉冤，假如听的人都能明辨真假，不实的谗言和诉冤在他面前都行不通，那么这个人可说是明察秋毫而见识深远的人了。

上人则取"浸润"和"肤受"语词，在向懿德妈妈们开示时，借此引申说明平常就要细心关怀孩子们，倾听他们的心声，慢慢地开导他们的道德情操，引导他们走上人生的正轨；而不要一下子突然讲了一大堆，这是难以奏效的。就如用水慢慢地去浸润石头，让石头常常保有湿气，久而久之，水才能被石头吸收进去；如果一次给很多水量，像是倒水在很热的石头上，水很快就干掉了。

“浸润”和“肤受”是授者给予受者所运用的两种不同方法。上人也曾表示，就接受者来说，佛法就像雨水，雨水遍洒没有大小之分，非常均匀。土壤很容易吸收雨水，若是坚硬的石头，雨水来了，也只是滴在表面而已。所以学佛要先去除顽固的凡夫心，才能像能够吸收佛法雨露的土壤，而不要执著凡夫见解，徒然做个不能吸收佛法的顽固石头。

在《无量义经》德行品第一，也有同样的道理——“微渧先堕，以淹欲尘”，以及“猛热炽盛，苦聚日光；尔乃洪注，无上大乘，润渍众生，诸有善根”。这两句是在说明，无论是接受佛法或教育众生，都要点点滴滴循序渐进，长时间毫不间断地学习、引导，才能减轻厚重的烦恼，才能将佛法的种子植入众生的心田。

修内形外

食不厌精，脍不厌细。食饐而餲，鱼馁而肉败，不食。色恶不食，臭恶不食。失饪不食，不时不食。割不正不食，不得其酱不食。肉虽多，不使胜食气；唯酒无量，不及乱。沽酒市脯，不食。不撤姜食，不多食。祭于公，不宿肉。祭肉不出三日，出三日，不食之矣。食不语，寝不言。虽疏食，菜羹，瓜祭，必齐如也。（乡党第十）

席不正不坐。（乡党第十）

这里所说的“割不正不食”与“席不正不坐”，明显表现在上人的日常生活中。上人总是教导我们，切菜要切成“寸菜”，每段菜必须长短整齐一致，不要切得太长也不要太短，要刚刚好能入口的长度。

其实，上人也将这种观点运用在对委员、慈诚队乃至教育志业的老师和学生身上。上人要求大家都要穿着所属单位的制服，并且女众要蓄长发绑扎整齐，男众则要短发以显出男众的气概。这是希望大家在生活中，要从外相的整齐、端庄、规矩，藉以格正自己内在的心念；所谓“修于内，形于外”，若在修持上下功夫，必得庄严、有气质的威仪。

《论语》例句

其他上人言及的《论语》文句可说多不胜数，例举如下——

（学而第一）

一、子曰：“学而时习之，不亦说乎？有朋自远方来，不亦乐乎？人不知而不愠，不亦君子乎？”

二、子曰：“巧言令色，鲜矣仁！”

三、有子曰：“礼之用，和为贵。先王之道，斯为美；小大由之。有所不行，知和而和，不以礼节之，亦不可行也。”

四、子贡曰:“贫而无谄,富而无骄,何如?”子曰:“可也;未若贫而乐,富而好礼者也。”子贡曰:“诗云:‘如切如磋,如琢如磨’,其斯之谓与?”子曰:“赐也,始可与言诗已矣,告诸往而知来者。”

(为政第二)

一、子曰:“吾十有五而志于学,三十而立,四十而不惑,五十而知天命,六十而耳顺,七十而从心所欲,不逾矩。”

二、孟武伯问孝。子曰:“父母唯其疾之忧。”

三、子游问孝。子曰:“今之孝者,是谓能养。至于犬马,皆能有养;不敬,何以别乎。”

四、子夏问孝。子曰:“色难。有事,弟子服其劳;有酒食,先生馔,曾是以为孝乎?”

五、子曰:“视其所以,观其所由,察其所安。人焉廋哉?人焉廋哉?”

六、子曰:“君子不器。”

(里仁第四)

一、子曰:“里仁为美。择不处仁,焉得知?”

二、子曰:“朝闻道,夕死可矣!”

三、子曰:“德不孤,必有邻。”

(公冶长第五)

宰予昼寝。子曰:“朽木不可雕也,粪土之墙不可圬也。于予与何诛?”子曰:“始吾于人也,听其言而信其行;今吾于人也,听其言而观其行。于予与改是。”

(雍也第六)

子贡曰:“如有博施于民而能济众,何如?可谓仁乎?”子曰:“何事于仁!必也圣乎!尧舜其犹病诸!夫仁者,己欲立而立人,己欲达而达人。能近取譬,可谓仁之方也已。”

(述而第七)

一、子不语怪,力,乱,神。

二、子曰："三人行，必有我师焉：择其善者而从之，其不善者而改之。"

三、子曰："君子坦荡荡，小人长戚戚。"

四、子温而厉，威而不猛，恭而安。

（泰伯第八）

一、曾子曰："士，不可以不弘毅，任重而道远。仁以为己任，不亦重乎！死而后已，不亦远乎！"

二、子曰："不在其位，不谋其政。"

（先进第十一）

季路问事鬼神。子曰："未能事人，焉能事鬼？""敢问死？"曰："未知生，焉知死？"

（卫灵公第十五）

子曰："人能弘道，非道弘人。"

纯正无邪

综言之，不论是儒家或佛教所讲的人格教育或伦理道德的重点，都是要我们的心安住在正念、善念上，并因此发而为正行与善行。上人曾以孔子所说："诗三百，一言以蔽之，曰：思无邪。"肯定及赞叹"思无邪"三字，思想纯正无邪。孔子说《诗经》三百多篇，整体的思想就是一个"正念"；佛教也正是强调正念，如——

佛言：善男子！第一，是经能令菩萨未发心者，发菩提心；无慈仁者，起于慈心；好杀戮者，起大悲心；生嫉妒者，起随喜心；有爱著者，起能舍心；诸悭贪者，起布施心；多憍慢者，起持戒心；瞋恚盛者，起忍辱心；生懈怠者，起精进心；诸散乱者，起禅定心；于愚痴者，起智慧心；未能度彼者，起度彼心；行十恶者，起十善心；乐有为者，志无为心；有退心者，作不退心。为有漏者，起无漏心；多烦恼者，起除灭心。善男子！是名是经第一功德不思议力。（《无量义经》十功德品第三之

第一功德)

从这一段句子,显而易见所谓的“菩提心”、“慈心”、“大悲心”、“随喜心”、“能舍心”、“布施心”、“持戒心”、“忍辱心”、“禅定心”、“智慧心”、“度彼心”、“十善心”、“无为心”、“不退心”、“无漏心”、“除灭心”,这几个心指的就是“正念”。

儒家很强调正念,《无量义经》里也说明正念就是清净心,而且可以看出,这“正念”都是教人要走入人群,菩提心、忍辱心、布施心、精进心……这些正念都是在人群里完成;换句话说,佛道必得在众生中成就,脱离人群,不以众生为念,则离佛道远矣!

平常生活

学佛修行就是要甘于平凡、平常、平淡的生活。上人说:“成佛要百千万劫,百千万劫要怎么去理解它?就佛经所说,人寿八万四千岁,每一百年减一岁，一直减到人寿十岁；再从人寿十岁开始，每一百年增一岁，一直增到人寿八万四千岁。这样一增一减是一个小劫，二十个小劫成为一个中劫，四个中劫成一个大劫，则'百千万劫'或'三大阿僧祇劫'，如何计算？”

上人一语道断说：“一天有八万六千四百秒，一秒算一劫，一天不就八万六千四百劫了！”

假如我们好好把握当下，每一秒都把心顾好，做的都是利己利人的事，这就好像是一个大水池，若自天而下的雨水，点点滴滴都非常结实，那么雨滴滴落下来，很快地水池就满了。若将每滴雨滴的结实，代表我们的心都照顾得很好，那么水池的盈满就好比佛道的圆满。

但如果我们的心没有照顾好，就像细雨斜风、飘飘渺渺，如此之雨洒在水池上，不知要飘洒到何年何月水池才会盈满？上人说：“一天好比过了八万六千四百劫。”我们可借以举一反三思惟，如果我们每一秒都将心念照顾得好，就如结实的雨滴落在水池里，池水很快就盈满，佛道也很快就能完成。

我们再举当年上人在田里搜草，口中背诵《大学》的例子而言，这搜草的启示，也可以应用到成佛之道来看。到底成佛要多少劫？我们不用去想那么多，只要照顾好当下这一念，做人做事安分守己，守住我们现在的身份应该做的本分，说应该说的话，那么不知不觉中，很快地就可以走到究竟成佛的目标。

叶公问孔子于子路，子路不对。子曰："汝奚不曰：其为人也，发愤忘食，乐以忘忧，不知老之将至云尔。"（述而第七）

孔子也是超越时空，完全没有时间观念的人，当其在追求自己生命价值的实现，在成就自己高尚的人品时，往往废寝忘食，过于专心而忘记时间的消逝，不晓得自己已经老了。

《菜根谭》说："浓肥辛甘非真味，真味只是淡；神奇卓异非至人，至人只是常。"至人就是圣人，圣贤不会谈玄说异，不说怪力乱神，只是很规矩地在日常生活中，守好应该守的规矩，做好本分事。圣人就是这样平常，就像我们在精舍一天的修行，从早上起来上早课，上早会，然后各做各的职事，一直到晚上安板睡眠。

每天都是这样的作息，这就是一种平常。修行就是在平常生活里，顾好自己的心，将心安住于正念，安住于守本分，那么我们的一天，一样也是过了八万六千四百劫，秒秒都很充实，自然道业就有水到渠成的一天。这就是上人的希望，期待不论在家或出家弟子，都能安于做人的本分，不要有非分的妄想；但以平常心修行，不要心外求法，做人的极至就是佛。

真正的强

现今世局纷乱，人心难测。处在这样的人世间，如何能安住我们的心？以《中庸》第十章，作为结论——

子路问强。子曰："南方之强与？北方之强与？抑而强与？宽柔以教，不报无道，南方之强也。君子居之。衽金革，死而不厌，北方之强也。而强者居之。故君子和而不流；强哉矫。中立而不倚；强哉矫。国有道，不变塞焉；强哉矫。国无道，至死不变；强哉矫。"

什么才是真正的强？上人说："行仁道的国家，才是真正的强国。"这句话和《中庸》这段话可相印证。真正的强不是孔武有力，而是一种人格的精神力量，人格的力量无限大，有完美道德、高尚情操的人，才是真正的强人。

"宽柔以教，不报无道"，我们对每个人都"群而不党"，对每个人都非常温柔宽厚，即使有人对我们非常蛮横无理，可是我们对他并没有怨恨、报复的心，这是君子的强。"衽金革"，睡在盔甲上，一直跟人打架争斗，至死而不后悔，这是孔武有力的强。我们应该学习的是君子的强。

“君子和而不流”,“和”就是待人普遍都非常和气,“和”是儒家很重要的字,也是上人不断苦口婆心叮咛的:“有和气就有道气。”“而不流”,我们虽然与任何人和气以待,可是我们不与他同流合污。“和而不流”意味着柔中有刚,我们心中自有原则,或许大家在观念上、看法上不一样,或者他人有不好的习气,我们都不与之计较,也不和他形成对立,还是和善待他,但我们绝不附和他的恶,不与他共行不好的事。

能做到这点很不容易,所以才说这是君子的强,是真正的强。“中立而不倚”,要做到中立超然而无私并不容易,但难行能行,能不偏私不偏袒,这才是真正的强。“国有道,不变塞焉”、“国无道,至死不变”,不论天下有道或没道,我至死不变我的人格操守,永远不变更我坚守本分的伦理道德情操。

不论处富贵、处贫贱，不论世局如何，不论人心多复杂，“坚持道德人品”，安分守己，这是儒家之教，是佛陀之教，也是上人之教。

（九月二十一日讲于静思精舍）

共行大忏悔，虔诚来祈祷

——“爱洒人间”运动缘起

“来不及!”三字,近来每每出于上人口中。

人间灾难偏多,世事甚是纷扰。面对一波波天灾人祸,上人即使内心记挂万般事项,但仍日日按既定日程会见访客、出席会议、参加活动,乃至于每天早上的早课以及志工朝会,亦依时与众开示。冷静与沉着见乎于上人身上,然而上人内心深处,实有难言苦楚:“心情非常地空洞,非常沉重,但愿大家平安,灾难快快过去……”

“天灾来了,人祸也发生了,之后还会有什么呢?总感到再不加紧脚步净化人心,真担心一切要来不及了!”

上人以阿难被拒于经典结集之外的公案,感叹阿难苦于情执难断,然自己内心的忧虑又何其深沉,亦可谓是源于对众生之情实难断了。上人说:“全球各地任何角落,哪里有灾难,慈济人就奔赴哪里去救灾,这份迅速的动员力,使我非常感动与感恩。但是,心情也是千千层,烦恼实在很难断。就如阿难尊者为何烦恼未断?是因为他还被情牵绊着。

这个情难断，众生苦难这么多，教我如何断这份情？所以不论是气候怎样，哪个地方有什么事，都是牵肠挂肚，烦恼难断。”

“看晨光照射在林木间，树影及树枝交错相映，形成景致动人的画面。此时此际，已有人赶早在浇灌庭园草花，水从水管里喷洒出来，水势从低而高复低如一个拱形，阳光晃耀其上，发出七彩水光。耳畔又有群虫竞鸣，小鸟啁啾，显得气氛分外宁静。如此和睦、美妙的世界，不就是一处清净的净土吗？”

上人于溽暑七月初，在早课时表示，若人能摒去偏私的爱，扩大为对大地众生的大爱，此时心量如海，没有任何对立与冲突，则即使是一滴水、一线阳光之组合，也便是一个美好清净的世界。

叮咛的话语尚音犹在耳，未久，桃芝台风以强风劲雨重创台湾东部及中部！而追溯其因，正是“九二一”地震使台湾山土松动，故遇风雨即有土石流之灾。有感此次灾情悲惨，“激发将志业做得更完美、更周到的决心”的上人，旋即又惊闻美国发生“九一一”惊爆事件！接着，是纳莉风灾水漫台湾北部，慈济历史资料带浸泡水中……

上人曾说：“时代在交替之时会发生必然的变动，从而产生新的局面。”此时此际，正是二十世纪结束步入二十一世纪之初的二〇〇一年，接二连三的天灾人祸示警，促使上人在大力推动“爱洒人间”运动之时，一方面积极进行委员重新以二十人为一组的编制工作，加强“小组关怀，多组活动”的组织动员力，同时慈示慈济人挨家挨户走入社区宣导大众共同忏悔与祈祷，呼唤全球以爱心祈福、发愿“一人一善，远离灾难”，期盼长期性、全面性呼吁“惊世灾难之后，必要有警世的觉悟”！

虽然时代走入二十一世纪之初，不断剧烈变动的世局令上人十分哀痛，频发“来不及”之悲心与忧心；然则，就因正视苦难为全人类带来的巨大伤害，上人更坚定救世救心的脚步，只盼大家善体其心、深知其志，化爱心为行动投入慈济团体，凝聚更大的善与爱的力量，则世界和平、天下无灾的美丽图画并非不可能——“将净化人心做得更好，我胸有成竹！但需要借重大家的力量！”

“既忧思难安，又要坚强以对”，这是上人心情的写照。“爱洒人间”，事实上就是慈济成立以来始终在做的“净化人心”，但基于时节因缘不同，特应乎风云变化多端的世局情态，针对时弊所揭橥的全球性与长期性运动的旗帜。上人运筹帷幄提出这帖应病与药的治世良方，远因固然可追世间无时或已的大小灾变，近因则是新旧世纪交替之时，所发生的数起“历年罕见”的天灾与“骇人听闻”的人祸。

从六月以迄十二月，才半年时间，上人的心，菩萨的心，真正是历经几度周折、翻腾……

六月三日
委员组约以二十人为一组

屏东之慈济会务推展有年，为更落实社区志工于邻里之中，上人六月份行脚到屏东分会，在当地干部会议中明示大家，所有各委员组若有人数逾二十人者，宜于再分出新组，也就是居住附近邻里的委员们，约以二十位为一组(编按)，在邻里间推展慈济，以达由点而线而面的净化人心的目标。

上人表示，一个组长带领一组百多人不算什么，若这组长能不断在组内培养堪任组长的人才，再由这些新力军带出二十多人另组新组，这样能成就别人的组长，才真正是有大将之风，能为大局着想的优秀组长。“组长除了要善于‘布种’，也就是广招徕众，遍撒爱心的种子；同时也要勇于‘移栽’，将已长成的林木移植别处，使其在新的领域上伸展更茂盛的枝叶。所有组长若有此共识，则志业才能拓得更广，一如树木成林，浓荫枝叶才能庇护更多的人。”

六月五日
小组关怀，多组活动

一大早，高雄邱国权师兄召集各地区环保干部前来，上人提到培养人才分出新组事宜，说明小组人数少，组长才能将组员们带得很贴心，也才能照顾周全，不会冷落任何人；也唯有人才济济，有更多的人承担组长职责，才能接引更多人同行菩萨道。“分组的意义在于‘小组关怀，多组活动’，小组人数少，才能关怀得宜；而当活动进行时，则整合多组人力，以有效运用资源。”

六月十二日
期盼年底完成小组分组工作

北部“落实社区”行之有年，当初计划将委员及慈诚人力以区域重编时，缘于大家得离开原有熟悉的组别，全部归入所住社区之区组中，在执行之初，囿于许多人一时无法突破人情的难舍，故亦曾遭遇困难。但在上人开示“君子不党”以及谆谆说明“社区志工”理念后，终于圆满区域分组的理想。而今，上人又提出“小组关怀，多组活动”的做法，慈济人既已多年来培养出扎实的“大爱”情怀，故此次重新再分组，在北区干部会议中，上人表示对大家很有信心，必能很快时间内即规划得宜，达到目标。

“做菩萨要具足‘自力，佛力，众缘平等力’，有众缘平等心的人，亦即人不分亲疏都平等去爱，这样的人才堪称得上具足大爱的菩萨。世间苦难偏多，很多事得抢时间去做，容不得我们慢慢来，所以大家必定要在年底即做好小组分组工作，且让我来看看你们的成果吧！”

七月九日
早课讲《药师经》言及大、小三灾

今年已经是西元二〇〇一年，又是一个新的世纪开始，回顾过去的二十世纪发生了多少事情？天灾、人祸等等的灾难，就在这第二十世纪开始的一百年中，在人类的历史记载下，可以知道有多少灾难，如第一次、第二次世界大战，这是兵灾，叫“刀兵灾厄”，这刀兵的灾难是从心而起。

佛陀常常说劫难，在世间人类的劫难有小三灾、大三灾。大三灾是因为四大不调而发生水、火、风灾。大自然的境界有三大灾，在人类的境界也有小三灾。这小三灾就是瘟疫、饥馑、刀兵劫，这些灾难是从人心造成。

佛陀成道说法，不离“四谛”法门，四谛法的开头就是“苦”，苦是人生要去探求的道理，到底人生怎样生出苦来？当然是“集”了种种人心中的贪、瞋、痴而来。单是一个贪念就会惹起心地的瞋火怒气，人有了这份瞋火怒气，家庭社会就容易乱了。

乱了社会就乱了国家，接着便乱了天下。看人生一切的灾难，难道不是从这分乱开始的吗？乱的源头就是一个贪字，一个贪字就会星火燎原，酿成遍地灾难，追根究柢还是出于人心。佛陀的教育，就是要先调好我们的心。

七月三十日
桃芝台风过境花莲

桃芝台风夜里过境花莲后的次日清晨，上人在早课时，于风雨漫天作响之际，与大家开示言及此刻心情。

“真的是天有不测风云，今天早上已经觉得雨很大，其实从昨晚开始，一直都很担心，因为电视不断在报导，桃芝台风是从花莲登陆，而且不断提出警告——不只风大，雨也会很大，还预报说，这个台风的结构很扎实，会带来很大的雨量，听了也很担心，一直觉得气候不稳定，这么大的雨量，到底又会带给各地区什么样的灾情？”

“觉得天天要担心的事很多，但总是期待，也在祈祷，希望风雨过后，大地平安。不过，娑婆世界本来就是烦恼多，正因为烦恼多，才会提起修行精进的心。”

八月一日
九二一令山土松动，桃芝风灾重创东部与中部

“桃芝台风过境台湾，带来的风雨灾难不下于‘九二一’，我现在的心情是一片混乱。”

全美人文学校二百多位孩子们在慈济中学上人文课程，上人前来关心之余，特地与任辅导爸妈的师兄姊们开示，谈到这次灾难实与九二一有关，自大地震后，土质松动，为重新复建强使水路改道，加上原已满山遍野的槟榔树等浅根植物，致令山地水土保持更形恶劣，大自然的法则既遭人为严重破坏，则发生灾难也是必然的了。“人常说‘人定胜天’，这种观念不能有，人与天争的结果，短视近‘利’的背后就是‘害’的到来，所以人生应该要提高警觉，须时时顾念顺乎大自然的法则，唯有与自然和谐相处，才能保持永久的平安。”

桃芝带来的一阵激雨急风重创台湾，东部与中部灾区满目疮痍的景象，在上人心上烙下深深的悲凄。当李忆慧、孙若男师姊及曾黄丽明师姊偕元大证券马先生来访时，上人言及此次灾情，仍不免叹息连连：“今年以来总是在讲‘灾’，哪里哪里又发生什么灾难了，我的心一直就很沉重。人心病了，社会病了，地球也病了……三十多年来，我常说‘众生共业’，这是人心造成，人心的业愈积愈多，天下众生就要共同承受恶果了。灾难既是从心灵开始，所以我们要赶快净化人心！”

八月八日
动员南、北慈济人驰援东、中部灾区，显示净化人心的人力有待加强

关于“天灾出于人祸”之理，上人八月行脚在北区委员及慈诚功能组干部会议中强调，此次桃芝台风重创东部及中部，南、北慈济人动员许多人力到灾区勘灾与赈灾，这一方面显示灾难相当严重，另一方面也足见净化人心的人力仍然不够，有待加强。

上人期勉大家，大灾难发生就要大忏悔，大家应自我忏悔、反省改过，忏悔后要再回向给其他人，希望人人有爱心又有智慧。

有鉴于上人在六月份行脚期间，曾教示委员们要落实“小组关怀、多组活动”，以带动更多人投入净化人心工作；上人今再鼓励大家，“人气旺”自然就有

力量，所以必定要多培养人才深入社区邻里帮助需要帮助的人，以使善业凝聚。

“三十多年来，‘众生共业’之理我牢记在心，不曾或忘！”上人表示，虽然做慈济以来困难重重，遭遇许多难言的辛酸，就如今年以来也不免感到诸多挫折，但思及众生苦难偏多，总教其又振奋精神与意志，负起净化人心的如来家业。“就如这次的桃芝台风，山河破碎、家园流失的悲惨景象，又一次激发出我的坚定意志，为了整个天下人心善的共业，我必定要再更努力地做好慈济志业！”

八月十三日 有感桃芝灾情悲惨，激发将志业做得更完美、更周到的决心

中区桃芝风灾援助总检讨会议中，上人开示说，慈济人的使命是要净化人心，我们要更加再用心，去启发大家的爱心。三十多年来，四大志业都有带动社会，带动出许多人的爱心，而今我们要再边走边整

队，将事情做得更完美、更周到。

很重要的是要好好落实社区，敦亲睦邻是很重要的观念，很希望不只是我们去为灾户们打扫，他们的左右邻居也应该要出来帮忙打扫，人与人互爱互助，这才是社会的希望。

很多事情，我要再更深入，要再更用心，要以更齐全的设备，为社会做好净化人心的福利工作。不只是众生有困难，我们去帮助他，我们还要开启他们的智慧与爱心，使他们也能去帮助别人，这才是真正做到了“净化人心”。经过这一次桃芝台风以后，我更下定决心要好好去做，让我们一起努力！

八月十五日
“将净化人心做得更好，我胸有成竹！但需要借重大家的力量！”

行脚行程来到慈济关渡园区，上人与北区委员们开示，表示桃芝台风来袭，更激起净化人心的使命感，期待委员们再接再厉，落实社区志工于邻里之间，以负起未来规模庞大的灾后复建工作。

我们应该加强净化人心的工作，这次桃芝台风来袭，对我是一波的激励，激励着我该怎么做！不能只走旧的路，我应该往新的方向走，我要更细腻、更深刻、更扎根、更普遍地去净化人心，我现在胸有成竹，你们等着做就对啦！但是我一个人绝对不可能做到，一定要你们与我共同合心协力来努力。

总而言之，我们要更进一步，要安人的心，要给人信心，把这种爱启发出来后，人心才不会浮动。真正的安心，就是要让他有智慧，有沉着的爱，用真正有智慧的爱去付出。所以要借重大家的力量，每个人都去净化几个人。

所以我现在要你们“小组关怀，多组活动”，刚才听你们报告说：“这个观念大家都愿意接受、配合。”

师父听了很安心，很高兴。你们小组如果能把大家的心整顿合心起来，小组和气、互爱，有这一股的协力，力量就大了。

九月十二日
美国惊爆“九一一”事件

美国时间九月十一日上午八时四十五分，发生恐怖分子挟持客机撞击纽约世贸大楼、华盛顿五角大厦惊爆事件，伤亡惨重，全世界一片震惊。

上人清早甫闻这项惊人的消息，在志工朝会中言及内心的哀痛。上人说，今天从里面踏出来的脚步很沉重，从昨天晚上九点多，台湾的媒体报导出来美国的消息，就一直在紧张、在担心、在烦恼中，电话一直都拨不进去；今天早上才纷纷从新泽西跟南加州传来讯息，这是世界性令人震骇与惊恐的不幸事件。

我常说人要安分守己，假如好高骛远，共业所致，要逃都难啊！哪里最平安呢？心中有爱，有爱心、善良的共业才能度过灾难，化灾难为平安，这不是少数人可以达成，需要很多人甚至全人类的力量才行。大家真的要好好反省，不要施用强硬的手段，不要逞一时之快！挟持客机，自杀性地去撞大楼，难道他自己不会灭亡吗？世间人心慌乱了，所以有这种狂妄的行为，很令人担心。

九月十三日
筹划募心活动，呼唤全球爱心
——惊世灾难之后，必要有警世的觉悟

于静思堂五楼慈济部会议室，针对"九一一"美国惊爆事件，上人召集各科室首次讨论募心活动。

上人说，现在最重要的是，希望大家把心中的怨气、怨恨抚平，要把人人的爱提升。但是文宣的表达要清楚，呼吁大家认知"惊世灾难之后，必要有警世的觉悟"，这种惊动世界的灾难之后，更需要有警世

的觉悟；不要在迷茫中，跟着喊，跟着叫，在这世间跟着摇摆不定。

佛陀说“众生共业”，在佛国的世界，如《药师经》中言，药师琉璃光如来净土之所以清净，是因为众生所有染恶的业消除，才能往生净土。其实净土是在人心中，“万般带不去，唯有业随身”，娑婆世界的众生是善恶杂糅，同一个人难免有时候会不小心做错事，说错话；但也会做好事、说好话，造作一些善因福缘。所以，我们应该“用善解包容消旧业，以知足感恩植福因”。

这次要集中大家的智慧，所诉求的很单纯，就是希望全世界地球村，人人都心平气和的，呼唤全球爱心动起来。

九月十五日

“桃芝”与“惊爆”双重担心

“九一一”事件后，美国进入备战状态，全球紧张，上人在志工朝会上谈起将筹划活动启发全球大爱。

上人说，这几天来的心情，是那样地空洞，那样地沉重，真的很担忧。桃芝台风这一波的灾难我们还在陪伴中，还在思考如何来帮助这些受灾难的人，还考虑到如何保护山林，让它恢复水土保持，才能让在这块土地上的人生活平安。

才一两个月的时间，在我们的心情还没平复过来，工作还是在不断进行中，却又接到令人震撼的美国“九一一”事件，使我这几天耿耿于怀，非常担心。这一波的担心，那种沉重的负担，不知道还要担到什么时候？

九月十七日
纳莉风灾水漫台湾北部，
慈济历史资料带浸泡水中

纳莉台风在台湾外海滞留十余天，昨晚从宜兰

登陆带来豪雨，北台湾汐止、内湖、南港、基隆等处造成严重淹水。

七点，志工朝会。上人神色凝重地步入观音殿。这次纳莉台风在北台湾造成严重伤害，大爱台更因淹水无法转播，这虽令上人难过，但更令上人心痛的是片库位在地下室，整个慈济的历史资料带全部泡汤，言及于此上人难过得几乎无法言语。

我们现在最期待的就是风平浪静。我说过“惊世大灾难过后，应该要有警世的觉悟”，惊世的大灾难过了之后，人人心中都要起一份觉悟，不要吵了，也不要再闹了。大家假如能合心，和和气气地互爱协力，再大的难关也能度过去；若是依旧争执不休，共业既是如此深重，则天灾人祸一来，大家都难保了。平常的家庭只要平安就是福，家人能和乐就是福；整个社会希望平安，要求和乐，必定要人人心平气和，从“执政者”一直到平常的平民老百姓，都要一团和气，我们台湾这一艘船才能稳稳当当地乘风破浪。

九月十八日
中、南部慈济人集中力量赴北部救灾；更期待楼上垂直帮助楼下

志工朝会时间，心系纳莉台风将不知为台湾带来什么灾害的上人，难掩心中的焦虑。“昨日整天、整晚都很不安心！不知道，西部的人们是怎么度过这一夜的？”上人忧心地说。

这一次很需要有人到北部重灾区去帮助，因为北部灾难非常普遍，连慈济人的家都有淹水，他们自己的家进水都还没有清扫，没有整理，就先投入救灾的工作。

总而言之，需要很多人手来帮忙，但愿中、南部的菩萨们云来集，把力量集中起来在北部救灾，赶快来恢复他们的家居生活，如此才能恢复社会的生机。我更要呼吁在北部的人，希望楼上没有受灾的人，能垂直地帮助，从楼上下来帮助楼下受灾的人。

期待社区志工能集中来付出，不管是清理家园，或是香积热食工作，在在都需要人手。人人启发一份爱，就是多一份吉祥；有了一份的吉祥，就可以破除一份灾祸。

九月二十一日
“九二一”两周年
——世皆不牢固，如水沫泡焰

“大家可知道今天是什么日子？九二一。两年前的今天，九二一这一天，成为我们历史上的痛。”追忆两年前的那一天，上人在志工朝会中谈起，可谓点点滴滴在心头。“两年前今天的这个时候，台湾已经乱成了一片，因为在凌晨的一点四十几分，突然天摇地动，就在那几秒钟，中部地区很多的大楼应声倒塌。”

七月以来，桃芝风灾重建之路尚在举步，未想九月中旬纳莉台风又接踵而至，造成台湾严重水患，尤以北部为最，救灾工作至今未曾歇止。

有感世间灾难一波又一波，上人慨叹人生无常之余，也教示大家遇到困难的时候，更要提高警觉，不要忘失助人的心念，要勇于承担菩萨的使命。

“《法华经》随喜功德品说：‘世皆不牢固，如水沫泡焰’，世间很不牢固，像水泡、又像烟火炮焰。天空上的烟火虽然很漂亮，但是很快就消灭了；水中的水泡很是五彩缤纷，但是很快就破碎了。人生就像这水沫、炮焰，绝对是不牢固的。”

“佛陀警惕我们，身处无常虚幻的人世间，应该要‘汝等咸应当，疾生厌离心’。不要沉迷于世间的欲乐，整天吃喝玩乐；也不要好逸恶劳，舍不得伸手去做事；也不要吝于钱财的布施，坐视他人的不幸。应该要知道，钱财是造福的工具，身体健康是修慧的载道器，能出钱、出力，就是福慧双修；爱就是付出，付出的人生，就是菩萨。”

九月二十五日
灾难接二连三，
全人类应做一番洗心革面“大忏悔”

上人在志工朝会提及又有个利奇马台风将袭台湾，遂不掩忧思难安的心情说，如何才能消弭灾难？所需要的就是全人类，或说是全台湾的人，大家要共同来一个“大忏悔”，要洗心革面，将心中的埋怨、对立、瞋恨赶快消除，赶快启开自己清净善良的本性，唯有启发这份虔诚的心，以慈怀柔肠相互对待，才能真正消弭接二连三的灾难。

过去的旧业都要消掉，未来的当然要重新开始。所以这几天来我一直说，要做一场大忏悔。大忏悔不是指去寺院拜忏，而是人人要彻底将整个心净化、洗干净，把我们向来“青面獠牙”的面容，赶快改过来。我们不要常常用怒目的形态来对人，我们应该要像弥勒形象一样，笑口常开；从内心洗涤干净是最重要的，这叫做“忏悔”。

我们应该要有警世的觉悟，不到两个月之中，在国际间和在我们身边的台湾地区，有这么多的灾难，我们更要提高警觉，彻底把内心的道场做一番洗心革面的大忏悔啊！

九月二十六日
静思精舍朝会虔唱“祈祷”曲，利奇马风雨减弱过境台湾尾

志工朝会前，观音殿里悠传“祈祷”曲，上人有感国内外灾难频生，如今台湾又有利奇马台风来袭，遂教大家要“共行大忏悔，真心来祈祷”，希望能化戾气为祥和，风调雨顺，合境平安。

上人说，我们只知道此时此刻的这一秒，不知道下一时刻的下一秒是如何，但是不论如何，总还是要启发人人的一份善念，要下定决心来引导每个人天天都要虔诚祈祷，要从内心彻彻底底地做一个大反省、大忏悔。志工菩萨们，我期待你们从今天开始，把“祈祷”这首歌，带进每

一间病房、每一张病床；也期待花莲和大林医院能播放这首歌，让大家都懂得唱，都能很虔诚地祈祷，使大家的心平静下来，珍惜每一个平安的日子。

也希望世界上的人，不管他在哪一个角落，都能虔诚地祈求岁岁年年平安吉祥，天下无灾难。

据悉，利奇马台风傍晚从台东与大武间登陆，受地形影响，强度逐渐减弱，预测将往台南、高雄方向而去。

九月二十七日
制作宣导文案与“爱洒人间”之歌，
呼吁大众共同忏悔与祈祷

“九一一”美国惊爆事件后，上人在十四日召集志业体各单位主管及同仁，针对此一惊世的恐怖事件，期待能筹办全球募心活动，以唤起全世界人人能心平气和，并且爱心动起来，为世界的和平而祈祷、

祝福。在诸项文案及歌曲正制作时，台湾又有两个台风相继来袭，上人更感到呼吁大众共同来“忏悔”与“祈祷”之重要性。

募心活动除设计有随身小册及祈福小卡，并由李寿全师兄创作活动“序曲”，搭配“祈祷”与“普天三无”两首歌，希望借着文案与歌曲传播，能将真诚的祈福遍及世界各地。

志工朝会后，李师兄带来这首名为“爱洒人间成净土”的序曲，有殷正洋师兄与慈正师姊的合唱版，亦有师兄自己的独唱版；上人赞许合唱版歌声清亮，独唱版则充满感情，各有吸引人的韵致。

“在‘序曲’里，宇宙的浩瀚，人间的凄苦，佛陀的悲悯，这三者之情景必须表现出来；然后，面对多灾多难的人世间，要启发众人来虔诚地‘祈祷’；最后以‘普天三无’，希望人人以爱相待——普天之下没有我不爱的人。”上人表示。

九月二十八日
利奇马过境无灾，
源于人心戒慎、虔诚、忏悔、祈祷

利奇马台风走后，大家都松了一口气，难得有这灾后的宁静时日，上人在志工朝会上说，利奇马台风过境，没有造成太大的灾难，这是因为在桃芝和纳莉台风之后，大家已经提高警觉，都喊着："不敢了！"不敢不小心了，而不是说："来就来啊！"非常自以为是。

也是因为大家已经受尽苦头，从内心害怕起来，期待这一波不要再有损害，这就表示有"戒慎恐惧"的心；如果自恃有依靠，所以天不怕地不怕，那一定会招来很多的灾难。

利奇马台风带来的雨水并不亚于纳莉台风，但是却能减轻很多灾难，虽然是从南部入境，可是南部也都安然无恙，这表示纳莉台风在北部造成的灾难，中、南部的人都有去发挥一家人的那份爱，所以能够平安度过。所以说来，这次能够免于灾难，原因应该是大家有戒慎恐惧的心灵，提高了警觉，虔诚在祈祷；另外，就是真正有去付出，所以感得平安。

期待人人都要有戒慎恐惧的心态，更需要这份虔诚忏悔的心灵，不要说过去就过去了，却又是依然故我，这就很让人担心了。所以我们要说“不敢了”，不要说“有胆就来”，人无法胜天，不要太自夸、自大、自恃。

十月四日
“爱洒人间”是长期性、全面性运动

“九一一”发生至今，已有些许时日，全球募心活动之文宣已大致备齐，歌曲也创作完成，上人惦念着活动要尽早发动，遂再召集各单位同仁于静思堂集思广益，讨论活动如何进行并决定正式日期。

上人表示，慈济三十多年来虽很努力在做净化人心的工作，但毕竟力量还是很有限，期待能将人人的心地都洒进爱的种子，使人心安定，社会祥和。凡事都讲“因缘”，“九一一”事发，就想着要把握这场惊世的大灾难，唤醒大家的爱心，遂立即教同仁们开会讨论如何进行；正当活动文宣与歌曲在构思中时，未想紧接着台湾也发生纳莉风灾，受创严重，所以希望借着此天灾人祸之悲情，用心来带动起人人“说好话、听好歌、做好事、想好意”的风潮。

“‘众生共业’是定论，唯有人心都柔软，社会才能祥和，这是一定的道理。就如纳莉过后，又来了利奇马，此时大家都有求饶的心态，所以才能重业轻受，台风也就轻轻掠过，没有带来灾害。”上人强调，天灾人祸都出于人心，佛陀说法之千经万论要旨也在“心”，一念心可以为善致祥和，一念心也可以作恶招祸端，期待借由此次灾难的因缘，能消弭人心恶念，真正达到净化人心的目标。

座谈间，王端正副总表示，在世纪初发生如此惊世的天灾人祸，慈济应该站出来，要有舍我其谁的勇气，号召大家从心灵净化做起，共同缔造祥和的社会。这是长期性、全面性的“运动”，而不是短暂性、局部性的“活动”，必须配合定期的活动，不断提醒大众要在日常生活中，落实良善的心灵与行为。

经由众人讨论结果，这项“爱洒人间”运动，定在十月十三日举行首波活动，文宣则取日期谐音为“1013，一人一善”，届时将动员所有委员挨家挨户宣导理念，并致上文宣小册与CD片。

十月七日
一人一善，远离灾难

上人十月行脚抵台北分会，王端正副总正与北区委员及慈诚干部座谈“一人一善”推动方案；在座尚有姚仁禄与李寿全师兄。

经大家集思广益讨论后，决议该项运动统称为“爱洒人间植福田”，首波活动名称是“一人一善，远离灾难”，活动时间是十月十三日九点十一分——“1013，911”，意义亦在标示“九一一”之警世事件。

上人强调,“爱洒人间植福田”是长期性与全面性的运动,旨在唤醒大家“惊世灾难之后,要有警世之觉悟”,每个人都要“彻底忏悔,虔诚祈祷”。而为配合这项长期性运动,各阶段性活动文宣必须重新制作,并翻译成多国语文;至于扫街宣导则须天天进行,务使各住家、行号、机构,乃至于各宗教道场,都要一一走访,期待爱心善念以台湾为起点进而普及全世界!

“1013,911”活动布达会议,于入夜后再由王副总与北区委员及慈诚队正式说明,李师兄并现场教唱“爱洒人间”。上人在会中表示,时代在越过二十世纪进入二十一世纪时,即曾说及在三千年大千年的开始,希望人人以清新的心念带来新世纪好的吉兆;但今年才年初时候,就先后发生萨尔瓦多及印度大地震。

为化解举世戾气为和气,上人期待全球传唱好歌,将“爱洒人间”唱入心,用“祈祷”来静心,最后以“普天三无”宽心,人人扩大心量,创造爱的地球村。

十月八日
感动人的事迹背后，总有一段悲凄的历史

“我们与山河大地是生命共同体，必定要好好疼惜……”回到台北分会，在主管会议中，上人从“爱山爱海救台湾”说起，陈述自己百般复杂的心思。

上人说，这阵子桃芝、纳莉台风相继来袭，从山脚或平地所见的大量土石流淹没住家与河床的情形，即可判断山上必然发生很严重的崩山现象，遂曾再三提起台湾山地就如人的皮肤被剥了，所以大雨一下土石就冲刷下来；但今听闻台湾山地不只是被剥皮了，而是山脊断裂，所以经不起雨水，流下的土石是山的骨肉啊！

“道格台风时，我亲自上山到信义乡，脚下是柔肠寸断的山路；贺伯台风后，我呼吁要爱山爱海，否则土石将不只淹没山上，恐怕就要覆没乡镇，则台湾地图就要重画了；‘九二一’大地震发生，我也曾分析

说埔里已成危险地带，其四面八方都是山，唯有一条通路，一旦山石冲刷将路堵住，被山封了的埔里就要变成一个大湖了。”上人慨叹天灾造成的危机已经埋伏，实令人忧心不已。

“天灾可怕，人祸更可怕！”话题一转，上人将台湾比喻为海上孤岛与汪洋中的一条船，置身于四方汹涌的波浪中，唯有大家安分守己，才能安然度过惊涛骇浪。

“人心之贪瞋痴三毒，以‘痴’为最毒、最可怕，不明事理，不信因果，痴心妄想，不守本分，因此扰乱自己的心，也造成社会不安。”追溯孩童时期躲防空壕的记忆，上人以战争的凄惨、恐怖，表明人之痴念，小者造成人与人间的对立，大者则导致国与国的争斗，战乱流离的痛苦，是人间极大的不幸。

“想及人心的愚痴，总教人悲极无言，欲哭无泪。”上人提起，为化解人世的纷争，创造爱的环境，慈济三十多年来致力于净化人心，虽然慈济人分布全世界从事济贫教富工作，但慈济人数较之全世界人口，实在微不足道，亦即净化人心的力量十分不足；为加紧净化人心的工作，遂在贺伯台风灾后，把握因缘提出“社区志工”的理念，并在今年教慈济人“小组关怀，多组活动”，充分运用人力将净化的脚步深入邻里中，向家家户户募心，希望人人去痴念、开启智慧，以行所当行，不人云亦云。

从美国“九一一”事件所见，上人感恩当地慈济人发挥“肤慰”的大爱，予罹难者家属“切肤的关怀”，令人觉得感动人的事情背后，总有一段悲凄的历史；若无悲凄，何有动人的事呢？

“‘菩萨所缘，缘苦众生’，有慈悲的菩萨，是因为有悲苦的众生。世间总是相对的，就如真善美的后面，就因为有虚伪、邪恶、丑陋，所以才显出那份的真、善、美。美的太少，恶的就多；菩萨少了，魔鬼就多。”上人表示，放眼世间，善的力量太少，大家不应浑浑噩噩度日，也不要玩世不恭，必得提起虔诚的心，很认真地到各角落、地点“爱洒人间”，去家家户户募心……

十月九—十日
运动起跑后，就没有停歇的时候

上人在台中分会多场慈济人的聚会，包括全省干部会议、中区干部会议、中区委员联谊会、中区慈诚共修会，布达“爱洒人间植福田”运动以及“一人一善，远离灾难”活动理念，并强调：“所谓‘运动’的意义是，已经开始起跑了，就没有停歇的时候。”希望大家持之以恒，天天走入邻里巷弄、挨家挨户虔诚宣导“爱洒人间”运动。

十月十一日
“诸佛”就是每一个人
——心地善良就是佛

上人推动“爱洒人间植福田”的心十分殷切，挥别台中后，南下彰化、台南、大林时，每教随行的宗教处副主任景贵师兄，与当地委员和慈诚队仔细介绍祈福小卡与CD;之后并对众开示。

缘于小卡上有“佛陀洒净图”,上人就“佛陀洒净图”表示,佛陀在宇宙之间,义在教人心要扩大,沛然的爱心要充塞于虚空宇宙中,也就是“心包太虚,量周沙界”;佛陀身后有重重叠叠的佛,表示虚空中三千大千世界诸佛,佛佛道同,所宣扬的精神、理念都是无私的大爱,所以从十方回归一尊,大家同心协力,一起来净化、肤慰地球。

“其实,诸佛就是每一个人,人人本具自性三宝,只是被痴念所迷,所以不明道理,事事执著,百般计较。人人都应反观自性,好好洒净自己的心地,将只爱自己所爱的人的私爱贪念,化为普爱大众的长情大爱,如此才能去除小爱带来的满心烦恼,化解人际的冲突,止息干戈致祥和。”

就如“佛陀洒净地球”,以前我都说“洒净地球”,但现在要说是“肤慰地球”。当初设计祈福小卡文宣时,我说“肤慰”,几位年轻人就跟我说:“师父，可能不是这个肤，这个字错了。”我说没有错。他说：“应该是‘抚’慰，扶助。”我说不是，是“肤”，皮肤的肤，“肤慰”就是有切肤之痛，是我平常说的“伤在他的身体，痛在我的心里”，这也就是“同体大悲”的精神。

佛陀不忍心地球上的人类，因为业障而受尽了苦难，所以他要来肤慰人间，来肤慰这个被创伤的地球。

但是，那一尊佛是不是离我们很遥远呢？不，与你同在。这片受创的大地在哪里？就在你自己的心里。谁能来肤慰？也是你自己。这就是佛教所说的“自性三宝”，我们自己也是佛，你心地清净，你现在就是佛；你心地善良、有爱，你就是佛啊！

所以，我们自己的心要先做个大忏悔，累生累世的业力聚合，现在要消除我们的愚痴、无明、烦恼的业，唯有靠自己。总而言之，期盼你我同一心，来肤慰地球，来肤慰人类，这就是我最大的期待。

十月十三日

“1013”祈福晚会

——以关渡为总点，全球共同祈福、发愿

“1013，一人一善、远离灾难”祈福晚会，以慈济关渡园区为总点，花莲讲经堂、台北分会、大林慈院大厅、美国新泽西自由公园均透过电视连线。关渡户外四千张椅子及大讲堂一千个座位均座无虚席，许多人甚至毫无座位。天主教马天赐神父、基督教孙越先生、伊斯兰教马孝棋教长、华硕施崇棠董事长、美商戴尔公司张复建总经理、天主教善牧基金会杨修女等代表上台致词、祈福、发愿。

杜俊元师兄敲响平安吉祥钟，台湾地区、美国共同祈愿。宗教处主任思贤师兄并于新泽西自由公园诵读上人慰问信函；基督教长老会牧师、救难中心执行长、骑士桥詹姆士医师、纽约警界代表、纽约消防局代表、台湾纽约“经文处”夏立言“大使”及“九一一”事件罹难者家属等均齐聚于自由公园。

上人始终坐在二楼凭窗观看晚会进行，会后，见川流不息的人潮退场，人人脸上显现安详的神采，但盼大众出以至诚的忏悔与祈愿，能为世间带来吉祥平安。

十月十六—十七日
海燕台风过门不入

十六日又闻海燕台风将袭台湾，上人在志工早会上提及，不免流露担忧神色："又有另一个台风来袭，真的令人戒慎恐惧！一个台风才刚过去，怎么又有另一个台风呢？但愿这个台风能离台湾远一点，让台湾多一点平安。当然，我们也要虔诚祝福，虽然有很多令人操心的事，我们还是要用虔诚的心、用善念远离灾难。"

海燕台风没有来袭，上人在十七日志工早会上为此感到庆幸不已："真的感恩海燕的光顾而不入，让台湾能平安；真的很恐惧过去的纳莉，所以我们要常怀敬畏、戒慎之心。"

上人表示，除了敬天敬地，还要敬畏圣人之言，从《地藏经》里可以看到世间有天神、地神、风神、水神、火神、草木神，真的举头三尺有神祇，我们一定要抱持敬畏心。在起心动念、举止动作间，一定要好好地把我们的友善、友爱的行为展现出来，如此就能善业共聚。因为不论是天神、地神、风神、水神、火神等等，都自然怀有那份悲悯的爱。

十一月十三日
“竹筒岁月”呼吁“日行一善”，“爱洒人间”呼吁“一人一善”——旧法新用，“真理”经千古而不变

“爱洒人间”之长期性运动推展之前不久，正逢上人教慈济人落实“小组关怀，多组活动”之际，两相结合之下，得以能有更多人力投注于“爱洒人间”运动，此巧妙之因缘，亦堪称是不可思议。上人等一行搭火车甫抵十一月行脚首站台北分会，桃园与新竹地区委员及慈诚干部报告已完成委员分组并走入社区推动“爱洒人间”。

自"九一一"至今,美国慈济人已关怀二千四百户个案,至今仍持续做肤慰的工作。上人挂心美国,也为阿富汗的处境心痛。

"报复与仇恨之心,挑起了以牙还牙的争斗,结果只是累及无辜,造成可怜的苦难,为什么不能用智慧来抚平仇恨呢?这一切到底是为什么?总归一句,就是'缺爱症'!"上人表示,约在一二十年前,于回答一位名作家的问话时,就曾为当今社会的病态下了必须用爱来对治的药方。"但是我很自责,自觉很不努力,虽然慈济三十多年来如一日在推动净化人心的工作,但一直有好像推不动,好像力量不够,好像有'来不及、赶不上'的感觉……"

"直到最近从一本书上看到,一九六〇年全球总人口三十亿,而今已达六十亿人,较之慈济人的成长数,实在不成比例,慈济人数如何能赶得上全球人口数的成长呢!所以就想着,应该赶快在全球推动'爱洒人间'!"

上人就几天前高雄委员的询问,表示慈济创立之初的“竹筒岁月”，教三十个会员“日行一善”每天省下五毛买菜钱，与现在推动的“爱洒人间”教人“一人一善”，事实上是“旧法新用”，道理一样，只是名称与方式不同罢了。但由此可见，慈济从起始到现在，净化人心的理念从不曾改变，方法也都没有偏差，这就是“真理”——真理经得起考验，并且经千古而不变。

大台北地区共有三百多个派出所，慈警会每天前往四至五所举办“爱洒人间”，庄文坚与陈勖修师兄等人与上人分享活动成果。

上人说：“所谓‘爱洒人间’，‘人间’是指人与人之间，包括夫妻、亲子、兄弟、同事之间等等。人与人之间不能缺少爱，我们应该要在人与人之间表达爱心善念，将爱洒向人与人之间，洒到家庭、社区，使人间爱的连环，环环相扣，那么天下也就太平了！”

上人表示，过去的“竹筒岁月”是方便法，一人一根竹筒每天日行一善；现在四大志业已在台湾扎稳脚步，又有四秒之内即能将讯息传布全球的大爱台，在因缘聚足下，可运用大爱台将点滴爱的真人实事迅速遍洒全球，以引导人心向善。“‘爱洒人间’是需要耐心的长期运动，若能将收有‘爱洒人间’、‘祈祷’与‘普天三无’三首歌的CD发送到每户人家，使家家户户传唱这些歌曲，人人‘听得入、做得出’，在日常生活中做到善待、相信、包容彼此，那么世间就不会再有对立与冲突。”

“我们要将自己的心地照顾好，使内心爱的种子很精纯，就如成熟饱满的稻穗一般，才能在人间遍洒爱的种子；否则心地没有照顾好，如受到污染的镉米，不能吃也不能做种子，如何能将爱心遍洒大地？台湾是慈济的发祥地，台湾因缘具足，期待大家立足台湾，好好推动‘爱洒人间’，当我们从家家户户门前经过，都能听到‘爱洒人间’之歌，这就表示净化人心真正成功了！”

十一月十五日
将爱洒向人与人之间，由近及远以至全面关怀

“‘爱洒人间’不只是关心远方不识之人，如若我

们只当远地发生灾难，忙着去送便当、去帮灾户铲土，但却忽略近在身边、与我们同心同志愿的师兄姊，平常没有彼此疼惜，当他们有困难也不会伸手相援，这种舍近求远的心态与做法，实是本末倒置，是颠倒！”

上人与数位资深委员与志业体主管交谈时，殷切提醒大家，“爱洒人间”必须由近及远，环环相扣，以至全面关怀。

“大家有心来慈济，不论是身为委员、慈诚队或是志业体同仁，要知道慈济不是师父一人专有，也不是自己一人能成就，必得大家共同来参与，才能可大可久，所以应该要感恩所有慈济人，这也就是‘爱洒人间’，将爱洒向委员之间，洒向同事之间。”

上人表示，对于同心同志愿者不能心生感恩，打不开心门去感恩彼此，这就是心中存有“痴”念，所以常会感到自己做了很多并且做得很好，自己没有错，错都在别人；唯有将痴念去除，同心同志愿者之间相互爱洒，彼此感恩，自己的慧命才能成就，想要往外推动“爱洒人间”也才会成功。

十二月二十二日
募心的真义
——使人从付出中获致法喜

上人十二月岁末祝福行脚到台中分会,上人谈起“募心”的真义。上人说,若人只是捐款,恐将自我膨胀,这念我慢心起,反而污染了心,对于净化心地全无用处;最重要的是,虽然捐了钱,不论数字多少,能心无挂碍、心常欢喜,这才真正是无量功德。

“看看许多慈济人,他们无所求付出,忘我地‘做就对了’,那种画面实在很感人。唯有真正去做、去投入,心才能有所体会,心也才能定静而安;若捐款而执著,必然傲慢障道,我不忍心见人如此,则宁可不要这份捐款。所以,大家在劝募善款时,更重要的是,如何带动人在布施钱财之余,也能投注心力做好事,使其因之法喜充满,这才算净化了他的心地,而这也就是募心的意义所在。”

离开台中，过些时候，上人座车驶入冷意袭人的彰化地区。步入巡视各功能空间后，上人与当地师兄姊们开示说，“一人一善，远离灾难”，其义并非做了些好事就能永保平安、绝无逆境；而是明白开口说话要谨慎，做事要考虑别人，如此就能减少人我是非的心灵灾难。“所以，当我们走入社区家庭，教人一人一善时，不要让他以为捐钱就能消灾免厄；应该要带动他去做帮助人的事，除了从付出中获致满心的欢喜，并且从付出中借事练心，涵养开阔的心量。”

（编按）

慈济志工组织架构沿革

——“落实社区”、“小组关怀，多组活动”、“四合一”

一九九六年八月贺伯风灾后，思考“救山救海”的历史任务，以及希望左邻右舍能发挥互助互爱的精神，上人在风灾过后的八月份行脚时，正式向全省慈济人提出推动“社区志工”的理念，教慈济人在劝募民众爱心资源，以协助灾区复建家园工作的同时，

普向大众呼吁成立社区志工。

大约三个月的时间，上人将理念宣扬和说明后，全省慈济志工解除过往以组别为单位的编制，开始以行政区域为单位，重新部署区域编组，以使委员就近有效地达成推动社区志工的理想。

鉴及经过区域编组后，有些组别人数众多，二〇〇一年六月份，上人于行脚时提出委员以二十人为一小组单位再次分组，意义在于"小组关怀，多组活动"，小组人数少，才能关怀得宜；而当活动进行时，则整合多组人力，以有效运用资源。

之后，为了更使慈济法髓普遍深入所有委员和慈诚队中，也为增益大家的法亲情谊，同时培养人才以加速净化人心的工作，以及为海外慈济人及后代的慈济人立法，奠定推展志业的厚实基础，二〇〇三年七月间，上人再次提出"四合一"组织架构，委员以"组"、慈诚以"队"名之，组队皆再区分为合心、和气、互爱、协力组（队）。

上人于二〇〇三年九月二日表示，慈济从推动社区志工，到小组关怀、多组活动，及至而今之“四合一”，都是在运用人间法，犹如建造《法华经》所说之“化城”，一步步带领大家以付出无求同时感恩的心态，为苦难的人付出，待大家生命的价值观提升，更加认清慧命的目标何在时，也就渐渐趋向佛的境界了。

“所谓‘苟日新，日日新，又日新’，净化人心的方法随时代因缘容或有所不同，但精神道理则不变，所以旧法可以新用，以顺应世道人心达到同样净化的目的。时值末法时期，古礼教已渐沦丧，如何维持人性伦理道德的本质，就必须在现代透过新法，来传承人类固有的美德。”

上人强调，而今之“四合一”架构就是顺应时代的新法，慈济人之间没有上下、大小的阶级差别，人人都在合心中，只因功能来编组，期待干部们要会疼惜人，心要宽、爱要大，捐弃私我的执著，来带动整个组织的运作，如此才能让慈济清流普遍浸润人心。

二〇〇二年

建立伦理道德之理想社会

——《梁皇宝忏》对上人思想之启示

在二十多岁年纪时的上人，于人间世事还很懵懂，但是却有种种疑问常盘旋脑海，常在心头打转："人为何而生"？"人生的目的何在"？"人生要做些什么事"？以年轻的生命，以有限的阅历，虽欲探索人生的问题，但总是无由解答，疑问到底还是停留在"疑问"的层次而已。

直到正值壮年的父亲往生，上人既惊觉生命的无常与脆弱，同时心神十分不安，不知父亲死后去向？经慈云寺法师建议，若想为父亲做功德、洗罪业以求超脱，可礼诵《梁皇宝忏》。于是上人便在寺院做七天佛事，每天三次，法师们在前诵拜，上人亦跟着在后虔诚礼诵。日复一日，上人一字一句诵读，由忏文中体会父亲平生是位行善的大好人，绝不会堕落三涂，因此心开意解；同时亦深受忏文感动与启发，自觉心灵得到超脱。

《慈悲道场忏法》，肇始于梁武帝，故俗称《梁皇宝忏》。武帝笃信佛教，建寺设法会，精研教理，恪持戒律。原配郗夫人妒忌侧室，口出恶语有如毒蛇，三十岁忽然夭亡，死后堕变蟒蛇。一晚现形宫中，向帝诉其苦状及所作诸恶业，求帝救拔离苦。武帝遂请宝志禅师与高僧等十人，依经律忏罪要义集制忏文十卷，为夫人忏悔。法会方毕，忽见一人，娥冠赤服曰："我蒙佛力，得脱蟒蛇之身，生往忉利天，故来谢礼"，言讫不见。由此可见，忏悔功德不可思议。

《梁皇宝忏》为佛教中忏悔灭罪之忏王，以其忏文优美，且字字深入人心，故广受信众喜爱。上人亦曾表示当初为父做佛事礼诵《梁皇宝忏》时，便觉字句优美动人，十分引人。

从《梁皇宝忏》，上人感觉到佛教的理念很超然，于是思及如何将佛法带入社会。人生的问题至此得到关键性的解决，往后又经种种因缘，上人终于决定出家以荷担如来法业。

《梁皇宝忏》可说是上人深入佛法、信仰佛教之始，究竟上人从中得到何许震撼？又获致哪些启示？以下即就该部忏文字句义涵，与上人从此部忏中所得启示相互呼应，以深入探索《梁皇宝忏》之重要理念，以及该部忏如何深深影响上人的思想。

忏文要义

一、人生虚幻无常
（透彻虚幻，进取真实）

忏文——

“起觉悟意念世无常。形不久住。少壮必衰。勿恃容姿自处污行。万物无常皆当归死。天上天下谁能留者。年少颜色肌肤鲜泽。气息香洁是非身保。人生合会必归磨灭。生老病死至来无期。谁当为我却除之者。灾害卒至不可得脱。一切贵贱因而死已。身体胮胀臭不可闻。空爱惜之于事何益。自非勤行胜业。无由出离。”

“人天幻惑世界虚假。由其幻惑非真故无实果。虚假浮脆故迁变无穷。无实果故。所以久滞生死之流。迁变改故。所以长泛爱苦之海。”

上人说——

我体会到人生无常，凡事皆是苦空幻灭，所以一步一步走进佛门境界，一步一步向佛经去探讨，好像我的生命跟佛法经文相契合。

二、生命的价值在付出（佛菩萨不舍众生的慈悲精神）

忏文——

“诸佛菩萨。有无限齐大悲。度脱世间。有无限齐大慈。安慰世间。念一切众生犹如一子。大慈大悲常无懈倦。恒求善事利益一切。誓灭众生三毒之火。教化令得阿耨多罗三藐三菩提。众生不得佛。誓不取正觉。以是义故。应须归依。又复诸佛慈念众生过于父母。经言。父母念儿慈止一世。佛念众生慈心无尽。又父母见子。背恩违义心生恚恨。慈心薄少。诸佛菩萨慈心不尔。见此众生悲心益重。乃至入于无间地狱大火轮中。代诸众生受无量苦。

是知诸佛诸大菩萨。爱念众生过于父母。而诸众生无明覆慧烦恼覆心。于佛菩萨不知归向。说法教化亦不信受。乃至麤言起于诽谤。未曾发心念诸佛恩。”

“三昧经言。诸佛心者。是大慈悲。慈悲所缘缘苦众生。若见众生受苦恼时。如箭入心。如破眼目。见已悲泣心无暂安。欲拔其苦令得安乐。”

“若众生怀恨于菩萨起恶逆心者。菩萨为真善知识。善调伏心为说深法。譬如大海一切众毒所不能坏。菩萨亦尔。愚痴无智不知报恩。如是众生起无量恶。不能动乱菩萨道心。譬如皎日普照众生不为无目而隐光明。菩萨道心亦复如是。不为恶者而生退没。不以众生难调伏故退舍善根。”

上人说——

经文启发我非常多，我终于知道人生就是这么无常，知道生命的价值不在长短，而是在于能付出，可能这就是对我最大的启发。

三、因缘果报
（万般带不去，唯有业随身）

忏文——

“因果影响感应相生。必然之道理无差舛。而诸众生业行不纯。善恶迭用。以业不纯。以报有精麤。或贵或贱或善或恶。其事匪一参差万品。既有参差不了本行。以不了故疑惑乱起。或言。精进奉戒应得长生。而见短命。屠杀之人应见促龄。而反延寿。清廉之士应招富足。而见贫苦。贪盗之人应见困踬。而更丰饶。如此疑惑人谁无念。而不知往业植因所致。”

“善恶二轮未曾暂辍。果报连环初无休息。贫富贵贱随行所生。非有无因而妄招果。所以经言。为人豪贵国王长者。从礼事三宝中来。为人大富。从布施中来。为人长寿。从持戒中来。为人端正。

从忍辱中来。为人勤修无有懈怠。从精进中来。为人才明远达。从智慧中来。为人音声清彻。从歌咏三宝中来。为人洁净无有疾病。从慈心中来。为人长大。恭敬人故。为人短小。轻蔑人故。为人丑陋。喜瞋恚故。生无所知。不学问故。为人颛愚。不教他故。为人瘖哑。谤毁人故。为人下使。负他债故。为人丑黑。遮佛光明故。"

"复有众生。其形极丑身黑如漆。两耳复青。高颊俱阜。皰面平鼻。两眼黄赤。牙齿疏缺。口气腥臭。矬短拥肿。大腹小腰。脚复缭戾。偻脊凸肋。费衣健食。恶疮脓血。水肿干消疥癞痈疽。种种诸恶集在其身。虽亲附人。人不在意。若他作罪横罗其殃。永不见佛。永不闻法。不识菩萨。贤圣。从苦入苦不得休息。

何罪所致。佛言。以前世时为子不孝父母。为臣不忠其君。为上不敬其下。为下不恭其上。朋友不赏其信。乡党不以义从。朝廷不以其爵。断事不以其道。心意颠倒无有其度。杀害君臣。轻凌尊长。罚国掠民。攻城破坞。偷劫盗窃。恶业非一。美己恶人。侵凌孤老。诬谤贤善。轻慢师长。欺诳下贱。一切罪业悉具犯之。众罪业故故获斯罪。”

上人说——

我用宁静的心，拜诵《梁皇宝忏》七天期间，体会到“万般带不去，唯有业随身”。业，就是一般人所说的灵魂，灵魂来来去去；对佛教而言，就称为“业识”。业识就是平常的行为造作，好的行为、恶的行为，就像一颗颗的种子，完全落入八识田中，隐藏在里面，然后跟着人来来去去。

业，是过去种的因，现在所得的果；现在这个果，还有多种因在造。以释迦果为喻，种下一粒释迦果的种子，每粒种子都可生长累累的果实，而一个释迦果中又有很多的种子。

我们现在所受的，就像以前种一粒释迦果的种子，这是因；现在长成许多个释迦果，粒粒皆是果，而果中粒粒是因。所以虽然我们种过去生的因,受现在的果,但是现在我们可以再造因啊!就看你是要造什么因,是好因、或是不好的因,而这些种种的因,又成为来生的果。

人生就像舞台,不论上台演出什么角色,都是自己所写的剧本。这就是"万般带不去,唯有业随身",过去生自己所有的造作都是在写剧本,既然我们写了剧本,现在走上人生的舞台,自己就要认清楚自己的角色。我们如果能认清自己的角色,现在就会是个很好的演员;下一部戏所演出的,也就会是个很好的角色。

在《梁皇宝忏》里,我了解人生无常,以及业随身的道理,我知道在日常生活中,开口动舌,或是举手投足,这一切都要我自己负责。所以就从那个时候开始,我对自己的人生很谨慎,会小心自己的言行,提醒自己要种善因,不要种恶因。

我深深体会到,不必谈怪力乱神,但是不能不相信因缘果报！因缘果报的道理，非常重要。从此开始，我对人生的人我是非或是利益得失，都看得很清楚，所以就为自己的生命做规划。人生连自己的生命都无法把握，所以到底我能有几年，我不知道；但是我知道因缘必定要把握——把握当下，恒持刹那！

四、六道轮回之苦

忏文——

“具五逆罪。破坏贤圣。断诸善根。如此罪人具众罪者。身满阿鼻狱。四支复满十八鬲中。此阿鼻狱但烧如此狱种众生。劫欲尽时东门即开。见东门外清泉流水华果林树一切俱现。是诸罪人从下鬲见。眼火暂歇。从下鬲起宛转腹行。捧身上走到上鬲中。手攀刀轮。时虚空中雨热铁丸。走趣东门。既至门阃。狱卒罗刹手捉铁叉逆刺其眼。铜狗啮心闷绝而死。死已复生。见南门开如前不异。如是西门北门亦皆如此。如此时间经历半劫。阿鼻狱死复生寒冰狱中。寒冰狱死生黑暗处。八千万岁目无所见。受大虫身宛转腹行。诸情暗塞无所解知。百千狐狼牵掣食之。

命终之后生畜生中。五千万身受鸟兽形。如是罪毕还生人中。聋盲瘖哑疥癞痈疽。贫穷下贱一切诸衰以自庄严。受此贱形经五百身。后复还生饿鬼道中。"

"又复无始以来至于今日。依身口意行不平等。但知有我身。不知有他身。但知有我苦。不知有他苦。但知我求安乐。不知他求安乐。但知我求解脱。不知他亦求解脱。但知有我家有我家眷属。不知他亦有眷属。但知自身一痒一痛不可抑忍。楚挞他身恒恐苦毒不深。但自知畏现身小苦。而不知畏起诸恶业舍身应堕地狱于地狱中备受众苦。乃至不知饿鬼道畜生道阿修罗道人道天道有种种苦。以不平等故。起吾我心。生怨亲想。所以怨对遍于六道。如是等罪无量无边。"

上人说——

从《梁皇宝忏》体会到六道轮回以及生命的苦难。六道中除了天、人、阿修罗三善道外，还有地狱、饿鬼、畜生三恶道，这在《梁皇宝忏》、《地藏经》中，都有让人惊心动魄的描述。在人间也有类似的场面，病房里一张张病床就像铁床地狱一样，当我们走进去轻声细语地安慰病人，不就像菩萨愿入地狱面对苦难的众生？

五、临命终时会现化境

忏文——

临命终现平日喜爱之境：

“若有众生杀父害母骂辱六亲。作是罪者命终之时。铜狗张口化十八车。状如金车宝盖在上。一切火炎化为玉女。罪人遥见心生欢喜。我欲往中我欲往中。风刀解身寒急失声。宁得好火。在车上坐。然火自爆。作是念已。即便命终。挥霍之间已坐金车。顾瞻玉女。皆捉铁斧斩截其身。身下火起如旋火轮。譬如壮士屈伸臂顷。直堕阿鼻大地狱中。"

临命终时,身受极苦,现当下希求之境:

"五逆罪人无惭无愧造作五逆。五逆罪故。临命终时。十八风刀如铁火车解截其身。以热逼故。便作是言。得好色华清凉大树。于下游戏不亦乐乎。作此念时。阿鼻地狱。八万四千诸恶剑林化作宝树。华果茂盛行列在前。大热火炎化为莲华在彼树下。罪人见已。我所愿者今已得果。作是语时疾于暴雨坐莲华上。坐已须臾铁嘴诸虫从火华起。穿骨入髓彻心穿脑。攀树而上。一切剑枝削肉彻骨。无量刀林当上而下。火车炉炭十八苦事一时来迎。"

临命终时,身受极苦,颠狂错乱,妄想置身污秽,现当下希求之境:

“复有众生。破佛禁戒虚食信施。诽谤邪见不识因果。断学般若。毁十方佛。偷佛法物。起诸秽污不清净行。不知惭愧。毁辱所亲。造众恶事。此人罪报临命终时。风刀解身偃卧不定。如被楚挞。其心荒越发狂痴想。见己室宅男女大小。一切皆是不净之物。屎尿臭处盈流于外。尔时罪人即作是语。云何此处无好城郭及好山林使吾游戏。乃处如此不净物间。

作是语已。狱卒罗刹以大铁叉擎阿鼻狱及诸刀林。化作宝树及清凉池。火焰化作金叶莲华。诸铁嘴虫化为凫雁。地狱痛声如咏歌音。罪人闻已。如此好处吾当游中。念已寻时坐火莲华。诸铁嘴虫从身毛孔嚼食其躯。百千铁轮从顶上入。恒沙铁叉挑其眼睛。地狱铜狗化作百亿铁狗。竞分其身取心而食。”

上人说——

当我父亲往生之后，我从《梁皇宝忏》里知道：

“人将往生时，在刹那间，会现出你欢喜的境界，或是你所需要的境界，诱引你跟着境界走。”人的第八识脱离身体之后，业道会现相，此时切要注意不要容易就被境界吸引，否则一旦被诱引之后，若跟着境界而去，就会随着自己的业力或下地狱，或上天堂，或再来人间，也就是到另一个境界去了。所以为什么人在即将往生时要念佛，就是希望临命终时心有正念，才不致轻易让境界诱引。

若平日修行得力，则灵魂脱体时就不会被境界迷惑，会很笃定去了再来的境界，这是平时修行时最重要的事情。

六、重视忏悔法门

忏文——

“若欲舍凡入圣者。当依佛语如教修行。莫辞小苦生懒堕心。宜自努力忏悔灭罪。经言。罪从因缘生。亦从因缘灭。既未免凡类。触向多迷。自非资以忏悔。无由出离。相与今日起勇猛心。发忏悔意。忏悔之力不可思议。何以知然。阿闍世王有大逆罪。惭愧悔责重苦轻受。又此忏法令诸行人得安隐乐。若能自课努力披诚至到稽颡忏悔归依毕竟为期者。而不通感诸佛。未之有也。恶业果报影响无差。应当怖惧苦到忏悔。”

“夫怨对相寻皆由三业。庄严行人婴诸苦报。相与既知是众苦之本。宜应勇猛挫而灭之。灭苦之要唯有忏悔。故经称叹。世二健儿。一不作罪。二能忏悔。大众今日将欲忏悔。当洁其心整肃其容。内怀惭愧悲畅于外。起二种心则无罪不灭。何者二种心。一惭二愧。惭者惭天。愧者愧人。惭者自能忏悔灭诸怨对。愧者能教他人解诸结缚。惭者能作众善。愧者能见随喜。惭者内自羞耻。愧者发露向人。以是二法能令行人得无碍乐。相与今日起大惭愧。作大忏悔。”

上人说——

我们要常常自我反省，“害人之心不能有”。不论如何，我们以前是凡夫，也有错误过，虽然现在发心要学圣人，但我们要知忏悔。佛法常说忏悔法门，像《梁皇宝忏》、《水忏》，或是每天早晚课，都有忏悔文。这些忏文，不是让我们念念而已，是要让我们知道，自己在人世间的诸多起心动念，犯了多少错误的罪业！忏文亦犹如一面镜子，让我们知道如何装饰端庄的形态，看出自己动作的错误，知道脸黑了要擦，知道衣服不整齐得赶快整理。

忏，就如清水可洗净秽物。所以我们要知忏，知道错了，赶快忏悔，慧命就能重生。一期生命有限，但是慧命如能成长，慧命就生生世世，永远不生不灭。所以现在此时，我们就要赶快将慧命启发起来。

一般人很容易“健忘”所犯的过错，因此一而再、再而三地犯错。诵经拜忏用意是诵给自己听，以经忏之文来自我提醒，洗炼自己的心。“忏”是立誓未来改过自新，绝对不再犯错；“悔”就是觉悟自己过往的错误，明白自己的缺失，故说“忏悔”的意思就是洗净自我的心。不论诵《梁皇宝忏》或是诵《水忏》，除了口诵耳闻，还必须用心思考、省思，此即所谓“闻、思、修”，这才是真正的诵忏。孔子说过：“不迁怒，不贰过。”我们要自我修持，避免犯重复的过失。

“失之毫厘，差之千里”，人生方向若有丝毫偏差，就可能造成终身遗憾，所以我们不能让罪因无尽蔓延，要及时忏悔，忏悔即清净。

其他关于《梁皇宝忏》的重要理念，而为上人经常言及者，例举四项如下——

一、一切唯心造

“经言。莫轻小善以为无福。水滴虽微渐盈大器。小善不积无以成圣。莫轻小恶以为无罪。小恶所积足以灭身。大众当知。吉凶祸福皆由心作。若不作因亦不得果。殃积罪大肉眼不见。诸佛所说谁敢不信。我等相与生世强健。复不勤学自力行善。临穷方悔亦何所及。今已共见一切过患。如经所说。自知其罪岂得不思舍恶从善。今生若复不能用心。判舍此形必堕地狱。

何以知之。今见为罪之时。未尝不以含毒猛烈怀恨深重。若瞋一人必欲令死。若嫉一人恶见其好。若毁一人必陷苦处。若鞭一人穷天楚毒。忿恚暴害不避尊卑。恶骂丑言无复高下。声震若雷。眼中火现。至于为福之时。善心微劣。始欲为多末遂减少。初欲速营续后且住。心既不至日月推迁。如是进退遂就忘失。是为作罪之时心气刚强。为福之时志意劣弱。今以弱善之因。求离强恶之报。岂可妄得。经云。忏悔无罪不灭。每至忏悔之时。必须五体投地如大山崩。此云不惜身命。为灭罪因缘故。殷勤督励。"

二、做人的道理：报父母与师长恩

报父母恩：

"今日道场同业大众。次复应须五体投地奉为父母育养之恩。怀抱乳哺爱重情深。宁自危身安立其子。至年长大训以仁礼。洗掌求师愿通经义。时刻不忘企及人流。所当供给不吝家宝。念思虑结有亦成病卧不安席。常忆其子。天下恩重世实无二。所以佛言。天下之恩莫过父母。夫舍家人未能得道。唯勤学业为善莫废。积德不止。必能报恩。”

报师长恩：

“今日道场同业大众。相与已为父母亲缘礼佛竟。次复应念师长恩德。虔诚礼佛何以故尔。父母虽复生育我等。不能令我速离恶趣。师长于我恩德无量。大慈奖谕恒使修善。愿出生死到于彼岸。每事利益令得见佛。除烦恼结永处无为。如此至德谁能上报。若能终身行道正可自利非报师恩。故佛言。善知识者莫过师长。既能自度亦复度人。相与今日禀得出家。受具足戒。此之重恩从师长得。岂不人人追念此恩。”

三、智慧从道德中生

“经言。在凡谓之缚。在圣谓之解。缚即是三业所起之恶。解即是无碍之善。一切圣人安心斯在。神智方便无量法门。明了众生善恶之业。能以一身作无量身。能以一形种种变现。能促一劫以为一日。能延一日以为一劫。欲停寿命则永不灭。欲现无常则示涅槃。神通智慧出没自在。飞行适性坐卧虚空。履水如地不见险难。毕竟空寂以为栖止。通达万法空有俱明。成就辩才智慧无量。如是等法不从恶业中生。不从贪瞋嫉妒中生。不从愚痴邪见中生。不从懒惰懈怠中生。不从憍慢自养中生。唯从谨慎不作众恶勤行善业中生。”

四、“平等慈悲”、“等念怨亲”

“又复无始以来至于今日。依身口意行不平等。但知有我身。不知有他身。但知有我苦。不知有他苦。但知我求安乐。不知他求安乐。但知我求解脱。不知他亦求解脱。但知有我家有我家眷属。不知他亦有眷属。但知自身一痒一痛不可抑忍。楚挞他身恒恐苦毒不深。但自知畏现身小苦。而不知畏起诸恶业舍身应堕地狱于地狱中备受众苦。乃至不知饿鬼道畜生道阿修罗道人道天道有种种苦。以不平等故。起吾我心。生怨亲想。所以怨对遍于六道。如是等罪无量无边。”

“经言。有身则苦生。无身则苦灭。而此身者众苦之本。三途剧报皆由身得。未见他作我受我作他受。自作其因。自受其果。若一业成罪无边际。何况终身所起恶业。今唯知有我身。不知有他身。唯知有我苦。不知有他苦。唯知我求安乐。不知他亦求安乐。以愚痴故起吾我心。生怨亲想。所以怨对遍于六道。若不解结。于六道中何时免离。从劫至劫岂不痛哉。相与今日起勇猛心。起大惭愧作大忏悔。必使一念感十方佛。一拜断除无量怨结等。”

苦口婆心再三叮咛、反复强调

《梁皇宝忏》述及的无常、因果、忏悔与伦理道德等观念，上人自是每在开示中说分明；而当“九一一”发生，随着“爱洒人间”这全面性与长期性的运动积极开展，上述观念总再三被强调。

如甫闻惊爆事件发生，针对“爱洒人间”运动，于召集各科室首次讨论募心活动时，上人提到众生共业之“因果”观：“现在最重要的是，希望大家把心中的怨气、怨恨抚平，要把人人的爱提升。但是文宣的表达要清楚，呼吁大家认知‘惊世灾难之后，必要有警世的觉悟’，这种惊动世界的灾难之后，更要有警世的觉悟；不要在迷茫中，跟着喊，跟着叫，在这世间跟着摇摆不定。”

“佛陀说‘众生共业’，在佛国的世界，如《药师经》中言，药师琉璃光如来净土之所以清净，是因为众生所有染恶的业消除，才能往生净土。其实净土是在人心中，‘万般带不去，唯有业随身’，娑婆世界的众生是善恶杂糅，同一个人难免有时候会不小心做错事，说错话；但也会做好事、说好话，造作一些善因福缘。所以，我们应该‘用善解包容消旧业，以知足感恩植福因’。”

在“九二一”两周年时，上人有感台湾陆续有桃芝、纳莉台风带来灾难，美国又有“九一一”，遂以《法华经》

句讲“虚幻”与“无常”之理：“《法华经》随喜功德品说：‘世皆不牢固，如水沫泡焰’，世间很不牢固，像水泡、又像烟火炮焰。天空上的烟火虽然很漂亮，但是很快就消灭了；水中的水泡很是五彩缤纷，但是很快就破碎了。人生就像这水沫、炮焰，绝对是不牢固的。”

“佛陀警惕我们，身处无常虚幻的人世间，应该要‘汝等咸应当，疾生厌离心’。不要沉迷于世间的欲乐，整天吃喝玩乐；也不要好逸恶劳，舍不得伸手去做事；也不要吝于钱财的布施，坐视他人的不幸。应该要知道，钱财是造福的工具，身体健康是修慧的载道器，能出钱、出力，就是福慧双修；爱就是付出，付出的人生，就是菩萨。”

“我们应该要有警世的觉悟，不到两个月之中，在国际间和在我们身边的台湾，有这么多的灾难，我们更要提高警觉，彻底把内心的道场做一番洗心革面的大忏悔啊！”

“当今世纪天灾人祸剧烈，人实在应该要有大忏悔”……上人近来每说及此，脸上总是带着愁容；而自去年说出“来不及了”四字后，今年又言“分秒不空过，步步要踏实”，期待大家分秒都不能错过，必得加紧净化人心脚步的心情溢于言表。

物理之“成住坏空”四相

为更令大众深明佛法，知所努力方向，上人层层条分缕析宇宙间之“三理四相”，目的在希望集众人善业，以防止恶的共业带来的天灾人祸。

所谓“三理四相”，三理就是物理、生理、心理；物理四相是成住坏空，生理四相是生老病死，心理四相是生住异灭。

所谓物理，就是宇宙天地万物的道理。在物理上，整个宇宙星球大地都有“成住坏空”四相，世间既有“成”之时，地球、星球便有其生存的期限，年久月深，太空的星体也会发生爆炸碎裂。地球是宇宙间的星球之一，在时间的长流中，终有一天也会灭亡。

佛陀早在二千多年前，就提出“物理四相”，可见佛陀智慧之深远广大。最近科学家发现在火星中有雪，有雪就有水，有水的地方就应该会有生物，很有可能再过几万年后，火星上会变得万物具足。

宇宙万物在劫波的时间长流中不断成住坏空，是确有其事。只是世间人寿命短，无法从头至尾去体会世界的“成”——也就是从一开始生成到万物具足前的这段时间；随后众生共住、万物具全时，就是“住”；之后佛陀又说“坏”，世间万物走向败坏；坏之后就是“空”，一切都毁灭了。世间会毁灭，来自于大三灾和小三灾。不只大三灾在破坏环境，小三灾更是时时都有，因此佛陀才说“无常”，无常的环境就在我们生活的周围。

佛陀说二十小劫为一中劫，四个中劫是一个大劫；“劫”之义如同今人所指的“世纪”，二十小劫一如二十世纪。在这小劫或二十世纪以来，天地间频生小三灾——刀兵、瘟疫与饥馑，以二十小劫为一轮，时间渐渐进入中劫，毁灭性的大三灾也会相继发生。这种宇宙万物成、住、坏、空的现象，究其根本出于人心，也就是众生心力的倾向：人心善则造作福业，人心恶则造作恶业，此即“众生共业”之理。

佛陀还提到三千大千世界，以说明宇宙长河浩瀚之大。现在我们生存的地球是在一个太阳系之内，而一千个太阳系组合起来就称为一个小千世界；一千个小千世界组成一个中千世界；一千个中千世界才形成一个大千世界。佛陀说天地宇宙有三千大千世界，因此宇宙之大，实在难以思议。既然宇宙有三千大千世界，就意味着宇宙中不是只有一个太阳，还有其他太阳存在。

现在地球已经开始慢慢老化，不但有穷尽的时刻，也会有毁灭的一日。地球不仅“坏”于大三灾的天灾，也坏于小三灾的人祸。小三灾的饥馑、瘟疫、战争不间断地在世间各个角落、每个地方发生。

“小三灾”坏有情世间

小三灾会破坏有情世间，有情世间是指人的生活、人的身体及跟人有关系的生活环境。小三灾的发生，对人类的生命有很大的威胁。

小三灾的第一灾是饥馑劫——没有东西吃。想想台湾丰衣足食，我们要有感恩心，大家可知道中国以外的国家，有多少人陷在饥饿中？天下很多人处于饥馑边缘，不要认为“我生在台湾，可以永远这么富有”，这是因为过去生活在这片土地上的人有造福；如果我们不惜福、不再造福，福享尽了，灾难就会来临！所以，佛经中预言的饥馑，是全球有七年七个月七天的时间都没有雨水。没有雨、没有水，要如何生活呢？

第二灾是瘟疫劫——传染病。因卫生不良而引发传染病，而真正的瘟疫灾难是普遍性的。

第三灾是刀兵劫——战争。在这个世纪里有第一次、第二次世界大战，虽然已经过去了，但是未来的世界大战什么时候会发生呢？没有人知道。除了国与国的战争，还有种族与种族间的仇恨相争；另外，现今人心道德日渐败坏，动不动就伤人，也是刀兵劫。

以前是怀有深仇大恨才杀人，现在连至亲的人也杀，多么可怕！因为人心道德沦丧以致恩重如山的父母、至亲也都狠得下心伤害。

佛经里提到，小三灾里，“饥馑”极盛时是七年七个月又七天，“瘟疫”则是七个月七天，“刀兵”极盛时是七天七夜，意即世界大战全部动起来时是七天七夜。其实，现在的核子战争不需要七天七夜，只要按个钮就可以毁掉一切，哪里需要七天七夜？

人类在减劫的时间内，会死亡很多人，直到人寿十岁时，世间极乱、灾难极重，少数人内心起了惊惶、惭愧而忏悔；人如果起了至诚忏悔时，就会消业。

然后开始重新建设人伦道德，人的心不断忏悔，人寿又会慢慢增加——每一百年增加一岁，一直到人寿八万四千岁。

在减劫时期里，一切都在破坏中。小三灾之后接着是大三灾。

“大三灾”坏器世间

大三灾，是指火、水、风会破坏器世间。器世间就是山河大地整个世间。大三灾会毁灭有情众生所依住的世间。

第一大灾是火灾，大劫火灾时，会有七个太阳同时出现。太阳照到哪里，哪里就有大火，一场大火之后，需经过很长的时间才会慢慢恢复；恢复之后，再来一回大火，如此连续共七回火灾，之后是一回水灾，大水从地狱一直弥漫到二禅天。水灾之后，接着再来七回火灾；如此以火灾七回、水灾一回，反复经七次后，再来七回火灾，连续下来总共会历经八次的七回火灾，一次七回水灾，故称一七水灾、八七火灾。到了最后是一次风灾，将整个器世间摧毁殆尽，这叫做空劫，即成、住、坏、空，有情世间和器世间完全灭掉了。

上人喟叹，虽然每一灾的时间很长，会不会发生呢？会的！小三灾的“刀兵劫”有七天七夜，在现今科学发达的文明社会，我们会不会遇到呢？很难说，但是令人很担心。

上人强调：“但是担心没有用，我们要赶快起而行动去做预防的工作。预防有两种：身和心，天下一切皆由身和心所造作。”

“为什么会有减劫？因为人心道德丧失，末法就是人心道理丧失，不只有形的文字灭了，就是无形的心理道德也一直丧失，所以灾难就不断发生，现在我们要起惭愧、忏悔心，如果能彻底忏悔，去除以前的贪瞋痴，我们才能真正重整内在的道德。”

文明周而复始、兴衰轮回

除了仔细分析毁灭性的“大、小三灾”外，上人亦说明地球存在期间，人类文明周而复始之兴衰现象，此涉及“原始人”的缘由探讨。

上人认为，地球从形成至今几十亿年的时间里，随着科学的发达，可探知有所谓的“原始人”，但也发现到深埋于地底下的“古代文明”，从其建筑的雄伟，可推想其文明相当发达。但为何也有过着原始生活的原始人？而早于他们之前，却又有古文明人呢？人类到底是怎么来的？

“其实，地球上天灾、人祸，人祸、天灾，二者不断相生相成，造成生命的生生灭灭，生灭不已。总是到灾难最盛，草木皆兵时，人才会有所觉醒，生起恐惧之心，逃到深山去躲藏，那时文明已破坏殆尽，人已一无所有，因此与兽类为伍，过着原始的生活，所以我们就当他们是原始人。其实人类也曾有过很文明的生活，所以我们才能透过尖端科技去地底下挖掘出来。”

“人是从什么演化来的？我想应该是原始人。其实人也没有原始的，因为佛陀说‘无始无终’，无始就没有原始，是无始以来即存在，不过开天辟地到底是在几万万亿年前？不知道。人类的历史才几千年，总是在生生灭灭之中；和人的生命生生死死一样，地球也有破灭的一天——被毁坏的一天。因为大地的品质被破坏，就像人体的体质被破坏一样，体质中含有很多病菌，如果抗体衰弱，就会产生疾病。就像人性的道德如果减弱，恶性的业力就会现前。”

天地本来很美、很平静，但是因为人类的破坏而造成空气污染，破坏了地球的品质——山破坏了，河破坏了，地球的一切都被破坏了。这就是佛陀说的“众生共业”，当为恶的人很多的时候，好人就被拖累了。但是大家不要这样想：“坏人灭掉，好人也灭掉，我还需要做好人吗？”因为业的种子还是存在，慧命也是无始无终、永恒存在。

“在这恶世末法的时刻，我们更应把握时间，时间能成就一切，好的人如果愈多，看看是否能让灾难慢一点降临，或者能否重业轻受？这是我们的期待，希望大家好好把握时间，自己好好修持，然后影响他人。”

顺应自然法则

上人表示，“顺自然才是美”，顺乎自然、应于天理，也就是合于自然法则，万物才能相安无事，相生相成。若是违反自然定律，天地万物或将因此而失去正常的生活秩序与轨道。

“如人与地与山与海是‘生命共同体’的关系，以自然法则来说，地是平的、山是高的、海是低的，生命就在这自然秩序中过着安定的生活；若一旦天地变色，地不再是平的，山也不再是高的，或海也不再是低的了，万物所依恃生存的自然界异常，生命也就岌岌不保了。”

保护山河大地，是人类共有的责任。所以诸如开山、填海等此类破坏自然之事，我们都应阻止以绝后患。否则，山河被破坏而伤了元气，到时所有生灵也就会随之走向灭亡。

除了顺乎自然保护山河大地，人类社会亦应顺平自然法则，建立“安分守己”以及“长幼有序”之伦理道德观念，才能维系天下太平。

上人表示，当今世代，在许多文明国家，孩子们因自小生活优渥，养成娇生惯养的习性，动辄发怒，忤逆父母，使父母伤心与忧虑。为挽救时弊，对症下药之方莫如提升人伦道德观念，其中尤因“百善孝为先”，故当积极推动孝道，否则长久以往，孝顺的美德一代不如一代，则未来世界道德沉沦的景况，实在无法想象。

“从儒家‘修身、齐家、治国、平天下’之理，可知社会要安定，必须组成社会的每个家庭，父慈子孝，兄友弟恭，家家和睦亲爱，才能促进社会祥和。家庭之‘亲情’如兄弟之间，若手足不和，这对父母是无形的精神虐待；乃至于媳妇之间常生嫌隙，亦会造成父母莫大的痛苦。孝道是伦理道德的基石，所以推动‘爱洒人间’，借着委员走入社区家庭，很希望人人心中有爱，能敬上爱下，心才能定，心才能安。人人心理安定，家庭和乐融融，社会必然长治久安。”

理想确定，回归原点

慈济“爱洒人间”运动，希望是由点而线而面以至全球；上人期待委员走入社区挨家挨户拜访与宣导，才能推动有成。

上人以慈济草创时期为例表示，三十多年前，慈济只有三十个会员，就以这些人力在花莲用心耕耘，渐渐才推展到外县市地方，如今慈济人已遍及全省邻里，这就是由点而线而面的道理。若不先从本地就近扎根，一味往遥远的地区发展，纵是去发放或义诊，这只能照顾他们一时，因为当地并无人可以接续去做；就如单是去撒种而已，当地没有农夫继续照顾，这些种子很快就又没有了。

“所以，必定要由点就近开始做起，做到令人感动，就能带动很多人一起来做，人增加了，照顾得到的范围自然就会随之扩大。”

“追求至善至美，这固然是人生应该努力的目标，但不要反将这份美好的理想变成自己的压力。理想是一份心愿，认清楚这份理想之后，既知人生的方向该怎么走，此时就一步一步踏实地往前走就是，不要才走一步，就想着一丈远以外的地方，总想着目标还那么遥远，如何再有毅力、勇气走下去呢？”

“理想确定之后，当回归原点，走今天该走的路，做今天该做的事。我就是以这样的心态在过自己的每一天，否则我要承担的事那么多，若心思不放在当下能做的事，却老想未来还有多少事没有做，这岂非自我困扰！”

“如我人现在在花莲，就专心做好这个时空所能做的事，这就是回归于自己的点；至于别的地方的事，就交代那地方的人去做就是了，我人在这里，鞭长莫及，自己如何能做得来？一切事情都要揽在自己身上来承担，这是不可能的啊！”

“经常有人问我：可曾出国？我都很自然地回答：‘我哪儿都没去过。’台湾地区和美国“断交”时，有位身在美国的法师很替我紧张，他来信表示慈济是一个民间团体，恐怕我会因此受累，必须比别人先走才好。当时我就想：‘这个空间就是我的道场，这个时间就是我的生命，应该正是发挥良能的时候。’”

“有了以上种种的想法，又结合本土的空间、时间等观念，我认为：我应该从最贫穷的地方开始做起。所以，我们开的第一道门就是‘善门’，很多慈济人都是由善门而进佛门。”

“爱洒人间”之长期性运动推展之前不久，正逢上人教慈济人落实“小组关怀，多组活动”之际，两相结合之下，得以能有更多人力投注于“爱洒人间”运动，此巧妙之因缘，亦堪称是不可思议。而经上人指示后，各地委员和慈诚立即再次重新分小组编制，大约在去年底即陆续完成分组，以更多的人力走入社区推动“爱洒人间”。

天下第一家

依"因缘果报"之理，慈济始终在做的就是建立伦理道德社会，透过人人遵守伦理道德，既净化己心并影响他人，完成人间社会的长治久安，进而直证菩提，圆满佛道。

上人理想中欲努力达成的"伦理道德社会"，充满人性之美的温馨与和谐；"慈济是天下第一家"，每当慈济家人团聚，总是深深富有"家的感觉"，而这亦是上人对慈济人的期待。

上人即曾教示精舍常住师父们："慈济大家庭，每一个人都是当家，每一个人都是主人。我们慈济大家庭，兄弟姊妹都回来了，大家要代替师父，让天下所有慈济人回家有家的温馨感觉。期待人人站在自己的岗位，必定要合心、和气、互爱、协力，用我们的身教来教育天下人。"

慈济人之聚会，尤以在精舍过年，最能表现大家庭的融洽喜乐。每逢农历除夕到初五期间，拜年的人潮涌至精舍，大家向上人拜年之际，彼此亦相互祝贺佳节快乐，一室融融洽洽，洋溢大家庭团圆的吉庆氛围。

在用除夕年夜饭时，上人并且一桌桌为人人发压岁红包，亲自为大家带来满满的祝福。一趟路走来，确也花了不少时间，但见慈院许多医师携家眷来围炉，也有慈济人三代同堂来团聚，大家庭一家和乐，年菜丰盛，人情亦温馨。围炉后又有晚会助兴，益添年节的热闹与温馨。

今年四月中旬，台中潭子慈济园区就将动土开工，这处几年来留下许多上人与慈济人共聚的美好回忆。从师徒相聚的安详、自在与快乐，当能更具体领略那份“家”的感觉。随手摭拾片段，有一年的六月，正是荔枝成熟时——

潭子慈济菜园腹地广袤，在大片青草地上，开垦数亩青菜，除外尚有野生杂树多种，其中为人手植的荔枝则散布四处，每到六月间，熟透的红色果实结满树上，带来年年丰收的意象，给人一种十分欣喜的感受。这回，上人又乘忙碌行程的空当，驱车来到慈济菜园，缘于师兄姊们希望上人能亲摘荔枝，享受一下田园农村的美好风味。

车子在红砖屋前庭停下，下车来放眼周遭，十多株荔枝树，在茂密的枝叶间，悬挂无数颗红色果实，有的离地只有数尺，伸手可及，有的则在树杪高处，必须抬头仰望。"现吃的比较好吃喔！"大家见荔枝结实累累，个个雀跃不已，纷纷做出要摘取的姿势。"看了真是好欢喜！很美啊！"上人称叹再三，伸手攀下枝条，亲手摘了一小串带叶荔枝，在奋力摘取之时，叶上的水珠落下，洒了一地，十分有趣。

有人拿竹梯子来了，靠在树干上，就要爬梯去拔荔枝；也有人携来特制的长长大剪刀，瞄准结实的枝条，正将剪下荔枝；更有人以最原始的方法，爬树去采！有人采摘，就有人拿着篓子在树下盛接，上人看得兴味十足，愉快地笑道："大家都很欢喜啊！"

既已采收不少鲜红荔枝，大家遂坐在荔枝树下吃荔枝。人人手拿一长串荔枝，拨一颗、吃一颗，并且漫谈着、闲聊着，好不尽兴。上人与大家话家常之际，不时有人呈上方收成的种种农作。三四人双手怀抱台湾姜来，尚沾泥带土，正鲜嫩呢！看他们蹲身冲水去沙、持刀去叶，据云打算理干净后，就要腌渍起来。有人抱着冬瓜来，却有人以为是匏瓜，上人笑他："可见你的冬瓜不够大啦！"接着又有带来花生及莲雾者，果实连叶采下，可真新鲜无比！

好客的台中师兄姊们，好意地备办许多乡土小吃，使大家在享用荔枝以外，还有其他选择，如茶叶冻、莲子汤、卤豆腐、菜包子等，大家数人一堆吃着谈笑，好不快乐！

片刻之后，上人信步在庭院走走，昨夜曾有大雨，泥地有些湿滑。走上小山径，眼前也有数株荔枝树，地上则散落几颗熟透的荔枝，红红的荔枝缀在布满落叶的小路，非常好看。在浓荫较深处的荔枝树下，堆叠着杂枝残叶，或许是要当作柴烧。从小坡走下，在此偌大庭园，野花遍地而生，黄、红、白、紫各色花朵，虽然美丽，却叫不出名字，但并不妨碍欣赏的雅趣。

大家走走停停，悠闲地浏观四周秀美的景致，欢声笑语之中，隐约听得有蝉鸣绵长，更添此地清净、安详之美。一二只墨色蝴蝶飞过红砖屋上黑瓦，屋檐处之黑瓦一隅，苔痕青青，此境之宁静不俗，非寻常笔墨所能形容。

就将离去，绕去菜园看一会儿。走过菜豆、芋头、花生、茄子园，来到一处凉亭，几位师兄姊正在其内聊天吃荔枝，“你们怎么没有请我吃呢?”上人边说这里的吃食点心真丰盛，边步行入亭，在满桌一堆荔枝中，仔细挑出几颗最大者，将带走之时，叫凉亭内师兄姊:“赶快再吃！嗯！你们有像做田人，一天吃五顿喔！”

行经莲池，粉红之出水莲花，真乃何枝不鲜、清丽十分！小路旁有株荔枝树，枝干被修剪，在稀疏枝叶间，零星挂着几颗小小荔枝。上人踮脚摘取了一粒，若有所思地说：“我第一次来到这里采荔枝，就是这棵树！这树后来曾遭火烧过，所以很多枝叶剪去了。”上人剥皮吃下这粒荔枝：“这果实虽小，但没有子。”又教师兄们务须将其余几粒荔枝都采下来，“才不会浪费！”

在一处花生田里，三四人正低头从土中拔花生，见上人来了，有师兄说：“有些花生被老鼠吃了，拔起来一看，连一粒花生都没有了。”师兄表示，现在乘着雨停，得赶快拔出这些花生；去掉花生后的枝叶，则堆在玉兰花下做堆肥，以物尽其用。“去休息一下，去吃五顿吧！”上人叮咛。

走这么一圈下来，人人鞋底都沾上泥土，在柏油路上踩了踩、去去沙石后，大家始上车赋归，尽兴而返……

大同世界

“永保纯净心，欣赏人间事”！生活其实可以非常单纯，以单纯之心看待万事万物，无一不美。

子路、曾皙、冉有、公西华侍坐。子曰：“以吾一日长乎尔，毋吾以也。居则曰：‘不吾知也！’如或知尔，则何以哉？”

子路率尔而对曰：“千乘之国，摄乎大国之间，加之以师旅，因之以饥馑，由也为之，比及三年，可使有勇，且知方也。”夫子哂之。

“求！尔何如？”对曰：“方六七十，如五六十，求也为之，比及三年，可使足民；如其礼乐，以俟君子。”

“赤！尔何如？”对曰：“非曰能之，愿学焉！宗庙之事，如会同，端章甫，愿为小相焉。”

“点！尔何如？”鼓瑟希，铿尔，舍瑟而作；对曰：

"异乎三子者之撰。"子曰："何伤乎？亦各言其志也。"曰："莫春者，春服既成，冠者五六人，童子六七人，浴乎沂，风乎舞雩，咏而归。"夫子喟然叹曰："吾与点也！"

三子者出，曾皙后。曾皙曰："夫三子者之言何如？"子曰："亦各言其志也已矣！"曰："夫子何哂由也？"曰："为国以礼，其言不让，是故哂之。""唯求则非邦也与？""安见方六七十，如五六十，而非邦也者？""唯赤则非邦也与？""宗庙会同，非诸侯而何？赤也为之小，孰能为之大？"（《论语》先进第十一）

据论语《公冶长》篇所言，孔子的志向是"老者安之，朋友信之，少者怀之"。让老年人有所安养，朋友之间相互信赖，年幼者受到温暖照拂，人人都过着美好安乐的生活，实现了天下大同的理想和境界。而曾皙虽无大谈治国平天下的大事，然则他所描绘的情景，充满艺术生活与自然之美！优哉游哉、老少同乐、人情敦厚的景致，宛如"清明上河图"的写照，志向超然于现实人间，瞻望着更高远境界的大同世界，莫怪乎使得孔子由衷地发出赞叹来了。

单纯的快乐

儒家所欲建立的伦理道德社会，在孔子的赞叹声中，清晰地勾描出具体的图像。所谓："莫春者，春服既成，冠者五六人，童子六七人，浴乎沂，风乎舞雩，咏而归。"再看精舍之过年情景，不也如古人心思所向往的，是一种"单纯的快乐"——

年关近了，夜里总有几许清澈的鞭炮声，似远还近地"碰！碰"作响，烘托出佳节将临的热闹喜气。精舍各处大小屋宇，也见摆上数盆初绽的水仙，叶长花白春意浓，引人留心赏鉴。白天时分，也总听闻那个地方的好心师兄姊或会员，一车车载来高丽菜啦、冬笋啦、茶叶啦等等，就地置放在厨房外堆成小丘似的，若人走过，不免心中讶然："好多的菜啊！"寒意袭人的腊月时节，浓郁人情所带来的温暖，就是这么单纯……

单纯的快乐来自于善良清净的本性。上人说：“无染清净的本性，是一切生命所共同拥有的。这份天真本性完全没有污染，它充满纯真，无一点点的恶念，能时时为人着想。而不只人是如此，一切生灵、动物，一样也有这种善良清净的本性，与人类有平等的智慧和爱心。万物之性都是善的。若没有受到人世间贪瞋痴慢疑的污染，这一片心地，必定是清净、很美的境界。学佛就是要回归清净的本性，这就要时时刻刻用心培养大爱，要保护好这份清净无染的心。”

“若人能与人和睦相处，环境很适意，心中一片祥和，这是多幸福的人生。但偏偏很多人不会把握良辰美景，常与人计较，心不知足，所以行为不合规矩，造成不少烦恼。其实，有时候，能不计较、不争取，反而会得到更多，此即‘退一步，海阔天空’。若是凡事要争个理，理说太多，感情就薄了；计较太多，也会很伤感情。所以，待人处事，不要事事都要论理，能过就过，能包容就加以包容，如此才能相安无事。”

“清晨一大早，太阳升起，看看花草、树木，一片的绿油油。听听飞禽和青蛙的叫声，多么清澈、有节奏。这是多么美的境界，天下一片调和！”这就是上人很单纯的希望，希望天地生灵，都悠然在自己的生态中。

新晴原野旷，极目无氛垢。
郭门临渡头，村树连溪口。
白水明田外，碧峰出山后。
农月无闲人，倾家事南亩。

（唐·王维《新晴晚望》）

纷纷红紫已成尘，布谷声中夏令新，
夹路桑麻行不尽，始知身是太平人。

（南宋·陆游《初夏》）

宵来风雨撼柴扉，早起巡檐点滴稀，
一径烟云蒸日出，满船新绿买秧归。
田中水浅天光净，陌上泥融燕子飞，
共说今年秋稼好，碧湖红稻鲤鱼肥。

（清·郑板桥《喜雨》）

展读诗卷，诗人墨客之单纯笔致，历代以来亦写下不少当时美好社会之即景即事，或心怡与自然万物相融，或肯定辛勤工作的血汗付出，或欢喜客人来访，或欣慰家人团圆……每一首诗，都是伦理道德建立后，“万物欣有托”的真善美图画。

“风光随处好，景色一时新”，春天真乃良辰淑景，青青草绿，林木苍翠，万物欣欣向荣，处处流露着春的颜色与气象。时值二〇〇二年春天，观《梁皇宝忏》之殷切教诲，不外只是教人用很单纯、清净的心，去静观天下万物，去建构人情温馨的社会罢了。

时与菩萨共处，欢喜知音同行

——从《法华经·方便品第二》之“增上慢人，退亦佳矣”兼及佛陀与阿难之历劫深缘谈上人与慈济人之悲心相契

元丰六年十月十二日夜，解衣欲睡，月色入户，欣然起行。念无与乐者，遂至承天寺寻张怀民，怀民亦未寝，相与步于中庭。庭下如积水空明，水中藻荇交横，盖竹柏影也。何夜无月，何处无松柏，但少闲人如吾两人耳。（宋·苏轼《记承天寺夜游》）

苏东坡这则短文，记述了人生难得是知己之契合，东坡与怀民两位具是有颗柔软之心肠，夜里漫步赏月的闲情，彼此照见对方欣然与自然相交通，那份人我与物我之间之微妙互动的清明心灵，以及毫无雕饰的纯朴性情。

所谓"知音"者，或许是历劫深缘使然，故在今生初遇，便能直指对方思虑，彼此心中丘壑都能了然于心。人之相知，贵在知心；展读中华历史册页，不乏知己之交之实例，如伯牙与钟子期，彼此之间存在的是一种交心的刻骨感受。

伯牙鼓琴，钟子期听之。方鼓琴而志在太山，钟子期曰："善哉乎鼓琴，巍巍乎若太山。"少选之间而志在流水，钟子期又曰："善哉乎鼓琴，汤汤乎若流水。"钟子期死，伯牙破琴绝弦，终身不复鼓琴，以为世无足复为鼓琴者。（《吕氏春秋》）

伯牙是战国时的琴家，与子期形同莫逆，伯牙善弹琴，钟子期善听琴，其默契已达天衣无缝，他们的友谊千古传颂，遂将知己称为"知音"。伯牙惊闻子期猝逝，感念"痛失知音"，从此断弦，终生不再弹琴。

真心与生命对话

"相识满天下，知音有几人？"世上知音罕见，此所以得遇肝胆相照的知音，"士为知己者死"，直教人两肋插刀，即使牺牲生命亦在所不惜了。

这般生死之交的知音，最重要的是彼此之间必定要能"交心"，以坦露、至诚之心，真心与对方的生命对话。

上人说，慈济是一个用生命对话的团体，不论是与环境对话或与人对话。“要如何对话?”从慈济人的行为可以看得出来。看到了苦难者,慈济人就去拥抱着他,虽然他们之间一点关系都没有,但慈济人看到众生有苦难,知道他需要我的体温去暖和他的体温,要用我的心跳去跟他的心跳结合在一起,这就是真心付出,就是用生命对话。

唯有全然付出生命去与对方的生命交流,才能真切地感同身受对方的心声,才能真正走入对方的生命,彼此成为不分你我的生命共同体的关系;这份爱若能扩及于一切人、乃至于世间万物,就是庄子所言之“至仁无亲”,人人都是自己之至亲;也就是无缘大慈、同体大悲的佛之精神境界。

何谓“知音”? 上人说:“人生难得遇到志同道合的人,你所说的他听得懂,你要做的他了解,这就是‘知音’啊! 既得遇知音,就该相互珍惜,为志同道合的共同理想,悉力以赴!”

在上人心目中,所有慈济人彼此都是知音,“慈济人就是同样都有一份爱心，才有因缘能聚会一起，所以才说在慈济所遇到的都是爱心人，都是知音人，都是知心的人。”

慈济人同心、同道、同志愿，为共同的理想共同努力与奋斗，上人表示这份缘并非容易之事。“常听人说：‘天下知音难寻！’所谓知音，是指对自己所说的话能够了解，并且也能付诸实行。然而，人人各有自己的心灵世界，想要别人了解自己的想法已经很困难，何况要得到别人的赞同，并与自己共同为理想而努力，更是难上加难！”

上人举一则佛世故事为例。有一个小城市，居民共九万人。佛陀在此弘扬佛法，有三万人见到佛陀也听闻了佛法；有三万人见过佛陀，但未听闻佛法；最后三万人，则见闻俱无。

“然而听到也看到佛陀的人当中，能真正体会佛陀本怀者，又有多少人呢？佛陀是个超越人间智慧的大觉者，竟然无法使小城市中普遍居民认识他、了解他！又如佛陀入定准备宣讲《法华经》真实法时，座中五千人当场退席，连等待佛陀宣讲的耐心也没有。此二事例令人慨叹，佛陀在世尚且如此，更何况仍是凡夫的自己，又如何要求要得到多少知音？”

然而看到几次活动中，慈济人快速而强大的动员力，大家贴心明白上人心意，彼此合心、互爱圆满达成任务，令上人深觉自己的知音遍天下！即使许多海外慈济人，从未见过上人，也都能秉持佛心、师志，在侨居地做一粒爱的种子。这般贴切的情谊，令人感动与珍惜！

“人生最幸福的就是有知己，最快乐的事就是与知音同行！”上人每言及慈济人莫不感到安慰，认为：“大家都很了解我的心，我的心声有这么多人能了解，这种‘知音满天下’的感受，能想象我是多么欢喜，多么安慰，真的是非常感恩！回首慈济来时路，三十多年来，虽然有很多坎坷，不过，不论有多少心酸及挫折，总是很值得回忆，每一次遇到困难时，就会有慈济人及时现身扶助我、帮助我，让慈济志业一一顺利上轨道。”

知心的贴心感，是上人在推动志业时，一股实在的护持力量！“看到委员、慈诚那份合心协力的投入，再看到有这么多的志工菩萨没有间断，长时间的付出，实在让人很感恩。我常常想，凡夫啊！都是充满了烦恼，充满了计较，满心的自私、小爱。但是，我在慈济所看到的，都是菩萨。菩萨是开阔心胸，具有‘静寂清澄’的透彻大爱；菩萨身体力行，这种无尤无悔的投入，以付出为快乐，以付出为轻安、自在，能和这么好的人群在一起，真是非常有福啊！”

缘结法华会上

将上人与慈济人紧紧相系的是一份对众生怀有大爱的菩萨精神。而这份悲心相契的深缘，上人表示，或许就是缘定于佛世时的法华会上。上人曾说，有慈青发愿要跟随师公一千年，高雄也有慈济人说：“慈青发这个愿，那我要跟随师父一万年。”也有说要万万年的。“其实，我们都是过去生中，说不定是当初佛陀在法华会上时说的，过去有缘人，现在有缘人，还有未来有缘人，可以同在佛的常寂光土，就是法华世界，大家相会。”

“我出家之后，觉得跟《法华经》特别有缘，虽然我没有常常看，没有时间看，很难去研究，只是在出家时，只是听到《法华经》的经名，就心生欢喜。有一位信徒来慈云寺，对慈云寺的师父说：‘我有发现一部《法华经》，我想问师父，您要不要买下来，要不然收破烂的要收走了。’我刚好在那里，我说：‘《法华经》，怎么会被收破烂的收走呢？我们可以买下来啊！’他说：‘不过，这是那位要卖《法华经》的阿公收存的，现在还放在他的床底下。’”

“我说：‘怎么把经书放在床底下，不要给收破烂的收去，我们请回来。’当时那位师父就说：‘你想要买吗？’当时要买那一部经要两百多元。当时的两百多元是很多钱的。买回来时，拿起来看，那经是折页装订，上面有一点腐蚀，也有一点湿气，泛黄的颜色，看来好像快要烂掉了。当时我看了很心疼，赶紧拿来肤一肤……为什么我会在静思堂的讲经堂设计一尊佛像，好像在抚摸地球呢？”

“这就是我想到当时的情景。我接到这部泛黄、破旧的《法华经》时好心疼，我感觉自己好像在一个世界上面，用手肤着它。所以我很爱说‘肤’，肤一肤的感觉真好。当我翻开这部《法华经》，读到经文中说：‘听闻《法华经》起欢喜心，就是过去生已经与佛同世，结过缘，累世不断不离常寂光土，法华世界。’看到这一段经文时，我很震撼，这是一个缘！所以，我开始抄《法华经》。”

“不过，从开始做慈济以后，我再也没有时间去翻那些经了。但是，如果谈到《法华经》，我的心就特别地跳跃，好像要跳起来一样，就是那样的欢喜。所以，慈济菩萨们，你们跟师父应该也是有缘，说不定我们是在无数劫以前的法华会上，遇佛同修啊！”

“我们现在能同样在慈济世界，同心、同道、同志愿，这是不容易的。佛陀说佛法有三个时期，佛在世到灭度之后的五百年是正法；五百年之后，一千年是像法；一千年像法之后，就叫做末法。现在离佛世是二千六百多年，我们说不定是在佛的正法时期，在同一个道场，听佛说法，也说不定哪！”

畅佛本怀之真实法

上人与“法华三部”如知己般投缘相契，而上人思想源流正是法华思想，法华三部大义便是在教菩萨法。上人表示，佛陀来人间说法四十九年，一直到四十二年后，佛陀觉得他的生命岁月所剩不多，却还没有讲出他真正想讲的话，心很着急，于是开讲《法华经》法门，开启菩萨道路。在《法华经》里说“正直舍方便”——去除方便显实法，“正直”就是说现在正是时候，我要直接说菩萨道，所以要舍去过去的方便法。

“佛在世时，讲了四十九年的法，在四十二年内都是讲方便法，慢慢诱引众生。有时候对众生说因果，如是因，如是缘，如是果，如是报；佛陀也谈他自己本身的过去生，如何发心，如何修行所走过来的路，这就是说‘有’。但是，说‘有’只不过是让大家知道怎么做就会得到什么果报，佛陀担心大家只是停滞在做好事，智慧没有开怎么办？所以佛陀再开一个法门，就是般若法门。”

般若法门就是谈“空”，要向大家说不要执著，要提升智慧，不只是一直谈你与我，我与你，常常纠缠不清，应该要将小爱，过去生你我有缘，一直到你我有缘要打开，变成与大地一切众生都有缘，不要只在你你我我，是是非非中打转。要更上一层楼，把心门打开，爱普天下的众生，这叫做大爱，这必定要用般若智慧。

《法华经》所阐扬的是菩萨力行的功夫，绝非文字上的知解。曾有人问上人，每次听到上人开示时，都会提到《法华经》，于是也用心去看《法华经》，可是整本都看完了，还是“有看没有懂”，不知经义何在？

上人回答，经文不是这么容易懂得的，要多看、多听；但是，看多了也听多了，是不是真的能体会呢？还是隔一层。最重要的，还是做，做就对了，以事显理。待你读得稍微懂些道理了，时间已经过去了。所以我常常说，要说到让你听得明白，很费时间，做就对了。人生无常，时间有限，真正走入人群去付出，就能从事相中去体证真理实相。

五千人退席

《法华经》是畅佛本怀，说真实法，阐明从凡夫到成佛，中间必定要经过菩萨道。但是这条菩萨的道路并非凡夫之知见所能易于生起信念。《法华经·方便品第二》有云："诸佛智慧甚深无量。其智慧门难解难入。一切声闻辟支佛所不能知。"又说："佛所成就第一希有难解之法。唯佛与佛乃能究竟诸法实相。"

佛陀来人间，无非是要众生有个共同的目标走入这条康庄的菩萨大道。但因菩萨道凡夫难解难知难行，所以"方便品"中说，佛陀在宣讲《法华经》时，有五千人退席——

尔时世尊告舍利弗。汝已殷勤三请。岂得不说。汝今谛听。善思念之。吾当为汝分别解说。说此语时。会中有比丘比丘尼优婆塞优婆夷五千人等。即从座起礼佛而退。所以者何。此辈罪根深重及增上慢。未得谓得。未证谓证。有如此失。是以不住。世尊默然而不制止。

尔时佛告舍利弗。我今此众无复枝叶。纯有贞实。舍利弗。如是增上慢人。退亦佳矣。汝今善听。当为汝说。舍利弗言。唯然世尊。愿乐欲闻。佛告舍利弗。如是妙法。诸佛如来时乃说之。如优昙钵华时一现耳。舍利弗。汝等当信佛之所说言不虚妄。舍利弗。诸佛随宜说法意趣难解。所以者何。我以无数方便种种因缘譬喻言辞演说诸法。是法非思量分别之所能解。唯有诸佛乃能知之。

所以者何。诸佛世尊。唯以一大事因缘故出现于世。舍利弗。云何名诸佛世尊唯以一大事因缘故出现于世。诸佛世尊。欲令众生开佛知见使得清净故出现于世。欲示众生佛之知见故出现于世。欲令众生悟佛知见故出现于世。欲令众生入佛知见道故出现于世。舍利弗。是为诸佛以一大事因缘故出现于世。

“佛陀在未讲《法华经》之前，先说《无量义经》；《无量义经》说完，佛陀端坐着又现神变相。众人看了，觉得佛陀今天很奇怪，好像这部经讲了，却又还没有讲完似的，好像还有话要说的感觉，所以在场的弟子没有人走开，留在原地等待佛陀到底要讲什么。也就是说，佛陀一部经说完后，便端坐着静下来，在寂静中，佛陀的法相让很多弟子起疑，觉得佛陀似乎还有很丰富的妙法要说。”

“当大家都坐着时，弥勒和文殊对谈：‘为何佛陀这时现神变相，让大家觉得不知道佛陀要说什么？’先是两位菩萨在对谈，接着舍利弗请求佛陀说法，但是请求三次，佛陀三次制止：‘止、止、止，不须复说！’不能说，不用再说，如此三次。”

“有的人坐在那里不知道佛陀要说什么，反正四十多年来也听多了，都已经‘知道了！知道了！’可以不必再听了。所以现场就有五千人退席了、离开了，佛陀就说：‘增上慢人，退亦佳矣！’这些人没有耐心听，以为什么都知道了，知道了就好了，退开了也很好。”

“佛陀说，这五千人就像是‘大风吹空稻穗’。真正好的稻穗，好的种才会留下来，不好的稻穗，不好的种子，就是空心的，风一吹，就散掉了。我们的真心啊，就如已经灌浆灌得很饱的好种子；这粒好的种子，就是最诚恳的那份心。”

一大事因缘出现人间

总之，到底佛陀要说什么呢？等到那五千位增上慢人离开之后，佛陀才开始说了，就是要说菩萨法。他要将过去修小乘行独善其身，或是执有、执空，这些弟子的执著，他要在这个时候打开。所以经文中又说“开示悟入”，要让大家真正体会佛陀这条菩萨康庄的大路。佛陀说他来人间之“一大事因缘”，就是“开、示、悟、入众生佛之知见”。“开”众生佛之知见，要来“示”众生佛之知见，要使一切众生能够“悟”佛之知见，更期待所有的众生真正能深“入”佛之知见。

“‘开’，就像一间房子，里面有很多宝藏，不过，阳光没有照进去，电灯没有开，尽管这间屋里富丽堂皇，尽管这间屋内有很多宝物，但是，门关着，就不知道要从哪一道门进入。这富丽堂皇的房间，室内应有尽有，只是门关着，这就是表示我们众生的心。心、佛、众生三无差别，佛陀有那么多丰富的宝藏在他的智慧里，其实众生平等，同样是那么丰富，不过，偏偏外面艳阳当空，但是这间房子的门却关着，还是一样是暗的。所以佛陀说‘开’，要来开众生佛之知见，就是要来打开我们的心门。”

“只是打开了，虽然阳光透射进来了，不过，众生还是不会踏进去。虽然眼睛看到这间房子门开了，不过里面有什么东西，不知道。佛陀就细心地为我们指‘示’，教我们看这间房子，里面虽然是很简单，却很庄严。”

“抬头看电灯，一排一排的电灯很干净；天花板很漂亮；地板很亮丽；还有桌子、椅子；以及一盆花，有白花，有红花等等。佛陀细心地为我们指示，让我们知道这盆花的种子、花的名称、花的培养、花开花谢等等的道理。这就是佛陀开启我们的心门。”

“然后解释这间室内所有的物质、宝物让我们了解，我们知道之后，是否能体会这些东西的妙用。佛陀就是要我们更深入一层，知道之后要让我们知道有时候要用这个方法，另外的时候就要用另外的方法。方法很宝贵，但是因人、因地、因时而不同，若能用的恰到好处，就是妙法。”

“同样的方法，非人、非地、非时，用起来就不对啦！所以佛陀教我们使用的方法，你们如果有用到时，就会发现原来这么好用，这就叫做‘悟’。这样够了吗？还不够。还要‘入’，懂了之后，要身体力行去做，不懂得要怎么去做，绝对无法了解其中的道理。真正深入透彻，才能证悟，证悟时就永不退转，懂了就懂了，绝对不会再糊涂，绝对不会让我们的道心再退转。”

由五千人退席可知，要真实信解佛陀所说的菩萨教法，必须具足信根，才能全然接受教诲。“信为道源功德母，长养一切诸善根”，这就是所谓“唯信能入”，唯有信根坚定，才能入佛知见。

深信人格完美者之言

在《药师经》中，就曾提及阿难对佛陀所说的教法深信不疑。

上人说，佛陀讲经是观机逗教，所以叫做契经——“上契诸佛的真理，下契众生的根机”，佛陀这种智慧的说法，阿难绝对不生疑惑。为什么呢？阿难自己说：“我为什么会这么相信呢？”“一切如来身语意业，无不清净”，我相信释迦牟尼佛所说的话，我也相信诸佛他们的身语意业无不清净。既然是成佛了,乘如来理而来人间度众生,每一尊佛他在人间来回之中,修行身清净,意清净,口业也清净。

身绝对没有犯错,在行为中已经修到非常清净,从没有犯过错才能成佛。身如果不清净,有了差错,这样身业还有污点,何况是心的意业!为什么我们身会犯错,就是意业不清净,意业不清净,就容易起心动念,起了一念的坏心坏意,很快就现出他的身行来,就去造作,就有了污染的业。

不只是身行保持不犯错,连意业也要修到不犯过,不能想入非非,心猿意马,心的犯戒比身的犯戒还要厉害。所以意业一定要清净,意业如果清净,口业就清净了。所以佛陀在《金刚经》中也是这么说,他是一位真语者,也是如语者,也是不诳语者、不妄语者,也是不异语者,他所说的都是真实没有虚假。所以佛陀所说的教法不能相信,那要相信谁的话呢?

所说的都是真实语,就是如语,就是一切万物真实之理，从来不曾诳语，也不曾妄语，也不曾有异语，所以是一个人格完美者。人格完美者所说的话，我们当然要相信，所以阿难就说，因为一切如来身语意业无不清净，没有不清净的，完全都清净了，所以我相信。

阿难加强语气，要表达他的相信，所以他说："世尊！此日月轮可令堕落，妙高山王可使倾动，诸佛所言无有异也。"这是一种譬喻，以及表达他的坚定。就是说，若是日或月说不定会坠落下来，"妙高山王"就是须弥山，整个须弥山会塌下来、会震动，哪怕佛陀说这些话，我也要相信。因为诸佛所说的话，绝对无二样，绝对说一是一，都是真的。不论佛说太阳会掉下来，月亮会掉下来，或是整个须弥山会倒下去，我也是同样会相信。

信根坚固的阿难

阿难这样向佛陀表达坚定的相信，可见阿难对佛陀的那种尊重敬爱，那种信任实在是我们要学习的。

在《增一阿含经·弟子品第四》中有云——

我声闻中第一比丘，知时明物，所至无疑，所忆不忘，多闻广远，堪任奉上，所谓阿难比丘是。

而依据《大般涅槃经》卷四十记载，佛陀对文殊师利说"阿难比丘具足八法，能具足持十二部经。"八法是——

一、信根坚固。阿难坚心信仰佛法，故能增长善法道根。

二、其心质直。阿难性情朴实正直，依循正法永断虚妄。

三、身无病苦。阿难累劫熏修善行，故身体健康无病苦。

四、常勤精进。阿难闻佛所说法后，一心受持而无懈怠。

五、具足念心。阿难对所听闻的法，恒念诵思惟不忘失。

六、心无憍慢。阿难虽常随佛闻法，慧解过人却不傲慢。

七、成就定意。阿难听闻十二部经，能自我摄受得禅定。

八、从闻生智。阿难长于多闻记诵，成就无上智慧功德。

对佛陀教法深具信心的阿难，是佛陀十大弟子之一，为梵语“Ananda”的音译，意为“欢喜”、“庆喜”、“无染”之意。此名的由来，乃因阿难诞生时，适逢佛陀成道的大喜之日，故父王为其取名为阿难。阿难容貌端正清净，令见者皆心生欢喜，堪称符合其名之意。

古德曾作偈赞阿难云：“相如秋满月，眼似净莲华，佛法如大海，流入阿难心。”阿难原是释迦牟尼佛的堂弟，后跟随佛陀出家，佛陀五十多岁时，阿难任常随侍者，当侍者达二十五年。因为他专注地服侍佛陀，谨记无误佛的一言一语，因此被称为“多闻第一”。佛灭后第一次结集，由阿难诵出三藏中的经藏。佛陀涅槃后，由大迦叶尊者统领僧团；大迦叶圆寂后，由阿难尊者继承率领徒众弘扬佛法。

生生世世紧紧跟随

阿难堪称是佛陀的知音，“在佛陀这么多弟子里，为何阿难与佛陀特别投缘？”这是佛陀在世时，许多人的质疑。佛陀所说的每一句话，阿难都能闻一知十，如此善解佛意，是何因缘？上人曾在晨课中，说出阿难与佛陀的“深缘”——

在过去无量劫前，有位比丘，严厉教导一位沙弥。沙弥每天要背诵很多经文，并且须打扫环境、勤作各种劳务，还要出门托钵。沙弥最烦恼的，就是天天要托钵，因为为了托满钵，必须花费很多时间一家家拜访，剩下可以背诵经文的时间就不多了。

有一天，沙弥又出门托钵，嘴中喃喃背诵着经文；有位长者见沙弥小小年纪，每天从家门走过，常常非常认真地背经，但看来却是很烦恼的样子。慈询沙弥后，知道他烦恼的原因，于是表示将吩咐家人，每天供给他足量的食物，使他能专心在道业上，无忧无虑地读书、诵经。从此长者虔诚地为沙弥护法，直到沙弥成为比丘，并能弘扬佛法、教化众生。

"沙弥就是我，这位长者就是阿难。"佛陀告诉弟子们，过去无量劫来，自他开始修行，阿难就不断地护持着他，生生世世紧紧跟随，而他则给予阿难佛法的滋润，所以阿难能体会其意，闻一知十，这因缘实是由来已久。

上人因此开示，因缘不可思议，缘是在长远以前即不断培养。学佛最重要就是结好缘，不论别人年龄大小，一样都要恭敬、尊重。能与人结好缘，将来不论是谁先成就，有这份好缘就能相互勉励。所以，不可疏忽周围的因缘。

所谓"未成佛前，先结人缘"，阿难生生世世紧紧跟随佛陀，所以对于佛陀教法能闻一知十，而阿难天生多情，亦与众生结下甚深好因缘，故能作为众生之知音者，知心之人，许多人都欢喜听闻阿难说法。

种植热情的好缘

上人即常举佛陀与贫婆的故事，以阿难因为与贫婆有缘，所以能度化贫婆——

这位贫婆远远地看到佛陀走过来，她就绕路而走。但是，佛陀是上自国王、大臣、长者，都对佛陀非常恭敬、尊重，偏偏这位贫婆很讨厌佛陀。若是佛陀走过的路，她绝对不走，她就是讨厌佛。有的人就觉得很奇怪，佛陀乃是人天的导师，为什么一位贫婆无法被度呢？

佛陀就说："贫婆的缘，不是和我，贫婆的缘，是阿难。"大家很怀疑，不相信，佛陀说的话，贫婆都不听了，阿难说的话，贫婆会接受吗？佛陀就对阿难说："阿难，你去把贫婆度过来！"阿难自己也很怀疑："我有办法吗？"佛陀就告诉阿难："只要你走到贫婆的前面，自然贫婆就会跟你走。”

阿难对佛陀说的话，不敢不相信，但是对自己有怀疑。只好硬着头皮等贫婆，因为贫婆每天都要出来讨饭，他知道贫婆要走的路，他就在那里等。果然贫婆从那一条路走过去，阿难就故意从她面前走过去，贫婆看到阿难，内心生起不由自主的高兴，就赶紧跑到阿难的前面，对他顶礼、膜拜，跪在阿难的前面，双手合掌，向阿难求度，求阿难救度她。

阿难觉得很怀疑，就问贫婆说：“为什么你看到我，就叫我度你？可见你内心有信仰，为什么不听佛说的话呢？”贫婆说：“我也不知道，只要看到佛，心就很烦，不会高兴。不过，我看到你，就由内心起了不由自主的欢喜，我就是要跟你就对了，请你要度我。”阿难就告诉她：“我只能引度你到佛陀面前，你对佛起不欢喜心，这是不对的，我若要度你，也要你在佛的面前求忏悔。”

贫婆听到阿难说她必须到佛的面前求忏悔，阿难才要度她，她乖乖地跟着阿难去到佛的面前，有很多人看到阿难走在前面，贫婆跟在他的后面，来到佛的面前，阿难告诉她："向佛求忏悔。"她真的乖乖地跪在佛陀的面前求忏悔。大家都觉得奇哉！奇哉！很奇怪，到底是怎样的因缘，就向佛陀请教。

佛陀就说"因缘果报"，种如是因，得如是果。佛陀就说："在过去生无量劫以前，有两位修行人，这两位比丘，同时在一尊佛的座下修行。有一天，这两位比丘同时要去托钵，一个走在前，一个走在后。在那时候，有一位妇人在那儿啼啼哭哭，前面这个修行人走过去问这位妇人：'你为什么在这里哭，哭得这么伤心？'这位妇人看到修行人，她的心好像得到了依靠，她就告诉他说：'我的先生往生了，没多久，我的儿子也意外过往了，现在只剩我一个人，我无所依靠，所以我痛苦，我悲哀。'"

"前面这位修行人听了，就告诉她：'这是人生最自然的法则，生老病死，人生本就无常，哭什么呢！'就是这几句话，说完就往前走了。后面这位修行人看到她在那里哭得更伤心，他就过去问：'你怎么哭得这么凄惨。'"

"这个妇人就将刚才说的话又说了一次，后面这位修行人很同情她，就告诉她：'这真的教人很心疼，真的教人同情，夫妻感情，希望能白头偕老，一个先去了，留下你，难免会很无助。更不幸的是，你的儿子又往生，确实，你的境遇让人同情。不过，要坚强一点，这是很无奈的事，人生本就是生死，缘有长有短，你和先生的缘就是这样，你和儿子的缘更是短，所以，这是无法挽回的。自己要保重。'"

"然后就从他的身上拿出一条手巾，说：'坚强点，用这条手巾将眼泪擦干，人生要坚强才有希望。'这位妇人她擦干眼泪，看了这位修行人一眼，觉得他怎么那么了解我的心，这位修行者真的很了解我，知道我心疼，知道我的苦，所以从内心起了那份感恩，真的很感动，感恩的心。"

佛陀说到这里，就向大众说："你们知道吗，那两位修行者，走在前面的就是我释迦牟尼佛，太过于理智。”就是现在的人说理智型的。后面这位修行者，就是现在的阿难，他比较感性，比较能同理心，用现在的话来说叫同理心。就是那份悲悯，同体大悲，把一切的众生当做是自己，有这种同理心。所以，这份缘和这位妇人种下这个因，在这一世，因缘聚在一起时，佛无法度他，因为我这个种子，这个因，给她的是冷漠的，不成熟的种子，阿难给她的，是热情，是成熟的种子。所以她看到阿难，会起欢喜心。

“这个故事，我常常放在心里，和众生要结欢喜缘。什么叫欢喜缘，就是同理心。有时候会觉得，我说了这些话，这些人怎么会这样无动于衷，我就赶快自我警惕，我过去生中，就是和他种下冷漠的缘，有因，但是欠缘，这冷漠的因，没有热情的缘。所以，我们现在和人在互动时，我们不要期待每一个人，我一呼，你就要应，不要这样的期待。不过，我们要加强，我们要用什么方式接引人，能很快响应我们，那就是过去生中有好缘。”

倾听人世苦恼心声

学佛而欲度众生，必定要与众生结好缘，要能作为众生的知音，众生才会放心与安心地吐露内心的苦恼，我们也才能如实倾听而予以开导。

上人曾开示如何做众生的知音。上人说，犯错的人，需要有人倾听他的忏悔，佛陀在世时，凡夫是以佛陀及长老为平时求忏悔的对象。现在佛陀、长老都已不在人间，我们必须自我鞭策。除了将自己的烦恼发露忏悔，改正自己的行为之外，更可以成为倾听忏悔的对象，做众生的知音，这就必须具备五种条件。

第一是心得语。要成为别人求忏悔的对象，如果自己没有忏悔的心得，就无法解开别人的心结。所以我们要先审察自己过去的心态，以及进入宗教之门、了解宗教后，心态行为的改变，这些改变就是忏悔的心得。总而言之，我们要接受人家问路，必须自己已了解路况，才能指导别人如何行走。

农历二十四日，是慈济每月一次的发放日——发放物品及现金给照顾户，全省各地的委员都回到静思精舍帮忙。发放之后，大家一同坐下，谈谈自己进入慈济的心路历程。很多人过去的生活非常富裕，因而养尊处优，养成娇贵的态度，对家庭没有一份柔和的善念，对丈夫没有体贴的态度。总而言之，过去的生活与观念，都是错误与空虚的，直至踏入慈济世界以后，改变了他们的人生观，除了本身的改变以外，还能够把私人的怨憎、人我的是非完全一笔勾销。

他们述说过去的心态，并描述现在快乐的心境，大家都听得非常感动。这就是在众人面前发露忏悔，吐露过去的错误，进而培养柔和善顺的正确观念，这就是改往修来，真正地忏悔，并现身说法，以引导此时正在迷茫、苦恼中的人。这称为忏悔者的心得，也是成为一个倾听者，应该具备的第一个条件。

第二是真实语。向我们发露忏悔者，必须将他的过错，真实吐露出来；而我们身为别人求忏悔的对象，也必须以诚心相互对待，才能使他说出内心真正想说的话。

第三柔软语。除了真实语之外，还必须能说柔软语，一个人在错误、恐惧、惊惶时，必须有人以柔和的言语来安抚他的心，使其心情平静、安稳，不再惶恐不安。

第四是利益语。对一切众生，我们必须鼓励他向上，让他知道人生的价值。人身难得，既得人身并生于世间，就该珍惜；即使犯错，也必须赶紧忏悔，再度发挥功能，以真正具有价值的生命面对真实的人间。必须以积极的形态鼓励人生，不可以消极的态度使人意乱志丧，失去信心，所以我们应该要有这种相互鼓励的精神。

第五慈心语。我们必须以慈心来引导他人，因为凡人大都嫉贤妒能，比自己能干优秀的人，便不愿意把自己所知的好方法教给他，认为他已经比我优秀,若再教他、引导他,他就会超越我。其实,天外有天,人外有人,长江后浪推前浪,我们必须了解,有后面的波浪向前推动,我们才能够前进,不要怕别人比自己优秀,我们要时时鼓励、成就他人,使其达到所追求的目标,如此,他能够得到常识也使更多人可以得到利益,学佛应时时以圆满众生的心愿为目标。

例如地藏菩萨,他常在地狱辛苦地救度众生的苦难,希望苦难的众生能够超越他而成佛得道。如果我们能够抱持这份心,就可以成为别人的指导者,也能成为他人倾诉烦恼的对象。

心中若有烦恼,如果能向知音吐露,便可以化解这股苦闷之气;所以,心中有烦恼时,必须找一个能了解我们的善知识来倾诉。

万事万物无不是善知识

那么,我们又如何会遇知音、善知识呢?上人说,我们学佛若能拨开成见,则万事万物无不是佛法。古德云："大道无言说。""道"绝对不是用语言所能表达的，但是只要我们用很单纯的心、很纯真的意去行动，则无一不是佛法。

佛陀曾说"会善知识难"，离是非恶友的确很难，然而要和善知识相会更加困难。什么叫"善知识"？就是能启发你的良知智慧的人。在你陷于烦恼之际，他可以开导你、解除你的心结，使你从凡夫黑暗的一面，转向圣人光明的境界。但是，世间能劝导化解、圆融人我是非，并降伏我们烦恼的善知识有多少呢？

向外寻求善知识确实非常困难，设若找到这么一位善知识，而自己的心无法断除成见，那么即使再好的人在面前，我们还是无法吸收他的知识与教化。所以说，"成见若迷茫，则法界善知识难逢。"

人人若能将成见去除，则善知识所说的话就能解除人我是非的烦恼。修行就是要保持天真的本性，如有"妄念"，就是不真实、有迷惑。有些人说话的本意很好，而听者若用妄见的是非心、烦恼心去承受，那么明明对方是一片善心，以爱心给予教导，但是我们却扭曲了他的一片好意，以是为非。

我们经常会如此，虽然别人说的是真话，但心中还是会起疑，猜想他对我有偏见；或者是看到他人在交谈时，就以为是在谈论我的是非，在毁谤我、中伤我。这就是自我产生的是非心，也就是妄见与痴迷情结；若不去除妄见，那么再好的佛法呈现在我们面前也无法接受。所以说，我们要以纯真的本性去面对人间世事；若能如此，即使是鸟叫、鸡啼……一切都是佛法，这些声音都能启发人心于纯真无邪，因此也都是法音呀！

上人例举，在日本有则故事，编列在小学的教材中，用来教育心灵单纯的小孩，故事如下——

有一位猎人拿着枪要打树上的小鸟，有一只蚂蚁，正好在此时咬了他一口，以致猎人在举枪瞄准时晃动了一下，小鸟因此得救！为什么会如此呢？原来那只小鸟曾看到一群蚂蚁在水里拼命挣扎，当时，这只小鸟咬了一片叶子丢到水里，使水中的蚂蚁全部获救，所以当猎人要打小鸟时，蚂蚁也赶来救它。日本教育单位以这种方式来教导幼小天真的孩子，让每个孩子的内心都能保持人性的天真，拥有"种如是因，得如是果"的观念。

至于中国也有一则故事——

在晋朝时代，北方有一位十一二岁的小孩叫毛宝，他家很贫困。中国大陆的北方，冬天会下雪，气温很低。有一天，毛宝到江边看人家捕鱼，鱼网收回来时，里头有一些鱼以及一只非常可爱的小白龟。渔夫抓起小白龟惊喜地说："太好了！难得有白色的龟，瞧它白得发亮，一定很值钱！"

有人要买了它煮来吃，也有人想买它去展览赚钱。于是毛宝对白龟生起一份怜悯心，请求渔夫把它放了。可是渔夫认为难得抓到这么珍贵的白龟，无论如何也不愿将它放生。小孩注视着白龟，而小白龟也抬头望着小孩，眼里充满求救的神情。小孩心里起了无限怜悯，于是就把身上的外衣脱下，用双手捧着高举过头，并且双膝跪地，真诚地拜托渔夫放走小白龟，而他愿意以衣服来抵偿。

渔夫看到小孩子这么有善心，非常感动。尤其在冰天雪地中，他竟把身上唯一较厚的衣服脱下，这份赤诚的真情打动了渔夫。但渔夫却也不愿意有丝毫的损失，便把毛宝的衣服拿走，才将白龟给他，说："这只白龟不只值这件衣服的价钱，但是你的赤诚感动了我，所以只好跟你换了。"

小白龟得救了，毛宝很高兴地把它抱在怀里说："你得救了！虽然我受寒风透骨的苦，但幸运地换取了你的性命，这也是值得呀！"他们像是极为要好的朋友，小白龟似乎听懂小孩的话，感激得流泪了，并且向小孩点点头，于是小孩小心翼翼地把它抱到江边放生。

二十年后，毛宝已经出人头地，在朝廷官拜将军，经常在战场上获取功勋。有一次他和另一位将军一起带了万余兵马出征，但对方的兵力强盛，把他们团团围住。在九死一生之际，他带着幸存的兵卒突破重围，逃到了扬子江。当时后有追兵，前面则是大江，所有的船，他都先让士卒们搭乘，最后环顾四面，连艘小船也没了，而后面的追兵已到，他在情急之下，纵身一跃，跳到江中。

他在湍急的波浪中挣扎，正当危急之时，有个东西从水下把他托起来。他因体力不支昏倒了，等到醒来的时候，看见身旁是白茫茫的雪，而自己正躺在一只很大的白龟背上。他认出这只龟就是二十年前他所救的那只小白龟。它如同二十年前一样，流着感恩、报恩的眼泪抬头看着他。这真是不可思议啊！

他上了岸之后，大白龟依依不舍地离开，往河里去了，它不断地向前游去，但是仍然一再地回头看他、向他点点头，似乎因回报了他的恩德而深感安慰。

他非常感激，也深深觉得人与动物之间，感情竟能如此相契！为何同样是人，却要彼此侵扰杀害呢？他万分地感叹，人和动物都可以有相亲相爱的感情，为什么人们不能彼此敬爱？他由此看开了人生，于是舍官隐居修行。

向众生学习

常言道："相识满天下，知音有几人？"由这两句话就可以得知，得遇一位益友或良师，的确很难。佛陀也说"会善知识难"，意思是，若希望自己所遇到的每个人都是善知识、良师，实在很难。

为什么难？因为很多人喜欢谈是非，以是非之心待人，常常对人评头论足。有了妄念成见，就有分别心。对于喜欢的人就想占有，若有人对自己喜欢的人友好，他就生起醋意瞋心。像这样的是非分别，即是来自妄情偏爱。

有些人心中充满是非，却不知自我反省，若有人教导他，他却偏偏觉得别人是在讽刺他。以是非之心来分别人事情感，如此在社会上怎能得遇善知识？

上人以上述两则故事表示，“以赤子之心来看一切事物，所以能和物类相互契合，而很多人却以妄念成见相待，因此和人相处时，也就免不了会彼此斗争伤害。”

“我们修行必定要回归纯然的本性，以宽阔的心胸迎接所有的人，更应缩小自己，去护佐他人。如能做到这样，则即使是稚童的一句善言，也能教育、启发我们；就连一个精神恍惚的人所表现的行为，也都可以给我们很大的警惕。”

如此说来，世间万物的一切形态、一切声音，哪一个不是我们的善知识呢？何者不能引导我们见道得法呢？只要真用心，以纯真正直的心去面对自然与人群的境界，就能心领神会。

来到人间，每个人所要学的实在很多，即使尽毕生之力也学习不完。孔子虚怀若谷、谦逊好学，凡是对他有所启发的人，即使是小孩子，他也甘拜为师。可见，贤人、圣人也都抱持“学无止境”的心态。

孔子说过：“三人行必有我师焉，择其善者而从之，其不善者而改之。”这也是好学的精神。三人同行时，必定有我可以师法的对象，是我的模范；他人不善之处则应自我警惕、反省，因为他表现出不好的行为，让我们能心生警惕，知道这样做会惹人讨厌，这种脾气、行为让人看了不会欢喜。这是最真实的现身说法，所以要感激对方。品德好的人我们应该效法，他展现了人生光明的一面，充满了希望，让人欢喜、受人群称赞，而我们所要学习的也是如此。所以说，“三人行必有我师”。

但是凡夫的心态都是自我封闭的，自以为能干；若是自己不好，也会想：“不好是我自己的事，何必在意他人的好坏，也不必去学习。”这就是凡夫心。所以，应该时时提起热忱的求知心，天天勤恳不断地学习。

慈济创立之初，只有三十个委员投入，但这些人有共同的观念，大家愿意节省日常生活费，来发挥这份“爱”的功能。由于他们共同一心，相互看齐、勉励和参与，才有慈济这个团体的产生。几十年来，团体中的善知识不断地增加。

上人认为，慈济委员便是“善知识”，他们一个影响一个，不断地将慈心善行扩大。他们在接触佛法、了解慈济后，先改变自己的人生观，然后影响周围的人，并和周围群众良好的互动，来证明自己人生的转变是正确的，也因此感动家人和亲友，这就是不断地互为善知识。慈济是个彼此教育、相互鼓励的团体，至今会员已遍布全球，可以说是相识满天下。

慈济善知识已经漂洋过海到异邦，在那边发挥慈济的功能及发扬佛教的精神。目前慈济人在西方各国，已开始把中国人的精神文化及所信仰的“无缘大慈，同体大悲”的佛教精神，弘扬于彼国！

“善知识”真的是难遇，但是在慈济世界中，善知识却是遍满天下。比如每每都有感人的朝山队伍，从大马路一直到静思精舍；从精舍望过去，蜿蜒绵长的队伍人潮，人们虔诚地礼拜，虔诚礼拜的行动也同时感化了许多人，这都是善知识。

这就是慈济世界的美，大家都能相互鼓励、鞭策，每位都是我们的善知识。何须慨叹“相识满天下，知音有几人?”其实普天之下，人人都是你我的知音、善知识。时时刻刻抱着学习、追求善知识的心，则普天之下的人，都是你我学习的好对象啊！

若能怀抱谦虚求教以及纯真无邪之心，则天下万物、世间人人都可以是有助于增长我们道业的知音、善知识；但若欲救度众生，就必须用心与众生深结清净欢喜缘，才能使人听我们之名、见我们之相，就会起欢喜亲近之心，而愿意接受我们的帮助。

在红尘世间度众无碍

娑婆世界众生刚强，难调难伏，若非坚定菩萨度众生的使命，实难道心恒持不退。在《法华经》中，佛将入灭之前，为弟子们授记，授记完了，问将来谁愿意发愿来娑婆世界？娑婆世界的众弟子们，没有一个敢发愿，敢说他要来娑婆世界度众生；反而是他方世界的诸佛菩萨，来对佛陀说，将来我愿意再来。佛陀默然，心里感觉："我自己的弟子都没有人愿意发愿再来。现在在娑婆世界受教化的人，怎么没有人愿意站起来说我要来呢？"

佛陀就向那些他方世界发愿要来的人说："不要紧！还有一群菩萨，在我过去生无量劫之前所成就者，他们愿意来啊！"你看！从地涌出了很多的菩萨，他们愿意。

大家起了疑惑，为什么突然间从四面八方，土地中涌出了这么多的菩萨愿意呢？释迦牟尼佛就说："这是已经累积很长很长的时间，无量劫中我所教化、所成就的弟子，分布在其他的地方。他们愿意发心再来娑婆世界。"舍利弗站出来说："我们也有想要再来，不过，感觉娑婆世界的众生难调难伏，所以很害怕。”

在这段经文中，能够了解诸佛愿意再来娑婆世界，不断地救度众生，既成佛了还要再来。而佛陀随身的弟子，以舍利弗的智慧都不敢了，可见娑婆世界众生难调难伏，实在是令人畏惧。

既是娑婆世界众生难调难伏，则如何能在红尘世间度众无碍，就成为重要课题。上人认为，必定要涵养“毕竟空寂”的心境，也就是“三轮体空”，才不会欲度众生反被众生度。

上人说，想要帮助人，心就不能执著，如果执著就很辛苦了。从布施开始，我们如果执著，一天到晚都会去算：我帮助了什么人！我给人多少东西！做了多少好事。一直在重复回想我昨天做了多少，前天做了多少！在那里计算。如果这样，这叫做“着相”，我们的心无法跳脱我是能帮助人的人，也无法跳脱哪一个是受过我帮助的人，我们的心一直停在人、我、付出，这样心中的烦恼就容易启动。

“我对你这么好，为什么你回报我的是这样呢？我做了这么多好事，为什么我会生病呢？那些烦恼会很多，就是纠结在我们心中。所以我们做了以后，就要不执著，走前脚、放后脚。不执著，才会好过日子，才能把烦恼不断去除，才能因应众生所需要的，以有形的去布施，无形中还能自我教育，才能无执著地去付出再付出，付出而不执著。这是行菩萨道者必定要学习的境界，如此我们的心才能时时于定中，而不会才做了什么事之后，就开始把一件事挂在心头，去做计量，若如此，心就会乱。”

“佛陀的教育，就是要我们行而后舍，你去做，尽形寿去做，但是做了以后要舍，要舍去自己是能付出的人的念头，这才能到达‘毕竟空寂’境界的体会。”

与众生互为知音

《无量义经·德行品第一》有言——

是诸众生真善知识。是诸众生大良福田。是诸众生不请之师。是诸众生安隐乐处。救处护处大依止处。处处为众作大导师能为生盲而作眼目。聋劓哑者作耳鼻舌。诸根毁缺能令具足。颠狂荒乱作大正念。船师大船师运载群生渡生死河。置涅槃岸。医王大医王。分别病相晓了药性。随病授药令众乐服。调御大调御。无诸放逸行。犹如象马师。能调无不调。师子勇猛威伏众兽。难可沮坏。游戏菩萨诸波罗密。于如来地坚固不动。安住愿力广净佛国。不久得成阿耨多罗三藐三菩提。是诸菩萨摩诃萨。皆有如是不可思议功德。

上人志在挑起天下众生担，于接触佛教之初即相契于《法华经》之菩萨精神与使命；后又以法华思想开创慈济，接引大众从善门入佛门，从付出中完成“人成、佛成”的菩萨道业。慈济人与上人同为以出世心做入世事之菩萨道上的知音,更期待做众生的知音,真心拥抱众生,藉由生命与生命的对话,走入众生内心底蕴之中,相互成为对方的知音与善知识,深刻与丰富彼此的生命,从而呼唤出自己本具的自性三宝,圆满慧命的成就。

真诚的爱就是真理

——从《法华经》之“序品”与“慈济河南文化交流团”之见闻探讨上人关于“无常”与“慧命”之思想

今年八月十六日至二十三日，“慈济河南文化交流团”的慈青、慈济教师联谊会的老师以及慈济师兄师姊们远赴大陆河南，除参加固始慈济中学启用典礼外，并与该校学生进行三天之“快乐健康生活营”活动；之后，又前往安徽和全椒慈济中学学生们一起去探访慈济敬老院的老人们，最后行程结束于南京中山陵、无梁殿、夫子庙、乌衣巷以及金陵刻经处等文化胜地之参访。

慈济文化交流团这次来到河南，别有历史上的意义，因为有三大文化汇聚在河南。有哪三大文化呢？“中华文化”在河南——河南是一个历史非常悠久的省份，洛阳、开封、安阳这几个历史古城都在河南。尤其洛阳是“九朝古都”（注一），从东周、东汉、曹魏时代，一直到西晋、北魏、隋（炀帝）、唐（武后）、后梁、后唐都是在洛阳建都，有相当丰富的历史人文。

“佛教文化”在河南——佛教从印度东传到中国，所建的第一座寺院就是白马寺（注二），白马寺就位在洛阳；而洛阳在北魏时期，佛教经由皇室大举提倡，使得都城弥漫佛法兴隆的景象。“慈济文化”在河南——慈济到大陆赈灾始自一九九一年，那时发放的省份有三省四县，其中即包括河南固始，接着又有义诊，以及此次固始慈济中学落成启用，所以河南和慈济的因缘可说是相当深厚。

就此行所见所闻，以及行前阅览诸多相关资料如河南历史人文背景等等，团员们深有从真实人事及历史人文印证佛法真理的法喜。

慈济始自一九九一年从事大陆赈灾，十多年来，不论是勘灾团、赈灾团或文化交流团，千里迢递奔赴大陆各省份，本着付出无所求同时感恩的心态，莫不从彼岸收获盈筐归返，个中之法喜如人饮水。然则，这份法喜的源头，却是来自上人悲心愿力之坚持，若非有排除万难、贯彻理想的决心和毅力，面对台湾数年来一波波反对大陆赈灾的声浪，必是早就放弃到海峡对岸进行赈灾扶困以及文化交流等事宜，则慈济史页焉有大陆赈灾之历史性重要篇章？

眉间白毫，放大光明

原是上人坚持救人志业，开辟万亩福田，故弟子有缘从助人中获得法喜并会见真理。

上人思想源流缘起于法华义理，观《法华经》"序品"所言——

尔时世尊。四众围绕。供养恭敬尊重赞叹。为诸菩萨说大乘经。名无量义教菩萨法佛所护念。佛说此经已。结跏趺坐。入于无量义处三昧。身心不动。是时天雨曼陀罗华。摩诃曼陀罗华。曼殊沙华。摩诃曼殊沙华。而散佛上及诸大众。普佛世界六种震动。尔时会中比丘比丘尼优婆塞优婆夷。天龙夜叉干闼婆阿修罗迦楼罗紧那罗摩睺罗伽人非人。及诸小王转轮圣王。是诸大众得未曾有。欢喜合掌一心观佛。

尔时佛放眉间白毫相光。照东方万八千世界。靡不周遍。下至阿鼻地狱。上至阿迦尼吒天。于此世界。尽见彼土六趣众生。又见彼土现在诸佛。及闻诸佛所说经法。并见彼诸比丘比丘尼优婆塞优婆夷诸修行得道者。复见诸菩萨摩诃萨种种因缘种种信解种种相貌行菩萨道。复见诸佛般涅槃者。复见诸佛般涅槃后以佛舍利起七宝塔。

佛陀在宣说《无量义经》后，入于无量义处三昧中，待出定欲开讲《法华经》时，所谓"佛放眉间白毫相光，照东方万八千世界，靡不周遍"，佛陀从眉间白毫放光，让听经法会大众尽见世界众生苦难情状以及菩萨行化事迹。

"眉间白毫相"，为如来三十二相之一，即如来、菩萨眉间生白毛之相。佛眉间之白毫柔软清净，内外映彻，宛转右旋，一似真珠，如日正中，能放光明。《优婆塞戒经》卷一："为菩萨时，于无量世宣说正法，实法不虚，是故次得白毫光相。"又据《无上依经》卷下之说："于有德者如实赞叹称扬其美。"此妙相系佛于因位时，对于佛法能生信心并持戒清净；见善众生修习戒、定、慧三学，而随喜赞叹之，遂感得此相。白毫经常放光，可遍见百亿诸佛，光明微妙之境界；而众生若遇其光，可消除业障，身心安乐。

观上人以愿力坚持，在大陆从事救灾、义诊与文化交流，慈济人犹如在上人智慧之光的照耀下，于彼岸"观众生相，听众生音"，进而契入佛法真理实相；就此精神境界来说，岂有异于佛陀于眉间白毫放大光明，以其智慧超然，使众生遇其光，得身心安乐？

修种种行，求无上慧

佛陀眉间白毫放大光明，大众究竟得见什么？"序品"中又说——

眉间光明。照于东方。万八千土。皆如金色。从阿鼻狱。上至有顶。诸世界中。六道众生。生死所趣。善恶业缘。受报好丑。于此悉见。又睹诸佛。圣主师子。演说经典。微妙第一。其声清净。出柔软音。教诸菩萨。无数亿万。梵音深妙。令人乐闻。各于世界。讲说正法。种种因缘。以无量喻。照明佛法。开悟众生。若人遭苦。厌老病死。为说涅槃。尽诸苦际。若人有福。曾供养佛。志求胜法。为说缘觉。若有佛子。修种种行。求无上慧。为说净道。文殊师利。我住于此。见闻若斯。及千亿事。如是众多。今当略说。我见彼土。恒沙菩萨。种种因缘。而求佛道。或有行施。金银珊瑚。真珠摩尼。车磲马脑。金刚诸珍。奴婢车乘。宝饰辇舆。欢喜布施。回向佛道。愿得是乘。三界第一。诸佛所叹。或有菩萨。驷马宝车。栏楯华盖。轩饰布施。复见菩萨。身肉手足。及妻子施。求无上道。又见菩萨。头目身体。欣乐施与。求佛智慧。文殊师利。我见诸王。往诣佛所。问无上道。便舍乐土。宫殿臣妾。剃除须发。而被法服。或见菩萨。而作比丘。独处闲静。乐诵经典。又见菩萨。勇猛精进。入于深山。思惟佛道。又见离欲。常处空闲。深修禅定。得五神通。又见菩萨。安禅合掌。以千万偈。赞诸法王。复见菩萨。智深志固。能问诸佛。闻悉受持。又见佛子。定慧具足。以无量喻。为众讲法。欣乐说法。化诸菩萨。

破魔兵众。而击法鼓。又见菩萨。寂然宴默。天龙恭敬。不以为喜。又见菩萨。处林放光。济地狱苦。令入佛道。又见佛子。未尝睡眠。经行林中。勤求佛道。又见具戒。威仪无缺。净如宝珠。以求佛道。

又见佛子。住忍辱力。增上慢人。恶骂捶打。皆悉能忍。以求佛道。又见菩萨。离诸戏笑。及痴眷属。亲近智者。一心除乱。摄念山林。亿千万岁。以求佛道。或见菩萨。肴膳饮食。百种汤药。施佛及僧。名衣上服。价直千万。或无价衣。施佛及僧。千万亿种。栴檀宝舍。众妙卧具。施佛及僧。清净园林。华果茂盛。流泉浴池。施佛及僧。如是等施。种果微妙。欢喜无厌。求无上道。或有菩萨。说寂灭法。种种教诏。无数众生。或见菩萨。观诸法性。无有二相。犹如虚空。又见佛子。心无所著。以此妙慧。求无上道。文殊师利。又有菩萨。佛灭度后。供养舍利。又见佛子。造诸塔庙。无数恒沙。严饰国界。宝塔高妙。五千由旬。纵广正等。二千由旬。一一塔庙。各千幢幡。珠交露幔。宝铃和鸣。诸天龙神。人及非人。香华伎乐。常以供养。

从以上经文可知，大众从佛眉间所放之光明中，见诸佛子或菩萨“修种种行，求无上慧”，佛子或菩萨透过布施、持戒、忍辱、精进、禅定、智慧等六度万行，是志在“求无上道”、“问无上道”、“勤求佛道”、“以求佛道”。“序品”又言——

尔时文殊师利语弥勒菩萨摩诃萨及诸大士。善男子等。如我惟忖。今佛世尊。欲说大法。雨大法雨。吹大法螺。击大法鼓。演大法义。诸善男子。我于过去诸佛曾见此瑞。放斯光已即说大法。是故当知。今佛现光亦复如是。欲令众生咸得闻知一切世间难信之法。故现斯瑞。

“无上道”即“佛道”，也就是“大法义”或是“一切世间难信之法”。整部《法华经》在教菩萨法，这虽是佛佛道同的真实法，但却是众生难信难解之法，“唯佛与佛乃能究竟诸法实相”。

上人常说，智慧当在人群中求。“佛法不离世间法”，慈济所做都是世间法，透过行菩萨道走入人群，藉人事万象体解大道。

然则，佛法真是难以理解吗？其实，上人就曾说：“佛陀的智慧可以教化众生，但是需要有发心传法的人，总之应归功于阿难尊者。佛法的重点原是简单的，重点的原则我们要好好把握，不用把它看得太深奥、太复杂。许多人钻研于深奥的文字中，却变成‘所知障’，找不到出路、无法解脱，实在很可惜。”

“阿难尊者是用清净心记下佛法的重点，其他都是后人的申论解说，梵文的经本文字比较简单，译成中文后变得很深奥。其实，我们以‘简单心’去接受就好，了解后要能应用于生活中，这才是真正的妙法。我们应存着感恩心，好好珍惜这纯真、简单的妙法。”

阿难尊者用“清净心”记下佛法重点，学佛之人当以“简单心”接受佛法。其实，佛法本无深奥，“唯心清净，方能入道”，在心地清净、单纯、善良的人眼中，所见的一朵花、一片叶，都是契入佛法真理的因缘，故说“一花一世界，一叶一如来”。

“以理启事，借事会理”，慈济志业是《法华经》教菩萨法之实践与开展，慈济人透过行菩萨道以印证法华经义；此即是上人希望慈济人不要落入文字胡同钻研不出，当把握住佛陀悲心济世之本怀，步履圣贤芳踪，藉事练心以圆满佛道。

世间无常，慧命恒在

所谓“佛法重点”或是“佛陀本怀”，该如何理解又如何把握？佛陀是大智慧者，早在约三千年前，他对宇宙人间的分析，结论是：“苦、空、无常、无我”，万事万物都无恒实性，这唯有大智慧者能深加体会，也唯有大智慧者能从苦、空、无常、无我之中超越，并且回入这种境界来教化众生。所以，佛陀是大觉者、是人天的导师。

佛陀自成佛以来，一直到讲《无量义经》时，所讲的法，没有不说"苦、空、无常、无我"之理，这是指"相"的虚幻与变化不定；同时所说亦不离开"不生不灭，本来不生而今亦不灭"之理，这是指"性"的永恒与真实。

佛陀的教理透彻性相，学佛必定要了解"性"的不变与"相"的变异之道理，否则难以探触佛法的精要，亦难以修行得力——透彻无常，进取慧命。

针对"性"与"相"之理，上人再解析道，比如昨天风平雨静，今天或许就有台风来袭。台风本来没有名字，气象天文学家依照一年的流程，将台风予以编号，再从编号为它取名。所以说，本来没有名字的东西，由于人们的需要，便为它取了一个代名词。雨、水、波浪，这些东西的"名相"并不一样，但它们作为水性的"本性"是相同的。

又如湿性，也是"本来不生，今亦不灭"。譬如：地上的水遇热后，水汽往上升，在天空凝聚后变为云，遇冷空气即结成水滴，再降而为雨。所以，下面的水是上面的湿气；上面的云气，若凝聚掉落下来又成为雨水。因此，这种水性、湿性，“本来不生，今亦无灭”，自然是无相、非相。

至于“相”之变异与无常，就如日常生活不可离的基本成分，简单地分析有地、水、火、风四种因素。对人体来讲，没有离开地、水、火、风；日常所依靠的生活物质，也没有离开地、水、火、风；甚至一切的行动依靠，也都不离开地、水、火、风。但就周围所见，由这四个名相所显现出来的物质器具，竟有千差万别。这是因为我们的心变动不定，而心所希求的东西无穷无尽，所以周围的东西也就千差万别，变成很复杂的事物。

“相”因为是假合所成，所以是变动不定的，而人心的欲望复使相的变异更加复杂，遂招致无穷无尽的苦恼。针对“相”的变动不定，上人再进一步分析“三理四相”之理。世间是苦，没有真正快乐的地方，因为人的“生理”有生、老、病、死四相，“心理”有生、住、异、灭，宇宙山河“地理”有成、住、坏、空，四相迁变无常，无法做为永远的依靠。

“身体中的细胞新陈代谢，每一秒钟都在生灭，分秒不停歇。因此，人会渐渐地老化，即使再健壮的身体也会渐渐衰老，但这衰弱是缓慢而不自知的。当然，也有人忽然得了一场急病就往生了。这是因为人体内有很可怕的病菌潜伏，平时都不知道，等到自己觉察时就不可收拾了。所以说，人的身体能恒久依靠吗？”

至于“性”呢？人的本性是清净无染的，是无生无灭的永恒慧命。“生命，包括物质上的躯体及精神上的慧命，人无法保证身体永远属于自己。虽然年轻时很活泼、很可爱，却无法永远留住最可爱的时刻，而老化又是抵挡不了的生命流程，那么，太爱自己的躯壳又有什么意义呢？所以佛陀教我们爱惜慧命，慧命没有年轻也没有年老时；不会变形，也没有美丑，能配于天地，在宇宙间永远常住。唯有慧命是恒久可靠，所以要好好探讨这份清净不灭的慧命。”

“性”永远无生无灭，过去既然无生，现在也无灭；“相”则千差万别，变动不定。人生本来平静，慧命本不生灭，只因众生共业，生成一切形相、名字，遂招致很多苦恼。故知，若能透彻性、相的道理，一切就能平等，没有我爱的、我恨的，因为爱恨平等；心没有生灭，动静一致，就没有苦恼了，这是学佛者要锻炼的——自在的心。透彻了道理，心就自在了。

佛陀就是要我们看清真相，才能明白世间有种种的变化是“很正常”的现象，每个人都逃不过。既然人生多苦难，而且连山河大地都是生灭多变，许多人却为了名、利、产业……操心计较，这又有什么用呢？因此，佛陀说要看清无常，要知道生住异灭的道理，并追求永恒的目标。何谓永恒的目标？就是要——重视慧命！

既明白性、相之理，若欲追求永恒的慧命，无生灭的慧命，就得在迁变不已的人世间，把握时间精进修行。

随着时间的流逝，物质产生四相变化；随着时间的流逝，也可以增长道业。佛陀说："三世一切唯心造。"时间依着太阳与地球的运转而定时流逝，人的心又将时间加以分别。因为人有生命、世间有物质，有了生命与物质之后，就用心计秒、计分、计时，分别出日、月、年，分别出古代与现代。时间就是由秒、分、时、日、月、年所累积成的，有时间长短的分别。

虽然有分别时间的长短，但是时间仍然是不断地流逝。上人深入分析说，在时间的流动中，人有初生时的幼年，接着是青年，进而是老年，最后是死亡。物质也是一样，从刚开始完成了新的东西，然后从新到旧，从旧到消失。比如一盆插花，本来没有，插好之后就产生一盆花，展现在人人面前，很美，可以让人欣赏。几天之后花就会凋谢，最后还是消失了。在短暂的时间里，那盆花就有四相的变化。

又如世间受国家保护的古迹，在它刚开始建设成，这幢建筑物是新的，经过年、月不断地迁流，几十年后，再累积几百年，就成为国家保护的古迹。但是，能不能常住呢？难啊！只要有变动，还是一样会破灭。

“时间的长短分别”是心造，“物质开始无，现在有”也是心造。上人以“插花”为喻，插一盆花，未开始前是“无”，谁去开始呢？是人。用竹子编造成花盆，从水池剪下莲花、叶子，由他的心，动他的手，用叶子衬托花，摆设在此。本来是没有这盆花，是因为有人起心，所以他去动手，完成这盆花。

“这盆新插好的花，现在是含苞待放，但明天就会开花了；它在分秒之间没离开行蕴，变化不断在进行中。花有新陈代谢，人的身体同样有新陈代谢，不断在进展生命力。但必须在具足因缘后才能进展生命力，假使这盆花密封在无空气的空间里，生命就进展不了，唯有衰败。”

“生命力需要因缘成就它，所以时、物、因缘三而合一，时间分秒不断消逝，物质里面的行蕴力不断散发生命力，要具足因缘来配合，物质才能很正常地进展；但不论它如何正常进展，总是在无常中，最后还是空。所以才说，要好好把握时间，把握因缘。”

尽管时间在人心的分别中，分别出秒、分、时、日、月、年，时间虽有长短的分别，但时间依然不断流变，四相亦不断迁变。在无常变化的人世间，欲进取清净不灭之“慧命”，首重于须在“心”上下功夫，从认清世间法的“有与无”，去获得事理圆融的智慧。

上人提到，“神奇卓异非至人，至人只是常”，显异惑众者不是真正的圣人，真正的强人、圣人只是一个“常”字，能够合理合法，合于人的生活，没有超越人生的规矩，能够以身作则，这就是圣人。

“学佛不要学得奇形怪状，要是学得奇形怪状，看不到、摸不着的都不是正常法；正常的法就在日常生活中，看得到、摸得着，真正有这件事情，这才是真法。”

以生活平常事为例，上人表示：“佛法谈苦空，空在哪里？外面在下雨，你硬要说没有雨，可以吗？若说没有下雨，不妨不要拿伞，这样身体会不会被雨淋湿？你若不被淋湿那才叫做空，若是无法闪过雨水，那就不是空了。”

“世间有的，不能说没有；没有的，不要强说有，日常生活虽无法离开有与无，但内心应该要有一分坚定的正信。若是缺少这份坚定、正确的信仰，人生就会在有与无之中模棱两可，小则乱了一生的脚步，大则失去人身，一失人身万劫难再，那就太可悲了。”

上人深意在于指出，在日常生活中，有的不能说无，正确的道理不能不相信，不能拨无因果，“理”要有正确的信仰，“事”不可拨开说无，这样叫做事理圆融。学佛，平时要“有”，修在这份“有中圆融”。但也要了解佛陀说“无”的道理，就是用智慧去体会人生，生老病死、生住异灭、成住坏空，这些变化的道理。这些道理便是真理，我们要用心去琢磨，事相要圆融接受，能够这样就是圆融，要好好用心去体会。

综论之，尽管时间天长地久，尽管地球绕着太阳绕得很顺畅，但是因为人有四相迁变，所以秒、分、时、日、月、年都要好好把握，如果不争取时间、把握生命，人生就容易空过。

“心有生住异灭，不好好用功把握时间，心理就很容易迷失。我们需要时间来训练心理，要如何让心能定，在正确的方向中把握时日，利用身体，于生老病死这四相中要好好利用，不论是老年、中年、少年都要好好运用，直到最后为止，如此慧命才能成长。”

乱世流离，自我放逐

透彻“无常”人生，明了“三理四相”之理，不谈空论玄，不虚无飘渺，在日常生活中明悉有与无的道理，以圆融之中道作为行事准则，珍惜时间，分秒踏实做，以积极进取永恒的“慧命”，这就是上人希望慈济人把握住的学佛修行重点。

在此次河南文化交流行中，河南以其作为“三种文化汇流地”之特殊性，遂不论从亲身见闻或史册阅览中，都能在中华文化、佛教文化或慈济文化言及之人事万象里，一窥“无常”之事相与“慧命”之实相的道理。

河南省位于黄河中下游，是华夏文明的主要发祥地之一，远古时期，中华民族的祖先就生息繁衍在中原大地上。在省境诸多历史名城中，洛阳是历朝建都所在。

就历史所载，曹魏与西晋即建都于洛阳，当时魏晋之际是个政局动荡、社会极度不安的时代。本来自从汉武帝独尊儒术之后，当时知识分子无不将儒家经典奉为圭臬，以天下兴亡为己任；然则缘于社会政治的黑暗混乱，感于生命朝不保夕，福祸无常，空有满腔淑世热诚却无法挽救现实，遂以自我放逐为权宜之计，形成寄情山水和清谈风气，借以纾解内心之苦闷、沉痛与忧惧，并避免卷入政争漩涡。

七贤之中较著名的如阮籍，其内心的苦闷、孤寂、忧虑，乃至于身处险恶环境，战战兢兢的惧祸心情，以《咏怀诗》其一明之——

夜中不能寐，起坐弹鸣琴。
薄帷鉴明月，清风吹我襟。
孤鸿号外野，翔鸟鸣北林。
徘徊将何见，忧思独伤心。

乱世流离，生灵涂炭，百姓惶惶不可终日，士人自身亦岌岌难保。有情之生命处于无常人世，积郁的胸臆发出沉痛的悲鸣；无情之建筑物身处兵荒马乱、王朝迭更之时，亦有兴衰荣枯之感伤。

今日寥廓，钟声罕闻

魏晋以来五胡十六国之后的南北朝时代，北方由北魏王朝统一后，在孝文帝时京城从平城迁都于洛阳，自此一改鲜卑民族习尚而大举全面进行汉化。在都洛四十年间，洛阳佛寺及有关人事传闻，悉皆记载于时任“魏抚军司马”的杨衒之所著的《洛阳伽蓝记》一书。

杨衒之在该书序文中写道——

三坟五典之说，九流百代之言，并理在人区，而义兼天外。至于一乘二谛之原，三明六通之旨，西域备详，东土靡记。自项日感梦，满月流光，阳门饰豪眉之像，夜台图绀发之形，尔来奔竞，其风遂广。至晋永嘉唯有寺四十二所。逮皇魏受图，光宅嵩洛，笃信弥繁，法教愈盛。王侯贵臣，弃象马如脱屣；庶士豪家，舍资财若遗迹。于是昭提栉比，宝塔骈罗，争写天上之姿，竞模山中之影。金刹与灵台比高，广殿共阿房等壮。岂直木衣绨绣，土被朱紫而已哉！

暨永熙多难，皇舆迁邺，诸寺僧尼，亦与时徙。至武定五年，岁在丁卯，余因行役，重览洛阳。城郭崩毁，宫室倾覆，寺观灰烬，庙塔丘墟，墙被蒿艾，巷罗荆棘。野兽穴于荒阶，山鸟巢于庭树。游儿牧竖，踯躅于九逵；农夫耕老，艺黍于双阙。始知麦秀之感，非独殷墟；黍离之悲，信哉周室。京城表里，凡有一千余寺，今日寥廓，钟声罕闻。恐后世无传，故撰斯记。然寺数最多，不可遍写。今之所录，止大伽蓝，其中小者，取其详异，世谛俗事，因而出之。先以城内为始，次及城外，表列门名，以记远近。凡为五篇。余才非著述，多有遗漏，后之君子，详其阙焉。

杨衒之所生活的北魏王朝，从建国时起到灭亡时止，上至皇帝，下至平民，大都崇信佛教。据史料所计，在建都平城时，京城内佛寺新旧百所，僧尼二千余人；四方诸寺，六千四百七十八所，僧尼七万七千二百五十八人。在迁都洛阳之后的孝武帝元修永熙三年（西元五三四年），全国僧尼达二百万之多，占人口总数的十六分之一，佛寺三万多所。仅洛阳城内外就有佛寺一千三百六十七所。于此可见，当时的北魏俨然成了一个泱泱佛国。

但是，迁都洛阳后，佛寺之兴盛，经过连年兵乱，昔日栉比鳞次、金碧辉煌的寺宇，如今大多变成废墟，作者见此，不禁产生“麦秀之感”、“黍离之悲”！

“人生似幻化，终当归空无。”人生确是幻化无常，终将归于空无；然则，众生虽有一期期短暂相续之生命，但亦有无生无灭永恒之慧命。清净无染的本性就是慧命，也就是有情众生心灵的故乡。学佛修行，就只在去除后天熏染的习气，回归天真自然的本性而已。“就路还家”之回乡旅程，必定要行走菩萨道，菩萨道真是迢递难行！

舍我其谁，为法忘躯

孟子去齐，充虞路问曰：“夫子若有不豫色然。前日虞闻诸夫子曰：‘君子不怨天，不尤人。’”曰：“彼一时，此一时也。五百年必有王者兴，其间必有名世者。由周而来，七百有余岁矣。以其数，则过矣；以其时考之，则可矣。夫天未欲平治天下也；如欲平治天下，当今之世，舍我其谁也？吾何为不豫哉？”（《孟子》公孙丑下）

“舍我其谁！”当今之世，如若想使天下太平，除了我，还有谁呢！孟子豪气干云、当仁不让，以天下为己任的志节，亦如菩萨行者禀大丈夫的气度，为救众生出生入死、冒险犯难，纵受炉镬之苦，亦甘之如饴的精神。

上人曾言及菩萨利他忘躯之悲愿。“娑婆世界是凡夫聚居地，有人的地方就有人我是非，欲寻绝无是非之地，是不可能的事，除非是在东方琉璃净土或西方极乐世界吧！但要知道，佛陀不论是宣讲东方或西方净土，都只是方便接引众生的法门，目的是在为秽土众生内心充满烦恼者、吃尽苦头者，宣讲娑婆之苦，以教人安分认命并虔敬念佛，待往生后再到一个只有极乐无有众苦的好地方。”

“然而，真正佛陀的教育，是教人要在人我是非中去付出，走入人群去深察众生的苦难，然后起悲悯心救拔一切，故当发大心立大愿：‘这份救人济世志业，‘舍我其谁’，除了我以外，又有谁能去做呢！’”

上人强调，要在人群中付出，必定要能堪得住种种人事横逆，不必花心思去记挂别人做了什么不对的事，重要的是要有信心、毅力、勇气，去除人我是非的烦恼，本三轮体空的精神，用清净之出世心灵，去做入世的志业。

就唐朝高僧玄奘大师与鉴真和尚两人一生之行谊，无论西行求法或东渡传法，莫不也都是禀持“舍我其谁”的浩然正气而强行险难，终以百折不挠获致成功。

按唐沙门慧立本《大慈恩寺三藏法师传》，玄奘大师自幼即品貌不凡，聪慧出众，年方十一，正值隋炀帝下诏招考青年剃度为僧，大师以年纪太小无报名资格，于独自徘徊试场门外时，被主持试务的大理卿郑善果瞧见。这位主考官心喜年幼的大师仪表脱俗，慈祥问他小小年纪何以亦想出家？大师遂言：“意欲远绍如来，近光遗法！”

“我希望继承如来的志业，将遗教发扬光大！”年幼的大师心有远志，郑善果非常赞许，以“诵业易成，风骨难得，度此子必为释门伟器”为由，遂破格录取，准他出家。

怀有崇高抱负的大师潜心圣典十数年后，因感当时译出的经论“隐显有异，莫知适从”，遂决志亲赴印度求法，以冰释群疑。此行誓志西游之路艰辛万般，阻碍重重，除须饱受自然环境的考验，如“是时四顾茫然人鸟俱绝，夜则妖魑举火烂若繁星，昼则惊风拥沙散如时雨，虽遇如是心无所惧，但苦水尽渴不能前。是时四夜五日无一滴沾喉，口腹干燋，几将殒绝不复能进”以外，又曾几遭杀身之祸以及人情困阻，乃至于权势利诱等等。

虽然阻难若此，非常人能忍，但大师志不可屈，一次次表明己志说：“昔法显智严亦一时之士，皆能求法导利群生，岂使高迹无追清风绝后，大丈夫会当继之！”又言：“贫道为求大法发趣西方，若不至婆罗门国终不东归，纵死中途非所悔也。”以及：“然恨佛化经有不周，义有所阙，故无贪性命，不惮艰危，誓往西方，遵求遗法。檀越不相励勉专劝退还，岂谓同厌尘劳共树涅槃之因也。必欲拘留任即刑罚，奘终不东移一步以负先心。”复如：“我先发愿若不至天竺终不东归一步，今何故来？宁可就西而死，岂归东而生！”

若非深弘的誓愿，焉能置死生于度外，完成“诚求大法”初衷！

“玄奘大师历多少年岁、经几万里险路，才终于得偿西行求法宿愿。这种精神就是‘舍我其谁’，故能做大丈夫事，非将相所能为！”上人说。

另一位亦生值唐朝的鉴真和尚，上人亦盛赞有加、推崇备至！

“是为法事也，何惜生命！诸人不去，我即去耳。”当鉴真和尚受日本遣唐使僧侣之虔诚敬邀所动，以五十五岁将近耳顺之龄，毅然决定不畏艰险赴日传法时，见众弟子以“彼国太远，性命难存，沧海渺漫，百无一至”为由，皆默然无对的情况下，和尚竟发冲天之志，意欲单人远渡。这份宗教家为荷负如来家业的弘毅热诚，与大无畏的精神，终于感动门徒，致有二十一人“愿同心随大和尚去”。

但是上人追溯史页道：“鉴真和尚为了将佛陀的教育以及中华文化东传到日本，计六次渡海，五次失败。前五次，不是因海路险恶、船只没顶，就是被人捏造是非，以诬告罪，将船没收……所遭遇的挫折难以尽述。即使在第五次航海东渡途中，因感染眼疾致令双目失明，但和尚愈挫愈勇，最后终以六十六岁高龄，在第六次时成功地踏上日本国土。”

上人叹道，东瀛与唐土两地相隔汪洋大海，在弟子们无人敢冒生命危险矢志东渡时，弘法之志诚、护教之心切的鉴真和尚，毅然决定远渡日本，这亦是源于“舍我其谁”的精神力量！

“士不可以不弘毅，任重而道远。”风檐展书读，儒家推崇之人格典型，留名于青史中者，亦皆具有弘毅的气魄，才能不论处贫穷或富贵，都不会动摇其志。

孟子曰:“舜发于畎亩之中,傅说举于版筑之间,胶鬲举于鱼盐之中,管夷吾举于士,孙叔敖举于海,百里奚举于市,故天将降大任于斯人也,必先苦其心志,劳其筋骨,饿其体肤,空乏其身,行拂乱其所为,所以动心忍性,增益其所不能。人恒过,然后能改;困于心,衡于虑,而后作;征于色,发于声,而后喻。入则无法家拂士,出则无敌国外患者,国恒亡。然后知生于忧患而死于安乐也。”(《孟子》告子下)

世间山河大地危脆,人事纷扰迁变无常,若又逢兵戈四起,真是苦不堪言。佛陀设教,就在教人不为无常幻相迷惑心志,当知人人都有自性三宝,清净本性是“无生无灭”,故处逆境要有因缘观,处顺境则要有无常观,如此不论置身乱世或盛世,遭遇顺境或逆境,都能保有一颗轻安自在、随缘放旷之心。

纯朴挚情,相互感染

呼应于彪炳史书的佛教与儒家先贤,此次河南之行,从交流团员无私的大爱以及固始孩子纯朴的挚情，都可见着人性的光辉时而闪现，这份清净的人性开启，也就是慧命的增长，亦即佛性的显露。以三则心得分享，例说透过人与人之间真情的互动，可以彼此感染善良的性情。

台湾慈济教联会老师——

千载修来的好因缘，在今年的文化交流中担任机动组，也有幸参与先遣人员的工作，让我在当中见识到前两次文化交流所未曾学习过的诸多事情。

原来机动组在文化交流中承担着重大的任务，包括场地勘查、音响、水电的修护，行李运送，公共物品及结缘品的打包，一大堆繁杂及粗重的物品及工作，真是非亲眼见识，是无法体会的。

这次机动组的几位师兄，不但是动作敏捷，有求必应，而且做事有条不紊，智慧敏睿，更令人叹为观止是他们刚柔并济的做事方法及处世方法，“过程用心，结果随缘”的信念也令我折服，所以在机动组我学到了不少做事方法，是此行中最大的收获。

在固始慈济中学的一系列过程，从场地布置，到音响，灯光装置，从学员上课，营火晚会，启用典礼，只在短短五天中，看到场地由尘土堆积到洁净，广场由坑坑洞洞到灯座架设整齐美观，校门口两旁大楼及楼梯由水泥原色漆成黄橙色，干莲花池种满莲花，及纪念碑由光秃至刻上庄严碑文，这座庞大建筑由鹰架处处而至光鲜亮丽，让我深刻体悟到“合心、和气、互爱、协力”则无事不可达成的。

全椒慈济中学是我第二次参访，两年前校外的黄土道路如今皆铺设完成，校园中又耸立一栋巍峨的文化中心，虽然只有两年，但全椒的成长如此多，这也让我警觉到我要赶紧迈开脚步跟紧上人，否则会落到队伍后面呢！

感恩这次成就交流营队的所有人，我当会更精进。

台湾慈青——

这是我第一次参加大陆文化交流活动，心里真的是忐忑不安。而从我们在花莲集训开始，我就被大家的认真深深的感动，从两位师父对慈青的关心到师姑师伯无怨无悔的照顾，乃至慈青对各项课程呈现所做之准备，无不令人为之喝彩。尤其是两出大戏：生命相髓和爱心树。像生命相髓中饰演女主角的雅玲，为了更逼真的演出，膝盖已经淤血了一大片，还是一而再、再而三的排演。

在河南固始进行营队的最后一天，一早来时就感到一份依依不舍的气氛笼罩着彼此，不过因为今天是到慈济村与敬老院做服务，所以大家还是以欢喜的心将爱洒向慈济村与敬老院里，而学员们为了准备今天的活动也是非常用心，像我这小队的学员，为了在敬老院表演短短的短剧，有人写剧本到深夜两点，那份用心令我心疼，也让我感到骄傲。

快乐的时光总是一眨眼就过了，到了圆缘终究要分离，但圆缘不是结束，而是另一段缘分的开始，圆缘结束后工作人员在外面搭起一段人桥，祝福他们迈向更美好的明天。刚开始，我以为我能带着笑容的送他们离开，我以为我能很镇定的向他们道别。但，我错了，当到我们小队出来时，我流下泪来，我心中闪过的是从一开始的陌生到现在这么知心相契所有的点滴，那份不舍将我的心紧紧揪起。

文化交流结束后，每个人的心中装的都是满满的爱与感恩。在这次营队中真的让我感觉到身在台湾的幸福，我们真的要感恩啊！感恩父母把我们生在这富裕的地方，感恩我们能很容易的接触到上人的法，也因为如此，更应该加油，将上人的法落实在我们日常生活之中，也希望如果可以，我愿意再继续参与文化交流甚至于国际赈灾，将爱的种子撒得更远更开阔。

在此要再次感恩大陆文化交流团河南团所有团员，谢谢你们的支持与关心，也谢谢我在固始慈济中学所带的学员们。祝福大家平安吉祥。

固始慈济中学学生——

爸爸，您为我所做的一切，我都铭记在心。我家并不富裕，还欠很多债，别人家像我这么大的女孩全都出外打工，为家赚钱去了。有时看见他们把自己辛勤劳动换来的钞票交到自己父母手中时，我的心中总是无限愧疚，我还在花着您们的钱，还对您们都毫无回报，那次我告诉您："我不上学了。"您大发雷霆说："以后不准你再说这种没骨气的话，爸爸就是砸锅卖铁，也要让你上学！"爸爸，当时我哭了，这是感动的泪水，我知道我是永远也报不完您这比海深比山高的恩情的。

妈，我又该如何表达我对您的感激呢？为了儿女，白发过早地布满了您的双鬓，去年天干地旱，连天不下雨，眼看庄稼年收无望了，您就同别人出外打工。

我呢，则进入固始高中，面对一个新环境，我不太适应，只是感觉好想、好想家，于是我打电话给远在千里之外的您，哭着说："妈妈，我想您！"没想到，仅仅因为这句话，第三天，您奇迹般地出现在我教室的门口。妈妈，当时我的泪水抑止不住，只是紧紧拉住您布满老茧的双手说："您怎么来啦？"妈妈，我知道您晕车，出远门不容易，可是仅仅为了给女儿一个心灵的慰藉，您竟日夜兼程远坐两天的车赶回来了。妈妈，您这份深爱，女儿真的受之有愧。

我会尽力去报答，时常陪伴在您们左右。爸、妈，女儿想对您们说："其实我懂您的心，您们那满满的爱早已将女儿的心融化。"您们的恩情我永远报不完，但女儿会用实际行动来表达我的爱，我会亲手做您们爱吃的各种美味的食物来孝敬您们。爸爸妈妈，我最想对您们说的是："我爱您们，感恩您们。"

大爱感恩，慈济人文

慈济历年来组团赴大陆各省进行文化交流，上人每在行前叮咛时，教示团员们在语默动静之间表达慈济人文精神，以团队和心、互爱的形象，沟通两岸和平，散播爱的种子。成功的文化交流，取决于团员本身是否有力行“大爱、感恩”的人文精神；故针对团员来说，文化交流之行，对自己而言，也是一次“爱的学习之旅”，学习如何去爱人、去关怀人，以及如何“勇于承担”、“乐于配合”之团队精神。

关于文化交流的使命与意义，
上人曾对参加交流团的同学们开示——

出去看看别人，才知道自己很有福，这种福是慈济十几年铺的路，若不是从一九九一年开始，我们以无所求的爱付出，累积了很多很多很浓的爱，哪有办法到那里就能让他们如此感动？所以说唯有爱。这种爱很纯，是真正做出来，才能永远刻在每一个人的心版上。

慈济在十几年前，就把爱的桥梁铺过去，也许你们会听到慈济的负面评价，那是因为慈济去救济大陆后，有不少台湾人不谅解。

我认为爱台湾，一定要让台湾在人家的心目中被疼惜、被爱，对台湾疼惜及爱，才不会有伤害，所以我甘冒着被骂、被指责的声音，忍了下来。我很感恩慈济人，要不是他们这么爱师父，这么爱慈济，就没有今天的慈济。

这十几年来，大陆改变了很多，让你们亲眼去看，亲自去了解，最重要的就是知道慈济人是怎么走过来。三十多年如一日，用寸寸爱，寸寸心血铺过来。

在慈济大学里，你们可以常常看到穿着蓝天白云的人，汗流浃背，还要扛、还要做，做一些清扫、铺砖等事情。有人会以为他们是一些粗工、劳工界的朋友，其实，他们不少是学者、教授、董事长、总经理，没有他们就无法展现慈济的团体美。

这一套蓝天白云就是表达合心、平等。再者也表达一个整体美是美在个体，无数个个体在一起就是整体。整齐之美，也是文化之一，也代表调和的心。因为每个人的家庭地位都不一样，能心平气和做事，就表示彼此能和。

曾听美国一位教授回来应证，他决心回台湾，一定要进入慈济。问他为什么？他说他住在南加州，有天有些事要进奥克兰黑人区去处理，他有一点担心，但是一位医师向他说："你放心，如果有人问你从哪里来？你回答他：'我是慈济人'，你一定会平安的。"这位教授问为什么？医师告诉他："因为慈济人对黑人付出很多，那种爱感动了黑人，黑人心中最尊重慈济人。所以，只要你到那个地方，表示你是慈济人就没事，就会平安。"

可见慈济不只在台湾地区，在世界上也得到很多人的尊重。也曾听美国慈济人谈起，有一次她穿八正道的制服走在大马路上，看到两辆车子开过来就停了下来，车子里的人向她合掌，表示让她先过。她觉得很奇怪，为什么要让她先过？就用英语向他们说："谢谢，感恩。"

车里的人说:“不用对我感恩,因为你们很伟大。”她就问:“为什么?”他们说:“你不是台湾慈济吗?慈济很伟大。”后面一辆车的人也探头出来向她比手语。所以这位美国慈济人很感动地说给我听,她问:“为什么知道我是慈济人?”美国人指她身上这件衣服。各位,这就是慈济在世界上,很多国家对慈济的爱及尊敬。所以,今天大家要以慈济为荣。

虽然在台湾还有不少人因为我做国际赈灾及建医院、盖学校而对我不谅解,但是,慈济在世界上,大家都很尊重。所以,希望你们走了一趟大陆,应该知道怎么做。

慈济需要传承,这就要看你们了,我对你们无所求的付出,只希望你们为下一代、为未来社会的希望而付出。所以,慈济四大志业慈悲喜舍,慈是慈善,悲是医疗,喜是文化,舍是教育。

最大的期待,是希望你们能受到最好的教育,最成功的文化;并能将这种教育、文化展现出来,这是我唯一的希望。

物质丰富不一定是快乐、幸福，如果少了文化与智慧，就算物质与知识再丰富，也不一定保证能幸福快乐。期待慈济的孩子，真正扮演好学生的角色。除了扮演好学生的角色，还要学习如何自爱与报恩。

我常说，“自爱是报恩”，懂得自爱，才能做一个孝顺的孩子，才能做一个尊师重道的好学生。能自爱，才不会做傻事，才会行为端正，让父母放心，让师长放心。

其实学龄的时间不多，未来的人生还很遥远，要从现在学习怎么走遥远的路，为未来走出健康的人生。

除了学习自爱报恩，更要学习怎么付出。“付出是感恩”。人生活在世间，每天都是社会供应我们生活，并非有钱就可以理所当然享受，我们一定要有感恩心。

我一直期待我们自己创办的教育，有自己的文化，能在国际上，让人一听到慈济教育出来的孩子，世界都能公认。希望你们都有纯良的爱心与慈悲心，能争志而不争气，让人听到是慈济教育出来的孩子，就与人品高、气质好画上等号。这不是不可能，期待你们都能立下这样的志愿。

透彻虚幻，进取真实

文化交流最后一天，曾过访位于南京之“金陵刻经处”，古色古香的中式砖瓦平房，令人流连再三；而屋中满溢的线装书香，更教人心生亲切感，犹如隔世重访旧时地。杨仁山居士舍宅作为刻经处之所在，对于振兴中国佛教曾扮演非常重要的角色。缅怀前人之用心与努力，再寻思当日步履杨居士府第庭园，参观线装经书制作之过程情景，对于“因缘”牵系得能一访，由衷感恩。

据史料所记，清末，衰迈至极的中国佛教，在西方文化的强力冲击和太平天国等的破坏下，满目疮痍，凋零不堪。遂有志士大德，怀抱“不忍圣教衰”之护法卫教的热忱，应时势人心之需要，振作意志推动佛教复兴运动。杨仁山居士，以其具有世界眼光和科技知识，成为这场运动启动者与奠基者，对恢复纯正的中国佛教文化贡献卓著，故被敬称为“近代佛教复兴之父”。

其振兴佛教的举措，主要在刊印经籍、重兴义学、办学培育佛教人才三大方面。杨居士于一八六六年创立金陵刻经处，至今有一百三十余年历史，是大陆现存最古老的出版机构，是一集印经、流通、研究、讲经、修学于一体的居士道场。在杨居士亲自主持的四十余年间，该处共刻印经典两千余卷，流通经书百万余卷，佛像十余万帧。其所刻经书校勘标点之严谨精细，向为学界称叹。

朱雀桥边野草花，乌衣巷口夕阳斜。
旧时王谢堂前燕，飞入寻常百姓家。

（唐，刘禹锡，《乌衣巷》）

南京，即为六朝时的都城“建康”，朱雀桥是南门外的大桥，乌衣巷则在都城东南方。这一带地方，是晋代贵族王氏与谢氏等族人所居住的区域。距晋代大约五世纪后的刘禹锡来访时，夕阳残照之下，但见破落的乌衣巷，与淹没于蔓草的朱雀桥，燕子依然穿梭于此，只是显赫一时的王谢豪邸，已然变成寻常百姓的住家了。

当与唐朝遥隔千年之后，随文化交流团来到了乌衣巷，已不复见衰败的堂屋，原址改建的小巷坐落幢幢屋宇，虽然形制仿袭六朝建筑，但毕竟那一股崇尚纯粹与自然的“魏晋风度”，真正是成了遥远的绝响，徒然惹人伤怀，供人凭吊了。

“无常”，带走了一切的繁华。昔日的繁华虽然如水逝去不复返，但是，有心有志之士，必能振衰起敝，在旧有的基石之上，再创更新气象的规模！然而，繁华可逝，新象可兴，这就是一岁一枯荣，在历史长流中，“盛”与“衰”周而复始地循环未已，这就是“无常”的道理。

观无常如圆月之盈亏，是自然也是必然；观无常亦如水月之虚幻，是无真无实，能不被“相”的虚幻变化所迷，“求无上慧”，进取真实、永恒之慧命，才是真正的智者。

（注一）九朝古都

洛阳素以“九朝古都”闻名中外。通常所谓“九朝”有两种含义，中国古代，“九”为最大最多，因此以“九”指称众多王朝之义。第二个说法，是指有九个朝代建都于此。而据考古发现，又有一说是共有十五个王朝曾建都于洛阳，分别是夏、商、西周、东周、西汉、曹魏、西晋、北魏、隋、唐、武周、后梁、后唐、后晋。

（注二）白马寺

相传汉明帝永平七年（公元六四年），帝梦一金人，身高丈六，顶有白光，绕殿飞行。醒询群臣，傅毅奏称，此为西方之佛。帝即遣王遵、蔡愔、秦京等十多人，赴天竺求经迎佛。迎回高僧迦叶摩腾、竺法兰，并以榆函盛经，白马负图还京。初住于鸿胪寺（外交署），译《四十二章经》、《佛本生经》等。永平十一年（公元六八年），明帝令于城西雍门外御道北修僧院，取名白马寺。

善知方便度众生，巧把尘劳作佛事

——从《法华经·方便品第二》之“唯有一乘法，无二亦无三”谈起论上人开创慈济志业“舍权就实”直指成佛大道日本文学大师吉川英治，积二十年心血所写的《宫本武藏》，成书以来至今已流传半世纪，以其笔法精彩，刻划宫本武藏“以剑入道”的传奇人生，哲思入理、浸润人心，挥洒出的格局视野雄浑壮阔，交织出的奋斗历程细密如缕，是为日本家喻户晓的时代小说经典之作。书中着墨甚深处，在于宫本武藏取法多人，从许多人身上习得“禅”与“心”、“人生”与“剑道”之一体两面的关系，进而超越自己的局限，获得心境的升华。

一位萍水相逢的过客，就曾在宫本武藏人生岁月中，予以珍贵的哲思启示。哲思的借助对象是一把琵琶。“琵琶里面是空心的，可是，那种千变万化的声音是从哪里发出来的呢？”高手过招，惊奇与震撼纵然宛似巨浪在心澎湃，但表面看来却如静水行舟不起波澜。

“靠的就是架在琵琶里那根横木。这根横木就像琵琶的心脏和大脑，笔直地将琵琶撑紧，一点也不弯曲。为了产生种种变化，制琴的人特别将横木削成高低起伏的波浪状，但这仍不能保证琵琶会发出真正美好的音色，所以还必须控制横木两端的力道。齐拨四弦，则万马奔腾、风起云卷，这么强烈的声音，就来自琴内那根横木的适度松弛和紧绷。”

“您只有紧绷度，却没有松弛度，这是多么危险啊！如果弹奏这样的琵琶，一定无法自由自在地变化音调；勉强弹奏的话，弦一定会断，琴体也一定会裂伤。”

言者取来琵琶，为让武藏更加明白，遂以极俐落的刀法将琵琶纵劈成两半，武藏盯着白木屑和断掉的四根弦，陷入沉思。“人生之弦犹如乐音之弦”，经过一番方便巧喻，武藏恍然有省，于是将急躁、不安的心静下来，了知人生至高的境界是“张弛合宜”，对待生活上的事物应追求疾缓、快慢交互并用、配合得宜的中庸之道。

凡语言动作，皆文字般若

“方便”，是般若学的主要内容之一，又译作善权、变谋、方便善巧等，意思是指佛做为教化众生而采用的各种灵活便利的手段和方法。佛教以救拔众生为己任，但众生根器钝利有别，习气不一，烦恼万般，为了引导根性不同的所有众生都能进入佛门，进而都能成佛，所以就得因人施教，随机说法。“方便”在佛教宣传佛法的方法中，扮演着非常重要的角色。

再者，依般若的性质来说，其类有三：实相般若、观照般若与文字般若。所谓的“文字般若”，广义而言，非仅佛典上的文字而已，凡一切语言动作等，能表显意义，令人方便理解而启发智慧者，都属文字般若范畴。

历代祖师、高僧大德每假借文字语言来开导一切有情，使众生能离妄执而证悟实相。文字之形式与内容千变万化，世间之诗词歌赋，流泄于智者笔端，亦能发挥假借文字诠释义理之方便。姑举台湾民初高僧斌宗法师“山居诗草·五律选一”诗为例，在感物吟志之余，实乃寓教示于其中——

庵小堪容膝，山高欲接天。
澄心无妄想，契道有真诠。
细悟三车喻，勤参一指禅。
崖登应舍筏，鱼得亦忘筌。

所谓“禅机道意诗中见”，从诗中“崖登应舍筏”或“鱼得亦忘筌”二句，可知透过诗词能领悟禅机，就如到彼岸之舟筏或捕鱼之竹器；然而，文字、舟筏或竹器不过都是方便之工具，在见道、登岸或得鱼之后，当无须执著工具（方便）不舍。

此理与“以手指月”义同。“指月”为佛教常用之喻语，以“指”拟言教，以“月”谓佛法。出自于《楞严经》卷二：“如人以手指月示人，彼人因指当应看月。若复观指以为月体，此人岂唯亡失月轮，亦亡其指。”意指一切言教，只是方便启发他人，好像用手指月，予人因指月而见月，千万不可见指不见月，执著言教而忽视佛教的根本精神。

正直舍方便，但说无上道

所谓“归元无二路，方便有多门”，在《法华经》之“方便品第二”，有诸多关于“方便”之说明。佛陀来人间，以四十二年时间开设方便法，应众生根机有小乘、中乘、大乘，甚至也能分为五乘等等的方向。佛陀以火宅譬喻，为救拔陷于起火燃烧屋舍中的众生，在屋外设三种车，羊车、鹿车，牛车，羊拖的车、鹿拖的车，或者是牛拖的车，那就是小乘、中乘、大乘的意思。

小乘是指佛法教化根基浅、慧根薄弱的人，是一种独善其身的教法。中乘是独觉辟支佛，独觉辟支佛的智慧较利，不用佛出世，他只看到世间的形象，就能体悟人生无常，生命苦短，而自得觉悟，这即是中乘。大乘也就是菩萨乘、佛乘，大乘是转愚迷为智慧。他们会把本着独善其身精神的人，鼓励、启发他本具大乘的慧心，透彻人间的真理。

“方便品”说：“正直舍方便，但说无上道。”

无上道，是最究竟的，所以一切的方便法门，到最后都要把它舍掉。上人说，学佛修行有大、中、小三乘之方便法，我们将三乘汇归为一乘，这一乘就是大乘菩萨道，为究竟真实解脱之成佛大道。

方便是“权”，实相是“实”。关于权、实之说，诸如“为实施权”，归于真实而施设权便之法；或“开权显实”，开除权教之执著，显示真实之义；以及“废权立实”，废舍权教方便，树立真理实相，在《法华经》之“方便品”有详尽之析论。而穷究“方便品”之旨趣，亦即在阐明权、实的义涵。以下摘录“方便品”数段经文便可知——

“舍利弗。吾从成佛已来。种种因缘。种种譬喻。广演言教。无数方便引导众生。令离诸着。所以者何。如来方便知见波罗蜜。皆已具足。舍利弗。如来知见广大深远。无量无碍力无所畏。禅定解脱三昧。深入无际。成就一切未曾有法。舍利弗。如来能种种分别巧说诸法。言辞柔软悦可众心。舍利弗。取要言之。无量无边未曾有法。佛悉成就。”

“于佛所说法。当生大信力。世尊法久后。要当说真实。告诸声闻众。及求缘觉乘。我令脱苦缚。逮得涅槃者。佛以方便力。示以三乘教。众生处处着。引之令得出。”

“舍利弗。是诸佛但教化菩萨。欲以佛之知见示众生故。欲以佛之知见悟众生故。欲令众生入佛之知见故。舍利弗。我今亦复如是。知诸众生有种种欲深心所着。随其本性。以种种因缘譬喻言辞方便力而为说法。舍利弗。如此皆为得一佛乘一切种智故。舍利弗。十方世界中尚无二乘。何况有三。舍利弗。诸佛出于五浊恶世。所谓劫浊烦恼浊众生浊见浊命浊。如是舍利弗。劫浊乱时众生垢重。悭贪嫉妒成就诸不善根故。诸佛以方便力。于一佛乘分别说三。舍利弗。若我弟子。自谓阿罗汉辟支佛者。不闻不知诸佛如来但教化菩萨事。此非佛弟子。非阿罗汉。非辟支佛。又舍利弗。是诸比丘比丘尼。自谓已得阿罗汉是最后身究竟涅槃。便不复志求阿耨多罗三藐三菩提。当知此辈皆是增上慢人。所以者何。若有比丘实得阿罗汉。若不信此法。无有是处。”

“舍利弗善听。诸佛所得法。无量方便力。而为众生说。众生心所念。种种所行道。若干诸欲性。先世善恶业。佛悉知是已。以诸缘譬喻。言辞方便力。令一切欢喜。或说修多罗。伽陀及本事。本生未曾有。亦说于因缘。譬喻并祇夜。优波提舍经。钝根乐小法。贪着于生死。于诸无量佛。不行深妙道。众苦所恼乱。为是说涅槃。我设是方便。令得入佛慧。未曾说汝等。当得成佛道。所以未曾说。说时未至故。今正是其时。决定说大乘。我此九部法。随顺众生说。入大乘为本。以故说是经。有佛子心净。柔软亦利根。无量诸佛所。而行深妙道。为此诸佛子。说是大乘经。我记如是人。来世成佛道。以深心念佛。修持净戒故。此等闻得佛。大喜充遍身。佛知彼心行。故为说大乘。声闻若菩萨。闻我所说法。乃至于一偈。皆成佛无疑。十方佛土中。唯有一乘法。无二亦无三。除佛方便说。但以假名字。引导于众生。说佛智慧故。诸佛出于世。唯此一事实。余二则非真。终不以小乘。济度于众生。”

“今我喜无畏。于诸菩萨中。正直舍方便。但说无上道。菩萨闻是法。疑网皆已除。千二百罗汉。悉亦当作佛。”

“舍利弗当知。诸佛法如是。以万亿方便。随宜而说法。其不习学者。不能晓了此。汝等既已知。诸佛世之师。随宜方便事。无复诸疑惑。心生大欢喜。自知当作佛。”

上人解析“方便品”，表示“方便品”是佛讲经的对机，有人问才能打开话题。《法华经》境界很高，佛弟子中无人能问，佛选择舍利弗，因为他是弟子中智慧第一，故由舍利弗作为当机者。

佛问舍利弗对《法华经》的领悟范围，舍利弗则显出无法体悟的境界。佛陀向舍利弗解释，“唯有一乘法，无二亦无三”，“唯此一事实，余二则非真”。佛教说三乘，事实上佛陀来人间，所要讲的就是“一乘法”，也就是“大乘法”，要教每一位众生都能成佛。

佛陀告诉舍利弗，每一尊佛本来的教法都一样，只是众生的根机智力不整齐，有的人智慧很高，能够闻一知十；有的人则是听一句，只能了解一句的道理，所以必须随机说法。舍利弗是佛弟子当中智慧第一，佛陀所说的教法他都能了解，并且能体会佛陀的真理。因此佛陀告诉舍利弗，为什么要讲《法华经》。

佛陀说，其出生人间的本怀就在《妙法莲华经》，所讲的教法均离不开此一实相。佛成道后说法四十九年，四十二年后，才开始讲《法华经》，共讲七年。在《法华经》之前所说的教法均是方便，随众生的根基讲《阿含经》、《般若经》等。

因为众生的智慧、根机与信心有限，都还很不足，因缘尚未成熟无法接受，说了无益，所以佛将成佛的妙法隐藏在心里。直到四十二年后，该教的众生大都受教，了解佛陀本怀的人也能体会佛意，若欲将小根、中根之人，慢慢引导到大根大机之大乘的精神，现在正是时候，因此他要将内心本怀的妙法说出来。

佛陀四十二年间“隐实示权”，将本怀妙理隐藏，所示教的是方便的教法，这就是“方便品”中的大意。

开门见山，说真实法

进一步深入分析权、实之理，上人说，佛陀演说四十几年的法，觉得众生有千层无数的烦恼，所以他观机逗教，看众生是什么样的根机就给他什么样的教法，只为了让众生去除烦恼。众生有什么烦恼，就教他们如何去除烦恼，这是不是根本究竟呢？不是。佛陀的法门有八万四千，无非要让众生收摄杂乱的心，尽管开了很多法门，门门都是方便法，而方便法是为了引导众生舍弃烦恼，进而行菩萨道，以契入实相妙理。

要当菩萨，一定要心地清净。要心地清净没有贪、瞋、痴、慢、疑，就必须开启很多法门，让大家知晓真理，自然就不贪；能看透人生，自然就不会常发脾气；人事理看得清楚，自然就有智慧，就不会生痴念。总而言之，要用种种方法引导众生。

佛陀于法华会上说："正直舍方便"，佛陀四十余年说法当中，早年宣说的是方便法，最后在法华会上则"舍权就实"，舍方便就正直。佛陀说："过去为了让你们放下种种烦恼，所以讲了许多方便法。现在根智已成熟，大家要舍方便法，朝实相的道理去精进，也就是必须行菩萨道！"

《法华经》就是教菩萨法，教人如何行菩萨道。总之，佛陀来人间目的就是为了启发人人的爱心，教导人人如何舍弃自私的烦恼，拓展众生生命共同体的观念，所以"无缘大慈，同体大悲"，就是佛陀所教最重要的菩萨法！

上人认为佛陀以及历代祖师大德在精神层面上教示大众菩萨道的学佛方向，而慈济则是落实佛陀本怀之人间菩萨道。“《法华经》中所说之菩萨道，才是成佛之究竟大道。法华经义在教菩萨法，佛陀指出这条学佛的明路，而现在之慈济，即是开辟人间菩萨道，让所有入慈济门者，透过力行而真实体会佛法风光。”

“或许我们以前也曾生值佛世听佛说法，既然是累生累世同修，我想，我们不应该再从佛陀说法四十二年以前的方便法慢慢说起，所以我开始做慈济，为的就是‘净化人心’，而且三十多年如一日，这就是真实法。要如何让每一个人选择好的路走？要怎么帮每一个人把自私的心打开，变成无私大爱的心？这就是佛陀所希望的菩萨道。行菩萨道就叫真实法。”上人说。

“人生如此无常，我舍不得大家在这种无常短暂的人生团团转，希望能一针见血，能多管齐下，勉励大家亲自去做、去体会什么叫做‘无缘大慈’？什么叫做'同体大悲'？如果没有亲自去做，就是念得天花乱坠都没有用。亲自去做，才有真实的体会。因此，学佛者应把握佛陀本怀，直取佛法精髓而依教奉行，不要一味停滞在文字的探讨上，如果光说不做，必然无法体解佛法的真实义。”

“我们唯有走入人群去付出，看尽众生生、老、病、死的现象，才能深入体悟人生之苦空与无常，这是自己直接感悟的道理，所以最能深刻明白，而非光听人言或只在文字上进行了解，没有真切的踏实感。再者，人生有限，岁月不多，若永远不身体力行，待无常到来，又能体会多少佛法？何况众生苦难偏多，佛来人间的目的就是为了救人，能够深入人间疾苦施以种种救济，这才是学佛的真义。”

“所以，我是'一针见血'地明示成佛之大道，希望带着大家行走救人济世的慈济菩萨道，使人人能自行体证佛法的真理。”

“总之，《法华经》是开门见山说真实法，慈济法门是真诚直接的真实法。”上人强调，人生短短数十年，绝对无法如佛陀过去时代，可以用四十二年来说方便法，因为那是佛陀教法刚开始为了随顺众生循循善诱，而且善诱到现在。既然我们知道过去是方便法，就不要浪费生命在其中，在这个时代就要畅佛本怀，开门见山说真实的话。更何况人与人之间若舍了爱，还有什么菩萨道可言？不论菩萨道有多远，慈济所做的无不是感应——感众生之苦，应众生之需。

慈济是上人“一针见血”、“多管齐下”、“开门见山”明示之真实菩萨道，旨在令大众在慈济菩萨道透过救人行善长养无私大爱之心；救人行善是福，大爱无分别是慧，此即福慧双修之成佛大道。

善解方便，自度度人

根据《法华经》所示，菩萨道不是方便法而是真实法，这是针对“权”、“实”二说而立论，教人要“舍权就实”，莫执著独善其身之权教、停滞于专求个人烦恼解脱之方便，却不深知兼善天下之菩萨道才是究竟，以致不直向真实之菩萨大道。

然则，就“方便”二字单纯地作为“方法”二字之义来说，在修行菩萨道时，真实之妙法还需依方便法而生，亦即行者得透过种种方便法来契入真实法。而这种种方便之方法亦不可执著，否则就如“指月”之喻，本是“因指见月”，但因执著方法，遂迷失道理，此不异是“执指弃月”了！

不执著方便法，也就是要明白“法无定法”之理，才能灵活运用种种善巧方便之法，而不会拘泥于固定的形式与一成不变的方法。

佛说人有二十难中，有所谓“善解方便难”，这句话或是在表示度人者应时对机方便度众之难，或在说明凡人每常执著方便而偏离真实法。

度众生，要有善巧，要观机逗教。据《大庄严经论》记载——

目犍连尊者曾经教化两位弟子，一位是从事冶金的（提炼黄金），一位是为人家洗衣服的。目犍连尊者分别教他们各修持一种法门，教那位冶金的，修“不净观”，起种种不净的观想；而那位替人家洗衣服的，就教他修“数息观”。

可是，好久好长的时间过去了，两位弟子在修行上并无进展。后来，目犍连尊者就向他的同门兄弟，智慧第一的舍利弗尊者请教。舍利弗尊者说：“你把法门弄错了，应该让两人的修持法门相互对换才好。想想，你那冶金的徒弟，每日所面对的是金光灿灿的黄金，叫他观想不净，跟他不相投嘛！他炼金的时候，要拉风箱，风箱一送一拉，火才会大，才能把金炼好，应该让他修数息观才恰当。”

又说：“衣服肮脏了，才要洗涤，你教洗衣服的人修不净观，才投机啊！你不妨把他们修持的法门重新安排一下。”

结果，没有多久，这两位弟子都开悟证果了。

这故事是说明度众生，一定要了解他们的根性，要能够投机，不然就没有效果；可见善解方便，是多么重要！

而“善解方便”对志在学佛者来说，若无善解方便，反而执著方便，就离道（真实）愈远了。

上人就说，若想学佛，就应追求明心见性。虽然要明心见性并不简单，但是，若懂得把佛法带入日常生活中，则举手投足莫不是见性妙法。见性的过程，不可缺少“善解方便”，若无善解方便，就无法见性明心。

出家僧众每天清晨就开始拜佛礼忏，是否学佛的人都一定要四点钟起床，在大殿唱念课诵？其实这也是一种方便法：早起可以养成爱惜光阴的好习惯。人要懂得珍惜每一秒，因为佛陀说：“人命在呼吸间”，在能够呼吸的时候，便是活着，若一口气不来，生命也就断了。这么脆弱无常的生命，更应该要好好地利用它，如果懵懵懂懂过日子，喜爱悠闲消遣时间，到处游玩观光，累了就呼呼大睡，生命便在观光游荡的休闲之中虚度了。

佛陀希望弟子们时时觉醒，何谓“觉醒”？当在发挥功能、为人群做应该做的事时，这就是觉醒。若要发挥功能的时间长一些，当然就要节省睡眠的时间，因此要早起，早起才有股清新的精神接受佛法的滋润。如果睡到七、八点，那么一天就少掉了三四个钟头，一天总共才二十四小时，睡眠就用了八九个钟头，剩下的十几个小时要吃喝、游玩又要休息，像这样，真正在做事发挥人生功能的时间，剩下的有多少？所以，要尽量早起，清早的这一段时光最清新，最能吸收智慧，因此，每一个丛林都在礼佛早课。

“礼佛”是否一定必要呢？上人认为，礼佛有两大益处，一种是可以活动筋骨。很多人你要他早起，他愿意，要他去拜佛，他却不肯，说：“我心尊敬便可以了，为什么一定要拜佛？”他宁可去散步做运动。散步和拜佛有何差别？“散步时心较易闲散，因为若结伴成群，如此一来往往东家长、西家短的讲个没完；身体是在运动，而嘴巴则不停地在造业，听多了是非，心就会动念。如此一来，虽然身体在运动，但是心、口却无法清净。”

拜佛时，身体礼拜是一种运动，而口里念佛，心则观想要追随佛、菩萨的精神和脚步。拜佛和早起运动的人，精神活动是不一样的，心和口业也不同。礼佛一方面可以促进身体健康，一方面是增长智慧，加强心理健康。礼佛之时，眼观佛像、口念佛号、心中体会佛理，如此就能启发智慧。

这虽是学佛的方便法门，但由方便法也能体会真理。日常生活中，如果没有善加体察方便法，有时就会因此自我封闭、自我迷惑，不能善解方便。上人举例说——

有一位年轻的太太，她到处跑道场，跟着法师团团转，却没有照顾好家庭。先生上班、孩子上学后，她也跟着出门跑寺庙，不肯照顾家庭、整理家务。买一次米，半年后还没煮完，先生若问她："你怎么不煮饭给孩子吃呢？"她就到外面买便当回来，反正有饭吃就行了。先生如果说："孩子的袜子要天天洗呀！他们经常没有干净的袜子可以穿。"她就买回来整打的袜子，让孩子天天有得穿。

到底她在忙些什么？她忙着拜佛、赴法会；每天除了要持诵七遍楞严咒，以及诵念其他佛经之外，又要到处跑道场去供养法师。她真的非常忙碌，这样是不是精进呢？她执著于亲近三宝有功德、礼佛念经会开智慧，这即是不能善解方便法。

念经拜佛是宗教的礼节仪式，诵经是为善解佛陀的教理，了解人生的道路该怎么走才不会错，能一路直达佛的境域。所以，学佛要知道什么是方便法。方便法的重要是在于"会理启真"，于人事中领会道理，启发清净的本性。如果不了解方便法，且偏执于它，就会像那位年轻太太一样，半年前买了一次米，半年后还没吃完；不用洗袜子，小孩却天天有袜子穿。

真正的佛教徒要节俭勤快，勤俭的美德亦是佛陀教育之方便妙法，更是学佛的基本道理，勤俭持家且能精进于启发良知良能，才是真正地善解方便妙法。

“善解方便难”，能适当地体会方便法确实是很难。因为众生习性多有所偏执，有的执迷于事相，有的执迷于理论，无法事理兼顾，所以不能事理圆融，不能圆融事理则易生事障、理障的困难烦恼，这都是不能“善解方便”的困“难”。

关于“善解方便”再析论之，可就“东方”或“西方”净土之说为例。依佛经所言，无论是西方极乐世界或东方琉璃净土，都与我们身处的娑婆世界相距数万亿佛国，如此遥远距离，何能企及呢？上人以为，往东或往西都遥不可及，这是佛陀方便的譬喻，若依生活化、人间化来解释，以佛陀所在的地方印度为中心来说，西方则是指希腊、罗马一带，东方则是中国；其实，远古时代交通不发达，从印度往西到罗马或东行到中国，都是非常的遥远。

上人说，佛陀的智慧非常超越，他认为西方民族大抵皆偏向一神论，以为人往生则蒙主宠召归于天国，享受无比的快乐；如基督教、天主教、回教等，都是好乐天国的一神论宗教。佛陀适应印度西方民族的需要开示西方净土法门，倡言累积善根福德因缘，一心念佛往生西方，强调天堂之福有穷尽，不如往生西方就永远不退转，这是佛陀应众生根机开示方便，目的在希望人人能净化自心。

东方民族趋向伦理道德的文化，如孔子提倡修身、齐家、治国、平天下的教法。佛陀则针对东方众生根机开启药师法门，强调众生身心染垢，将造成人祸，人祸导致天灾频仍，唯有净化人心才能天下无灾。

佛陀以方便应机，随缘弘扬西方与东方净土法门。但所谓“万法唯心造”，上人强调，当今天灾人祸不断，人世间到处都在对立、共争，这都出自人心；若要使世界安和乐利，就必须恢复人性中的伦理道德，人与人之间才能相安无事。

无论东方或西方净土既都是佛陀之方便设教，则究其实，“净土”在哪里？上人明示，佛陀的真实教育是希望人人转烦恼为菩提，化消极的斗争为积极的行善。“事实上，不论东方或西方，净土就在我们的心，当心境平静时，就是净土现前，即使是虫鸣鸟叫无非都是西方极乐世界或东方琉璃净土的和雅声；天地之间，这份自然的生活，自然的心态，就是最美妙的境界。”

《金刚经》中有云：“法尚应舍，何况非法”，总不能搭船渡河之后，还把船背着不放？学佛也是一样，所听的一切法和礼拜的行动，都是一种方便法——借假修真，借方便事相来会理启真，如能知晓方便妙法，则能无难不解，通达诸法、智慧如海，和睦群众，一切无碍了！

借方便事相，来会理启真

至于所谓“借方便事相来会理启真”，这也就是上人曾明示的理念：“慈济志业是以方便法契入真实法。”以下从上人之言谈开示，兹举数例上人为令大众契入真理实相，在慈济世界中所开展之种种方便事相——

【骨髓移植】
透过科技辅助，完成救人志节

“宗教”是人生的宗旨、生活的教育，明白此理才是彻底了解宗教。身为佛教徒，心量须如大海纳百川般宽广，而非只是小溪或古井；也就是说，不要执著于狭隘的宗教观念，也不要排斥其他宗教，更不要以为从道场走出来的才是佛教徒，应该要有开阔的心胸，不要拘泥于形式与执著于形相。

佛陀来到人间，是要教导众生走上康庄大道，亦即在人间推动菩萨精神。三十多年来，我从未改变推动菩萨道的心志，但如何使人行菩萨道，这必须要适应众生根机与社会需要，以权巧方便之法来观机逗教。

当今科学发达、知识提高，玄奇神通的故事难以被一般人接受，所以要运用看得到的人、做得到的事、能付出的物，来引导人开启清净的本性，这就是善用方便使人契入真实妙法。如建造医院就是利用科学的建筑技术来带动大家的慈悲心，完成救人的志节；又如以骨髓移植为例，可以在科技辅助下捐髓救人，正是实现了舍身救人的菩萨精神。

【推动志业建设】
借着不断的建设，使委员透过募款募爱心
以安定社会人心并广结善缘

一、行菩萨道是迈向圣人的目标，但身处凡夫现实环境，不能离开现实而追求完美，必须安住于现实环境里，坚强地朝着理想迈进。

以慈济今昔之别来说，当初计划兴建慈济医院时，以当时二百位委员、三万多会员、资金才三千多万元的条件，却要建设预算六至八亿元的建筑，真是自不量力的行为。

当时拮据的环境下都有此勇气，更何况现在的慈济拥有这么多中心力量，如委员、慈诚队、荣董、教联会等，再加上百万的会员人数，如此强力的后盾护持着慈济，此时若不好好把握因缘，积极推动净化人心的工作，来日必然会后悔不已！所以必定要借着不断的建设，教委员们不可懈怠，以广招来众启发大众的爱心，投入救人工作，这就是慈济的方便法门，一如《法华经》中之“化城喻品”，慈济的建设就是化城，一步步引导人们走向成佛的目标。

二、慈济所做一切建设都是为了“募心”——设立目标，让大家的爱心有机会展现出来。

面对目前脱序的社会，要让民心步上轨道可借“推动志业建设”来做募心的工作。志业建设完成，如医院、学校成立了，就能发挥救人和教化的功能；再者，唯有不断地推动建设，大家才不会懈怠，且能更精进地投入社会人群，带动大众一起加入爱心活动。所以，这不但是因应社会需要，也是募心的方便法门；人人有爱心，社会自然上轨道。

大家努力地对外劝募，既劝募爱心以安定社会人心，也可藉此广结善缘。未成佛前要先结好人缘，若没和众生结下好缘，则度众生的过程会处处受到障碍。所以，心要时时调整好，莫言行失当而让人埋怨、怀恨。

很久以前有佛要为释迦菩萨和弥勒菩萨授记，到底谁先成佛？在慎重观察之下，先授记释迦菩萨成佛。大家都疑问为何先授记释迦菩萨，因为弥勒菩萨的智慧比释迦菩萨来得高。原来释迦菩萨不断地投入人间度化众生，众生缘具足，加上自己的智慧资质也很快就能成就，所以比弥勒菩萨更早成佛，而弥勒菩萨还需要用很长很长的时间来广结众生缘，才能成就佛果。

慈济这个菩萨道场，除了能帮助社会人心就序，同时也能成就所有慈济人结好众生缘，所以大家要多用心，将心调整好，不要让心有怨恨等杂染，以至于满身都是尖刺，到处刺伤他人。人圆、事圆，理才能圆。若懂理不懂事，不顺意就发脾气，则所做一切皆枉然。做人做事皆圆融，才是真懂理。

【举行药师法会】

感于当时信众需要诵经以求心安，
也因药师佛大愿适合现代社会，
故每月在精舍举行法会以将佛法推入社会人间

一、当年慈济创立时，即在精舍每月举办药师法会，祝福会员大德平安吉祥；待慈院筹建期间，亦曾每个月到台北与众讲解《药师经》，广结法缘以募心、募款。

在我出家后未成立慈济之前，我感到佛法之奥妙，很希望能贴近佛陀的精神，自许要深体佛陀教化众生的方法，所以我为自己出家后订立规则：既不过赶经忏的日子，也不在文字中钻研，只期待将佛陀的教法用在我的日常生活中。

佛陀本怀是救济众生，为达到接近众生以施教化的目的，佛陀遂方便设教，采取沿门托钵方式来接近众生。再者，距今二千多年前的印度，四姓阶级制度森严，佛陀为弘扬人性平等的真理，也为降伏跟随他出家的皇宫贵族子弟的贡高我慢心，所以教僧团所有弟子，一律过着托钵乞食的生活。

佛陀为救众生，因人、因时、因地应机设教，才能教化天下众生。当今世代已不是往昔赶经忏、诵经的时代，我们应将佛法的知识再上一层楼；但也不要只在文字上钻研或在寺院中清修，以免让一般信徒对佛法的了解，只停滞于“信佛是为了消灾、求平安而已”，如此就可惜了佛陀的教学。事实上佛法是超越人间之天下宇宙的科学！

正当思量如何将佛法推入社会人间，使众生有所感触时，在因缘会遇下，看到了人生种种苦难的形态，于是萌念要发动众人的爱心来帮助苦难的人，并藉此从苦难中觉悟人生的真理。适时亦发现了《药师经》非常适合现代人的根机，细看其中经文，体会到药师佛发十二大愿，愿愿都是针对世间的苦难而思救拔。有感于当时的信众需要借诵经之方便法门以得心安，也因药师佛的大愿非常适合现代社会，能启发众生效法药师佛的愿力，所以慈济成立之际，就在精舍每个月举行药师法会诵《药师经》。

二、在三十五年前的台湾社会，要成立一个慈善团体，其实很困难。尽管我有心，也看到贫病的人在生死边缘挣扎，尤其那位小产的妇人不断萦绕在我脑海中，当时我就思索，像这样的家庭有多少？这样的人生又有多少？

发生在这位小产妇人身上的情境，不是事过境迁就算了，也不是仅止一时的悲悯；这件事、这份悲悯令我内心很挣扎，不由得不想办法："要如何让人人将本具的爱心发挥出来，以能及时救济需要帮助的人?”在克难中要成立慈善团体,必定要广开方便门,因此才有日存五毛钱的想法,呼吁人人在不影响自己的生活下能够为帮助别人而付出。

但是,一般人会要求:“我凭什么要付出? 付出的同时可以得到什么?”记得那时很多人对我很好奇,认为一位年轻比丘尼,为什么独自住在小木屋?而且小木屋经常会发光?“一定是道行高深,如果能为我诵一部经,应该就能得到所求的一切。”这就是凡夫的心理。

我出家时曾立下原则:不做法会或赶经忏。但是为了救济众生,使贫困的人能得到物质帮助,使富有的人心灵能得救,我只好广开方便门,这是受到《法华经》的影响。我想:“佛陀度众生也是开方便门”,所以,我每个月诵一部《药师经》,将所有的功德回向给大家。

只是每当我诵这部《药师经》,或读疏文时,是我最挣扎、最痛苦的时刻,因为违背了我出家的原则。但是为了救人、救心，也不得不然……所以每个月农历二十四日的药师法会日，从三十六年前就开始了。

说来也奇怪，那段期间，真的因缘成熟，很多家庭、很多人的病痛苦难，都奇迹似地度过难关，所以口口相传，人人的爱心自然就被启发。

记得当年委员们提着菜篮走入市场中，卖菜的、买菜的都在提倡五毛钱可以帮助人，这就是慈济和《药师经》的因缘，从佛教克难慈济功德会开始。

【静思堂艺术装修工程】
将佛经经句配合慈济故事以艺术图象呈现，
使观者“先触后觉”
——眼睛接触形象进而觉悟佛法真理

慈济在慈善工作之始，就计划具足四大志业，亦即应社会需要展开慈善、医疗、教育、文化志业。一如“莲花”花开果成的义涵，慈济本着“信己无私，信人有爱”的精神推展四大志业，并且环环相扣、步步相连，虽各有发展但又相生相成，彼此构成紧密不离的关系。

慈济各团体如委员、慈诚队、环保、荣董、教联会，乃至志业体的同仁如医师、护士等等，大家皆各尽本分在工作岗位上呈现真善美的精神；如何以艺术手法描绘这群人间菩萨，既为时代作见证，并反映亲切感的人生，这就必须透过艺术的美化。

所谓“无声的说法”，就是用眼睛去感触形象，进而体会佛法。地球村的距离愈来愈近，世界各地的人来台湾的机率愈来愈高；慈济人遍布全球，回来的人也愈来愈多；而海外慈济人的第二代、第三代华裔，不懂中文，不认识中国字的愈来愈多；何况不同国家、不同种族的人，要他们如何能深入了解慈济精神呢？再过几年我们不在了，谁来解说慈济呢？所以，只好运用古人的智慧，将经文变成图文，可以看图了解它在说什么，这就叫做“触觉”——先触后觉。

所以，无声的说法是“先触后觉”。让看的人先用眼睛接触，佛经上说：“眼有八百功德”，意思是指眼睛一看就能明白意思；“耳朵有千二百功德”，意即能用耳朵听闻解说更好。但是，语言有障碍，我们只好想办法将文字形象化，眼睛接触到形象就能体悟，这就叫做“先触后觉”。

也曾一度这么想：如何将《无量义经》与《法华经》配合慈济故事？其实很容易搭配，例如《无量义经》“十功德品”都有故事可以搭配，“说法品”描述心理比较抽象，但是搭配起来也不难。若能将佛经经句配合慈济故事，用艺术形象表达出来，参观者看了经变图，内心自然有所体悟。这就是一种方便法——象不离法，眼睛接触形象画面后，进而再去探讨图中佛法、道理的内涵。若能如此，静思堂整体艺术设计的内容，就能借由形象具体显现“爱的教育、美的回忆”。

【当医疗志工】

亲见病苦示现,感恩自己的健康并启发悲心,解开计较与怨恨的心结

有些人在遭遇到不平等的事时,常常会心存忿恨,心中一旦有恨,胸襟就不会开朗。如果要我为心中有恨的人们开一帖药方,那就是“感恩”,只要服用这帖药方,就能解开恨与怨的心结。

慈济委员经常会回慈济医院当志工,而男众志工往往会被派到急诊室或复健部,去帮助那些较需力气去扶持的病人。某天,有位男众委员志工扶着一位男性患者去做复健,在复健部他看到形形色色的病人。

有些人脚部神经损坏,抬脚举足无法控制自如。这位委员志工站在那儿看了又看,觉得原本要跑就跑、要走就走,毫不引人注意关心的两只脚,对患者们而言,竟连举起脚来跨出一步都有困难!他顿有

所悟，体会到我曾说过的：在日常生活中，要时时感恩。

他想："平常东奔西跑，完全忽略了这两只脚的功能，今天看到别人连脚都抬不起来，才发觉自己拥有一双健全的脚是多么幸福啊！"

他再走到另外一间复健室，看到复健师要病人用两只手指把一个小沙包拿到一边，那位病人好像使尽九牛二虎的力量，直到汗流浃背，手指头还是不听使唤，于是他深深感受到："双手万能可以做很多事，我要好好感恩今天有着两只健康的手啊！"

当天晚上，他回到精舍后告诉我："师父，过去我的心结重重：我付出友谊、金钱来帮助别人，别人却把我的钱倒了，我的内心充满埋怨与瞋恨，老念着是别人辜负我，一直惦着如何讨回公道；可是今天在医院看到那些病人之后，我决定明天一回家，就要去继续关心这位朋友。"

"虽然他倒了我六七百万元,但他也是很不得已的啊!我应该去关心他目前的生活是否安定,关心他倒了我的钱后,是否难堪不安。现在,我心中的恨与怨已一扫而空,因为,能够有一副健康的身体,就值得我感恩不尽了,岂可再把精神浪费在金钱的得失计较上呢!"

由此可见,感恩可以打开心结,并且启发悲心。若能常怀感恩心,自然就能做到"怨亲平等"。

佛教必须走入社会,佛法必须运用在生活中,娑婆世界的众生必须用方便法门来度化。有人问我:"在师父的演讲中,很少听到谈佛法,几乎都在说委员们的作为。师父应该多教导大家一些法门啊!"我总是告诉这些关心的人说:"这就是'方便法门'啊!"只要是可以启发人的爱心和悲心的方法,就是佛陀的教示啊!

比如上面提到的委员志工,他也曾听闻很多佛法,但仍无法打开重重心结,直到让他亲自去做志工，亲眼去看到那些手脚无法动弹的病苦众生之后，他才发现自己是生活在多么自由自在的状态中，于是豁然开朗，恍然大悟，心念一转，感恩知足，从此新生，不再受烦恼拘缚。能借事相来教化众生，令他们从中开悟、转念，这就是方便。

【推动“爱洒人间”运动】

“爱洒人间”是需要耐心的长期运动，
将爱洒向人与人之间，
世间就不会有对立与冲突

所谓“爱洒人间”，“人间”是指人与人之间，包括夫妻、亲子、兄弟、同事之间等等。人与人之间不能缺少爱，我们应该要在人与人之间表达爱心善念，将爱洒向人与人之间，洒到家庭、社区，使人间爱的连环，环环相扣，那么天下也就太平了！

过去的“竹筒岁月”是方便法，一人一根竹筒每天日行一善；现在四大志业已在台湾扎稳脚步，又有四秒之内即能将讯息传布全球的大爱台，在因缘具足下，可运用大爱台将点滴爱的真人实事迅速遍洒全球，以引导人心向善。“爱洒人间”是需要耐心的长期运动，若能将收有“爱洒人间”、“祈祷”与“普天三无”三首歌的CD发送到每户人家，使家家户户传唱这些歌曲，人人“听得入、做得出”，在日常生活中做到善待、相信、包容彼此，那么世间就不会再有对立与冲突。

我们要将自己的心地照顾好，使内心爱的种子很精纯，就如成熟饱满的稻穗一般，才能在人间遍洒爱的种子；否则心地没有照顾好，如受到污染的镉米，不能吃也不能做种子，如何能将爱心遍洒大地？台湾是慈济的发祥地，台湾因缘具足，期待大家立足台湾，好好推动“爱洒人间”，当我们从家家户户门前经过，都能听到“爱洒人间”之歌，这就表示净化人心真正成功了！

以上是就“活动”或“建设”来说明方便法的内容可谓灵活多变，其他如共修、助念及浴佛典礼等等，上人亦从“法无定法”的理念，表示这种种佛教仪式无须执著形式——

【共修与助念】
共修“三十七道品”以得法喜充满，因时制宜助念以使“亡者灵安，生者心安”

当前之社区共修可以“三十七道品”为主，从凡夫进阶到菩萨境界，不能离开三十七道品，“三十七道品”乃是菩萨净土，既是在人间行菩萨道，就不能不力行“三十七道品”。若能每个月聚会时，以虔诚的心不断复习“三十七道品”，必得法喜充满。

现代人共修的方式必须要能适应现代人的根器，以助念来说，这是以前的教团，为适应社会环境而设的方便法，使人能因此接触佛教，体会佛法的道理。法无定法，既然过去的人可以定下模式，当代的我们当然也可以斟酌适应现代人的方法，方式及名称都可以因时因地制宜，不必执著一定的形式，总是简单、单纯就好。助念的目的是使“亡者灵安，生者心安”，所以无须钻在助念仪式中走不出来，毕竟慈济不是为“助念”而成立，而是为净化人心而创建。

【浴佛典礼】
以手指沾香油合掌礼佛，表达对佛陀恭敬心且不忘宗教的纪念日

每年佛诞节，佛教界都会有浴佛仪式。一般道场的浴佛，都是煮很多甘草水，信众浴佛后就带回去喝，说会健康、消灾、保平安，这都是自我安慰。

今年（二〇〇一）在慈济静思堂是以“礼佛足”为浴佛的形式，以手指沾檀香油合掌礼佛，自己会闻到檀香味，此即表达我们心中对佛陀的恭敬心。这就叫方便法，用礼佛足的形式，表达我们的虔诚，但不执著形式。

形态美就是一种文化，美也是慈济的文化内涵。如何能不失宗教气氛，不忘记宗教的纪念日，同时也具足庄严的文化，这就是我们应当努力的目标。

不执有无，但取中道

“善知方便度众生，巧把尘劳作佛事”，为了度化人间，上人深入佛陀智慧法海，把握住方便与实相的道理，既肯定真实之菩萨道，并且能应机灵活运用方便法。

上人认为，人生虽然一切皆空，但是却又有“真空妙有”的实相境界，所以好事必须去做，做了以后，一切都不执著，就叫“真空”，如果执著就是不空。若以为既然是一切皆空，就什么都不去做，就无法体会“妙有”的境界。

上人又曾与慈济人以布施之“事相”来说明“实相”的道理。“在我的观念里，在乎的不是捐款者布施的款项多少，真正希望的是能‘募心’，只要能募到他的心，既有心就会投入，也才能体悟付出后的法喜。若布施者以捐出巨款而感到得意，就会希望别人捧他，这反而对其慧命有损。”

“世间事必须世间人来成就，他付出，我们理应感恩他，这是就事相来讲，因为‘有’故说是‘俗谛’；但是，世间万事万物本是空，是虚幻无常、迁变不已，以其‘无’（空）故说是‘真谛’；然而，最高的境界是付出无求同时感恩，这就是‘真空妙有’之实相智慧，也就是不执著有与无但取中道之‘中谛’。”

《法华经》就是中谛之思想，上人受经文启发，遂不执著有与无但取中道而行，故能于红尘出入自在，只因“方便有多门，对机即妙法”，无时无处为使众生能方便得法益，而用心设想种种。

就以慈济援建之希望工程来说，皆以洗石子作为建筑外墙，并且采灰色小石子为主，再掺杂其他色系之石子如白、黑、黄、绿、红等。这是因为上人向来注重“环境教育”，认为这灰色系建筑教人看了，心会不禁随之沉静下来。现在的孩子都太活泼，心思浮动，若学校设计也倾向活泼，则孩子的心就更飘浮，不如这灰色洗石子，自然令人感到稳稳定定，很有安全感。

缘于学校建筑要具备“无声说法”的功能，故艺术化的美感，也为上人所强调。有一天（二〇〇〇年十月十日），营造公司在静思堂之感恩堂前廊道上，展列诸多各种色泽、大小比例的洗石子样品，为定出标准品以供各校建筑师及营造公司参考，上人与林碧玉副总及建筑委员江子超师兄等人，大约挑选几面洗石子样品后，复得仔细斟酌屋瓦颜色。

窑厂公司带来两块云田瓦，一是深灰之标准色，一是浅灰之调配色。据估计，所有希望工程之学校，约共需一百七十万块屋瓦；屋瓦在功能用途以外，并深具艺术景观的效果，故在色泽选择上，亦须慎重其事。

当时在场者尚有许常吉建筑师以及慈院前任院长陈英和与前慈济大学副校长赖其万等多人，为博采众议，上人请大家提供意见，沉思片刻后，百家齐放，却也自成“一家之言”。

上人意在“浅灰”，首先表达看法：“校园里多遍植树木，故当考虑树与屋顶两相搭配的问题，深灰色的瓦加上深绿色的树，造成过于沉暗的色调，则视线所及恐怕是一大片黑漆而已，将显不出建筑物之本体，如此岂不令人感到'教育一片黑'，没有什么希望了。"

有人提出不同观点："天空总是淡淡、浅浅的，既以蓝天为背景，所以要用深色瓦，才能烘托出建筑体。"

又有人说："应用浅色瓦，亮亮的一片，感觉是开朗的，若是深颜色，就比较深沉，没有朝气。"

"深色的明显，远望尚能得见。""可依学校的造型作不同的选择，如有些学校屋顶只是装饰用，这就可以用深色瓦。""就依学校造型，有的学校用深色，有的用浅色。""这不好，五十多所学校颜色必须一致，才能令人一见就知是慈济援建的，也就是要有一种'风范'的味道。"

既然意见不一，上人认为不如再制造一种介于深浅之间的颜色——不要那么黑，也不要那么白，二色取中间。

大家站在阳光下，两块瓦平放在地上看了半天，又放远些立在自高墙低垂及地的树叶下，研究再三。上人说："浅色的，能看清树影。"林木阴影也是极美的景观，只见浅色瓦上，影子点点随风拂动；至于深色者，则叶影隐约难辨。

不同的观点各有可取之处，真是难以定夺，最后的结论是：另作"中间色"，到时三色屋瓦并列再说吧！

此事过后，终是择定这"中间色"为屋瓦，并由上人命名为"慈晖色"。即连"屋瓦"的选择都经如此反复推敲，足见上人对环境教育的重视。

又如彰化静思堂建设期间，有一天（二〇〇一年二月二十八日），上人趁出门行脚之际，过访这会所新建工程。当时，新会所即将完工，外观硬体建筑规模已具，上人在上下楼层间仔细看视，遇有洗石子墙面亦亲手抚摸，以直接感觉小石子是否容易脱落，或有凹凸不平品质欠佳状况。此处亦将作为成人教育推广之用，上人指示教师教学环境务须注重，使能发挥良好的教学效果。总体言之，上人边行边与随行的建筑师与营建处同仁等人表示，慈济之建筑必须把握技术安全、艺术美化以及功能性强之三项重点。

工地会议在中庭前方过道举行，就在建筑机械声响中，江子超师兄介绍建筑博士林教授，表示经数次向林教授请教经验，对于其建筑理念十分赞佩，故今请来为中庭之功能性再作设计，期能增加使用空间。林教授带来三种木构造之屋顶样式，有平顶以及半圆形式，其内则或为桥梁式或为莲花柱式柱子支撑。在林教授之构想中，认为原设计之露天中庭，考虑架起木屋顶成为半室内空间，则中庭的使用性会更高，并且木构造屋顶兼具自然情感与佛教色彩，足以表现此地之人文精神。

江师兄亦赞同此议，认为位在地下室的大讲堂可容纳一千多人，为免日后空间不够，也为充分利用中庭以避免浪费空间，故宜于再设木屋顶。

上人走近会所模型，趋前端详中庭有无覆盖木屋顶时各是何样貌，有时且步向中庭望远深思。时间过了几许，上人说，此处是合院建筑，中置露天庭院，则抬头可见天、低头可见地，又能见到两侧之飞檐，夜晚且能看到月亮与星星，这种自然的景观甚美；再者，彰化、鹿港一带是文化古城，彰化静思堂在当初的设计，即希望能保留些“古早味”的传统建筑样式，这也是一种教育，令后人知往昔，以饮水思源。所以举头可见古色古香的古早屋，有其精神教育的内涵，若中庭又覆上屋顶，就见不到那些古老的飞檐与屋瓦了。

虽说如此，上人也同意原先之建筑恐有失之于空间确实浪费，而木屋顶本身颇具造型之美，其内之莲花式柱子也很美观，则是否能设计可收可合的篷顶，莲花柱子则保留，但重新设计为可充作室内灯用途，中庭地面铺以露天用木地板，则平时篷顶收起仍可见到天日，若下雨或确有需要时，亦可将篷顶盖合作为集会场所。至于往后，若又有新建筑将作规划，即可考虑此种木屋顶式的篷架，以能与整体建筑一气呵成。

在场者有人以为天、地与内、外本就要有区隔，所以中庭不应加盖屋顶；但也有表示空间使用必须重视云云……此议讨论颇有些时间，在空间的实用上，与艺术的美化上，陷于两难之取舍。上人在随后之开示中，提到自己考虑的观点与折衷的意见，并再三感恩与赞叹林教授的用心。

“天下事总是难以十全十美，也很难两全其美，虽然加做木屋顶可多出几百坪使用空间，一如精舍就是如此，当初也是因为空间小人又多，所以在大殿后之天井也搭了篷子，早期的志工朝会就在那里进行，因此当看到林教授提出的方案，就不免想及从前而怀念不已。但那毕竟是不得已才增添篷子，想必林教授也是不得已所以想方法来克服空间不足的问题。”

实用与美观，到底如何并重兼顾？上人临行之际，犹频频抬眼四顾，心中暗自思量不已。

又如上人近来每谆嘱姚仁禄师兄等人尽快协助精舍搭设温室有机农场，以现代化的科学农耕技术，温室栽培有机蔬菜。师兄们除积极搜集资料，向上人说明温室栽培概念；并对精舍环境及地质进行评估与探勘，以择定适合温室栽培的场地与方法；同时多方联系专业从事温室培植工作的慈济人，希望能做好温室菜圃之规划。

上人说明极力促成此事的原由。"往昔的出家人在大丛林里修行，大众上下合力出坡作务，这是生活的一部分。然而，时代更迭，僧团的生活必须配合时代，虽说不能停滞在早期的丛林生活，无法完全复古，但是丛林那份集体出坡作务的精神不能失去，所以我们精舍向来是自力更生，以团体合作生产的方式来自给自足。"

如今，精舍出家僧众已上百人，加上近住女与慈济志工们，每天三餐合起来计算，总有上千人次在精舍用膳。“若想全然过着丛林耕种作物自给自足的生活，实在无法维持每天这么庞大的用餐人次；如何继续传承自力更生的精神，又能供应那么多人生活，而且可以减轻常住的辛劳，这是我必须去思考的问题。”

上人表示，经过审时度势之深思后，遂想采用温室培植有机蔬菜的方式，总是既清洁、卫生、无污染，可安心食用，又不必使用太多土地，并且亦具教育意义，因为来参访精舍的人很多，期望利用有机肥的观念由精舍带动起来，如此垃圾就可以减量，每个家庭只需小小空间便能种植有机蔬菜。

所谓“佛法不离世间法”，佛陀鼓励弟子们勤劳作务，“勤劳作务”亦可说是方便法，使行者藉方便事相来会理启真，既能锻炼强健体魄、养成惜福耐劳好习惯，更能从中体悟“挑水担柴无不是禅”的心境风光。

“佛法生活化”是上人不移的理想，故总权巧方便地因时因地制宜，将佛法与世间法融合，提倡生活化的佛法，使有缘者在日常生活与作务之中，增长自己的慧命，完成佛道的追求。

尊丛林之千古楷模，不泥古而与时俱新，上人之苦心与智慧，可从意欲搭设“温室有机农场”窥得一斑。

性欲无量，说法无量

欲度众生必须广开方便法门，此理亦可从《无量义经》得到解释。在“说法品第二”，佛陀表示菩萨必须明了“性相空寂”之实相境界，以及“生住异灭”四相迁变之理，“如是谛观”之后，“而入众生诸根性欲，性欲无量故，说法无量。说法无量，义亦无量。‘无量义’者，从一法生；其一法者，即‘无相’也。如是无相，无相不相；不相无相，名为实相。”

所说“无量义者，从一法生”，此“一法”就是实相，也就是人人本具的清净佛性。当人超越凡夫之心，而以清净佛心欲救度众生时，“入众生诸根性欲”，必须深明不同众生的不同根机、习气、欲念等等，然后观机逗教地予以说法；因为众生性欲各不相同，所以说法无量。由此可知，菩萨应机度化的种种方便法门，也就是“无量义”；对于志在度众的菩萨来说，自然会应众生根机而修学“无量义”法门，也就是广开无数方便法门。

方便法实是丰富多变，然则所谓“不变随缘、随缘不变”，虽方法多变，但不变的是，方便法总是目的在契入真理实相。方便法可以是“活动”、“事务”、“建设”等等，当然亦包括“文字”。文字构成之体例属性有小说、散文、诗词，广义者如戏剧、电影、歌曲等等。

上人就曾说，出家的目的是为教化人群，佛陀即是为众生而修行；既要行教化志业，就一定要走入人群。佛教的丛林生活，修行者与社会环境隔离的用意，是在令个人通过专心自修，好好认识自己；此阶段可说是修行的训练期，只可惜很多人只做到“立己”而未能“立人”。

其实，立己之后，也要开方便法门接引众生，这是最重要的事。丛林自修，是古代呈现的佛教形态，但在资讯发达的今日，可借各种传播媒体，同时达到自利利人双管齐下的目标。

慈济所做之事，不仅是双管，甚至是三管、四管齐下。尤其当今社会人心混乱，不能等到自修有成才做事，必须随时把握时间去做净化人心的工作。所以，“做，就对了”，时时为人付出，就能体会佛教真理。

有人问及，看、读小说及唱歌，是否有违修持？上人表示并不相妨，只是必须有益于心灵的净化。例如佛教的唱诵偈文，等同于“唱歌”；而经文中的故事记载，也可说是“小说”形式；何况，欲度众生，就要了解众生，举凡电视或报章杂志，也须拨冗观看，才能广知天下事。

岁暮冬寒时节，为应一年一度的慈济盛事“岁末祝福——上人点心灯、发压岁红包”活动，总有慈济人们发心依上人开示之佛典谱曲作词，以在岁末祝福时由静思手语队表演，让大众依词文及手语体悟佛陀教示。

今年将以《药师经》为主题，在斟酌音律时，上人有言：“若音律较无规则或规格，不仅无法琅琅上口，且唱者不易把握，传之既久，就有走音之虞。如佛门寺院古来所流传的唱诵，本来也有韵律，但因为较无规格化，所以年代递嬗之后，渐渐就音律模糊了。再者，时代毕竟不同了，太古老的韵律也不适于现代，许多古有的唱诵在当今因之无法流行。”而在词句部分，上人认为若过于白话近乎口语，便少于文学艺术之美；尤其《药师经》曲非比寻常，攸关佛法之精神理念，故遣字用词宜于适度地使用文言，以加添真理之义涵与道气。

换言之，就上人意思，不论曲或词皆须取中道，揉合古雅与现代，才能兼顾美感与流通。

《礼记·乐记》云："乐也者，圣人之所乐也，而可以善民心，其感人深，其移风易俗，故先王着其教焉。"深知音乐能感动人心，具有移风易俗教化之功的上人，总叹道那以佛典入词所创作之曲，加上静思手语队温柔婉约的表演，并不是"歌"而是"经"，是深富教育意义而足堪流传千古之作！

凡音者，生人心者也。情动于中，故形于声，声成文，谓之音。是故治世之音安以乐，其政和；乱世之音怨以怒，其政乖；亡国之音哀以思，其民困。声音之道，与政通矣。（礼记·乐记）

上人曾多次表示音乐的内涵可以作为国家兴衰治乱的象征，太平盛世的音乐安详而快乐，乱离时代的音乐则哀怨而愤怒，故希望凡慈济歌选须皆透过尽善尽美的形式与内容，达到"经夫妇，成孝敬，厚人伦，美教化，移风俗"（毛诗序）之净化人心的功能。

此中有真意，欲辩已忘言

子曰："予欲无言。"子贡曰："子如不言，则小子何述焉？"子曰："天何言哉？四时行焉，百物生焉，天何言哉？"（《论语》阳货篇）

孔子说："我想不讲话了。"子贡说："老师如果不讲话，那么弟子们又传述什么呢？"孔子说："天讲了什么呢？春夏秋冬照样运行，天下百物照样生长，天讲了什么呢？"

天地虽不言，然则许多深远之意、奥妙之理，尽在不言中。四季变化与万物生长，都是无言之方便说法，若能假借自然现象透彻真理实相，也就是"善解方便"了。

细雨轻雷，惊蛰后，和风动土。正父老催人早作，东畲南圃。夜月荷锄村吠犬，晨星叱犊山沉雾。到五更惊起是荒鸡，田家苦。

疏篱外，桃花灼；池塘上，杨丝弱。渐茅檐日暖，小姑衣薄。春韭满园随意剪，腊醅半瓮邀人酌。喜白头人醉白头扶，田家乐。

（清·郑板桥《田家四时苦乐歌》春）

“气肃而凝，露结为霜”，“霜降”是秋季最后一个节气，自入秋已来暑气消退，夜晚和早晨地面水蒸气遇冷凝为露珠，若遇到更冷的空气，就会结为细小白色颗粒的霜，所以叫做“霜降”。

“霜降”以后，天气一天比一天冷，寒风瑟瑟草木凋，深秋之际，看枯叶随风飘落，见枫叶由绿转红，无论消逝或变化都是自然法则；然则，秋去，冬来，再不多久，“疏篱外，桃花灼；池塘上，杨丝弱”，明媚的春光就将又来到了人间！

“一抹斜阳照山头，慨叹人间纷扰长；抬头仰望天无际，浮云缭绕青山旁。”走入自然的怀抱，倾听自然的声音，春风、夏月、秋花、冬雪，自然有情时时说法，说无常教人放下生死，谈因缘教人随缘放旷，缘来则欢喜团聚，缘尽则相互祝福。“此中有真意，欲辩已忘言”，山水有清音，然则可是“时人自不识”呢？但看自己是否能透彻方便与实相之理，别有慧心做知音之人了。

【二〇〇三年】

远绍如来家业，近光佛教大法

——从佛教经典结集史与“法华七喻”

言及上人譬喻取材之类别

与讲经说法之特性

彰明上人言教旨在

将佛法拉回人间教人在生活中力行

世间上每个宗教莫不都致力于建立自家宗风的思想体系，以系统性的论说阐述来宣扬自己的教义，并且强调所宣扬的教义是真理。所谓“真理”，在概念上必须具有本来如此、必然如此、普遍如此、永恒如此等四个条件。佛教的“三法印”：诸行无常、诸法无我、涅槃寂静，就是合乎这四个条件的真理。三法印是识别真佛法与假佛法的标准：合乎这三项标准就是佛陀真正的教法，若与这三项标准相违就不是佛陀真正的教法。

如来一代教说，三藏十二部经典，是契理契机的真理。“无常”是佛陀宣讲的重要道理，判别佛法真伪的“三法印”，即是说明宇宙人生生灭变化的现象，也诠释诸佛寂灭无为的解脱境界。

见诸马鸣菩萨在西元一世纪时，将佛陀的一生用梵语写成的诗歌作品《佛所行赞》，在“阿惟三菩提品第十四”文中，可见佛陀成道所证得的“无常人生是苦，永恒寂灭为乐”，亦正是佛陀游化人间于说法度脱众生时，必然宣讲的至理。

此品除以优美笔致述说佛陀得道证得之理的义涵外，并兼及佛陀投入众生群中宣说真理的决心，所谓：“佛眼观众生。发上哀愍心。欲令得清净。贪恚痴邪见。飘流没其心。解脱甚深妙。何由能得宣。舍离勤方便。安住于默然。顾惟本誓愿。复生说法心。”“佛以梵天请。心悦嘉其诚。长养大悲心。增其说法情。”

游化人间现菩萨行，随缘说法四十九年

不忍众生苦，故生说法心。佛陀于成道之后，直到入灭为止，一生说法四十九年期间，每年除了四个月的雨季，和常随的弟子们在某信徒的家里，或在某长者所建赠的精舍、林地、庄园之中，安居度过之外，平均每年有八个月的时间，从事于游化人间的工作。

佛陀传教的区域，主要是恒河流域的中印度。大致是北到迦毗罗卫，南到王舍城，东到瞻波，西到憍赏弥（拘睒弥）。佛陀居住时间最长的是拘萨罗国的舍卫城和摩揭陀国的王舍城。前者有富商须达多

和太子祇陀（逝多）捐赠的祇园精舍（又名“给孤独园”），后者有竹林精舍，为佛陀对众人说法布教的重要场所。

佛陀传教的对象，包括当时社会的各种姓和各阶层，有婆罗门、沙门（道人）、国王、大臣、商人、手工业者、渔民以至妓女、盗贼等。

那时佛陀游化印度境内大小相连接的国家，都是步行走路，不用交通工具，经常由村至村，由城至城，由此国到彼国。每日清晨天亮后，佛陀披袈裟，手持钵，挨家挨户托钵，从这家走到那家。佛陀或独行，或与比丘们整齐排列偕行，人手一钵，步履街坊，神情平静、安详。有时佛陀到民宅接受供养，饭食毕，就随缘开示。在精舍时，佛陀亦会对比丘们说法，或为前来拜访的比丘与民众，讲解佛法。

佛陀作有系统的说法，大都在夏安居的时候，因为在夏天约九十日期间的雨季，不便到外面去乞化度生，所以就集合各方弟子于一处，讲述修行法门及宇宙人生的真理。后来大乘经典的结集,即大都是佛陀夏安居时所说的言教。

观佛陀之言教,有夏安居时做大场开示,亦有游化各处做随缘开示。而佛陀一生致力于观机逗教,弘法利生,即是以身示现菩萨行。就佛陀之言教与身教来看,显然佛陀之本怀在于引道众生行菩萨道。

佛陀本怀如实把握,在生活中力行佛法

上人常谓,“慈悲喜舍”是佛陀本怀,身为佛教徒的本分,是给予众生快乐,并对众生的痛苦感同身受,尽力给予救济。

上人以畅佛本怀之《法华经》为依归而行菩萨道,应社会需要开创慈济志业,以接引众生亦行菩萨道,透过藉事会理、藉事练心,以转凡夫心为菩萨心,直至究竟成佛。

若欲探讨上人度化人间行菩萨道时,所示现的

言教与身教的内涵与意义，以及其弘法利生、宣扬教义的原则及特色，就必须理解及掌握其对于“佛陀本怀”以及“佛教经典”的看法，方能得知其说法度众所持的立场。

“三法印”被用以判别佛法真伪。上人曾说：“佛陀常宣讲三法印——‘诸行无常，诸法无我，涅槃寂静’，我们应常以此启发自己的智慧，因为一切都是无常无我，世间一切，大自然有更替，人、事、物有变迁，何者是‘真常’不变？在无常变幻之人生间，我们应追求永恒不灭的涅槃境界。”

在上人观念中，欲追求永恒不灭的涅槃境界，必须掌握及实践“佛陀本怀”，才能透彻真理、得大智慧，达致成佛的究竟涅槃目标。而所谓“佛陀本怀”，不外就是“慈悲”与“大爱”。

上人即曾明示：“所谓‘诸佛甚深行处，难可解了’，十方诸佛莫不都以众生为念，恒常出世人间在关怀众生，但这是难信难解的道理，不是普通人能体会得到的。”

然则，慈济所做的一切，不都是在力行佛菩萨的大愿吗？“天下众生的苦难，哪样不是我们心念所系，而苦心积虑要去设法援助的呢？但是，这份慈悲济世的精神与作为，是甚深而难信难解，不是一般人能深体个中深邃的道理。所以，我们应该很安心，也要很有信心，我们所行的是福慧双修的菩萨道，只要我们在日常生活中做到爱与关怀，透过行善就能体会佛心，见到宇宙人生奥妙的真理。”

是否能够会见真理？上人肯定及强调“力行”的重要性和必要性，认为智慧唯有在行善中得，在道德中生。

追溯佛陀本怀，佛来人间为的是广度众生、解决众生的苦难。“人生最苦不在物质缺乏，而是心灵有烦恼，烦恼来自于心中有五大病：贪瞋痴慢疑在作怪，小者造成家庭问题，大者为害社会国家，乃至于世界性的大灾难。除了心灵烦恼之苦，再加上因烦恼而起的天灾人祸，真是苦上加苦，苦不堪言！所以，如何将佛法拉回人间，让人在生活中力行佛法，自净其心同时净化人心，即是成立慈济的心愿。”

经典结集历经演变，立场不同各自推演

“学佛，必须在生活中体会佛法，走入人群实践佛法，才能透彻领悟真理。”缘于对“佛陀本怀即是行菩萨道”的体悟，上人认为佛经必须拿来生活中力行，而不是放置藏经阁中或用作学术研究；而落实佛法于生活中，亦自然能与佛经义理相印证。如此，面对佛经如何解读，才能掌握佛法精髓与义理纲要，以据此“行经”于人生路上圆融无碍。

上人对于“佛教经典”有何看法？可追本溯源先从佛教经典结集之历史沿革来了解。印度佛教的发展以及经典结集的历史，虽说学界所论差异不大，但各家亦有独特之见解。以下各时期的分类法，是采用较普遍为人所接受的通论。

原始佛教时期——

从佛陀创立佛教开始，到佛灭度后一百年这段时间，佛教思想和组织基本保持佛陀在世时的原始面貌。佛陀入灭后的第一次雨安居时期，集合五百位大比丘，于王舍城郊外的七叶窟进行首次结集。由首座长老大迦叶主持，佛陀所说的“法”（经），由多闻第一的阿难诵出，作为出家僧团规范的“律”，则由持律第一的优婆离代表诵出。当时之经（法）与律只是资料的收集，尚未整理成经藏与律藏，论藏更还不存在。

另有一说，在佛弟子中，致力于较佛陀游行地区更西部、于海岸地区施行教化的富楼那等数千人，认为大迦叶对戒律过于保守，另辟场所进行不同内容的经、律结集。史上遂将大迦叶等人之结集称为“窟内结集”，富楼那等人所结集者则谓“窟外结集”。

佛陀入灭百年后，印度东西方比丘因对戒律看法不同，遂在毘舍离城进行第二次结集。此次会议虽重新审定戒律，但出身毘舍离城为东方系统的青年比丘们对于印度西部的保守派长老们的看法心有不平，遂聚众另行结集。佛教僧团因此分裂为倾向严谨保守的西方上座部，与倾向开放进取的东方大众部二大派别。从此，佛教正式进入部派时期。

部派佛教时期——

第二次结集后，因对待戒律的态度不同，佛教分裂成重视传统、严格持戒的上座部，组成多为当时的上座长老；与人数庞大，主张戒律可以依时空变通制宜的大众部。这是佛教的第一次分裂，史称“根本分裂”。直至佛灭四百年为止(西元前后)，两大部派又次第分化，形成二十(一说十八)个更小的派别，称为“枝末分裂”。从根本分裂到枝末分裂，呈现部派林立的现象，称为“部派佛教”时期。

佛陀入灭两百多年间，于华氏城举行第三次结集；结典结集至此，经律二藏的体裁可谓完备，论藏也初步成形。第四次结集是在佛入灭四百年间，在迦湿弥罗举行，自此三藏周备无缺，并以梵文笔录。另一说，第四次结集是在斯里兰卡的阿卢寺举行，与会比丘将集体唱诵审核通过的三藏，用巴利文刻写在贝多罗树叶上，装订成册，这就是最初的贝叶经。

佛教从原始的和合演变到部派林立，主因在于佛教由恒河中下游逐渐向外弘化之际，为因应调适当时当地社会大众的需求，面对各民族、语言、风俗、文化的差异，教理、教义、教规也以不同角度诠释、探究，自然产生不同的思想和形态。而众生根性原有喜好多闻、持律、头陀等不同修持法的差别，在离佛世愈益遥远之后，再经辗转转译、传授、修习，彼此的差异就更显著与巨大。在三藏圣典方面，各部派因立场不同而各有增删，树立自家宗风。

部派佛教思想发展繁杂，各自建立思想体系，但基本上仍以大众部和上座部为中心。大体而言，上座部重视经义的分别疏释，倾向于学术理论化；大众部则着重佛陀的根本精神，主张融会贯通古意与新知，提倡投入生活实践的修持。

大乘佛教时期——

在部派佛教流行时期，大约于佛陀入灭五百年后的公元一世纪，大乘的思想在南印度已开始产生、传播和活跃。原因是为当时部派佛教过于保守和着重学术研究，致令僧团变得僵化和远离民众；再者是对于普遍民众对于佛陀的怀念追思，而佛陀一生以弘法利生为要务，更是说明佛陀就是大乘菩萨道的实践者。

大乘佛教强调以发菩提心、修菩萨行、成就无上佛果为目标。其实，在原始阿含圣典及十二分教的“本生”、“譬喻”、“因缘”中，已显示出大乘菩萨道的内涵。佛世时期的佛弟子或以智化导外道、深入蛮荒布教、与外道据理论议等，已然具体显示菩萨行者为法无惧的刚骨风范。

大乘典籍在经过数百年的口口相传，到了迦腻色迦王在位期间（七八—一二三），逐渐被记录保存下来。后由龙树菩萨（一五〇—二五〇）将之整理、撰述阐扬，终于确立了大乘佛教的地位。

原始佛教时期，并无以文字形式记载的佛经，只是口耳相传讽诵佛语。佛陀传教是使用摩揭陀方言，弟子们亦各自以本地方言传诵佛法。约一世纪后，才渐次用文字记录三藏。

佛典传译到中国，约当东汉时代，所译者大都是由西域当地的语言口传或文字写成，通称“胡本”或“胡语经典”；此时期，大都是个人译出小经小品，缺乏系统，文体不一，译名混淆。

从东晋到南北朝之间，译经事业渐受国家重视，传译较完备与系统性，确立翻译文体，译笔不求华美，讲究切合原意。唐朝时步入译经全盛期，透过朝廷力量设置组织完备的大规模译场，将中国高僧西行取回的经典译成汉文流通。

如上所述，可明白佛典数次结集是经口口相传，而文字记录又透过历年多人的推演发挥，及至汉译过程且事涉语文的转换和译笔是直译或意译的裁夺，故实难判断现存之经典是否字字句句皆为佛所亲说或佛之原旨。

名相钻研流失原意，合情合理即是真理

就佛经流传的历史，可知佛陀时代没有文字，佛陀顺应当时的生活背景和人文社会应机说法。佛陀入灭后，阿难等五百尊者首次结集佛典，当时没有纸笔记录，只凭少数几个人记忆再口耳相传。直到公元一世纪后，才发现有梵文、巴利文所书写浅显易懂短句的贝叶，以流传佛陀的教诲。

上人据此历史渊源，表示看法。“佛陀灭度后，阿难凭着记忆将佛陀所说之法诵出，其记忆是否完全无误？又是否决未掺入自己的领会？何况当时尚无文字，几经口耳相传，难免错误发生。后来，以文字将佛法写在贝叶上并编辑成册，此时离阿难的年代已久，那些贝叶上的文字是否真的完全为佛陀所说？”

“汉唐以来，一些法师去印度取经，将原文带回中国，再翻译成中国文字，同样一本经出现好几种版本，内容也不同；佛经历经多次的翻译和时间、空间等障碍，传到中国后，单就《法华经》至少就有三种版本，所以我个人觉得经文不见得百分之百是佛陀所说原意，因为辗转历经多人的记忆、不同的年代和文字，追溯两千年前的事是真？是假？探讨的过程中，就已流失很多原意。”

“辗转流传的佛法，经由人们不断地分析与表达，遂愈显愈深，不是当初简单的样貌。就如孔子之《论语》，以‘学而时习之，不亦说乎’来说，孔子的意思很简单，就是说‘若是用心学习，学了后有所知，内心就很喜悦。’意义不过如此，但后人却大作文章，在‘注’、‘释’时，以更多的文字说明，遂将这些简单的话分析得非常深奥。”

“过于深奥的解说，不是令人钻在文字中钻得团团转，就是令人看了很惶恐，不知如何了解，又要如何学佛？所以慧远大师提倡念佛法门，教大家念佛就好。但是，有知识的人无法接受这种观念，认为佛法怎会如此简单，所以在那段时间，念佛的就以老太婆为多。由此可以了解，佛法变得太简单不对，但太深奥了也不好。”

上人认为要融入佛经的精神，不必拘泥在文字上打转，过于执著文字，反成所知障。所以上人认为佛经，探其精要即可。

“学佛要明白佛陀本怀，不论经中的文字是否是佛陀的原意，都没有关系，只要经文内容能适应现在的社会，能用现代的语文说出来，让人听得懂、能受用，且不离现实的生活，我就觉得正确。”“讲说佛经道理，重点在如何深入浅出，使人很容易就明白义理，而能将心态很快转换过来，所以必须解释得简单明了，而不是在名相上打转。”

上人强调，读佛经为的是要修行，而不是拿来当作学问研究，这点特别要分清楚，学者是学者，可以写出好文章，但他们不一定要修行。例如有些诗人，他们可以写出很美的诗词,但是一喝起酒来就什么形象都顾不得了,只在文字上表现,并没有在修身养性身体力行上。

以“名相”为例,什么是“真如”? 上人说,真如就是“本性”,若只是说真如,人家反而听不懂,说本性既简单又明了,很容易就能让人理解是人之初、性本善。所以只在名相上打转没有意义,如果只是讲理而没有举出一条路让人行亦是无用。大家只听道理但是却做不到,此非佛教兴盛之道。

“在佛经内容里,比较不合世间法或较怪力乱神的文句,我会避开;或是太过艰涩,我会将它淡化。”举例言之,众所周知的阿难与摩登伽女的故事,上人的说法是阿难当时遇到很危险的状况,忽然觉得好像被冷水泼到,马上惊醒,而赶回去见佛陀。但据《楞严经》则描述阿难在十分危急时,佛陀就敕文殊师利菩萨把他带回来。

上人认为:“其实,‘文殊师利菩萨’或‘四大菩萨'都只是一个精神的象征。我们应该把他们人性化，虽然《楞严经》里是写文殊菩萨，但在其他的经典里是写舍利弗，用神通咒语把阿难催回来；不知道哪一个版本为真？何况这种神力就是显神惑众，我是将它换个角度，变成很普通、很人性化的故事；因为'佛在人间'，我们要说人间话。"

又如，佛经中提到释迦牟尼佛是从佛母的腋下出生，七天后佛母往生；而上人在《四十二章经》里则说，佛母是因为难产，于七天后往生。据此二种说法对照来看，上人所说的"难产"，是否是合理化的解释？上人对很多经文的解释，是以一般常理可以推断的情形，深入浅出讲出来让大众能了解。

上人言："不用常理怎能让人接受呢？七天后就往生了，就表示生产不顺。住在皇宫里的人，营养不会不够，如果是老百姓，以现代的角度来看，就有可能是感染。'七天后就往生了'，这是真实的，不是杜撰的，否则怎么会有佛陀的阿姨扶养他长大？以前的人为了显示佛陀的崇高、尊贵与不凡，才说不是自然生产，而是从腋下出生。”

由此可知，上人把持着“合理就是真理。对人——能行得通，对事——能圆融，那就是好话、就是真理”之原则，将佛法回归佛陀时代合情合理、简单易行的说法，直追佛陀本怀，教人要正知正见，落实佛法在生活中。

譬喻说法言近旨远，法华七喻以浅喻深

佛陀的教法经过次第结集后，三藏十二部经教因之渐次完备而流传于世。后世弟子将佛陀所讲的一切经典，依文义分为“三藏”：经藏、律藏、论藏。此三藏典籍若依叙述形式与文体，则分为十二部类，名为“十二部经”，又名“十二分教”：长行、重颂、孤起、譬喻、因缘、自说、本生、本事、未曾有、方广、论议、授记。佛陀说法，善举譬喻、诗偈，有时则把相关内容作成佛教法数，如三法印、四圣谛、八正道等，以使听法者易于记忆背诵。

佛陀常用“譬喻”来宣说法义，透过种种故事，将深奥的哲理巧妙浅易地显示，使人在闲适自然的心情下，感受佛理的精义。譬喻的方法与故事，散见在经、律、论三藏中，如《杂阿含经》卷十云：“今当说譬喻，大智慧者以譬得解。”《四分律》四四卷中云：“我今当说譬喻，有智之人以喻自解。”《大智度论》：“富楼那于四众中，用十二部经，种种法门、种种因缘譬喻说法，能利益众生第一。”故知以譬喻方式诠释佛理，在佛教说法上占有重要地位。

《法华经》是初期大乘经典中具有代表性的经典之一，号称“经中之王”，在佛法的弘扬上地位崇高，在中国佛教，更是一部流传普遍、影响深远的重要经典，主要是教菩萨法，导引众生归入唯一佛乘之菩萨道。在这部经典中，有所谓“法华七喻”，是佛陀针对众生根器，以譬喻巧说故事，透过精彩生动的说法方式，达致以浅喻深、以具体喻抽象的妙用。

“法华七喻”，譬喻手法极为明显，文字优美，充满想象力。所说七种譬喻是指：火宅喻出自“譬喻品”，穷子喻出自“信解品”，药草喻出自“药草喻品”，化城喻出自“化城喻品”，衣珠喻出自“五百弟子受记品”，髻珠喻出自“安乐行品”，医子喻出自“如来寿量品”。

事实上，“譬喻”说法之方式，有时并不单独存在，而是与其他说法形式交互并用。如十二分教中之“因缘”、“本生”、“譬喻”、“本事”，所言及的故事内容每常富有教育或警诫作用，在运用上四者常作不同的相互结合，以致有“因缘本生”、“本生因缘”、“因缘譬喻”、“譬喻因缘”、“本生譬喻”、“譬喻本生”等种种形式产生。

善说故事篇章繁多，取材内容别出八类

上人度化人间，苦口婆心说法教化的日程，天天都十分紧凑。除每个月例行全省行脚，到慈济各分支会与联络处，与慈济委员、慈诚、荣董以及教联会、环保志工等慈济团体开示外，并接见十方信众，为他们随缘开示，释疑解惑。日常安居在静思精舍期间，

则除亦有针对慈济人作大场开示外，并得参与志业体各项会议或活动，乃至于听取慈济干部或志业体同仁报告会务以做种种指示。

上人之行止，自是实践佛陀本怀；至于言教内容，除有随缘开示外，亦作大部经之开示如《三十七道品讲义》、《无量义经》、《法华经》、《佛遗教经》、《四十二章经》、《药师经》、《地藏经》、《八大人觉经》、《父母恩重难报经》以及《人有二十难》等等。

上人是善举譬喻者，"法华七喻"典故即曾在各种开示场合中述及，"上人说故事"的篇章散见于历年搜集的上人开示文献史料中，其叙事内容或采撷自佛典与世典，或是就当前人事引近取譬而说法。以下即就"上人说故事"之取材来源，从中分别出八大类项，每一类项各举一则开示篇章为例后，再依这些具体实例，加以深入探讨上人讲经说法开示的原则、特色与用意。

这八大类项为"佛教经典故事"、"中国高僧传"、

“中国民间、历史、先哲故事”、“日本高僧传、童话故事”、“世局时事”、“天下众生相”、“慈济大藏经”以及“自然万物”等。

一、观机逗教，言浅意深
——佛教经典故事

【说明】

《本生经》讲述的都是佛陀前生的故事。《阿含经》是《杂阿含经》、《中阿含经》、《长阿含经》、《增壹阿含经》等四部阿含经的总称，内容是以言行录的体裁，记述佛陀所说及其直传弟子们的修道和传教活动。譬喻经典如《百喻经》、《法句譬喻经》、《杂宝藏经》、《贤愚经》等等，多采取民间故事、神话或自创的宗教故事作为例证来附会佛理。上人说，佛陀说法要观机逗教，因为众生根机高低不齐，有时候要说很浅的法，就像说故事般，如《阿含经》所说虽然是很浅的法，但却寓有很深的道理。

【例文】

晨语开示《长阿含经》故事

（讲于一九九五年二月二十三日）

人生由青年、壮年渐渐会迈入老年，佛陀在人间生活也跟我们一样，从中年慢慢进入老年的境界。而佛陀对世间众生的大爱是非常殷切的，因此他从成道开始，四十九年的时间内都不断地游化于人间，即使到了老年也一样没有停息下来。

那时他在王舍城，觉得自己已经八十岁了，应该再做一番游化人间的志业，因此他离开王舍城、带着弟子向北而去，他们不断地向北行，每过一个村落、一个小镇或一个小城，凡是有人居住的地方，佛陀就不断地教化，而接受教化的人也都抱着非常虔诚的心。

经过了一段时日，佛陀到了恒河的北岸，打算从恒河的北岸渡河到彼岸去，那时跟随着很多的四众弟子，依依不舍地送行，那时有一位名叫禹舍的人，他是舍卫国(摩揭陀国)的大臣，他也在人群中送行，大家都舍不得佛陀离开。到岸边时，这位禹舍就到佛陀的面前说："佛陀啊！实在很舍不得让您离开，这么多人依依不舍，从那个门来到这个岸边，我想把佛陀经过的那个门取名叫'瞿昙门'。"佛陀静静地默许了。

大家还在那儿等渡船时，禹舍又说："佛陀啊！我想把佛陀现在和群众所站的地方也取个名字叫做'瞿昙河'。"佛陀也默许了，因为这个地方，这个门是他最后经过的门，也是最后站着和群众离别的场所，这是个意义重大的纪念，所以佛陀默然允许了。

终于佛陀上船了，佛陀和比丘们所坐的船队浩浩荡荡地从恒河岸慢慢渡到江中，在船上佛陀回头一看，那么多人还是依依不舍地在岸边挥手道别，世间的友情法谊浩荡长啊！人生这番离别的情怀多么悲哀，每一个人都抱着难舍的悲情，但是人生总是会有分离之时，就像那艘船离开岸边一样，船如果没离开岸边，怎可能到得了彼岸呢？

佛陀渡船到对岸，那里是伐支国(跋耆/跋祇国)，下了船后，佛陀带领他的弟子慢慢向前走，到了毗离城(毗舍离/昆舍离城)也就是伐支国(跋耆/跋祇国)的首都。那时已经是雨季了，天气很热，佛陀就向弟子们说："现在应该是雨安居期间。"每年佛陀跟弟子都有结夏安居，什么时候结夏安居呢？就是从四月到七月之间，这正是印度的雨季期，因为常常下雨，到处湿漉漉的，比丘如要去托钵很不方便，所以，佛陀的僧团每年都有一期的夏安居期，也叫做雨安居期。

佛陀要弟子们各自到精舍去，因为人太多，必须要分散到每个精舍去挂单。佛陀和阿难来到一个精舍，那时天气燠热再加下雨湿气很重，而佛陀年事已高、体力衰退，因此这个雨夏安居期是佛陀身体最不好的时候，所以夏安居期间也是佛陀养病的时期，还好过了一段时间，佛陀的身体已慢慢康复了。

在那段养病期间，有一天佛陀起来打坐，看起来精神比较爽朗、身体轻安。阿难看了很高兴就向佛陀说："佛陀啊！您这场病让我很担心，而每次想到佛陀还没有遗嘱交代，我就很安心，因为这就表示您还不会离开我们。"

佛陀却很平静地向阿难说："阿难，我什么时候不是在交代你们呢？我毫无秘密，平时对你们的教诲就是每日的遗教。你们不要依靠自己以外的任何人，必须自度，要归依自性三宝，要依靠自己。世间没有一个人可以永远让人依靠；平时我的教育就是在交代你们，所以，不管我何时寂灭入涅槃都没有遗憾了，因为我每一个时刻都已给你们最切要的教育。"

佛陀又特别强调说："阿难，记得要时时刻刻自性归依，时时刻刻要靠自己，你们每一个人以后都要时时用功，身不离心，一切的言语动作要好好照顾，身、口、意三业守得好就有无量功德；守不好这三业就是无量业海啊！"佛陀八十岁时还在游化人间，虽然身体已经衰迈，但他还是提起这份毅力。而阿难觉得佛陀还未做最后的交代，所以暗自欢喜，但是佛陀则认为他日日心安，因为他每天都在教育，每天都在交代。

其实，佛法只不过是要我们人人将身、口、意三业守得住，而且向善去行、去修持即是佛法。假使自我放荡，疏忽了身、口、意三业那就万业归心了，这么简单的佛法，也就是我们平常所疏忽的。因此只要我们时时用心，佛法即时时在我们的言谈行为之中；它就在我们的身边，所以还是一句话要“多用心”啊！

二、六度万行，为法忘躯
——中国高僧传

【说明】

佛教东传到中国后，历代高僧辈出，具有高超的智慧和修养。其坚苦卓绝的奋斗精神，与坚毅不移为法忘躯的信念，深受时人及后世景仰；而对于感化人心，影响之深远，非寻常笔墨能名之。记载于史册上的高僧灿若繁星，上人日常说法亦会举往昔圣贤芳踪以启示当代；或藉高僧言教，如灵源禅师、莲池大师、虚云老和尚等高僧之语以教示弟子。

【例文】

晨语开示大陆僧人故事
（讲于一九九三年八月七日）

学佛最重要的不在于外表，而在于内心的真与诚，“真”最美丽；“诚”最感人。学佛若不以内心的真诚而形于身行，绝对无法服人，也不会得到信誉！

有一位慈诚队志工说，他在医院被分派于电梯门口，负责辅导民众搭电梯时，要空出一台给急诊患者或病床上下使用，但是，一般人礼让的水准不太够，所以，有时好言相劝，得来的却是不理不睬。

他自我反省地想：“为何我劝他们的话，他们都不听呢？”他想到师父说过：“世界共通的语言是微笑。”好吧！那我就笑看看！于是，他面露笑容劝导民众，但是效果仍然不佳，没有人理他，他想：“微笑是共通的语言，为何还是没有人理我？”正好旁边有一面大镜子，他就照照镜子，对着镜子笑，“啊！原来我笑得这么难看！”不是从欢喜心所表现的笑是“皮笑肉不笑”，难怪效果不好。

他想：“如何才能发出真心的笑？嗯！就慈济人、慈济事，再想想和妻女相处的天伦之乐，人生之乐莫过于想到孩子的天真可爱。”愈想愈欢喜，于是他笑得很真诚，又很有礼貌地劝导人家，终于发挥效力了。他又再去照照镜子，“哦！真的很好看，难怪讲的话人家愿意接受。”

“微笑”是多么简单的事，但是，若没有“下功夫”它还是不美啊！唯有“真”有“诚”才会美，而诚是从内心发出的啊！天下事，最大的力量就是内心的诚恳。一个人若能以诚待人，就能影响许多人。

大陆有座龙山寺，这是唐代留传下来的古寺，已经过多次翻修，几经破落又修整之后，有一时期龙山寺的香火非常鼎盛，为何有此盛况？因为有一位诗人行事均发自内心之诚的老和尚，清朝时它盛极一时，这位老和尚带着十几位弟子住于此。

这寺院里的师父生活很刻苦，寺院附近有个小村庄叫兴田村，村内有位孤儿约四五岁时父母均亡，当时家家户户均贫困，谁愿意再增加人口呢？寺院里的老和尚就把可怜的孤儿带回寺里，那孩子长得很可爱，也很得到寺里同修的爱护。

寺院里的生活工作很忙，那孩子粗重的工作帮不上，大家就派他扣钟打鼓，平时师父们上殿课诵，也要他一起参加。孩子很有慧根，虽然小小年纪，但他扣钟念钟声偈时，却能体会含义，了解地狱众生之苦，因此，他以发自内心的真诚唱念出感人至深的钟声偈，真的能上彻天堂、下通地府，因此更得大家的疼爱。

他渐渐长大了，寺里有许多经书年久破烂不堪，老和尚就说："你要好好把这些经典补好，多用心阅经！"有些经书破得连字都没有了，他慢慢地修补整理，而且他记性很好，别人是诵经读经，他却能背诵经典，所有的经文他都记得，所以，有遗漏之处，他都能够补好，也因此他练成一手好字，经藏也都汇进他的脑海。

当他二十八岁时，有次下山经过一村庄，他遇到一位孤儿饥饿寒冻甚是可怜，想起二十多年前自己的遭遇，不由得心生怜悯。回寺院后，他告诉老师父，并请求把孤儿带回寺里。老和尚二话不说，立刻答应说："好，你把孩子带回来吧！"于是，可怜的孤儿就跟着这位年轻的师父回到寺院。

那孩子也和大家同时作息，日子一直过去，那年轻的师父三十二岁时，老和尚已年迈病笃，于是召集所有的弟子说——要把寺院交给最年轻的弟子，因为所有的事务他最清楚，而且又年轻力壮。常住同修的师父们均已年老，而年轻的比丘是他们从小看大的，又很乖巧懂事，所以，老和尚宣布后，大家欣然接受。不久之后，老和尚往生了，年轻的师父继任为住持。

当住持后，他向寺里的同修师父们说："人生多苦，我们既然发心出家，不应独善其身，因佛陀的悲心广博，如果独善其身即枉费了施主的布施和人生的道业！"那时村里有许多孤儿，他建议要收容邻近县、乡、镇的孤儿，大家也支援他的意见。

于是他到乡下去看到有流离失所的孩子就带回寺里，然后教孩子们做人的礼貌，教他们上殿的规矩，又教他们诵经修行。经过十几年后，这座寺院戒学兴盛，因为孤儿们都长大了，孩子们由小沙弥变成年轻的比丘，因此，这座寺院的名声广布于邻近的乡镇。大家都知道这座寺院充满慈悲的关爱。

孤儿们接受佛法的熏陶后，都能体会人生的苦相，因为他们都是吃过苦的孤儿，所以，知道失去父母之爱的苦，也因此而能发挥己能去救苦，从此，龙山寺的慈善工作深受县民好评。

老和尚的一念慈悲爱心，收容一个孤儿，由这孤儿再发展成大道场，这也是由一念诚心发出。社会上若能汇集人人一念的真诚大爱，则整个社会一定会祥和光明。

今年暑假，我们办了大专的夏令营和志工队，还有小朋友的夏令营，最近又有老师的学佛营，这些活动都是希望能使慈济的教育普及大众，希望散播慈悲、爱的种子，再由大家带到社会各角落。

幼小的孩童若给他一粒爱的种子，也会在他们的小心灵中渐渐成长茁壮，如此即能减少污染。老师若有一粒清净爱的种子，即可耕耘无数的心田，总之，清净大爱的种子是每一个人应启发的真诚悲念，如此，我们的社会才会更美好。

三、流传广泛，深入人心
——中国民间、历史、先哲故事

【说明】

世界各民族都流传众多深入人心的亲切民间故

事、历史故事和先哲故事，佛陀说法亦会引用并寓以道理作为传教之用。中华民族五千年来，各地方关于神话、传说以及历史人物故事，经广泛搜罗，卷帙十分浩繁。上人所引用的历史故事自夏商周以降多不胜数，乃至于孔子、老子与庄子等先哲之平生事迹与留传后代的语录或著作，亦经常援引来说法。

【例文】
晨语开示中国民间故事
(讲于一九九一年九月十八日)

安徽省有一个地方叫做“采石矶”(编按：位在当涂县西北)，得名的来源有一段很感人的故事。

传说采石矶曾经有好长的一段时间没有下雨，八个月至一年当中，连续艳阳高照的炎热天气。所有的井都陆续干涸，连原本滚滚而来、浩荡充沛的长江水，也变成细长的水线。

长江附近几百里的人家所需的用水，都得到长江汲取。他们为了取水，必须越过几十里的干旱地带，有的人因此跌伤了腿、折断了腰；有的人从几百里的地方赶来，想利用牛车来载运食用水，可是有些牛还没载到水就突然倒地暴毙；大家觉得很奇怪，就把牛的肚子剖开，发现里面装满泥砂，原来连牛也受不了干旱，因此把较湿的泥砂吃到肚里去。由此可见当时的人和家畜，受到极大折磨和损害。

长江附近五六里的山丘上，有一座广济寺，老师父带领弟子在内修行。弟子中有一个哑巴和尚，全寺的用水就是由他去担提。哑巴和尚经常看到有人为了提水而折断了腰，也看到强壮的牛突然倒地死亡，看得心痛如刀割。

由于长时间来都缺乏饮用水，乡民都有祈雨的共同心愿，整天有人陆续到寺院哭求赐水。

一日天黑之后，全部人都回去了，哑巴和尚就到观世音菩萨法像之前，非常虔诚地祈祷。直到凌晨时，他突然全身发热，一股热气集中到双手，他心里一惊，看到双手冒水，水珠遍布于掌心。

他觉得这是一件非常奇怪的事，赶紧跑到方丈室找他的师父。老师父听到他咿咿呀呀的声音、又看到他满手的水珠，就知道哑巴弟子整晚都在佛前祈求。老和尚向哑巴弟子说："是观世音菩萨对你的启示吧！菩萨的意思是：这次的干旱，必须借重你的双手才有救。"

老师父这些话，开启了哑巴和尚的心门，他内心突然之间灵光一现，知道与其用双手求菩萨，倒不如发挥双手的力量，去解除干旱的灾难。于是他跑到寺外。古人说："以石探水脉"，所以他每三步就丢一颗石头。跑了将近一百步时，石头丢去正好滚到一棵枫树下。

树下长了一丛草，草之中似乎有股绿色的水雾。那时，他想起师父讲过的一句话："青霞起处必有泉"，意思是说某地若有股青气，那里一定有泉水。因此，他跑到草丛里，用一根棍子插着做记号，然后开始破土挖井。

挖着挖着，他回想起自己幼年的遭遇……

原来他并不是天生下来是哑巴，当年，他还是牧童的时候，还会唱好听的山歌呢！那时，同样发生干旱，他家乡有一位大财主，把全乡唯一的泉脉封锁住，乡人都很贫困，对此也无可奈何。小牧童和其他在外面工作的庄稼人，实在渴得无法忍受，于是到各处寻找另外的水源。结果，他们找到一口古井，可是，里头的水已经发黄，表示这口井已废弃很久了。

小牧童看到水，心里非常欢喜，也不管水是清是黄，马上先捧喝了一口。可是，水一到喉咙又热又辣，他想喊却无法出声，别人也跟着要取水喝，他赶紧咿咿呀呀地要他们不要喝水。从此，他就变成哑巴了。

那时，同伴要他一起回家，但是，小牧童不回去，他心里担心还有人会来喝水，所以决意守候在井旁。

直到百里之内的人都知道这口井是“哑泉”而不敢取用时，他才离开哑泉，跑到广济寺当和尚。

哑巴和尚一边掘井，一边回想着自己的过去。这时，他犹豫了——如果这口井掘出水后，是口哑泉怎么办？别人喝了也像自己一样变成哑巴，那怎么行呢？但如果不挖这口井，乡人如何度过干旱？

终于，他暗下决定，当这口井出水时，他要先喝第一口，即使喝了会死，也心甘情愿。

于是，他继续不断地挖井。白天回到寺里工作担水，晚上就去开井。然而，人的体力毕竟有限，渐渐地，哑巴和尚愈来愈消瘦。

老和尚发现哑巴弟子日渐消瘦，就开始注意他的行动。有一天晚上，看到他出去，于是暗中跟随，终于发现哑巴弟子的掘井行动。老和尚非常为他的勤恳所感动，于是拿了一条绳子和水桶，在上面帮弟子把砂往上拉。往后师徒俩就结伴开井。

老人体力总是较差，无法忍受白天工作、晚上掘井的辛劳，但是老和尚还是勉强支撑，直到过年之前的某一天，弟子们发现师父有异样，赶紧围过来看师父，老和尚以微弱的声调说："哑巴弟子天天晚上去掘井，希望大家发发心去帮助他，也祈求观世音菩萨助他一臂之力！"说完，老和尚头一低，就安详往生了。

而此刻哑巴和尚仍然在洞中挖掘，老和尚的弟子们跑到井边喊他，可是一直没有回音，他们拿着火把到洞中探看，发现哑巴和尚也已奄奄一息，但是，手中抱着一块大石不肯放开。大家喊他，他无力地睁开眼皮，向大家指着石头。大众师把他扶到地面上，然后趴向大石头细听，大家听了不禁欢呼——因为石头下面有泉水湍流的声音。

于是，大家合力把大石头往上吊，吊起来一看，是个五彩缤纷的结晶石。然后再往下挖，很快地，这口井真的冒出水来了。

哑巴和尚听到大家的欢呼，强打起精神咿咿呀呀地叫喊，年纪较长的人会意地说：“他要喝第一口水！”于是哑巴和尚舀起一瓢水，喝了一口。

当这口泉水吞下时，哑巴和尚竟然开口说：“好甜呀！好凉呀！”几十年来无法讲话，现在他奇迹似地又恢复讲话的能力，大家都非常惊奇与感动。

看到这一幕，大家都欢喜地捧水来喝，又把桶子往井里去。可是，绳子突然断了，因为这条绳已经用了将近一年，旧了，桶子被伏流冲走，再怎么捞也找不到。

隔天，有人发现长江的水也涨起来了，而且在江边发现那个水桶。因此，当地人传说哑巴和尚挖的井、地里的伏泉水道通达长江，而水脉是被那块大彩石压住，所以长江也缺水。当石头被吊起来，水脉即打通，所以，江水跟着多起来。

哑巴和尚知道老和尚往生后，为了感念师父，就亲手把那个大彩石刻成香炉，供养师父。那是一个彩色的石香炉，后来，当地便改名为采石矶，以纪念哑巴和尚挖井的辛劳。

旱灾，哑巴和尚居然能够以双手之力，开出一口井，解除了百里之内所有人家的危难；这是一件几乎不可能的事，但是，他做到了。

好比现在大陆的水患，当年是旱灾，现在是水灾，很多人说："那么多人受灾，我们哪有办法救呢？"我说："我们要做别人无法做到的事，这是最近大家要加紧努力的工作。"当年，哑巴和尚凭着双手的力量，经过长久努力后，也能开出甘美的泉水，现在慈济有这么多爱心丰富的人，若能把这股力量集合起来，怎会无法解除大陆灾民的痛苦呢？

四、扶桑佛学，研究风盛
——日本高僧传、童话故事

【说明】

西元六世纪中叶，佛教自中国经朝鲜传入日本，日本佛教建立初期，归功于圣德太子的推展，尔后经各时代的推动，自由研究佛学的风气普遍展开，佛教大学的建立、经典的整理，以及佛学辞典的编纂发行等工作，充实了日本佛学的内容。上人长于台湾日据时代，日文能力佳，可直接阅读日本有关佛学著作，故于开示时亦会引用，其中尤以日本僧人以及童话故事，更常借以阐析道理。

【例文】

晨语开示日本源信和尚事迹

（讲于一九九五年十月十四日）

我们修行就像在“磨心镜”，要时时用功擦拭，不可放逸，如此心镜才能光亮照人，人人心中都有一面镜子，但可惜的是往往没有时时勤于拂拭。心镜能否擦亮呢？那也得看自己呀！

在日本的一个小村庄，那里有一个单亲家庭，孩子的父亲在他很小的时候就往生了，因此由母亲辛苦地抚养这小男孩。有一天晚上，男孩做了一个梦，梦见自己走到一座很大的寺院，那寺院后面有一座藏经楼，而且门开着，于是他就走进去，看到里面除了有很多经书之外，还有很多镜子，有的非常大，也有很小的，而镜面上却大多布满灰尘。看到这么多镜子，他想：如果我能拿一面镜子回去给妈妈，那该多好啊！

当他正在沉思时，从藏经阁外面进来了一位老和尚，他看到小男孩就说："你在这里做什么呢？"小男孩赶紧到老和尚面前恭敬行礼，说："我看到有这么多镜子，很希望能够拿一面回去给我妈妈。"老和尚很慈祥，随手就拿了一面镜子给他，那是很小的一面镜子，而且有很多灰尘。不过，小男孩还是很恭敬地接过来，心里却想：我想要的是那面很大的、发亮的镜子啊！

老和尚看他有些迟疑，问道："怎么啦？"小男孩很恭敬地说："多谢您呀！可是我想要的是那一面很大的、可以照人的镜子耶！"老和尚就说："有这面就可以了，你要把它'养'大，可以拿到横山去勤磨、擦拭。"说完之后，老和尚就不见了，小男孩也正好从梦中醒来。

醒来之后，他告诉妈妈这个梦境，妈妈很有智慧，她说："这是一个好梦！人人心中都有一面心镜，只要勤于擦拭就会发光，你梦见横山，说不定以后你可以到横山去参修，去擦亮你的心镜，那也是你的造化啊！"小男孩听了，觉得"横山"将是自己可以磨心镜的地方，内心就落下这个记忆。

过了几天，村里的孩童邀这小男孩去玩，他们到附近的河边去玩耍，那里有两条河、相距不很远，但奇怪的是其中一条河流，水清见底，另一条河水却很秽浊，河水滚滚而流。那时，有一位和尚正好来到河边，涉水到浊水中洗钵。小孩童看了，心想：这位老和尚可能是从外地来的，不知道还有一条清澈的水。因此，小男孩就叫道："和尚，那里还有一条水很清的河流，您可以去那里洗啊！"

和尚看到小男孩长得很清秀聪慧，即回答说：

"干净或秽浊对我来说并没有分别，一般凡夫的主见会分别清净或不清净，但以修行人而言，这些对我并无分别。"小男孩听了，脱口而出说："哦！是这样啊！但是，您在洗钵，不是因为钵脏了才要洗吗？在我眼中，脏的钵应该用清净的水洗才会干净啊！这可能是我心境的分别吧！"

和尚一听，不禁在心里认输了，他发觉自己说的话前后矛盾，对啊！钵当然是脏了才拿去洗，这就是分别啊！在分别之中又说不分别，真是自相矛盾。而修行者总要有坦诚的心，他想回头去跟小男孩认输。

但是一回头，看到那小男孩已在河边数石头，他又问那小男孩说："你为何要数石头？看！一望无尽都是石头，无量无数，你数得完吗？"小男孩抬起头说："是啊！石头数不尽，但是，无量无数也是从一开始呀！"

他觉得自己又输了，并且认为这小男孩值得栽培，如此聪慧的孩子让他埋没于村野，那太可惜了。

因此，他告诉小男孩说："请带我到你家去，好吗？"小男孩很欢喜地引路。这位和尚到他家时就把心中的意见告诉小男孩的母亲，希望把他带到比睿山去栽培。

男孩的母亲很高兴，因为她知道自己的孩子值得栽培，应该到比睿山去出家修行，将来才能真正奉献于人群，她也把自己的希望告诉这位和尚，因此即约定时间，要把小男孩送到比睿山去。过了不久，比睿山果然派人来接小男孩了。之后，他们就很用心地栽培他，让小男孩从小沙弥开始学，直到长大成为一位青年比丘，他的法名叫做——源信(注)。

这位源信比丘很用功，而且他聪慧过人，在他二十多岁时，寺院要派他去城内为城主说法，他很高兴，于是写信回去给他母亲说："我终于成功了，我已有资格进城为城主说法……"他母亲却回信骂道："没出息，我希望你在那里磨亮心镜、养大你的心镜，以利天下群生，你竟然只因为可以为一位城主说法即得意忘形，实在是太没出息了，将来怎会成功呢？"

他看到母亲的信时，内心非常惭愧，因此他下定决心到比睿山深处——横山去进修，他在那山蓬里禁足，努力进修，于学德和品德更用心地受持。由于他潜心努力，因此非常成功，后来就在比睿山一带弘扬教化，成为日本僧界的一位大教育家；他的道德昭彰，普受大众景仰，可见这位源信和尚，他时时都很用心在磨自己的心镜。

我们人人心中也都有一面镜子，这面镜子必须靠我们自己去磨、时时勤于拂拭，如果懈怠就会招惹尘埃，使心镜暗淡无光，内心也就充满烦恼；反之，心镜擦干净了，烦恼还存在吗？所以，大家要用功擦拭，时时多用心啊！

五、心系苍生，关心世事
——世局时事

【说明】

上人说："我是宗教家，宗教家的本分是以天下众生为己任，故安定人心、净化人心是我的使命，我一直很认真地在做这件事。认真，才能号召很多人，集中众人的力量，共同去发挥救世济众的使命。”既是心系天下苍生，上人自是关心社会与国际时事，并时而以人间现象阐扬佛法真谛，或发起种种救苦救难的运动。

【例文】

志工早会谈美伊战事

（讲于二〇〇三年三月十四日至二十二日）

此时此刻，战争的戾气就像乌云密布着天空。尽管我天天祈祷，人心的仇恨对立能够消弭，然而台湾时间三月二十日，美伊战争还是开打了！

还记得我小时候遭逢第二次世界大战，对于跑空袭、躲防空洞等人心惊惶的情景记忆犹新，也曾看过因战火波及而血肉模糊的景象……半个多世纪后的今天，战争的残酷仍历历在目。而当年原子弹所造成的破坏，五十多年来后遗症仍旧存在；如今，世界各国的武器不断进步，运用高科技、生化、核子武器，杀伤力更强。战争可能造成的惊人毁灭性，实在令人担忧！

我们可以想象，当第一颗飞弹落地的时候，无辜的老百姓是多么惊慌！他们的生命、家园，在下一刻还能存在吗？战争，实在非常非常残酷，不只夺去人的生命、毁灭人的家园，也破坏了大地，所有的建设瞬间毁于一旦。

还记得一九九四年开始，慈济踏上柬埔寨赈灾，坦克车在前面带路，志工必须步步为营，为什么？因为地上满布地雷。柬埔寨历经二十余年内战，遗留下遍地的地雷，听说地雷数比他们的人口数还多；而街上也随处可见残障的人，这也是战争遗留下来的祸端。战争之后，无辜的老百姓总是最大的牺牲者，有谁能弥补他们的苦难、拔除他们的苦痛？谁能真正关心他们？战争带来的毁灭性是很残酷的，不论战争结果如何，遗留下来的残破家园、肢体残障，都是由百姓承担。

人生是富是贫都不要紧，即使再怎么穷，只要有和平、安定的社会，家人聚在一起，就可以靠着努力打拼活下去；一旦发生战争，再多的财富也保不住！看看那些在战火中受苦受难的百姓，实在让人悲痛、让人疼惜；这也是慈济不断从事人道救援工作的原因，我们要用行动，把爱带给他们，肤慰他们的苦痛。

伊拉克的邻国之一——约旦，因位处中东列强之间，历史上每当阿拉伯半岛硝烟弥漫时，总有大批难民蜂拥至此避难。

一九九七年慈济约旦联络处成立，不分种族、宗教，关怀协助当地贫苦个案，并定期探访教养院、孤儿院、伤残中心，提供老弱者生活物资；也长期到车臣、巴勒斯坦难民营及原住民村落发放物资。

今年二月，约旦联络处负责人陈秋华居士回精舍过年，他提起美伊情势紧张，担心战争开打会有大批难民涌进约旦，因此计划准备毛毯、帐棚、食品、药品等物资，以即时救助难民。

当时我问他："战争一触即发，你还要回去约旦吗？"他说："我不会离开约旦，我会好好照顾当地的华人，必要时帮助他们安全撤离。"

陈居士虽然是台湾人，但是二十几年来他在约旦哈桑亲王身边担任侍卫长，认为自己对这个国家有一份责任。而近六年来他更在约旦承担慈济爱的任务，不分国籍、宗教、种族，将菩萨精神一一落实在贫穷苦难的人身上。

战争前夕，他与志工天未亮便开车进入边界，为难民搭建帐棚。当地沙尘暴严重，白天是摄氏四十度高温，晚上却是零度以下，想到难民们不知要在这片黄土地上避难多久，他难过地说："难民逃离家园已经够悲惨了，希望不要再让他们受苦。"因此他和志工紧急采购了五十多公吨的救济物品以因应难民需要。他还购买了五百个口罩，以及纱布、木炭，准备制成简易的防毒口罩，发送给当地的会员、志工和眷属。

有人问他，身处在那样紧张危急的土地上，心情会不会恐慌？他说："幸好可以做慈济，让我在失望中依然看到人类的希望。"

在台湾，除了紧急空运三百个防毒面具到约旦首都安曼，近期还有两个四十呎、一个二十呎装满毛毯、食品罐头的货柜将海运到约旦；其中有一万五千条毛毯，是由两位荣董发心捐赠，上面印有"慈济"的中文和阿拉伯文标志，希望能让难民们感受到来自遥远台湾的爱心。

大陆新疆近几年来强震不断，今年二月下旬，芮氏规模六点八的强震侵袭维吾尔自治区的喀什，造成伽师与巴楚两县严重灾情，两百多人往生、四千多人受伤。

当时，有一批慈济志工正在北京，我问他们："能不能'就近'前往勘灾？"新疆距离北京多远我不知道，只是我一句话，志工就从北京搭了两个多小时的飞机至新疆首府乌鲁木齐，再转机经一个半小时的航程到喀什，然后再开四五百公里的车才抵达灾区……有心就有福，有愿就有力。志工不畏气候恶劳以及余震不断，翻山越岭、穿越沙漠，车行在颠簸的路面上，前进灾区，只因为关心那里的灾情、关心灾民的需要。

天灾过后，只要有爱，破碎的人心可以抚平、损毁的家园可以重建；但是，人祸所造成的恐慌和伤害、在人心里留下的祸端，却是难以平复。

世间的动乱，都是出自于少数人的心作乱。缺爱的人心，就如同干涸的土地，无法长养万物。想要社会祥和、天下无灾难，必定要从净化人心做起，将清流注入到人人心中。

记得“九一一”之后，美国慈济志工打电话问我：“该如何进行救济？”我告诉大家，当务之急就是要安人人的心。我开始呼吁“爱洒人间”这项长期的运动，希望分布在世界各地的慈济志工，能在侨居地落实推动大爱，安定人心。

“爱洒人间”自前年起开始在邻里间推动，虽然有很多人投入，但是和天下的人口相比，爱的力量还是不够。佛经中说，一念恶生起，百千万福都消灭；一念善生起，百难千灾都消失。暴戾之气如何能平息？唯有人人将心态调和，每天发一念好心——大爱让世界亮起来，从家家户户一直推广至社区邻里、全世界……

佛经中提到“大三灾”、“小三灾”，大三灾是指大自然的灾难，小三灾则是指人祸——战争、瘟疫、饥馑。这正是当前世界面临的危机。

饥荒其实早就在好多国家发生，慈济一九九三年和法国世界医师联盟（M·D·M·）合作援助的埃塞俄比亚，就是严重饥荒的国家之一，我们在那里建了十多个医疗中心、医疗站，还有一所医院，照顾受战争及天灾影响最严重的百姓。

而近几年来，因为气候失调、温室效应等因素，许多国家不是遭遇干旱就是发生水灾，农地因此无法耕作，造成缺粮危机。慈济一九九四年到一九九七年间，八度援助柬埔寨大米、谷种、农耕机具以纾解粮荒；也曾在一九九八至二〇〇〇年，七度提供北朝鲜粮食援助。

最近，“严重急性呼吸道症候群”在世界各地有好几百例，引起很大的恐慌；加上中东的战火、朝鲜半岛的紧张情势……战争、瘟疫、饥馑同时发生，正是佛经上所说的“小三灾”。

随着人心“贪、瞋、痴”三毒炽盛，造成天灾人祸频传，无数生命饱受威胁。最近，我一直感觉到“来不及”——我并非担心个人生命的长短，而是忧心普天之下苦难偏多，恶与善不断在拔河；要赶快加紧净化人心的脚步。

惊世的灾难要如何消弭？唯一的方法就是要有“警世的觉悟”，也就是要“净化人心”，唤醒人人付出爱的行动。善念共聚，将会形成善业，就像亮丽的太阳，能扫除天空中的乌云。

地球上善恶两面总是不断地在拉锯、拔河。遭逢战争、瘟疫以及饥饿的众生很多，虽然总有“来不及”去救的感觉，但我们还是要尽心尽力付出，让众生的苦痛减到最低。

此时此刻，我期待全球慈济人不论身处在哪一个国家，都要提起虔诚的心来祈祷，好好爱洒人间、安抚人心；并且还要集中爱的力量、物资与人力，带动当地人以爱的行动，帮助这波战乱中受苦受难的人。这是我最大的期待，请大家多用心。

六、观众生相，听众生声
——天下众生相

【说明】

上人说：“慈济是人间菩萨的道场，必须自许以慈悲之眼观天下众生相，以智慧之耳听天下众生声——这就是菩萨超然而神圣的使命。”世间多苦恼，当有人心怀疑惑，请上人指点迷津，上人随缘开示之际，遂因此而明了天下众生心。“用宁静的心态，观大地众生相，听大地众生声。”阅尽人情的上人，遂也借引述芸芸众生万相，以开启人心之慈悲与智慧。

【例文】

台中分会开示众生苦恼心事

（摘自《证严上人衲履足迹二〇〇三年春之卷》三月八日）

入春以来，气温回暖，昼渐长而夜渐短，寅时方过未久，天色已呈鱼肚白。和户外渐暖的天候相应的，是台中分会大厅内，上人与弟子于早餐前的温馨小聚。陈英邦师兄分享日前救起一位因婚姻问题而跳海自杀的少妇。

家住台中市西屯区的陈师兄，公司在渔港旁边。三月六日，当他工作告一段落时，忽然听到平静的海域掀起一阵吵杂声，有人大喊着：“救命！救命！”“有人跳水了！”陈师兄赶紧前往探看，只见一位少妇在海中载浮载沉，他赶紧跑回室内拿出救生圈，丢给溺水中的少妇，但少妇并无求生意念。陈师兄见少妇不碰触救生圈，又看到一艘渔船正往这里驶来，于是赶紧挥手请渔船加速前进，自己则从堤防一跃，跳到渔船上。

受过海军陆战队训练的他，对水中求生有着本能的常识，他顾不得冰冷的浪潮，随即脱下长裤跃入水中救人。将救生圈套进已昏迷的少妇身上后，与渔船船长合力将她拉上船，但此时少妇脸色泛白，已奄奄一息。

陈师兄上过慈诚队的急难救助课程，于是将妇人的腹部扣在自己的大腿上，用力拍打着妇人的背。忽然妇人"呕"的一声，将海水吐了出来，并渐转苏醒，随即送往医院。人虽救活，但陈师兄想到上人曾开示"救人要救心"。下班后，便和同修师姊带着慈济书籍和上人的录音带，去医院探访这名少妇。陈师兄说："虽然少妇求死不得，心中仍有怨，但见到我们时，会腼腆地微笑着。"

少妇的母亲见到女儿的救命恩人，感恩得五体投地。知道少妇需要密集关怀，陈师兄甚至一日去看她三次，每次总与她分享上人法语，期待少妇能转换观念，善用人身去付出。受到点滴法语滋润的少妇，应允出院后，将以重生的生命投入志工行列。

听闻陈师兄的分享，上人先问他："你感觉如何?"师兄答："感觉很好，很踏实。"上人点头："我了解，救人的感觉真好。"在欣喜陈师兄救人的同时，上人又叹息凡夫难过"情"关。"情有'迷情'和'觉有情'，同样是'情'，但我们到底是迷，还是觉呢？觉的人很快乐，迷的人很辛苦。"

上人说起《譬喻经》里面的一则故事。佛在世时，有一群比丘跟随佛陀修行，比丘们都必须出外托钵。有一天，有位比丘在托钵时，看到某户人家有位美貌的女子。这位年轻比丘虽然已经出家了，却对这名女子心生爱恋，但他因无法表白心意，因此忧郁无比，终日不吃、不喝、不睡，终至生病。

许多比丘陆续来关心他，有一天，这位年轻比丘难捺心事，遂对其他比丘说出这件事。比丘们虽然一直辅导他，但他总是听不进心里去。后来，在半推半拉之下，比丘们带他来到佛陀面前，向佛陀叙说此事。

佛陀对年轻比丘说："你只是为了此事吗？""是啊！我就是无法从脑海中，去除那位少女的身影。"佛说："你若真要爱她，并不困难。你先去用膳，有了体力后，我带你去那户人家看望那位女子。"比丘饭后，就与佛陀一同来到这户人家。

进去之后才发现，原来这户人家的女儿已在三天前往生了，但父母因为舍不得女儿下葬，所以遗体还放在家里。佛陀带着这位比丘去看遗体，还没到放遗体的房间，就闻到一股尸臭味。待将盖在遗体上的布掀开后，发觉遗体已经开始发胀，不净之物也流了出来。年轻比丘看到后，惊吓不已。

此时，佛陀为这位比丘及此女之父母说法。佛陀说，因为父母不舍，哪怕女儿遗体已经发臭，也不愿让女儿下葬，这是父母的亲情痴爱，也是年轻人情迷的烦恼。这位年轻比丘看到女子的遗体后，觉悟“人命在呼吸间”；父母听到佛陀开示后，也知道了亲情不过是一段缘，缘尽亲止，缘散后，就应相互祝福。

说毕此故事，上人喟叹：“情字真是折磨人！这位少妇虽然被救起，但她的心结有谁能为她解开？寻死之人有的会怨恨救她的人，这是因为她的心还陷在情迷中，身体救回来了，心却还没救回来，人总是有着那一份痴情与迷情的烦恼。”

“其实，自杀的业很重，有好几层的恶。”上人表示，生老病死是自然之事，人若不顺应自然，就是造恶业，自杀就是逆自然的事情。再者，自杀也是“杀人”，即杀自己这个人身，所以也是犯下杀业。另外，身体是父精母血的结合，自杀便是毁坏父母精血。若以此身行善，便是报父母恩；若是为恶，就会增累父母恶业，自杀且会伤父母的心。因此自杀之人，在来生会更加痛苦。

上人叮咛大众务必记住："一念之差，累世苦难。此身不向今生度，更待何生度此身。今生应该利用这个人身，赶紧以佛法度化自己。如果观念偏差，迷惘沉沦，就不知道今生是否能用这个身体来修行了。"

上人每每于离开台中之前，皆会与师兄师姊们有一段感恩时刻，分享感恩心得。今日感恩时刻结合了正于分会二楼培训的六百位医院志工，及新三楼的三百多位种子老师，共同聆听上人开示。上人以一对慈诚父子的故事，勉众在菩萨道上，宜相互鞭策。

这一对父子的故事发生在慈诚队成立未久之际，有一位慈诚平时集合时，威仪很好，但是一回到家里就会松懈。有一天，他坐在沙发上，将双脚摆放到桌面上。儿子看到父亲这样的形态，就说："爸爸，师公的眼睛在墙壁上。"这位慈诚遂赶紧将脚收回坐好，并合掌对孩子说："孩子，对不起，爸爸以后会自律。"

上人期待大家学习这对父子，不但要相互鞭策，还要以感恩心接受他人指正，鞭策他人时也要发挥智慧。上人开示："这个孩子多有智慧，他不说：'爸爸，你怎么可以将脚翘起来。'他说：'爸爸，师公的眼睛在墙壁上。'难得的是，这位父亲也虚心接受，虽然是自己的孩子在指正他，但他也马上提起那份警惕心，并且感恩他的儿子。这就是彼此感恩，相互勉励，这是我们要学习的。"

"智慧与知识不一样，知识是从书本中得来的。有的老师在上课时，能侃侃而谈许多道理，但私底下的行止却和自己所教的道理不一样。会教孩子却不一定会教自己，能教自己是智慧，会教别人是知识。"上人强调人格很重要，如果只是很会说话，很会教人，但自己做不到自己说的，对自我的认识很浅的话，这样的人很难让别人彻底相信他。要让他人彻底相信自己，就一定要建立完整的人格，要用自己的生命走入他人的心灵世界中。

上人以陈英邦师兄跳入海中救自杀的少妇为例

说明，虽然救人的感觉很好，但救人者若不清楚水性，就贸然入水要去救落海者，则是一件相当危险的事。"度人也一样，我们要去救苦难众生，有的是有形的身体病痛或生活贫困，有的是被无形的烦恼缠绕，而陷入茫茫苦海中。有句话说：'苦海万重波'，指的正是人心中的烦恼，像层层波浪一样不断袭来。要如何恢复心灵平静？只有一个方法——善解。"

"善解，心才能开；能善解他人的人，就能包容。这样的人的生命不只宽阔，厚度也很够。人生不论长短，能把握当下的一份心，并恒持刹那才重要。"

七、人间菩萨，世间足迹
——慈济大藏经

【说明】

上人说："慈济的文化强调'真'，必须是真人实事。慈济用佛教的精神来投入人间，做人间事，所以有许许多多有爱心、感人的故事。人间有爱就是菩萨，‘慈济大藏经’就是要把人间菩萨真实的事迹留下来，这也是最有价值的文史。”慈济菩萨从事救世救心志业之感人事迹以及其人间见闻与心得，堪称是“慈济大藏经”，自然成为上人做事理印证开示之重要素材。

【例文】

北区功能组干部会议开示慈济人间菩萨

（讲于一九九七年五月十一日）

最近在我内心总是感觉“真空妙有”，因为令人感恩的事情太多了，真的难以用言语表达感动与感恩，故言心都“空”了，而且是“真空”，且亦有一份“妙有”的心念，此等“妙有”不可说，也是难以言明、表述，所以就用最简单的两句话、四个字——感恩、大爱，“感恩”大家的“大爱”；感恩、大爱就是我最近的心态。

俗话说：“大恩难言报”，就是我此刻的心境。慈济三十二年了，岁月催人老。三十二年的岁月走过来，坎坎坷坷，很不平坦，然而我还是无限感恩，因为在这么坎坷的道路上，有这么多人护着我、牵着我向前走，让我一步一步稳稳向前迈进。回顾过去，虽然有“苦”，但是很“甘”，此等“甘苦”——苦中带甘的感觉，实在是一份享受。

现在不断呼吁“落实社区”，这是我们必须努力的，但是要拿捏得准确。落实社区，是希望在我们所住的地区能够鼓励人人“老吾老以及人之老，幼吾幼以及人之幼”，敬老尊贤，疼爱下一代，期待每一个社区都有族群生活。

记得我从前在调查个案时，只要到了村口问人：“请问您认得某某人吗？”不论是老是幼，听到名字就知道是谁，不只叫得出名字，还会称呼“某某伯”、“某某公”，感受到很亲密的族群社会，很浓厚的人情味。当我们表示前来关怀的心意，他们就会详细告知案主的遭遇及目前的生活，左邻右舍的生活彼此都了如指掌。

现在的社会，人与人之间彼此陌生，进到一栋大楼，要找一个人都不简单，因为上下楼层互不相识。这种陌生，可说是“比邻若天涯”，实在很可怕。所以，我期待委员们落实社区，能够鼓励、推动家家户户都有社区志工。

因为，现在的社区形态，需要尽快将大家相互关怀的心呼唤出来。我觉得落实社区呼吁得太迟了，假如提早三年就开始落实社区，今天的社会应该会比现在的状况好得多。不过，做就对了，与其后悔，不如赶快落实，别再延宕三年，届时后果不堪设想；现在落实，三年后就很有成果。敦亲睦邻、守望相助，这是非常重要的。

昨天我从台中要北上时先到三义山上的茶园看视，真的很欢喜！那里的“人”给我很大的感动。有一位大约七十岁的刘先生，从前种茶维生，他自告奋勇贡献专业技能，夫妻俩要当长期志工，负责指导整理这片茶园，自己也投入。在两三个月前，拿锯子在割草时，一不小心脚指受伤了，赶紧去治疗。他还是欢欢喜喜地说：“真万幸！我是做慈济事，否则不知要伤成怎样呢!”回到花莲参与全球慈济人精进研习会时,走到慈院不小心扭伤了脚踝,他还是说:“幸好我是回花莲,否则……”都是说“幸好! 幸好!”,很能善解。

看到他穿着雨鞋在工作,问他怎么这么慎重?他说:“师父,您在分会交代大家转达,要我们在山上工作时小心保护自己,所以我就穿雨鞋。”很听话。

其中,还有一位七十八岁的“甘老爹”,他的会员有三百多户,遍布许多村、许多里,每天都骑着脚踏车去收善款。前年骑车被撞倒,送医急救,昏昏沉沉中,人家问他叫什么名字? 他开开心心地回答:“我是快乐的慈济人!”再问他:“你家住哪里?”他又说:“我是快乐的慈济人!”反反复复就是念着:“我是快乐的慈济人!”现在他已恢复了,还是照常骑着脚踏车。

前不久在路上向朋友介绍慈济,好几个人听着他滔滔不绝地讲着,他马上招募会员,在拿出劝募簿要让他们写姓名、地址时，巡逻警察过来查问，他说："我是慈济人。"警察要他到警局去，他还以为是邀请他去警局仔细介绍慈济，就非常欢喜地跟着要去"度警察"。

在警局时，他还是不断说慈济，警察就边做笔录、边拍照，他才恍然大悟，原来他被误会了。甘老爹向警察解释，也提供家中电话和其他委员的电话让其求证。

委员们听说甘老爹被抓到警局，大吃一惊，赶紧带着甘老爹的委员证赶去，警察看了委员证还是不相信，还叫他戴上委员证拍照存证。说也奇怪，照相机对着甘老爹就是无法按快门，但是转向别的地方都没有问题。

折腾了老半天，来了另一位警察，就说："这个老人家有慈济人替他证明，又有证件，你还不相信，还要拍照做记录，这是菩萨，当然你拍不成照，做不了档案。算了啦！"几经波折，老人回到家，也是开开心心地说："我以为是要去度他们。不过，也好啦！他们多少也听进我一些话。"

昨天我去三义时，甘老爹还自告奋勇唱"上人的心"给我听，他不谙闽南语、国语，就用客语唱，尽管唱得走调了还是很努力。他说："可惜我听不懂国语和闽南语，为了要做慈济，只好开始学国语。"有人找他去茶会中讲话，整场都用国语演讲。七十八岁了！为了做慈济，现在开始学国语，多么可爱的人生！

他那么大年纪，是如此地爱慈济，每个月要骑脚踏车收三百多户功德款，等于是天天要出门。诸位委员的会员不知是否有三百多户？若是到如此高龄，能否像他一样天天骑脚踏车收善款？这样的可爱人生，应该也能从我们自身发挥出来，不只是那位老人家能做到而已。

刘居士夫妻说，三义茶园今年茶叶丰收，收了七千多斤，在那座山不曾如此丰收，由台中慈济人购买，茶叶品质很好。现在他们又把老一点的枝叶剪下来，制成枕头，散发茶香，这都是大家的心血结晶。

又听到一件很感人的事，由于三义民众大清早会到园区散步运动，看到志工就问："这些茶什么时候采啊？"他们回答说："某月某日要采，你们要加入吗？"大家就说："好啊！我们也登记一份。"所以这次采茶，都是当地民众来做志工。昨天看到采茶的相片，整片山上密密麻麻，男女老幼自动自发前来投入。这片茶园带动了地方上的民众，真正落实社区，我也期待在各个社区、村庄能做到如此。

刚才大家给我一个突然的惊喜（手语歌祝福），我真的很感恩！其实，今天就是母亲节，正是孩子要为你们庆祝、孝顺你们的节日。昨晚我告诉慈诚队，如果母亲健在，今天要好好感恩妈妈，还有与你们同辈的妈妈们（指委员师姊）也应该接受感恩。不只在这一天，师姊们要天天为师兄们过父亲节，师兄们要天天为师姊们过母亲节，相互尊重与感恩。若能如此，我们才有资格去带动社区，"万善孝为宗"，慈济的宗旨也是要提倡孝道。

期待诸位落实社区，此时尚不晚！虽然我有时觉得太晚了，不过，不后悔！我们今天落实，往后就会有很稳定的社会、稳定的社区、净化的人心，祈使天下无灾，这是我最大的期待。

八、天地有情，草木有灵
——自然万物

【说明】

上人说："只要用心去观察、体会，就会明白佛陀的肉身虽已寂灭，但精神却遍满虚空法界，又有哪个角落不是充满佛的法身？只要用心去看，则一花一世界、一叶一如来。一片树叶、一枝草都有佛的法身（真理）存在。"在有道之人观看世间万物，莫不蕴藏丰富的悟道契机。上人于静观万物之际，每以慧心看待，化作珠玑片语，启示人生真理。

【例文】

晨语开示花草树木启示

（讲于一九九〇年六月三日）

在静坐中，听着屋外雨水沥沥的声音，这并不输给风景区瀑布的声音，我们可以观想身在大瀑布的石岸旁，去领受那种清凉的境界。

有人喜欢游览观光、寻找名胜；也有人告诉我世界上最大最美的瀑布是尼加拉瀑布。我不曾出国，但是常常听说那里瀑布冲泻的声音非常的雄壮，水波的飞腾又是多么美丽。我常常以观想的方式去领略那种境界。

现在我们坐在这里，把身体坐直，呼吸也调理顺畅，然后把精神和自然界调和起来，这和搭飞机到国外，看风景有什么两样？尤其我们每一个人都有本来的心地风光，这个心地风光比外在自然的境界更好。因为你要到一个风景区必须办理很多手续，还要依靠很多交通工具，才能到达目的地；在那儿又能停留多久的时间呢？过后还不是要再回到自己居住的地方。

观光的美景并不是我们能长久享受的，如果我们能够庄严自己的“本地风光”，便能随时享受自己本地风光的美景。学佛就是要学得随时随地均能安然自在，时时都在法乐的境界中，要领受法乐，必先培养知足常乐的心态，也要有知恩、感恩和知福、惜福的行为。我们若能时时知福惜福，知恩报恩，心境自然会时时快乐，那么每一个时刻、每一个风光都是最好、最美的啊！

就像静思精舍，在清早的时候，我们可以光着脚踩在健康步道上，虽然踩得脚底很痛，但却是很“痛快”，痛得乐在其中！若踩在草地上，脚底接触到大自然的绿草，虽然觉得有点刺痒的感受，但也有一股软绵绵的温馨之感。

太阳刚出来时，每一枝草、每一片叶子，你若用心看，会感受到那股旺盛的生命力，每一片叶子都有无限的吸引力，当草地刚修剪后，你注意看！那些小草很快地又会发芽，虽然除草的方法翻新了，但是它们绝不认输，还是不断挣扎，青翠地生长于大地上，一枝小草也有一番生命的大道理存在，当你赤足踩在草尖时，就能感受到那份强韧的生命力。

每一片叶子，在太阳初升时，叶尖都带着一颗晶莹剔透的露珠，点点滴滴的露珠并不是雨水，而是阳光把大地的湿气蒸发到空中，到了晚上湿气就下降化为露水，这种过程我们的肉眼看不到，身体也体会不到，我们身上不会有水珠附着，但树叶却能吸引它，让它呈现为一颗颗的露珠，这就是叶子的吸引力啊！

你看！松树的叶尖那么细，而叶尖的露珠却比它大得多，可见一枝松叶尖的吸引力就有多大，看看大自然的生态，你如果很用心观察，可以体会多少心灵风光的境界！这才是真理，若能透彻真理，那人生的境界何处不是美境呢！心境能透悟宇宙的真理，那么大地风光无一不收摄于心地风光之中。

我们学佛若能好好用心，如此哪一种道理，不能了解得很透彻？哪一种功能，不能伸展发挥呢？一草一木都有它的功能，何况是人？佛陀说：“人人皆有神通力量。”这里说的“神通”是由精神凝聚所产生的力量，至于要使精神统一，需建设自我清净的心地风光，必定要有知足常乐之心，及知恩报恩、知福惜福的心态。

若有这三项心态，自然心念可专一，由此而得自在的定力、慧力。有定和慧加在一起，心境便有喜悦法乐的感受，这就是心地风光的美境，但需要诸位多用心啊！

新时代展现大格局，慈济法门气象万千

“简单就美，自然就善。”上人常说《百句譬喻经》和《法句譬喻经》里的小故事，因为其间的文义都非常浅白易懂，“这些法虽然浅显，但都是人人能懂、能用的道理。所以学佛不能好高骛远，要以简单的心来认识佛法、力行佛法，才能真正受用。”

上人慨叹，两千多年前佛陀说的都是人间法，非常简单易行，但流传到后来，却演变为佛法不在日常生活间，而成为在寺庙中的专属产物。

基于“佛法生活化，菩萨人间化”的理念，上人讲经说法取材内容包罗万象，形式亦有多种文体，若只就其譬喻故事来源类别作分析，其弘法开示之原则立场，即在效法“佛陀本怀”力行慈悲济世之菩萨道，强调必须“将佛法拉回人间教人在生活中力行”，才能真实饶益有情获得法益。

至于上人讲经之特色，即是在观照、思惟佛教经典结集之历史演变后，提出“合情合理即是真理”的观点，针对佛教经典的解读，不钻营执著名相字句而着重把握经文大义，透过深入浅出的说法方式，使人能很快明白义理，从力行佛法于日常生活中，以亲证实得、觉悟真理，到达学佛而成佛之究竟目标。

综观佛教经典结集之历史演变，佛陀在世并无文字记录，一切义理都是口口相传，而在结集过程中，缘于对义理的不同见解，又分出诸多部派各自传承。即如早在阿难之时，虽被大众推举，在首次经典结集会中诵出经藏，然当其老年，就曾亲耳听闻一位年轻比丘将佛陀之教："若人生百岁，不解生灭法；不如生一日，而得解了之。"背诵成："若人生百岁，不见水潦鹤；不如生一日，而得睹见之。"口耳相传的法，不多久便有完全偏差的现象，令阿难哀叹不已。

"是否到处听经就能开启智慧呢？其实，经是要拿来'走'的，佛陀讲经说法，就是希望后人行事能有正确方向。可惜的是，在世间，有人听不懂道理；有人则将道理曲解、会错意；更遗憾的是，佛陀的教法本是非常简单，却经后人辗转相传或多方注解而复杂化了。"

正知正见之真理，可怀抱"简单的心"，经由"合情合理"的解读立场，从佛教经典里广泛探求，除此之外，上人更扩而大之所谓"佛教经藏"的义涵，认为讲经说法不必定要法师，所谓佛法也不限定于佛典，人间菩萨走入群众无求付出的心得，这些智慧结晶就是佛法，故说汇编慈济菩萨们的事迹，就是现代经藏，可名之为“慈济大藏经”。

“菩萨在哪里？菩萨在人间。佛法在哪里？佛法在生活中。生活中探手取来都是宝。慈济人起而力行佛陀本怀，发挥自性三宝，去做救人的工作。慈济菩萨道场正是让我们从人事中淬练智慧，以事证理的最好的修行场所。慈济有很多菩萨的心灵，有很多慈济人力行菩萨道后的心得，这些都是成长慧命的法水。我们身处其中，就像是活在大法海中的鱼儿，任由我们悠游，汲取人生宝藏。”

“身为学佛者，不应该故步自封，只埋首故纸堆中钻研古老的事情。我们身处在这么丰富的慈济宝藏里面，在我们身边有这么多人间菩萨用自己的生命在写人生经藏，我们如果不用这些活的法水来滋润心田，真是太可惜了！”上人强调，慈济人说出来，做出来，行过来的路一一都是菩萨道，是菩萨的无尽藏！

慈济人间菩萨的事迹与心得，蕴藏珍贵而丰富的智慧，予人生菩提心起菩萨行的启示。

其实,“法无所不在”! 距佛世二千六百多年后的现在,该如何才能契入佛法的核心精神?

上人认为:“佛法不是在口头上讲讲而已,也不是在经文里执著文字,重要的是‘行经’,必须付诸行动。所谓‘深入经藏’,不是在藏经阁里埋首研读就能得到真正的智慧,而是在人事中去体会道理,事理明白才是真智慧,如此经藏自然就在心中。慈济度众的法门,是带动人人由善门入佛门,守持戒律,诸恶莫作,众善奉行,如此自然契合佛陀本怀,达到‘人格成,佛格即成’的目标。”

只要能把握佛陀本怀,依循佛陀根本教法,效法佛陀入世精神,就是修学佛法的正途。“事实上,佛陀讲说千经万论,皆不离‘慈悲喜舍’,而‘慈悲喜舍’是佛陀的本怀,也正是慈济根本精神。”上人认为,慈悲喜舍四字道理非常深奥,真要详加分析,实是颇费时间,因此,不如简单地说,众生受苦,我们发出爱心赶紧去救,见人得救,我们就很安心欢喜,这样就对了!

紧紧把握佛陀慈悲济世的根本精神，不局限真理的探知于佛经字句的钻研中，亦不拘泥于藏经阁里的经书才是佛法，透过融会贯通佛典与世典“与人为善”的思想，并适应时代众生的根性提出契理契机的方便，以接引广大众生行入佛陀的本怀——

慈济法门之有容乃大，气象万千，就在于其深契佛法核心大义，故能不为古来的传统教义所囿限，亦不被旧有之种种方便法所拘蔽，而能使佛法在新时代中展现新方便成就大格局；究其在历史上的意义，正是举一反三、闻一知十，开显而实践了佛陀创教的本怀。

（注）源信和尚（九四二至一〇一七）

日本平安中期的天台宗禅师。大和之人，于比睿山奉良源为师，住于横川惠心院。撰写《往生要集》，为净土教的兴隆有重大的贡献，另外对于文学、艺术亦具相当的影响力。同时，被称为天台宗惠心流之始祖，成为领导中古、中世的天台本觉思想之先驱。

教观兼备举扬善门，事理相融唯行能入

——从天台宗大义旨趣与其独创名相
兼及《法华经》“法师品”、“劝持品”、
“安乐行品”、“法师功德品”
谈上人开创教理与修行双备
之慈济法门
令入门者即知即行以大慈悲为室
深契法华三昧以至真理究竟

八时，上人及随行众南下。途经桃园斋明寺，顺路一访。该寺于道光年间开山，为百年古寺；历任住持传承至今，已是第六代，目前由八十一岁江张仁老先生管理。

老先生及女儿在山门迎接上人来到，从其身后望去，尽目所见，清景无限。

步行寺中路径，两旁花木参差，于尽头处，坐落一栋平房式红砖屋。屋内供奉观世音菩萨，垂眉敛目，慈祥可亲。所有物品如香灯、烛台、佛桌，乃至数幅字画，都是数十年前古物。“难得此处古色古香，真是好所在！”上人叹道。

细看悬挂着的黑白相片，老先生介绍说，是斌宗大师来寺留影。斌宗大师是民初台湾佛教高僧，出生鹿港书香世家，曾赴大陆参访，以戒行庄严、学养深厚，为时人及后世所称道。约在五十多年前，大师应邀在寺里讲演《心经》，并为沉潜经书，而在此地居留为期一年。上人趋前细看大师身影，感受前贤典型风范，并表示早年曾读大师所著《心经要释》。

步出建于"昭和二十四年"的厨房，来到屋后庭园，见及一株枝叶广袤的樟树，这树据说也有"一百年"。百龄老树遮蔽一方天空，树荫清凉，上人站立树下，称赞不已："好美！好美！"续行小道，旁植面包树、含笑、杜鹃、樱花、桂花、茶花、榕树……江小姐说，寺内树种颇多，故四时皆有花可赏。一路脚踏落叶行来，领略花姿曼妙，色彩缤纷，清香馀馀，如此美景与古寺，难怪被"内政部"定为"古迹"，列入保护。

步出寺来，上人告诉老先生："这里很好啊！所以你在此处，一定会很长寿！好久未曾在山林中，更难得见到这么漂亮的地方！"

接着，上人及随行众驱车南下，抵达台中分会，已是午间时分。

（摘自《证严法师衲履足迹一九九七年春之卷》三月九日）

教观双美，体系完备

上人当年过访桃园斋明寺，于偶然间曾留下一句话："早年曾读大师（斌宗大师）所著《心经要释》。"

追寻斌宗大师一生求学及弘法行止，可见大师深受天台宗教观之影响。据其所著《心经要释》"自跋"一文，可知该书问世之始末因缘："一九四一年二月，我应大溪福份山斋明禅寺之请，讲演这部《般若心经》……"这本《心经要释》，即是大师以"日事宣演，夜编讲义"的方式，于十余天法会圆满后，结集讲义付梓流通。

文中又言："大师每次讲经，均依天台五重玄义讲释。对每一语句则又'预释'、'分释'，再'合释'。"观《心经要释》内容，无论形式或释义，皆不离天台中观之教理，用以解说之名相亦归于天台旨趣，如"五时八教"、"真谛（空观）、俗谛（假观）、中谛（中观）"、"一切智、道种智、一切种智"等等。

佛教在印度时期的发展与传播，缘于在教义理论的探讨及解释互有争议，便出现几个不同时期的不同教派，大约可分为原始佛教时期、部派佛教时期及大乘佛教时期。由于佛教在印度的流传已形成部派林立的情形，故而当佛教传来中国之后，亦是译经浩繁、歧义纷出，学派林立、各演教理。

为调和各类佛典的矛盾，克服佛教内部的理论分歧，天台宗首先在陈、隋之际建立，智者大师（即智𫖮大师）之创立天台宗，即是将传自于印度之诸多佛教教法与观点做系统性的整理，以总结佛陀为适应不同根机的众生所开演的多种教义，使教法在学理上的矛盾能得圆融解释。

智者大师年轻时受学于慧思法师门下，发展“一念三千”与“三谛圆融”的中心思想，从其陆续讲述《法华经》而由常随弟子灌顶大师（世称“章安大师”）亲手笔录、整理成《法华文句》、《法华玄义》和《摩诃止观》后，至此天台“三大部”完成，天台宗的理论体系遂得完善。

天台宗依《法华经》的教旨而建立思想体系，又名“法华宗”。该宗教门义旨，以《法华经》为宗旨，以《大智度论》为指南，以《大般涅槃经》为扶疏，以《大品般若经》为观法；天台三大部，则为根本典籍。天台教学的特色是教观双美。教，是指教理；观，是指修行。在中国诸多佛教宗派中，或偏重理论或注重修行，而天台宗则是教理与修行兼备，所以是教观兼备，事理圆融的宗派。

经论释义，易懂易行

常谓慈济精神即是法华精神的上人，对《法华经》别有深入的研究与领悟。志在“净化人心”的上人，为免直指成佛大道的法华思想落入过于学术性之精神面，以致只成为少数研究者的学问而已，故于开示时便得考虑是否言语具普遍性而能为大众明白与吸收，以及如何能使大众听得懂且做得到而上契佛陀本怀并体悟真理。

上人探究《法华经》时，不免接触到天台宗立宗的重要经论依据如《大智度论》或《大般涅槃经》，以及天台宗就法华精义独创的名相及申论的观点；但在开示援引天台名相或言及该宗亦重视的经论时，自有其为适应时代众生根机、故以浅显语句阐述，以及特重实践力行、强调唯行能入等等特性。

观上人引用天台宗重要之教理或其所依据之经论的语句作为开示之内容，即可看出上人是使用生活化而易懂易行的言语阐释深奥的道理。例见如下几则——

一、《大般涅槃经·梵行品》卷十九偈颂

身无诸恶业，口离于四过，心无有疑纲，乃得安稳眠。身心无热恼，安住寂静处，获致无上乐，乃得安稳眠。

“身无诸恶业”，佛教的十种善恶业中，有所谓“身三、口四、意三”之说，我们的身所表达出来的，没有造其他的恶业。“口离于四过”，口有四种过失，就

是妄言、绮语、两舌、恶口，我们已经离开这四种过失。

“心无有疑网”，我们的心没有疑网，像一张网，我们的心把这个疑网已经打开了，对人生已没有迷惘。“乃得安稳眠”，这样才可以安心，要睡就睡。“睡”是指生死的长眠，生生死死，自在轻安。

在生活中，我们是不是很安心？可以安安稳稳？“身心无热恼”，身和心无热恼，做要做得很欢喜，觉得会累是难免的，但是做得很欢喜，很快乐，很轻松！“安住寂静处”，虽然处在人与人之间，烦烦扰扰，但心很宁静，安住在寂静处。投入人群服务，要有办法做到心很清净，超越烦扰的境界。

“获致无上乐”，这辈子没有做后悔的事，做了之后也不想追求什么，也能舍去一分钟前的烦恼，只有得到内心无上的安乐。“乃得安稳眠”，临到最后一天时，就能安心睡，安心去，并且会安心来。

二、《大智度论》

在《大智度论》中有一段文说：“劫”是长时间，一劫有多久？如一粒大石头，高与宽各四十方里。四十方里就是四十里这么大，就像一座大山。天女身上穿的衣服很轻薄细软，天女一百年一次，以这件衣服拂拭这座山，当这粒大石被磨尽了，而劫尚未尽。这真是长得无法计算的时间！（注）

从网络上的电子新闻中看到一则报导。彰化福兴乡有一大宅，过去是有钱人家的民宅，已经一百五十多年的历史，到现在仍然维护得很好。民宅外面有一棵杨桃树枝叶很茂盛，历经一百五十多年，到现在还经常结实累累。乡里民众很有情，已经行文向县级当局申请，要将这棵树列入县境珍宝之树加以保护。这棵百多年的老树，可谓老当益壮，虽然年老了，但它不嫌辛苦，时间到了就开花结果，不断供给乡民美味的果实，所以得到人们爱心的照顾。

人不是也应该这样吗？我们不要想自己年岁大了就要"休"息，年纪大了才更要"修"行。现在的人周休二日，慈济人则要福慧双修，不要周日双休，他们是休，我们是修，所以这棵杨桃的精神，值得我们向它学习。

或许我们无法活到一百五十岁，但是不管在世上多少年，只要你在付出，就如《无量义经》上所说："延于一日以为百劫，百劫亦能促为一日"。菩萨能把刹那的时间拉长为一劫，也可以把一劫的时间缩短为一日。怎么可能一刹那间可以拉长为一劫？一劫的长时间，可以缩为一天？

不论生命时间长短，只要你做出有意义的事，就是永恒，就是历史。所谓"为时代做见证"，意即这个见证发生在刹那之间，或成为这个时代非常有意义的事，可以影响无数的后代；但也可以在刹那之间遗憾终生，造成永远的后悔。所以，我们应该好好把握时间，想创造怎样的人生历史，就看自己如何利用时间。

如果世间美到没有瑕疵，就是净土了。看看普天之下，多少慈济人在地球上付出再付出，多美啊！这就是心地净土；很多的心地净土拼集起来，就合成世界净土。有的人为了追求真理，不断地寻找，不断地追问；我们已经不必再到处寻觅，慈济之门由我们自己开启、自行进入，所以我们都是很有福的人。“百劫为一念，刹那为一劫”，每个“刹那”都非常宝贵，我们必定要把握时间、多利用时间，在慈济菩萨道上全心以赴为众生。

三、天台宗静坐警示

清晨时刻精神最为清明，静坐时应好好利用时间，将我们的心念集中，去除妄念。人的心念，无始以来，由于无明覆盖，一直随着外境迷转，终日忙忙碌碌，无有止息；清净心、无染心在忙碌的生活中，已渺然不可得。而学佛为的是希望在此无明迷茫的人生中，借着日日的修持，清净自己的心念，断除无明，以回归自我的本真自性。

静修得因时因地、适缘适性，清晨时心灵特别清明，因此，我们选择清晨时刻来静坐。静坐之要在止观，而止观者，在于止息吾人日常之昏沉，反省过去之作为，同时观照于未来。静坐是修行的方法，除了可止恶观善之外，最主要的是要清明自己的思惟，让我们的头脑清楚。

大脑与外界的事物之间，有反射的作用，而反射作用可有两种情况。一是无条件的反射，譬如：我们吃到苦的东西，很自然就会皱起眉头来，大人如此，小孩也是。还有肚子饿了，便想吃东西；眼睛接触到新奇的事物，便会去看；碰触到热烫的东西，自然会缩回手来，这都是不经思惟，无条件、很直接的反应。这种直接的反应是因应外境而起的一种反射动作。而修行主要是想借着修行来清除妄念，让我们的精神、心力可以自主，不致为外境所转；同时可随顺外境，善用因缘来实现我们的理念。

静坐时，我们应把握静坐的要旨才不致行而无功。天台宗关于静坐法要曾提出十项警示，现在把其中的要点告与诸位：

一、不得为名利而学打坐：学习打坐，假如是为了名闻利养，那非但无法解脱，反而会种下地狱之因。因为，如此的修行非但是自欺并且欺人。

二、不得为好强而学打坐：有些人在大众中觉得事事不如人，因此学习打坐，为的只是想以此取胜于人。若以此心来学习打坐，所练就的是修罗之心，不是清净心。

三、不得因欣厌心而学打坐：因欣慕别人的福报，而希望自己借着打坐修持，也能与他同样得福且受人恭敬。若以此目的打坐，所种下的是邪因。修行者应老老实实的修行，不应为了某种欲求而修行。

四、不可为自了而学打坐：若为了厌离人世的险恶，希望独善其身，因此而学习打坐，此事切切不可。佛陀称此“自了汉”为佛门的焦芽败种。所以我们应有出世的精神和入世的态度，善守佛陀济度众生的本怀，如此，才是佛教徒应有的修持。以上是天台大师十训中的要点。

总而言之，打坐主要是为了清新思惟、去除错误的观念，统一自己的心念，不使陷于迷惑妄想。而昏沉、掉举是打坐时的两大障碍，令我们浪费时光。昨日之事，前日之情，来日之欲，令人掉举；昏沉则让人心思迷糊。因此，静坐时应调好我们的身心，让心念集中于身态与气息中，调息运气，开畅血脉，令气息的出入就绪。

身心能调柔一致，则大脑的运作便可随吾人精神之运作而运行，如此观念便可清晰，而心理情绪亦可不随外境的变异而有所起伏，这样的修持才是正规的修持方式。

自我反省、还我本真，学佛者所学的便在于此。我们每日打坐静修，应好好把握这个时刻，让自己在一日之始，即能统一心念，清新我们的头脑与观念，以便引导今日之生活、准备来日之行持。

援引名相，事理相融

“事理相融说法华思想”、“强调力行才有体悟”，上人于此二大重点的掌握，正显示其出以悲心的智慧明择。

以下，再试举数个名相，如天台宗之专有名相——“五时”、“止观”、“一念三千”、“三谛圆融”，以及亦为天台宗所重视之佛教理论教义——“实相”、“真如”、“十法界”、“真空妙有”等等，就上人针对这些名相的阐释，以从中体味上人深入浅出、事理相融之说法，使具深奥哲思的名相与教义人间化与生活化的慈悲与智慧——

一、五　　时

人不能脱离群体而生活，与人共事难免遇到人事问题。过于坚持原则的人，往往对别人的意见无法接受。当旁人来说他如何时，我就劝说他：“要多配合。”然而面对这位有原则的人，我就会劝他：“原则固然要把握，但做事要圆融些。”如何在原则之下，也能给人方便，使人事圆融，这是必要的。

以佛陀说法为例，四十九年中，前四十二年说的都是方便法，直到后七年讲《妙法莲华经》，才是真实法；亦即法华是原则，其他都是方便。

佛陀成道后之说法是应机逗教，由后人慢慢归纳，总说为“五时说法”，有“华严时”、“阿含时”、“方等时”、“般若时”及“法华涅槃时”。

最早讲的是《华严经》，是为“华严时”。华严的境界凡夫看不到，那是佛陀的心灵境界，不是普通人到达得了的，所以当佛陀讲《华严经》时天龙八部完全听不懂。佛陀见华严成佛之法无人能理解，自觉于世无用，所以想入涅槃。经天人来安慰，劝请佛陀住世，请求佛陀开示方便法，使一般世人都能理解。

佛陀于是经三七日思惟，思考着众生的根机、性欲都不相同，为令大家都能接受、理解，就依众生根机的不同，开演了方便门。

“阿含时”讲“有”，都是些因果观念以及佛成道前生生世世的故事等等。“方等时”、“般若时”是谈空，是要成就智慧；“方等”就是凡事不要执著，但是要守于善道。“般若时”，阐述真空妙有的智慧。般若是智慧、是理念，阿含是有、是事相。若只谈空，恐会偏于虚无；若只说因果，又怕迷失于有的追求，所以必须取中道而行。“法华时”就是事理圆融的中道，教人如何行菩萨道，直到成佛的究竟解脱。

所以说，从佛陀讲经的历程，法华固然是原则，但为适应众生根机，仍得开示其他方便法，以接引众生入佛道。

慈济精神就是法华精神，慈济之路就是菩萨道。既已走上慈济菩萨道，心要坚定，不要浪费时日在徬徨中。大家是同道、同师、同志的人，更要相互惜缘，齐步走同路，才能完成净化人心的工作。若大家能缩小自己、相互疼惜，能人圆、事圆，自然理就圆了，三藏十二部经，不过都在讲说如何“借事会理”罢了。

二、止　观

人人本来都有一片清净明朗的心地，只因被后天环境熏染致有诸多习气，因习气而产生烦恼，遂在人群中造作种种人我是非的污染。学佛，就是要扫除心地的烦恼，扫除心地需要工具，需要用一支"铁扫把"，将内心的烦恼完全扫尽，这个工具即是"止观"。

"止观"，虽是简单的两个字，其实佛陀一生的妙法就在这两个字里。"止"就是诸恶莫作，"观"就是众善奉行。

若能莫作诸恶，心自然能安稳自在。"恶"有微细的恶即贪、瞋、痴，并且有粗俗的恶即杀、盗、淫、妄、酒。断杀、断盗、断淫、断妄言、断饮酒，这是最根本的"五戒"，守五戒为的是扫除粗俗的恶。

贪、瞋、痴这三种微细的恶，在未现形之前，虽然尚未有所行动，但在内心已经酝酿恶的念头，这时候就叫做“烦恼的恶”。假如念头起后，较强烈的就现于“相”，心就行动了；行动后，罪业就成了。所以说，身体的动作是出于内心微细的烦恼，若要止恶，就要从内心开始净化。烦恼要完全扫除清净，不要放在内心运作，这样才能真正止恶。

众善要奉行，光是外表为善，但是内心若没有大爱，没有一片真诚的爱，这种善不叫“大善”。真正的付出，是从内心付出，是清净心的付出、无所求的付出，这种清净的大爱，才是真正最微妙的善。

诸恶莫作，叫做“断德”；众善奉行，叫做“智德”。断、智二种德合在一起，即是“福德智慧”。

断弃一切烦恼、无明，就叫做“断德”。能奉行众善，而且是出以清净的大爱，这叫做“智德”。在皈依文中，有“皈依佛两足尊”一句，佛即具足“福德二严”，用福德智慧来庄严，即名“如来”。学佛修行，就是要修到福德圆满、庄严修行的道路。

一切的恶、或者是善，只在一念心、一个方向而已。学佛就是要学这么简单的两个字——“止观”，要扫除让人看得到、听得到的粗俗的恶；并且要自净其意，要透彻入心，扫除心中所有的烦恼，让心地清清净净。恶不生、善不断，这才是真正的“止观”。

若能恶不生、善不断，这叫做智德、断德、二德庄严，这就是佛的境界。

三、一念三千

学佛的人或有希望能在短短的时间里体悟所有的佛法，其实，佛法浩如大海，如何穷究得尽呢？但有句话说“一念三千”，不论眼前之物是动是静、有声无声、有生命或无生命，一切都含藏着佛法；所谓“一理通、万理彻”，若能用心去理解，则所有的佛法无不呈现在眼前。

相反的，有些人对佛法起疑，因此自障智慧，内心充满疑惑无明，即使非常明朗的佛法摆在眼前，他也无法得益。

佛陀曾说："人生于世脱离不了'十二因缘'——无明缘行，行缘识，识缘名色，名色缘六入，六入缘触，触缘受，受缘爱，爱缘取，取缘有，有缘生，然后有生、老、病、死种种的苦。"

牵流不息的十二因缘，"无明和行"是人生死的源头。什么是无明？无明，看不到、摸不到，但是当看到外境，内心生起欢喜、执著；或从内心生起烦恼心、生气；或听到逆言即回骂出去，这些都是无明。总之，内心于一天之中所感触的、无法压制的习气都是无明。

在生活中已累积许多习气，故有"行"，即行蕴，这是很微细快速的反应。如跌倒了，觉得好痛，不好意思地爬起来，然后赶快回家，这过程很快、很自然，自己觉得只是随着习惯而行，自然就回到家里，好像不是每一个动作都由意识控制。

从这一世到另一世，只是一瞬间的事，所以，有极少数的人能将此世的意识、言语带到来生，他一出生就会说话，如说："剪刀在那里！"指示产婆到何处拿剪刀以断除脐带。这就是意识的熏染，把前世的业力牵引过来，此即无明缘行。

行产生"识"，识缘"名色"。如有妇人怀孕，身孕在六根未成时，它只是一块肉，渐渐成形后即有"六入"，然后六根——眼耳鼻舌身意具足，胎儿在母体至六七个月时会手脚动来动去，这即是意识的动作。出生后接"触"外境，觉得痛而哭，这就是"受"，从呱呱坠地之后就生于人间，在人间有一切喜、怒、哀、乐的感受，于是"无明"又衍生出来了。

无明产生后，又不断地动作，然后业力就不断地累积，所以，又有"爱"，因爱而"取"，取则"有"；爱和取是动作，造业之后，就"有"善恶业。爱布施的人，付出行动去布施，既种善因，然后"有"善果；听到一句不高兴的话，心生气愤开口骂人，这也是动作，因此就"有"了，有什么呢？已造下口业。由爱而取而有，接着又受"生"不断，因为承业而来又生无明，所以轮回不已，唯有修善业、净业才能得到真正的轻安解脱。

业力都是从日常生活的造作中形成的，所以，佛法其实就含藏于日常生活中。若真有用心，会发现我们的一举一动都是很奇妙的“妙法”啊！一念能遍三千，真是很奇妙的法。

四、三谛圆融

在我的观念里，在乎的不是捐款者布施的款项多少，真正希望的是能“募心”，只要能募到他的心，既有心就会投入，也才能体悟付出后的法喜。若布施者以捐出巨款而感到得意，就会希望别人捧他，这反而对其慧命有损。

世间事必须世间人来成就，他付出，我们理应感恩他，这是就事相来讲，因为“有”故说是“俗谛”；但是，世间万事万物本是空，是虚幻无常、迁变不已，以其“无”（空）故说是“真谛”；然而，最高的境界是付出无求同时感恩，这就是“真空妙有”之实相智慧，也就是不执著有与无但取中道之“中谛”。

五、实　　相

众生在生活中常常将真实和虚幻颠倒执著，忽视真理、真谛、实相，偏偏追逐虚幻，把虚幻当成真。

《金刚经》里有句“如梦如幻”，这“如梦如幻”的人生，“如露亦如电”的事相，我们便常常会去执著这种人生、事相。一旦方向偏差，差毫厘就失千里，在没有尽头的苦难中无法回头。所以说，追逐梦幻，将梦幻当成真，这是很可怕的事情。

根据媒体报道，美国有个发生在半年前的案件，有一位十一岁的青少年，这孩子是电视迷，他看电视提到如果吃人肉汤就能得到超越的体能，他信以为真，竟然将一位七岁的孩子杀死，又用很重的东西把头敲碎，然后才割肉去煮来喝人肉汤。

这就是因为他看电视入迷了，信以为真，所以做了这种事情。这是一件在美国很震撼人、让人很惊怕的一个案子。在这个案子发生前不久，也有五个才十多岁的少年合伙做强盗，抢人、杀人、轮流性侵女孩子。这群少年也是在电视上看到学来的，他们以为做这些事是英雄主义的表现。像这样也是以虚幻为真而去学来的。人之所以会变得恶劣，就是“真”、“幻”分不清楚。

所以常常说媒体文化是人生的导向，假如它引导的方向偏差，那人性、文化就会跟着偏了。文化也是人写出来的、文化也是人做出来的、文化也是人所认定的，它的偏差也是人造成的。造成了一个偏差的文化，才来引导偏差的人生动作，这就是恶性循环，这都是虚幻构思。

学佛是要学看得清楚什么是“真”？什么是“虚”？什么是“实”？什么是“幻”？这就是学佛的目标。

只要烦恼消除，就能明白一切物质都是假合而成，既然一切物质是四大和合所成的假相，还有什么虚假可来转我们的心呢？

所谓“万法唯心”，我们的心如果能将事物善解，哪有什么“恶”会发生？人与人间，如果能守住自己的本分，对人起一份的包容，我们的烦恼要从何生呢？

既然没有烦恼，梦幻形相就不会发生。就如一面镜子，镜子虽然是由很多种因素假合而成，但它能发挥鉴照大地万物的功能。只要我们能把这面镜子擦得干净，那所映照的森罗万象就很有真实感。

假使这面镜子模糊了，或者是这面镜子合成成分有偏差，这面镜子就会凹凸不平，照出来的东西也就不实。或者是弄脏了，也照不出来东西的实体形相。

我们的心就像这面镜子。虽然我们同样是四大假合的身体，有生老病死无常的身体，但是我们可以借四大假合的身体来面对宇宙之间的万事万物。

我们的心若能时时拨开烦恼，没有污染，那我们就能以心会理，就能用我们真实没有烦恼的心，与大地宇宙真理会合。

六、真　如

发心如初，成佛有余。学佛不一定要出家，在家也一样，总是要有这份欢喜心、甘愿心来实行，这叫始终一贯。所谓“真如”，真是“不变”，如是“始终如一”，也就是佛的本性，是清净的本性，是永恒不变的本性，是不增不减的本性。人人都有这念真如的本性，修行就是要回归本性，要“守真一如”，守住真心始终如一，也就是保持一颗永恒、真实而不变的心，去爱一切人。

七、十法界

修行讲究心念，有的人在一天的时间内，十法界全部都跑遍了。什么叫做“十法界”？意指四圣六凡。六凡就是天、人、阿修罗、地狱、饿鬼、畜生；四圣就是声闻、缘觉、菩萨、佛的境界。这十种的境界不用说一日，有些人一小时内也可能全部跑遍。

譬如，我们看到贫穷困苦灾难的众生，瞬息之间就会起了慈悲救度之心。这时候你的心就是佛心；与佛心在一起，也可以说你就是佛了。而我们有时也会觉得：人既然来人间，既来之则安之。我们应该付出所有的功能，立志为社会人群做事，发救度众生的心，这就是菩萨心。能够欢喜地身体力行，行菩萨道，那你现在就是菩萨了。

假如觉得：“人生真苦啊！名利地位到头来又有什么呢？尤其还有六道轮回的痛苦，唉！我还是努力修行，这一生就将它了断。”这就起了“自了汉”的心，而此时你就和罗汉相应了。

或者有人会觉得：“佛法很好，我要赶紧来听闻佛法。”他认真地听，却只想听闻佛法而不去应用佛法。有的人很有智慧，看到世间四季、境界的变迁而体会到人生无常，尽管你自己能够感受到很多道理，有这份天分，但这只是“自觉”而已，若没有再去“觉他”，这就是“声闻”或“缘觉”的境界。

佛、菩萨、声闻和缘觉的境界，就是“四圣”的地位。佛与菩萨能够利益众生，超胜于其他两类。声闻或缘觉，则执著于“自了”。再来就是“六凡”——天、人、阿修罗、畜生、地狱、饿鬼。行善有善报，天道就是十善业具足的人所享受的果报。此外，只要你现在行善，觉得很快乐，这就如在“天道”一般，现在过的就是天人的生活。

在人间有欢喜、有烦恼，苦乐参半。现在的心境若是有欢喜、有烦恼，苦乐参半，那你现在就是生活在“人”道。再来是“阿修罗”，明明刚才发了一个慈悲心、佛心，突然间来了一个境界就发脾气了，如此很快就会从佛的境界跌下来，变做“阿修罗”。

再者是“地狱”，地狱是由十恶而起。人虽然可能犯十恶,但是可能他还是有一点点的善念。有位十恶不赦的犯人,这个犯人已经被判死刑了,最后他也很忏悔。

他写一封遗书说:“我将来被枪毙以后,我愿意将器官完全捐给别人,让我的器官活在其他人身上。”十恶不赦的恶人,竟然最后也有这份佛心。但是,一个很慈悲、有佛心的人,凡夫心若还没有去除掉,有时一念慈悲心也会掺杂着恶的念头。若是这样,地狱的境界也很快就会来了。

饿鬼、畜生道也都相同,堕饿鬼道的原因是贪心,堕畜生道是因为不识礼仪。只要有这十种不相同的心念,就如同在十种境界中转一圈了。

八、真空妙有

外道的见解都是极端的,一种是“有”,一种是“无”。当初佛在世时,印度有九十六种外道信仰,这些教法都不离“有、无”两种极端的道理。而佛陀教导的是中道思想，是透彻人生“一切皆空”的道理。

我常常分析“空”的道理，宇宙世间一切万物，从我们的身躯到所有的一草一木，都没有离开“四大”因素，而“四大”因素也都是相生相成。如果我们将“四大”慢慢地分离，则最后——“四大皆空”，一切万物都是空的（变易不定）。

这是透彻世间万物的事相之理，而佛教中尚有一甚深微妙的无上道，称为“真空妙有”。说“无有”真的是“无有”，但是只有在真正“无有”当中，才能发现一个真正微妙的“有”，那就是每个人的本性。“本性”是什么模样？“本性”根本无“形”与“色”，就是因为它无形无色，却能发挥作用，所以才称它为“妙有”。

生在人间就要有人间事，要用心地做好人间事，绝不能离开当下的现实，说什么都是“无”，或什么都是“假”，以致凡事无所谓，不为人付出，而白来人间一趟。

佛法说真空也说妙有，但在妙有中，同时也要去透彻真空。真空妙有是大自然的原理，因为有这原理，才能构造很多形相出来。但这些东西一一分析到最后，却什么都不是，什么都没有。例如“我”，什么是我？手是我？脚是我？我现在在说话，说话的人是我吗？用什么来说呢？每个人的身体都是由各种东西构造而成，有眼、嘴、手等等；就如一件物品也是由各种零件所组成，这些零件一一解开，最后就什么都没有了。

但若要说“无”，又如何能说“无”呢？就像我明明坐在这里，明明是“有”我，但这是永远的“有”吗？所以说，真空妙有，妙有真空；真空、妙有，不即不离，应取中道，不能偏执于“空”，也不能偏执于“有”。

因此，我们生在世间，必定要顺人间事，既要看透人生的虚幻，凡事不要太执著，但也要进取真实的慧命，积极的为人付出。就如所谓的“顺自然”，若是遇到自然的天灾，在适应这个自然的同时，也要发挥人生存的本能，既来之则安之，要防患未然，也要将损害降到最低。

心不要有任何执著，要很自然才好。例如捐了钱就想着“我要求得什么”，有这种“我相”的执著，虽然“捐”钱，但因“有”挂碍，这种的“妙有”也就不“妙”了。做人的奇妙，就妙在人生的价值——该做什么去做就是了；应该要做的，就不必多想什么。

菩萨道场，污水出莲

有别于历代弘扬法华者，上人除了在言教教示大众何谓法华精神外，其所开创的慈济世界，正是作为学佛者之行门——从善门入佛门，上人所谓“做，就对了”，即是强调有做才有悟，故说慈济世界是菩萨训练场。关于上人这项论点，可从其开示“妙法莲华”四字中领略：

什么叫妙法？真正的妙法，就是如何去解开人的心结、烦恼，用种种方法去付出，让他可以受用，得到自在、欢喜。

方法从我们的心付出，对方受用而得自在、解脱，我们因之也觉得很受用、很欢喜，这就是把方法变成妙法，而我们的心很安然自在，这就叫做回向。

妙法无不是从善巧方便中来。慈济救济贫民也是度众生的方便法之一，你救济他，他得救、感恩，我们自在，这就是妙法。富有的人，有婆媳、夫妻、母子等等很多的问题，能透过自己智慧的方法去解开他的心结，让他的看法有所改变而得到欢喜，这也是在施妙法、施教育。

《妙法莲华经》，“妙法”是一种譬喻，就像“莲华”一样，也是譬喻。莲池里如果没有肥料，花就不会长得美。有脏的肥料，才能长出很美的花。

同样地，在五浊恶世里，人与事就像肥料，如果没有这些人与事来磋磨，没有这些人与事来启开智慧，如何行菩萨道？人生如何能够升华呢？所以要常常感恩磨我们的人，或是给我们不好脸色的人，感恩他们成就我们的道业。如我也常常说，去救济人，要感恩让我们帮助的人，因为他们让我们有工作做，那些工作就是我们慧命的肥料。

愈撒肥料，这朵花愈开愈美。即使在很不干净的地方，花也不会被这些肮脏的污泥所影响，这是表示有平常心。

帮助别人之后，如果要别人来感恩，这就是烦恼、污点；若没有这个心，就叫做清净心。若有清净心，这朵花开时就不会染到污秽；没有污秽的花，才是真正很美的花。莲花就因出在污泥而不染，所以很美。

释迦牟尼佛以娑婆世界为他的佛国土，释迦牟尼佛是娑婆世界的教主。西方极乐世界的阿弥陀佛，他是很清净的世界的教主。释迦牟尼佛在五浊恶世中，开创出他的道场、他的净土。

在恶浊世界中，不会被恶浊的烦恼污染，才能开出一朵很美丽的花。娑婆世界代表佛教的花就是莲花，意思就是要学佛者出污泥而不染。

虽然世间有很多烦恼，却不会影响我们的心，如此我们才可以成就；所说“妙法莲华”，意思就是这朵花不在污池里被染污，就要心中有妙法，心中若无妙法，就常常会被烦恼污染。

在污池中才能开出一朵美丽的莲花，如果把莲花的种子放在清水之中，开出来的花就不会漂亮。若要成佛，就必定要在苦乐参半的人间行菩萨道，在很好的环境之中，没有佛可成，没有菩萨可修。

一定要在很坎坷困苦的环境中，才能显出清净的佛性，显出菩萨的毅力。就因如此，故以“妙法莲华”来譬喻菩萨在娑婆世界，因心中有妙法，所以能离开污染，成就菩萨的人格。这就是以莲花来譬喻，以显出妙法的道理。

唯有将心训练得很自在，不受境界影响，才能深入清净寂光土。要能时时处处心很自在，就要在人群中训练，得人赞叹，不会膨胀自己；遭人刺激，也不会就全然泄气。

踏实用心去转境，不要动不动就被境转心，这就得在人群中训练，能有这份恒长、持久、欢喜、自在的心，才能超越烦恼生灭的苦海。

如果没有去做，就无法体会真理。要去除烦恼，就要在烦恼的境界中磨练，磨练到心不受人我是非影响。所以说，智慧是从烦恼中生，离开人群无佛可学，亦无法可修。

弘扬法华，功德难思

上人依据《法华经》强调娑婆世界即菩萨道场，也唯有行菩萨道才是成佛之道，换句话说，学佛必定要在人群中修，离开人群无佛可学，亦无佛可成。在此信念之下，慈济人总在上人号召与领导下，在海内外从事救苦救难的菩萨行。

如全球爆发SARS疫情之后，上人即在三月十五日志工早会中，首次呼吁大众务须谨慎防范，叮咛人人做好卫生保健，戴口罩，洗手，素食，喝沸过的水，自己落实也教育大众自我保健。随着疫情从大陆、香港蔓延到台湾，上人不断多次密集召集基金会相关单位协商防疫送爱行动；慈济人因此启动协调中心，立即展开种种爱的行动。

而在这波SARS事件中，综观上人该时期之言论与行谊，可与《法华经》诸品做一呼应，显示出力行法华精神者须具备的人格特质以及所得之功德；如下，即就经文片段印证上人之菩萨行止——

一、“法师品”第十
弘扬法华者须具足大慈悲心

当知此人是大菩萨。成就阿耨多罗三藐三菩提。哀愍众生愿生此间。广演分别妙法华经。何况尽能受持种种供养者。药王当知。是人自舍清净业报。于我灭度后。愍众生故。生于恶世广演此经。

若是善男子善女人。我灭度后。能窃为一人说法华经乃至一句。当知是人。则如来使如来所遣行如来事。何况于大众中广为人说。

上人常说“来不及了”，原来指的就是战争和SARS。上人曾在文化志策会中提及这份沉重的心情：

早在今年三月二十日，也就是美伊开打及SARS方在大陆与香港等地流行时，在精舍会客室与姚仁禄师兄等人座谈时，突然脱口而出说：“常说来不及了，这‘来不及’指的就是它——战争和非典型肺炎(当时尚以“非典型肺炎”名之)啊！”

这两三年来，我不断在说：“来不及”，那种来不及的感觉很强烈，但并不知到底是什么来不及。就是到那一天，三月二十日，记得姚居士在精舍，在和他谈话的时候，我就说：“就是它！”一直在说来不及，那种感觉无法形容，好像是会发生很大的事，而且没有力量能够去堵住它不发生，到底那是什么？原来，那就是战争和瘟疫啊！

终于，真的发生了……五浊三灾，从去年一直就在讲五浊三灾，这三灾现在是同时并起了。慈济人常常踏上有饥荒的国家，为他们带来救援的物资，台湾是很有福的地方，人民生活富足，而那些发生饥馑的地区，有的是因为天灾如长期干旱使谷物绝收，而大部分都是因为人祸造成的，不是国与国之间战争不休，就是自己内战不止，看到那妇幼饥饿的凄惨景象，其情甚是堪怜，我却是挡不住它啊！

SARS以愈演愈烈之势来到台湾，慈济自然是要为社会承担这份防疫、抗疫的责任。这段时日以来，我的心情就像游丝飘浮，没有个着落点；也似惊弓之鸟，很是忧思难安，这种度秒如年的心情，实在不好受……

二、“安乐行品”第十四
弘扬法华者必须清净身口意三业

菩萨摩诃萨观一切法空。如实相。不颠倒不动不退不转。如虚空无所有性。

如来灭后。于末法中欲说是经。应住安乐行。若口宣说若读经时。不乐说人及经典过。亦不轻慢诸余法师。不说他人好恶长短。于声闻人亦不称名说其过恶。亦不称名赞叹其美。又亦不生怨嫌之心。善修如是安乐心故。诸有听者不逆其意。有所难问。不以小乘法答。但以大乘而为解说。令得一切种智。

菩萨摩诃萨。于后末世法欲灭时。受持读诵斯经典者。无怀嫉妒谄诳之心。亦勿轻骂学佛道者求其长短。若比丘比丘尼优婆塞优婆夷。求声闻者。求辟支佛者。求菩萨道者。无得恼之令其疑悔。语其人言汝等去道甚远。终不能得一切种智。所以者何。汝是放逸之人。于道懈怠故。又亦不应戏论诸法有所诤竞。当于一切众生起大悲想。

上人早课中以《慈悲三昧水忏》教示清净身口意三业的重要性,以此自励勉人:

学佛,就是要学着调伏心境,不使有一丝的烦恼，烦恼不出于“三业”，这三业就是身、口、意，但是最源头就是意，我们的意境、心意的境界。假使我们的心、意境是恶的，这个恶就不断复制，不断产生，结仇连祸不断一直陷进去，这就是我们凡夫所以会有烦恼的原因，就是心境没有调治好，所以造作种种罪业。

身有杀、盗、淫之罪业。口有四样的业，恶口、妄语、绮语、两舌，所以开口动舌，无不是业、无不是罪，这是《地藏经》说过的，开口动舌，只是开个口、舌头动一下而已，你看，影响自己、影响他人，影响家庭、影响社会，影响我们和人之间的相互对待。所以看起来感觉很简单，其实这是最复杂的，我们若能以最简单的一个诚字待人，凡事就简单了，就美了。

无论是身的杀、盗、淫，口的妄言、绮语、两舌、恶口，这都是从心起。我们的意囤积了很多烦恼，所以被烦恼覆盖住，欠缺智慧去分别，所以我们无法以智慧分别，我们表达出来的都是无明烦恼。这就像病毒复制一样，制造愈多的病毒，造愈多的业。

人间就是无明，无明又不断复制，好像现在说的病毒一样，心灵的病毒可怕，所以请大家要时时用心，应用清水来洗涤污染的环境，我们更要以法水来洗涤我们的心境。

三、“劝持品”第十三
弘扬法华者须具忍辱负重精神

浊劫恶世中　多有诸恐怖　恶鬼入其身
骂詈毁辱我　我等敬信佛　当着忍辱铠
为说是经故　忍此诸难事　我不爱身命
但惜无上道　我等于来世　护持佛所嘱
世尊自当知　浊世恶比丘　不知佛方便
随宜所说法　恶口而颦蹙　数数见摈出
远离于塔寺　如是等众恶　念佛告敕故
皆当忍是事

因疫情日益扩大，许多人谈SARS色变，因为过于惧怕，人心冷漠的情态时有所闻，如拒绝从疫区回来的亲人进入门户等等，乃至于因或恐关怀医护人员及隔离人家的慈济人带有病毒，遂表现回避的行为，上人对此甚是感叹：

在台湾的慈济人都是不惜辛苦，很勇敢地走出来去付出，补充社会的需要。然而，有点可悲的是，很多人看到慈济人却会因害怕而回避。

北部有这现象，花莲也有。有一天，几位慈院志工到市场，要为贫穷的病患买些物品，菜市场的摊贩，看到了他们，就赶快闪远远地说："你们要什么自己拿。""多少钱？""不要紧，随便，你放着就好。"那害怕的神色，好像看到什么似的。再去买些吃的东西，摊贩自己并没有戴口罩，也闪得很远，志工就问："你怎么不戴口罩？"他说："我要是戴口罩，人家就不敢来买了。"

这是不对的观念，假如大家都知道怎么样来防范，来买东西的人有戴口罩，卖东西的人也戴口罩，因为毕竟是公共场所，人潮多，谁人带病毒并不知道，但若每个人都自我防范好，就无须太过恐惧而产生不当的心态和行为。

其实也不必谁要怕谁，应该是要佩服、要支持、要尊重，像那些在第一线的医院里面工作的团队，我们要感恩他们；对于社会这一群有爱心的志工，他们的付出是在安抚人心，人人应该要敬爱他们才是。

恐惧的心态，对社会影响很大，会造成人与人的隔阂和冷漠。所以说要戒慎虔诚，但不要恐惧！让我们以虔诚的心祈祷，以戒慎的态度防范病毒传染；人人以爱共鸣，汇聚大爱的力量，共度难关。

四、“法师功德品”第十九
弘扬法华者能举一反三不离佛法

若善男子善女人。如来灭后受持是经。若读若诵若解说若书写。得千二百意功德。以是清净意根。乃至闻一偈一句。通达无量无边之义。解是义已。能演说一句一偈。至于一月四月乃至一岁。诸所说法随其义趣。皆与实相不相违背。若说俗间经

书。治世语言资生业等。皆顺正法。三千大千世界六趣众生。心之所行。心所动作。心所戏论。皆悉知之。虽未在得无漏智慧。而其意根清净如此。是人有所思惟筹量言说。皆是佛法无不真实。亦是先佛经中所说。

在这波疫情中，上人最重要的理念，便是希望全民斋戒。此戒杀茹素、清净己心的呼吁，反映出上人针对时弊所提救世良方的智慧：

战争的灾难，源于为满口腹之欲遂宰杀动物，现今虽以电器代以刀刃，难再听闻动物哀嚎之声，但刀起命休的杀业，无辜横死动物之怨恨，积久而成一股强大的业力，引发举世干戈四起，烽火连天。

或有食肉者认为，杀生者是别人，杀业与己无关。但要知俗传屠夫们在宰杀时，总对着猪说："猪啊！猪啊！你是世间的一道菜，是他要吃，所以我来杀，你若要讨债，就去找他！"所以说，若人不吃肉，怎会有人要杀生呢？

“斋戒”二字，广义言之，是指“清净身心”，所谓内斋其心，外斋其形；狭义而言，则特指“过午不食”之戒法。

佛陀在世时，比丘们日中一食。佛陀的时代可以日中一食，因为那时候的修行人身心很平静，也不太消耗精神体力，除了出去托钵以外，回来吃饱饭后，不是静坐，就是研讨经法。尤其那时候的应量器很大，这一家如果给的不够，还可以到第二家、第三家，可以连续向七个家庭托钵。所以虽然是日中一食，但是他的营养够，头脑没烦恼，身体又没劳动，对人的卫生营养调剂得很好。

但是现代人无法做到日中一食，所以佛教把晚餐叫作“药石”，把晚餐当成吃药，因为身体有这个需要。既然无法日中一食，所以用分段食，也就是把身体所需的食物量，分成两次、三次来吃，就像现在的人说的少量多餐。

我不推动日中一食，还是让大家分段食，因为现在的人有在活动，不是劳身，就是劳心，需要三餐来维持身体健康。所以，希望大家吃斋，只能说是吃素。

人心起恶行所形成的业风，掀起滔天汹涌的巨浪，自食其果的人类想要平安度过，唯有建立同舟共济之心虔诚斋戒。希望社会能全面行斋戒法——“斋，素食；戒，不杀”，进而人人能清净身口意三业，如此才能真正杜绝灾厄。

过去国家有灾难的时候，上至国王、天子、大臣以至庶民、百姓，都要斋戒，以清净身心来召感吉祥。我最大的心愿，就是希望全台湾能共同虔诚斋戒，至少在三天里，能上下一致吃素、戒杀，就当成台湾在作醮，将屠宰场都净空，所有地方彻底消毒，如此人人身心清净，整个大环境也净化了，就能累积善的共业消弭恶的共业。

若能够全台湾禁屠，来个大清扫、大消毒；全台湾人民也能普遍素食，让水中的鱼在水里自在的悠游，空中的鸟能海阔天空自在地在空中飞翔，让生灵都能安详地过几天不用担心害怕被捕杀的日子，能够这样干净几天，那是最好的……

五、“法师功德品”第十九 弘扬法华者能遍知世局时事

若善男子善女人。受持是法华经。若读若诵若解说若书写。是人当得八百眼功德。千二百耳功德八百鼻功德。千二百舌功德。八百身功德。千二百意功德。以是功德庄严六根皆令清净。是善男子善女人。父母所生清净肉眼。见于三千大千世界。内外所有山林河海。下至阿鼻地狱上至有顶。亦见其中一切众生。及业因缘果报生处。悉见悉知。

上人因为悲心深重，无时不以天下苍生为念，故或是自行从各种媒体取得资讯，或由海内外慈济人传来讯息，在广泛得悉世局时事后，缘于其心清净如明镜，故不会被世情污染心地，所想的唯有如何去行救济：

媒体画面几乎都不离SARS,我们真的要戒慎虔诚,身心都要提高警觉来预防。希腊也传出有感染病例,它几乎无孔不入,污染到多少环境,很难估计,主要是现在交通太便利,病菌带到人群的机会很多,所以,更应时时从内心升起警戒线。

另外,苏丹出现疑似伊波拉出血热,这种病毒也很毒,台湾南部则发现有肠病毒,人人一谈到病毒,都惶惶不安。

总之,现在出现的病毒都很毒,是否是共业所致呢?除了平常要防止病毒以外,最重要的就是防止心灵病毒,斋戒就是防止心灵病毒的最好方法。

花莲二信经慈济人"爱洒人间"呼吁后,全合作社一百九十多位员工全数响应一周斋戒。委员们很有信心,还要往其他公司行号去做"爱洒人间"。人人若能守住这一念心,对自己的心灵斋戒,身口意这三业很快就能净化。

当然，环境净化是很重要，但是心灵净化更重要。人心若不早日虔诚戒慎，不只病毒全球在扩散，其实大自然的异常，也已造成许多灾难。

比如美国中西南部，短短十天内，已发生了将近四百次龙卷风。那种巨风昏天暗地，忽然间一来，瞬间就把人和家毁灭掉，很可怕。在这段时间，除了龙卷风以外，还有水灾、土石流，美国大，所以大自然的异常灾难频传，实令人担心。

要消除这种天灾人祸，一定要从人人的心中开始戒慎，否则众生共业，苦不堪言，灾难很难平息，所以我们应该真正要提高心灵的斋戒，要时时祈祷，人人平安就是力量，人人斋戒，心灵净化，我们所住的环境才能净化。

还是要感恩在第一线发挥救人工作的所有医疗团队，现在与病毒搏斗的，我们也祝福他们早日脱离，更要为普天下人人守护健康来祝福。感恩慈济人以身作则，不只自己提高警觉，还要不断去宣导，真的很感恩大家。

六、“法师品”第十
弘扬法华者普受世人供养

其有读诵法华经者。当知是人。以佛庄严而自庄严。则为如来肩所荷担。其所至方应随向礼。一心合掌恭敬供养尊重赞叹。华香璎珞末香涂香烧香缯盖幢幡衣服肴馔。作诸伎乐。人中上供而供养之。应持天宝而以散之。天上宝聚应以奉献。所以者何。是人欢喜说法。须臾闻之。即得究竟阿耨多罗三藐三菩提故。

上人长年以台湾为基地从事慈济行救世志业，福泽普润海内外苦难众生，深受大众尊崇与敬仰；而今SARS袭击台湾，海外各地莫不急输口罩、护目镜等防护物资回来：

过去，常是哪个国家有灾难，台湾慈济人率先动起来，然后呼吁全球慈济人配合，但这次台湾发生

SARS疫情，连在很遥远的地方，都来关怀台湾，可见人间菩萨网编织得十分紧密，绵密的爱相互传递，没有距离。

此次有五大洲二十六个国家、地区寄回口罩，美洲有美国、加拿大、墨西哥、危地马拉、多米尼加、巴拉圭、巴西、阿根廷，其中多处是我们曾去帮助过他们，他们了解慈济，如今回馈，为台湾付出。亚洲有日本、新加坡、菲律宾、香港、大陆、印尼、泰国，也是同样的情形。

非洲则有南非慈济人，在当地落实慈善和教育，因此这次也出钱出力，劝募口罩寄回台湾。大洋洲有澳洲、新西兰，慈济人就地取材帮助当地人，他们则以打工集资买口罩寄回来。欧洲有英国、法国、德国、瑞典、比利时、荷兰、奥地利等，他们也是一样，这就是菩萨网。平常我们用心撒播种子，哪怕只有一两颗种子，也会有新芽茁壮起来，真的很感动。

要送回大家的爱心，还需要航运，感动几家航空公司免费运送，但关税还是要扣，有位海关的施小姐，就捐出六十万，让慈济扣抵关税，只要是她接到，她也都自掏腰包缴关税。所以，人世间还是可爱的人居多，因为他们心中有爱，此即人间的至真至善至美。

常说善恶拔河，祸福也在拔河。为恶就是造灾殃，为善就是造福，两边拔河较劲，我们当然还要增加为善造福的力量。

看到五大洲二十六个国家，无私的爱，不断从远途回归台湾，慈济人从机场开始整理、出关、接回来，送到台北分类、打包，还要知道哪个医院需要，再送到每个全省的医院，大小医院都要这些口罩，那种分类十分繁琐累人。

我们常说第一线的人要照顾好，隔离者或低收入家庭，我们也都会去关怀，去送口罩。可见这一次爱的密密的网，也编织得很好。除了募口罩，全球网络响应斋戒也近两万人，但仍要积极推动。

慈济法门，福慧双修

上人曾讲过一则发生在日本，与天台教法有关的佛门修行故事，寓意学佛切莫钻牛角尖，不在名相上打转亦不在无端事相中执著，只要日常生活中依教奉行，菩萨道的终点必是佛——

在日本，有一个年轻人发心出家修行，在丛林之中，修禅、修止观等天台法门。经过了七年，到中国来留学，依然参禅修止观，同样修天台法门。经过十三年，又回到日本去了。

日本有很多修行人，知道这位年轻聪明的修行者，到中国学了禅、学了止观等天台教法，一定带了很丰富的学问回来，所以很多人都登门请教。

他每天都接见客人，可是每一位问话的人都无法得到很明确的回答。有一天，一位过去指导过他的老修行者来了，他说："我也是研究天台，而天台宗强调，‘草木皆得成佛’，这个道理我怎么都参不透，无论我怎么追求都无法理解，草木为何皆能成佛？我现在来请教你，是否能够为我点破？”

从中国回来的法师就说：“请问你可曾想过：你是否能成佛？”听到了这句话，老修行者恍然大悟，对啊！我修行几十年，从来不曾想到我是否可以成佛，就为了草木皆可成佛这短短几个字，不断地在钻牛角尖，浪费了几十年的时光。

他觉醒之后，就开始做他现在所能做的事情，修他现在能够修养的本性。诸位，我们学佛就是如此，离开了当下的环境又有什么行好修呢？不如在生活的周围，对人、对事建立起我们的“慈心三昧”，以欢喜、亲切的爱心来对待人，这就是我们自己的心成佛了。

我们要是不顾好日常生活及待人接物，光是在草木皆能成佛这个范围中钻牛角尖。草就是草，木就是木，春来茂盛冬来枯萎，一经砍伐更会干枯，这样草木又如何能成佛呢？这只不过是一种形容词：草木都知道春的到来要生枝发芽，这就是精进。

我们每一个人要能够好好把握人身难得的机会，把握这个能够完成修行的环境。现在我们得了人身，生在自由的环境中，就仿佛是草木逢春一样。

我们若是不懂得把握这个时机，再过去就是夏、秋、冬，冬天一来临即落叶凋零，仿佛是人生的结束一样。这个人生结束之后还有来生，但是，来生是否还能够遇到佛法？那就不得而知了。说不定遇到一阵风、一阵雨，你这棵菩提幼苗就会腐烂而无法生根发芽了。

诸位，学佛就要好好把握这个时刻，得了人身、遇了佛法，我们要在日常生活中，好好做我们应该做的"人"，做我们应该做的"事"。做好人必须要具足修养，才是一位真正的好人；做好事必定要具足坚强的耐心，才有办法做成一项好事。好人好事做圆满了，你就是在行菩萨道了，而菩萨道的终点就是成佛。

我们学佛不必问:“枯枝干叶是不是可以成佛?”只要问:“我们自己,在日常生活中,是不是已依照佛陀所教导的行为去修行?”这才是重要的问题。

天台宗依《法华经》教旨建立思想体系,具教观双美之特色,自有其理论与修持完备之体系。“法华三昧”是智者大师据《法华经》所创,出于大师所著之《法华三昧忏仪》,为天台宗重要的修持行门。依天台之意,“三谛圆融的妙理现前,障中道的无明止息,摄一切法使归实相,名法华三昧”;若欲达法华三昧境地,修持之方法如礼拜、忏悔、绕佛、诵经、坐禅等。

所谓“三昧”,佛法有谓若能止心一处,不令散乱,保持宁静安详,此一状态称为三昧。达三昧之状态时,即起正智慧而开悟真理,故以此三昧修行而达到佛之圣境者,则称三昧发得或发定。

上人亦是将心依止于法华思想,透过力行法华精神,而得以深入“法华三昧”;凡入慈济门者,若能专心致志行菩萨道,亦将达至法华三昧的境地。

至于上人所认为的法华思想的纲要，一如“法师品”所言：“大慈悲为室，柔和忍辱衣，诸法空为座，处此为说法。”以大慈大悲存心，外显柔和忍辱的形态，凡事尽本分而不执著，如此以身为教，生生世世志在净化人心，则终必得大智慧，通达诸法。

“大慈悲为室”，既是上人认为慈济重要之精神理念，并且是上人强调慈济必要之实践方法。

上人就曾说：“在佛教修持的法门之中，有一个法门叫做‘慈心三昧’，慈心三昧一定要去实行，才能够称为三宝弟子。所说的慈心三昧就是培养慈悲心。一般人因为有分别心，所以有爱与不爱的对象，或爱得很少，爱的范围很狭窄。”

“要练就慈心三昧，就是要把爱心扩大，将日常生活沐浴在慈心法流之中，不论是认识、不认识的人，都要先让他们快乐自在，然后我们才会快乐自在。这就是沐浴在慈心法流之中，能够这样，我们一定会很快乐。”

正因上人肯定行菩萨道是通向佛道必经之路，故不虚耗时日徒然于名相之穷究，亦不停滞脚步只在于精神上之打转，于讲经论法援引名相、申说观点之际，思及须合乎现世众生根机与时代社会背景，故悲智双运采深入浅出之说法方式，融合佛法与世间法，亦即将经论内容与世间人事合在一起，以令闻者通过事理具足之阐释，而起即知即行之妙用。

上人据《法华经》开创慈济法门，使入门者“从善门入佛门”——行在菩萨道上，借积极入世、付出行善以修福；行在菩萨道上，用戒除习气、无求感恩以修慧，修福之际同时修慧，福慧双修走入法华三昧，达至成佛终极目标。

（注）劫石

问曰：云何名劫？答曰：如经说，有一比丘问佛言：“世尊！几许名劫？”佛告比丘：“我虽能说，汝不能知，当以譬喻可解。有方百由旬城，溢满芥子，有长寿人过百岁，持一芥子去，芥子都尽，劫犹不儩。

又如方百由旬石，有人百岁，持迦尸轻软叠衣一来拂之，石尽，劫犹不儩。”（《大智度论》卷第三十八）

后因以“劫石”指时间之久远。如《敦煌变文集·长兴四年中兴殿应圣节讲经文》：“淑妃伏愿：灵桩比寿，劫石齐年。”又如，宋陆游《会庆节明庆寺丞相率百僚启建道场疏》：“至尊寿皇圣帝陛下，伏愿福等河沙，寿逾劫石。”

悠游法海
潛心留史

我愛青山青
更愛白水白
青山啟我仁
白水發吾智
時在甲申夏月
於念祖題詩
釋慈雲画

随·师·行·记·系·列

证严上人思想体系探究丛书（第一辑）

丛书编撰：释德仉
责任编辑（繁体字版）：释德需、赵珮珉
美术编辑（繁体字版）：蔡淑婉
图绘协力：释德慈（松树山水）、黄仰明（墨竹寒梅）
摄影协力：陈友朋
原版权所有者：慈济人文出版社授权复旦大学出版社出版发行简体字版

图书在版编目（CIP）数据

证严上人思想体系探究丛书.第一辑/释德仉编撰.—上海：复旦大学出版社，2011.1（2020.6重印）
ISBN 978-7-309-06760-6

Ⅰ.证…　Ⅱ.释…　Ⅲ.证严上人-佛教-思想评论　Ⅳ.B949.92

中国版本图书馆CIP数据核字（2009）第115154号

慈济全球信息网：http://www.tzuchi.org.tw/
台湾静思书轩：http://www.jingsi.com.tw/
苏州静思书轩：http://www.jingsi.js.cn/

上海市版权局著作权合同登记号：图字09-2010-212

责任编辑/邵　丹

复旦大学出版社有限公司出版发行
上海市国权路579号　邮编：200433
网址：fupnet@fudanpress.com　http://www.fudanpress.com
门市零售：86-21-65102580　团体订购：86-21-65104505
外埠邮购：86-21-65642846　出版部电话：86-21-65642845
上海盛通时代印刷有限公司

开本890×1240　1/32　印张32　字数424千　插页10
2020年6月第1版第3次印刷
印数：8 701—10 300
ISBN 978-7-309-06760-6/B·323
定价：106.00元

如有印装质量问题，请向复旦大学出版社有限公司出版部调换。